中国教育发展战略学会终身教育工作委员会
职业技能认证研究中心指定培训用书

财经类职业技能培训考证系列

营销经典案例解读

YINGXIAO JINGDIAN ANLI JIEDU

编著 ◎叶生洪　涂志军

暨南大学出版社
JINAN UNIVERSITY PRESS
中国·广州

图书在版编目（CIP）数据

营销经典案例解读/叶生洪，涂志军编著．—广州：暨南大学出版社，2010.6
（2013.7 重印）
（21 世纪国际商务教材教辅系列）
ISBN 978 – 7 – 81135 – 471 – 3

Ⅰ.①营…　Ⅱ.①叶…②涂…　Ⅲ.①市场营销学—案例—分析　Ⅳ.①F173.50

中国版本图书馆 CIP 数据核字（2010）第 033491 号

出版发行：暨南大学出版社

地　　址：中国广州暨南大学
电　　话：总编室（8620）85221601
　　　　　营销部（8620）85225284　85228291　85228292（邮购）
传　　真：（8620）85221583（办公室）　　85223774（营销部）
邮　　编：510630
网　　址：http://www.jnupress.com　http://press.jnu.edu.cn

排　　版：暨南大学出版社照排中心
印　　刷：佛山市浩文彩色印刷有限公司

开　　本：787mm×1092mm　1/16
印　　张：20.625
字　　数：515 千
版　　次：2010 年 6 月第 1 版
印　　次：2013 年 7 月第 2 次
印　　数：5001—7000 册

定　　价：38.00 元

目　　录

前　言

随着世界经济一体化的发展，国内外市场竞争愈演愈烈，企业要生存和发展下去，就必须重视市场营销问题，必须研究消费者的欲望和需要，关注竞争动态，对各国法律、政策、经济、社会、文化、科技等营销环境具有高度的敏感性，以便在外部环境变化的情况下寻找企业的市场机会，发现环境变化对企业可能造成的威胁，从而采取积极有效的营销战略和策略，在满足消费者和社会需要的同时，实现企业的经营目标，提高企业的经营效益。

进入新的世纪，中国也进入了一个前所未有的高速发展时期，培养高素质、国际化的营销管理人才的任务更加紧迫。在新的形势下，营销专才的培训教学面临着严峻挑战。本案例集的编写出版旨在为加快营销案例教学培训方式的推广添砖加瓦。本书将帮助营销者研究国内外市场营销的规律，学习成功企业的营销经验，吸取失败企业的沉痛教训，对企业的营销实践起到指导作用，使企业在市场上增强竞争实力，实现企业的可持续发展。

本书在编写时力图体现以下三个方面的特点：

（1）系统性。以营销学的理论体系为主线，收集、整理相关案例，涵盖了营销领域的主要内容，及时总结、归纳并反映了营销实践中出现的新情况，如电子商务、物流与供应链等。

（2）方便性。书中案例涉及面广，且都是经过精心选择并分门别类编辑的，方便检索和查找。每章还配备了相关知识点，并重点解读了部分经典案例，以适应案例教学的不同需要。

（3）可读性。案例编写通俗易懂，情节描写具有吸引力，可使读者逐渐进入其中，获得如在现场的真实感受，达到从实践中思考、总结、提高的目的。

本书可作为市场营销教学培训的辅助教材，适宜大专院校、培训机构管理类教师和学员使用；也可供企业经营管理者、营销人员在开展营销活动时参考借鉴；还可作为营销理论研究的参考书，供有志于从事营销理论研究的专家学者参考。

本书由暨南大学管理学院叶生洪、南华工商学院管理系涂志军编著。由于时间仓促，且编著者水平有限，书中难免有疏漏和不当之处，恳请各位专家、学者和读者批评指正。

叶生洪　涂志军
2010 年 1 月

第 1 章
市场营销观念

什么是市场营销？不同的人对市场的看法不同，其对营销的理解也完全不同。对市场，可从五个层面考察其含义，即场所论，购买者论，买方、卖方、竞争者的集合论，利益相关者集合论，交换关系论。营销与推销、销售概念完全不同，这从案例解读中可以明确。

市场营销不仅是一种经营职能，更是一种经营哲学。作为一种职能，需要研究营销全过程要干什么；作为一种哲学，则需要研究营销全过程是以什么观念为指导，在此观念指导下又是如何开展营销活动的。市场营销观念的演进经历了以下四个阶段：

（1）以生产为中心的生产观念阶段。生产观念认为，消费者喜爱那些可以随处得到的、价格低廉的产品（适用条件：产品供不应求，产品的成本太高）。

（2）以产品为中心的产品观念阶段。产品观念认为，消费者喜欢质量高、功能多、有特色的产品（企业应不断改进产品的质量）。

（3）以销售为中心的推销观念阶段。推销观念认为，消费者通常不会足量购买某一企业的产品。企业必须积极推销其产品，大量促销（背景：产品过剩）。

（4）以消费者为中心的现代市场营销观念阶段。营销观念认为，企业必须正确确定目标市场的需要和欲望，比竞争者更有效地供给目标市场希望的产品。现代市场营销观念仍在发展中，有学者指出，市场营销观念将逐渐演变成以消费者和社会的长期利益为中心的社会性营销观念。

当今市场竞争激烈，大家都在想着如何创新，如何进行差异化经营，其实创新不一定是某项新技术的应用，不一定要投入多大的资金去研发，对营销者而言，更重要的往往是市场的创新，即挖掘出别人尚未挖掘出的潜在需求。市场营销创新的关键是你有没有从消费者的角度着想。因为任何创新都必须是以市场为导向的，如果以发现并满足消费者的需要为目标，那么即使是简单的一个流程环节改造，也会为你带来无限的商机。

本章选取了三个案例。案例 1 讲述了某制鞋厂海岛行销的决策过程，从案例解读中，我们可以看到不同的人对市场的看法不同，不同的人对营销的理解也完全不同，作为营销者应正确理解市场和营销。案例 2 讲述了福特公司发展过程中的几次重大成功或失败事件，在案例解读中，我们详尽地分析了这些成功或失败与营销观念的内在联系，通过此案例也可以加强学生对营销观念演进的感性认识。案例3则以海南航空公司的一次经历为引展示了不同观念的强烈碰撞，也给读者更多思考空间，因此不作解读。

1-1 海岛卖鞋——对市场营销的不同认识

国内某制鞋厂老板最近在思考制鞋厂该如何进一步发展的问题。制鞋行业在国内应该说已相当成熟，而且市场化程度很高，竞争异常激烈。为了扩大自己的市场份额，公司从上到下，想了不少营销办法，可总是收效甚微。不仅自己的市场份额没什么变化，而且公司的销售额也增长不大。公司大量的营销投入往往得不偿失，这一方面说明了市场竞争惨烈，另一方面也说明国内鞋业市场已经基本饱和。

正当老板一筹莫展之际，公司财务科长敲门进来汇报财务工作。在讨论完公司财务问题后，财务科长趁机向老板请婚假。财务科长工作一直兢兢业业，任劳任怨，深得老板信任。而且请婚假这段时间，公司财务工作正好不忙，只有些例行工作，也已安排妥当。老板自然很爽快地批准了财务科长的请假要求，并关切地询问财务科长的婚礼筹备情况。财务科长回答说准备一切从简、旅游结婚。原来，财务科长和新娘已约好趁婚假出国到非洲旅游胜地某海岛旅游，放松放松。老板连声说好，突然想起公司的发展问题，灵光一现。"国内市场既然难有作为，不妨从国际市场上找找出路。"于是嘱咐财务科长出国旅游生活工作两不误，顺便观察一下该海岛的鞋业市场，看看公司通过出口打开国际市场、扩大销售的可能性。财务科长欣然接受了这个任务。

不久，财务科长携妻子来到这个海岛。在陪妻子旅游之余，财务科长牢记着老板的嘱托，四处打听海岛鞋业市场的情况。奇怪的是，在他所到的旅游区内竟然没有一家卖鞋的商铺，更看不到修鞋的地方。问一问当地的土著居民海岛鞋业市场在哪，他们都是一脸茫然，想不起海岛有哪个地方卖鞋。更令人惊讶的是，财务科长观察到当地土著居民基本上不穿鞋，极少数穿鞋的，那鞋也只是一种自编的绑在脚上的草垫而已。于是，认真负责的财务科长立马通过越洋电话向老板汇报说："这里连个买鞋的地方都找不到，根本就不存在鞋业市场，看样子公司发展得另辟蹊径。"

老板一直在鞋业市场摸爬滚打，他的理想就是在全世界的鞋业市场都能找到他的鞋，让所有的人都能穿上他的鞋。老板听了财务科长的汇报似乎不能相信现在还有这样的地方，心里在犯嘀咕：是不是财务科长一直做财务工作，市场意识不够敏锐呢？为了公司的进一步发展，也为了慎重起见，以免错失发展机会，老板找来两名长期在市场一线跑销售的业务人员。其中，业务人员甲老成持重，办事让人放心；业务人员乙则开放活泼，富有创新精神。老板给这两名销售人员指定的一个新任务就是：去海岛考察当地的鞋业市场，评估公司鞋业出口的可能性。老板希望用销售人员对市场的敏感来更准确地把握海岛鞋业市场。鉴于财务科长只是在旅游区内观察了解，老板特意安排这两位销售人员在海岛分头行动，尽量多看些地方，分头向他汇报。

业务人员甲和乙明确了老板的指示后便迅速行动起来，前往海岛分头调研。大约过了一个星期，两人几乎同时通过越洋电话向老板汇报，但回报的内容却大相径庭。销售员甲汇报说，他几乎走遍了海岛，发现这里的人几乎都不穿鞋子，海岛居民没有穿鞋的需求，自然也就没有市场。与甲回报的沮丧结果相反，销售员乙十分兴奋地回报说，他也走遍了海岛，发现这里的人几乎都没有鞋，海岛鞋业市场很大。机会难得，公司应马上寄出一批鞋子让他和甲留在这里销售。

　　听完两位销售人员的不同汇报，老板更加不知所措，在重大的经营决策问题上，老板一向慎重。在公司的营销决策方面，老板对营销总监总是言听计从，因此，老板又派他最信任的营销总监出马，希望营销总监通过实地考察后能够拿出一个具体的决策方案。

　　一个月后，营销总监拿出了一个具体的海岛鞋业营销策划方案。方案基本认同销售员乙的看法，认为公司在海岛发展业务是一次难得的营销机会；不过对营销的可行性及如何营销，其认识大有不同。方案首先调研了海岛居民不穿鞋的原因：长期以来，由于海岛自然条件较好，到处都是沙地或草地，而且一年四季都比较暖和，岛内居民就养成了打赤脚、不穿鞋的习惯。但是通过调研发现，岛内居民由于长期打赤脚，脚部缺乏保护，大部分人都有脚疾，穿鞋对他们有好处；也由于遗传特征或长期的生活习惯不同，海岛居民的脚部特征和内陆居民有很大不同，所以在海岛卖鞋必须根据海岛人脚部特征重新设计、生产适合海岛人的鞋，而不能简单地将公司已有的鞋搬过来卖；公司还应开展大量的海岛公益活动、宣传活动，以培养海岛居民的穿鞋习惯，并确立公司的鞋业领导者地位。另外，方案还提到一个制约公司海岛鞋业营销成败的关键因素：海岛经济比较落后，当地居民都比较穷，这也可能是他们都不穿鞋的一个重要原因。不过，方案接着提出了解决办法：海岛盛产一种中国内陆没有的水果，预计这种水果在中国的销售前景相当好，这样可以通过公共关系手段，与海岛政府协商取得该种水果在中国的独家代理权，以补偿低价在海岛售鞋或做公益事业推广穿鞋习惯的损失。

资料来源：

营销寓言

讨论分析题：

1. 通过本案例，你认为作为营销者该如何认识"市场"？
2. 营销与推销有何不同，该如何认识"营销"？
3. 需求可以创造吗？谈谈你对市场营销创新的体会。

案例解读

　　阅读本案例后，首先，我们可以清楚地看到不同的人所认识的"市场"有不同的含义。究竟什么是市场？财务科长和当地居民对市场的理解显然是指交易的地方，这和生活中一般人常识性的理解是相同的，即市场的第一层含义：场所论，指买方与卖方进行交易的场所；两位销售人员对市场的理解与前者不同，他们关心的市场问题是有没有购买鞋的人，他们对市场的理解是市场的第二层含义：购买者论，指市场中存在需求——由有购买欲望、购买意向和购买力的购买者构成，市场即为购买者的集合。作为营销者仅理解市场的这两层含义显然是不够的。事实上，市场上既有买方也有卖方，市场中既存在供需关系及矛盾，又存在竞争者和竞争关系，竞争已是影响营销决策的重要因素。这是市场的第三层含义：市场是指买方、卖方、竞争者的集合。本案例虽然没有提到竞争者，但这却是营销总监们必须考虑的"市场"之义，即从更高的层面来看什么是市场。

市场不仅仅是买方、卖方、竞争者的集合，市场上还存在许多的利益相关者影响企业的经营决策，如政府机构、银行金融部门、中间机构及公众等。此即市场的第四层含义：市场是指所有与企业利益相关者的集合。本案例中，海岛政府、公众都是鞋厂的利益相关者。利益相关者论，作为企业经营者、老板认识市场不可不察。从哲学层面考察市场，马克思为市场作了一个经典全面的定义，可以涵括上述所有的认识，即市场的第五层含义：市场是商品交换关系的总和。想成为经营大师，提出自己的经营理念，必须从哲学层面考察市场。综上所述，市场可从五个层面考察其含义，即场所论，购买者论，买方、卖方、竞争者的集合论，利益相关者集合论，交换关系论。

从本案例中，我们还可以看到，销售员乙所理解的"营销"和营销总监所理解的"营销"完全不同，严格来说，前者所理解的是产品推销而不是营销。营销和推销的区别有如下四点：一是出发点不同，推销观念的出发点是企业及其现有产品，而营销观念的出发点则是市场需求，推销其方向是由内而外的，而营销观念的推销的方向则是由外而内的；二是重点不同，推销的重点是企业的产品，而营销所关心的重点是顾客的需求；三是方法不同，一般而言，推销活动所涉及的具体方法无外乎推销和促销，而营销活动的方法则是整体营销手段，包括产品的研发、设计，渠道选择，定价决策，以及推销和促销手段，并且全过程中都贯彻需求导向；四是目的不同，推销的目的是通过销售获得利润，而营销则是通过满足顾客、使顾客满意来增加销售进而实现利润。上述不同可以通过比较销售员乙和营销总监的表述分析得到。营销和销售的最简单区别是：销售或推销是在有了产品之后如何把它卖出去；而营销是在产品生产之前，甚至在企业建立之前就应该明确——企业到底是满足社会的哪一部分需求，到底哪一类人群需要我们提供什么样的服务，这是企业的立身之本。在已经有了产品之后，营销和销售的区别是：销售关心的是怎么卖出去，营销关心的是我们能否真正满足需求，需求有没有发生变化，竞争对手是否比我们更好地满足了需求，产品能否满足新的需求，如不能真正满足需求，即使产品推销出去了，企业也不可能长久。

从本案例中甲和乙对海岛居民是否存在鞋子需求的不同判断，我们可以看到创新性思维在市场营销中的重要性。市场是靠人开拓的，人的思维方法错了，就无法开拓新市场；而如果人的思维方法对了，市场就可以开拓出来。我们开展市场营销活动时，一定要重视思维创新。当今市场竞争激烈，大家都在想着如何创新，如何进行差异化经营。其实创新不一定是某项新技术的应用，不一定要投入多大的资金去研发，对营销者而言，更重要的往往是市场的创新，即挖掘出别人尚未挖掘出的潜在需求。市场营销创新的关键是你有没有从消费者的角度着想，任何创新都必须是以市场为导向的，若以发现并满足消费者的需要为目标，那么即使是一个简单的流程环节改造，也会为你带来无限的商机。发掘新的商机，比跟在别人后面亦步亦趋更具发展前景，因为谁是新商机的发现者，谁就是市场的独占者，没有竞争，任君驰骋。不过，要强调的一点就是，只有当需求存在时，营销创新才能构成新的商机，否则一文不值。

1-2 福特公司——几起几落

福特汽车公司位于美国密执安州的迪尔本市，拥有占地 1 200 英亩的钢铁铸件厂、玻璃厂和 110 英里长的专用铁轨。自从 1896 年老亨利·福特的第一号试验车试车成功，汽车就成了人们生活中取代马车的主要交通工具，汽车业也迅速发展起来。

当时的汽车制造商一般都着力于高档汽车的设计生产，推出的都是价格昂贵的豪华车型，只有少数富人有购买能力，一般人根本不敢问津。作为汽车行业佼佼者的福特公司推出了 8 种以 A、B、C 等字母为标志的高档车型，指望这些豪华车能给公司带来更为火爆的行市，谁料事实正好相反，福特汽车的销量大幅度下降，利润仅为头一年的 1/3。

老福特大为震惊，他意识到汽车业要大发展，必须满足大多数人的要求，而不是仅仅局限于生产高档汽车。面对市场的选择，他决心来一次汽车制造业革命，让汽车实用化、大众化，走入千家万户。

福特首先想到了农民这一广阔的市场。他自己就出身农民，知道农民最需要的是一种便于农作的工具车，这种车不仅要价格便宜，而且除乘坐外，最好还能拆开来用作其他农具。这一思路完全突破了以往的汽车概念，非常大胆。福特亲自上阵，精心设计出一种万能农用车——T 型车。

这种全新 T 型车造型简单，就像是在四个轮子上安装了一个大黑匣子，各部分可装可拆，可以自由组装成多种实用的农用机械，可用来锯木、抽水、搅拌等。由于去除了不必要的附件，车身减轻了，造价也大大降低。另外它还有一大优势，那就是适合乡间路况。当时，美国内陆地区没有多少正规公路，落基山区的弯弯山路、密西西比河谷的狭窄泥路便是典型。T 型车针对这种情况，设计了较高的底盘，可以像踩高跷一样在颠簸的路上顺利行驶。

1912 年，福特公司聘用詹姆斯·库兹恩担任总经理。库兹恩上任后实施了三项决策：

第一，对主产品 T 型车的销价作出了降价的决策。即从 1910 年的售价 950 美元，降到 850 美元。

第二，按每辆 T 型车 850 美元售价的目标，着手改革公司内部的生产线。在占地面积为 278 英亩的新厂中首先采用现代化的大规模配件作业线，使过去 12.5 小时出一辆 T 型车，降到 9 分钟出一辆车，大幅度地降低成本。

第三，在全世界设置 7 000 多家代销商，广设销售网点。

这三项决策的成功，使 T 型车冲向全世界，市场占有率居全国汽车行业之首。

1919 年，老亨利·福特独占福特公司，库兹恩被解雇，福特自任总经理。福特一方面采用低价策略，到 1924 年，每辆 T 型车售价已降到 240 美元；另一方面又提出"不管顾客需要什么，我的车都是黑色的"的自我为主的策略，以"黑色车"作为福特汽车公司的特征。到 1928 年，福特汽车公司的市场占有率被通用汽车公司超过，退居第二位。

美国通用汽车公司于 1908 年成立，由杜邦财团控制（成立时称为美国新泽西通用汽车公司，1916 年改名为美国通用汽车公司），在 1928 年以前，它是市场占有率远远低于福特汽车公司的一个弱手。1921年，斯隆就职于通用汽车公司，针对当时通用汽车公司的权力分散状况写了《组织研究》一文，提出了"集中政策控制下的分散作业"的组织结构（后发展成"事业部制"），使集权与分权得到很好的平衡。1923年，斯隆任通用汽车公司总经理，改革了经营组织，使公司高层领导人抓经营，抓战略性决策，日常的管理工作由事业部去完成。同时提出"汽车形式多样化"，以满足各阶层消费者需要的经营方针，如高级舒适的"卡迪莱克"车、中级的"奥尔茨莫比尔"车、低级的"雪佛兰"车。1923年，通用汽车公司的市场占有率为12%，远远低于福特汽车公司；1928年，其市场占有率超过30%，超出福特汽车公司；1956年，其市场占有率达53%，成为美国最大的汽车公司。

20世纪40年代初，作为美国汽车行业元老的福特公司渐渐显出老态，许多原有车型和车种都面临被淘汰的危险。

1943年秋，26岁的亨利·福特从海军复员，进入福特汽车公司工作，1945年被任命为福特公司总经理，摆在他面前的是一个每月亏损900万美元的濒临破产的公司。亨利·福特从引进人才入手，引进了通用汽车公司副总经理欧内斯特·布里奇及"通用"的另外几个高级管理人员，并雇用了10个战争期间在空军中从事规章制度管理工作的、被称为"神童"的年轻人。通过成本控制，产品开发，使公司扭亏为盈。

1962年，亚科卡担任福特汽车公司分部总经理，他决心力挽狂澜，重振福特雄风。亚科卡首先意识到福特原有车型在外观上与潮流不符，人们都偏爱美观新潮的车型，而福特还是老观念当家，忽视外形，一味注重车辆机械性能。在一些细节设计上也为用户考虑得不够周到，如车上没有行李架，给人们造成不便。在研究市场的过程中他发现，上一代汽车用户的原有车辆已基本老化，许多人正准备购买一辆时髦新颖的豪华车。另外，"二战"后生育高峰中出生的孩子都已长大成人，西方世界仅20～24岁的人就增加了50%以上，这代人追求高档、新潮，原有车型很难满足他们的需求，而他们正是一个巨大的汽车消费群体。

基本思路确定后，亚科卡马上组织专业人员开始全力设计市场需要的新的车型。新车大体模型出来了，该取一个什么名字来吸引顾客呢？在车名研讨会上，一位设计人员提到"一战"中所向披靡的"野马"式战斗机，这个名称一下子吸引了亚科卡。他想到，以一种人们熟悉的战斗机为汽车命名，本身就带有一种狂放不驯的意味，何况"野马"还能让人们将其与风驰电掣、不拘一格的感觉联系在一起，对新一代来说一定具有强烈的吸引力。

车名定下来后，设计者们又根据"野马"这一名称对新车的外形做了一些改进，他们将车身染成白色，却将车轮涂成红色，车尾的保险械向上弯曲，仿佛一匹正在昂首阔步向前奔跑的骏马，独特而抢眼。他们还把车标设计成狂奔的野马，安装在车前护栅中。这下，新车真的成了一匹不驯的野马。

亚科卡对新车的性能与外形都很满意，接下来他关注的便是在推出新车的同时，用怎样的广告攻势抓住人心。对这次广告策划，亚科卡着重强调的是那种铺天盖地、不可阻挡的感觉。大家决定多种渠道出击：发动新闻战，让广大用户了解新产品；向消费者本人直接促销；利用轮番不断的广告攻势，在最佳时机做广告；大做户外广告。

亚科卡的心血没有白费，"野马"上市第一天，就有400万人涌到福特销售店购买新车；一年内，销售量达到 418 812 辆，创下了惊人的记录。

资料来源：

吴凤山. 工业企业经营管理学案例

刘语明. 名家策划. 广州：广东旅游出版社，2001

万后芬等. 市场营销教学案例. 北京：高等教育出版社，2003

讨论分析题：

1. 从福特公司的起落，分析该公司营销观念的演变。

2. 在福特公司的发展过程中，有哪些成功的经验和失败的教训？

3. 面对 21 世纪新的营销环境，福特公司应如何更新营销观念？

案例解读

1. 福特公司简介——里程碑事件

1896 年 6 月 4 日，亨利·福特的第一辆汽车开上了底特律大街。

1903 年 6 月 16 日，亨利·福特和 11 个初始投资人签署了公司成立文件。

1908 年 10 月 1 日，福特推出了 T 型车（见下图）。

1911 年 1 月 9 日，亨利·福特赢了对塞尔登辛迪加的诉讼，使福特汽车公司及所有其他汽车制造厂家不用再为内燃机支付专利费。

1913 年 10 月 7 日，在海兰园设立了第一条汽车装配流水线总装线，使装配速度几乎提高了 8 倍。

1914 年 1 月 5 日，亨利·福特宣布公司八小时工作制的最低日工资为 5 美元。

1922 年 2 月 4 日，福特收购了林肯品牌。

1935 年，福特公司开创了水星（Mercury）品牌，填补福特产品和高档林肯产品间的市场空缺。

1942 年 2 月 1 日，公司中止了民用汽车的生产，全面转向军工生产。

1948 年 4 月 26 日，福特在"二战"后的第一款新车型投产。

1964 年 4 月 17 日，推出了福特 Mustang。到 1966 年，仅在投产后两年便售出 100 万辆 Mustang（见下图）。

1996 年 12 月 8 日，福特成为首家，也是唯一一家使其全部生产厂（在 26 个国家中的 140 个生产厂）取得了 ISO 14001 世界环境标准认证的汽车公司。

2003 年 6 月 16 日，福特汽车公司庆祝百年华诞。

1903 年 A 型车

1908 年 T 型车

T 型车装配线

T 型车组装重现

第 1 500 万辆 T 型车

1964 年 Mustang

1966 年 Mustang

2. 福特公司营销观念的演变

（1）A、B、C 高档车型没有为公司带来利益，反而使公司销量大幅下滑。

当时的汽车制造商一般都着力于高档汽车的设计、生产，推出的都是价格昂贵的豪华车型，只有少数富人有购买能力。福特公司推出了 8 种以 A、B、C 等字母为标志的高档车型。

分析：福特推出质量高、有特色、不同层次的产品，属于产品观念阶段。

由于市场容量有限，导致销售不畅，企业受挫。

（2）T型车冲向世界，市场占有率居行业之首。

让汽车实用化、大众化，走入千家万户。了解到农民最需要的是一种便于农作的工具车，这种车不仅要价格便宜，而且除乘坐外，最好还能拆开来用作其他农具，适合乡间路况。当时，美国内陆地区没有多少正规公路，落基山区的弯弯山路、密西西比河谷的狭窄泥路便是典型。

分析：福特公司致力于降低成本，并广泛建立销售网点，使消费者随处可以买到T型车且价格低廉，应属生产观念指导的营销。

（3）不管顾客需要什么，我的车都是黑色的。以我为主的策略使通用一跃居上。

通用提出"汽车形式多样化"，以满足各阶层消费者需要的经营方针。（营销观念）

分析：福特不断地完善其T型车，不断地改进质量，导致"营销近视症"，不适当地把注意力放在产品上，而不是放在需求上，是停留在产品观念上；同时，还在不断降低成本，也在一定程度上掺杂着生产观念。

战时政策，由于没有相应的主打产品，必须大幅度降低成本以使公司扭亏为盈。

产品开发，成本控制，公司扭亏为盈。

战时政策直接导致福特仍然必须陷在生产观念和产品观念之间。

野马的推出取得巨大成功，创下惊人的纪录。

福特推出野马的时间把握得非常好，当时正值战后生育高峰期的一代刚刚步入购车的年龄。这一代人对车的要求与其父母大相径庭，他们想张扬自己的个性。

分析：野马推出，正确确定目标市场的需要和欲望，比竞争者更有效地供给目标市场希望的产品，因此属于营销观念。

3. 福特公司发展过程中的经验教训

成功经验：

（1）T型车的推出，适应了当时社会的发展，切合了广大消费者的需求，使福特公司获得巨大的市场和飞速的发展。

（2）福特实行了日工资5美元的薪酬制度，从而大力支持了正处萧条的美国经济，这使得公司获得了巨大的声誉，制造汽车的工人就能够成为汽车的拥有者了。

（3）福特坚持生产高质量低成本汽车的目标，不断改善产品和工艺。

（4）创新精神，重视产品开发。老福特突破了以往的汽车概念，设计出一种万能农用车——T型车。后来亚科卡组织专业人员，设计新车型，推出"野马"。

（5）重视引进人才：亨利·福特引进了通用汽车公司副总经理欧内斯特·布里奇及"通用"的另外几个高级管理人员，并雇用了10个战争期间在空军中从事规章制度管理工作的、被称为"神童"的年轻人。

失败原因：

（1）营销短视，市场反应速度慢。

（2）没有适应社会发展和顾客需求的变化（老福特坚持认为公司的未来在于生产适合大众市场的价格低廉的汽车，顽固地坚持生产中心的观念，宣称"无论你需要什么颜色的汽车，我福特只有黑色的"）。

（3）虽然不断提高产品质量，但产品过于单一。

（4）企业所有者对公司的发展过度影响（福特本人的故步自封，直接导致20世纪20年代福特的市场占有率急剧下降）。

4. 福特公司应如何更新营销观念

（1）提倡人类营销观念，担负一定的社会责任（兼顾企业利润、消费者需要和社会利益）。

（2）坚持产品创新，研发并适时推出节能、环保而又能够兼顾顾客个性需求的产品。

（3）尊重细分市场的摒弃与抉择，不过多地为满足某一群体的需要付出过多的成本。

（4）重视关系营销，并以此对企业经营进行指导。

（5）与政府、供应商、配套产品厂商（如石油企业）建立良好关系，形成联盟，从而降低进入新的国外市场的门槛，降低产品成本，缩短供应链周期，为产品提供更多的配套支持。

（6）提升对现有顾客的服务水平，提升顾客满意度，与其保持长期联系并提供客户关怀，使保有客户成为新客户，减少开发新客户所带来的额外成本。

（7）为客户提供全方位的服务，促进自身业务，特别对在经济成长中的国家，帮助顾客实现购车的需求（金融、保险）。

（8）贡献社会，不只当作一种义务，更应当作一种长期投资。

企业究竟生产什么是市场需要与企业优势的"交集"，并以能否取得最大的预期投资回报率为最终选择标准。市场需要是极其丰富的，在信息传播十分发达的今天，企业生产什么主要根据它与其他企业的比较优势如何，以及它的优势能否与市场的需要很好地吻合。市场营销观念构筑了消费者、供应商、竞争者、中间商的小圈子，但只重视技术的发展趋势，以及产品改良、竞争优势和消费者偏好的改变，而忽视范围更广阔的人们的价值观念和社会发展的需要，是对市场营销观念的狭隘理解。

每一种观念的产生都适应了当时生产力的发展。营销观念作为一定历史时期的产物，当然受到当时生产力发展水平的制约，具有历史的局限性。尽管应用了市场营销观念来对企业进行指导，但未必能够取得成功，这不是市场营销观念的问题，而应属于市场营销观念执行不当。

1-3　日通公司市场营销观念的变革

　　"日通"是日本综合运输界最大的企业，规模虽然庞大，但运作方式却一直是守旧而不知变通的。所以其曾经一度被同业戏称为"长毛象"，意指它可能会因不知变通而像巨大的史前动物长毛象一样，不能适应变化了的环境，以至最后灭绝。但是，在 20 世纪 70 年代后半期，"日通"却开始发动攻势，高喊"塘鹅来啰！塘鹅来了！"的口号，给整个运输界带来了一场大骚动。所谓"塘鹅"，是指"日通"陆运部门改用卡车快速运送轻小货物，而且服务到家的新营业方式，"塘鹅"就是他们所采用的商标。"日通"的陆路运输部门一向只习惯于运送粗重的大宗货物，后来环境大变，在突发而至的激流中，他们也只好改为采用"塘鹅"的方式，急拍翅膀以图生存了。

　　由于 20 世纪 70 年代后半期日本社会的经济状况转为"稳定增长型"，原料业界也随之出现不景气的局面，日本社会的产业结构不得不跟着作大幅度的转变。整个社会上产业的增长，已由重化学工业转变为以尖端技术为基础的加工组合型产业。货物运输界历来就必须依托各种产业活动而营生，产业重心一转变，自然马上受到重大的冲击。

　　"日通"的决策者们对形势的转变是有切肤之感的。"日通"的陆运部长小林泰然在回答记者的访问时很直率地指出："陆运业本来就是夕阳产业。'日通'陆运部的主要业务，就是利用日本'国家铁路公司'来代客运送货物。整个流程是先从托运者手里接货，用卡车送到火车站，由'国铁'货车送到目的地，再由当地'日通'的卡车接过货物，送交给收货人。这项联运业务，以前一直是'日通'的黄金路线和摇钱树。但近年来，这条路线的营业收入，在'日通'所有部门的营业收入中所占的比率已经逐年低落。1960 年，这条路线占'日通'全部营运收入的 55.2%，1970 年降为 31.5%，1980 年再降为 21.6%，1981 年又降为 12%，一路狂泻，再没有往日黄金路线的风光了。"

　　确实，从 20 世纪 40 年代后期一直到 60 年代，连接铁路的陆路接驳运送方式都是大量而且能够有计划地运送货物的最适当方式。而在这以后，按照"日通"董事长广赖真一的说法，"有人甚至认为用其他任何方法，都比经由铁路运送要好"。陆运部长小林泰然则埋怨说："实际上，我们这套输送系统还算是相当完备的。然而今天社会对我们的评价这么低，怎能不叫我们遗憾呢？"按照"日通"自己的讲法，在被卡车运送所抢走的业务中，至少有15%还是比较适合"日通"连接铁路的运送方式的。

这种由铁路运输贯穿其间，两头由卡车负责接驳的联运方式，曾在1960年达到全盛期，在当年"日通"营业的获利额中，陆运部门的联运业务就占了39%。但是到了1965年，虽然陆运部门的营业收入仍占"日通"营业收入的45%，获利额却只占4.3%。两年后，开始有赤字出现。从此，结算表上就一路"血流不止"了。

货物运送从"国铁"移往卡车的主要原因之一是，高速公路和一般道路所形成的交通网已经建设齐备。此外，"国铁"本身也发生过一些事件，动摇了托运客户对"国铁"运送机能的信任。例如，1965年以后，"国铁"货运接连发生了几次大规模的罢工，使得一向被认为是最稳定的运输方式的"国铁"，在托运客户的心目中逐渐成为不稳定、不可靠的输送方式，而且从1976年11月开始，"国铁"货物运价一下子涨了58.6%，从此有货物要托运的客户都舍"国铁"而去。

在运输系统中，"国铁"质量的恶化大大影响了"日通"的陆运部门。以连接"国铁"代送货物为专业的企业，就像是一场婚姻关系中，一位不幸的太太碰到不长进的先生，想离婚脱离关系又不可能，因而只好接受日本社会的习俗，由太太委屈地背负起不称职的名声。事实上，"日通"的业务并不都是连接"国铁"代送货物，因而要与"国铁"脱离关系也不是不可能。然而就因为"日通"是日本运输业中排名第一的大企业，所以它没有放下"国铁"这个包袱。这一方面是由于"日通"觉得自己有一份社会责任，不能随意撒手；另一方面也由于日本政府在一旁督导干涉，不希望"日通"脱离。

尤其是"国铁"的货运业绩虽然相当不理想，但是"日通"的生意仍然占了"国铁"运费收入的40%，仍然是"国铁"的主要衣食父母。"日通"就算想与"国铁"断绝关系，实际状况也不容许它说断就断。

曾担任过日本政府运输省事务次官，后来担任"日通"董事长的广赖真一，嘴上常挂着一句话："运输业对社会大众负有一份使命。"因此，"日通"虽然15年来营业损益表上年年出现赤字，还是照旧维持投资"国铁"的营业方针，只要"日通"全部营业的利润还可以弥补得了年年的赤字，一切也就算了。但世事在不断变化中，做"好太太"的"日通"说不出口的话，没想反倒让身为"恶丈夫"的"国铁"抢先说了。

"国铁"开始了改革，拟订出一套复兴计划。这套计划中的一个重点，就是在全国各地推行货运车站集约化。1960年，日本全国的货运车站有3 850座，到1981年末，已经减为1 200座。专家们认为，"国铁"货物车站的集约化程度其实还可以精简。在这种情况下，"日通"陆运部门的联运业务也就随之精简，对"日通"来说，这真是减少赤字的好机会。

不过"国铁"毕竟还是国有企业，一直秉承着背负太阳旗以照顾全民的责任，不论是客运部门或货运部门，都反映着这种责任感。"日通"陆运部长小林泰然指出："'国铁'在列车时刻表的安排和运费打折方面，都比以前还要顾及托运者的方便。"

受到这种转变的影响，"日通"的陆运业务逐渐有了起色。小林泰然说："'国铁'肯作如此改善，实在是前所未有的事。这种状态只要能够小幅度地增长下去，不再萎缩，也许还……"但是这种好转能不能持续下去的关键，完全要看景气的走向，以及"国铁"货运车站集约政策的实行结果如何而定。而且就算真的这样实行下去，也没有人敢保证有多少货运业务会再流回"国铁"。相反，可以肯定的是，往日的盛况已是一去不复返了。既然如此，"日通"派遣许多作业人员常驻货物车站的政策，自然也要重新检讨改进。面对这一棘手问题，"日通"确实花了一番苦心琢磨，结果就导致了"塘鹅"业务的产生。

"日通"的陆路联运事业虽然患病已久，但是它的仓库业一直到20世纪70年代后半期才出现病兆。"日通"也是日本最大的仓库业者，其仓库面积占日本全部营业用仓库面积的9%。20世纪70年代末，日本连续遇到农作物歉收，而日本政府又采取缩减库存政策，积极处理仓库里的存米和所谓的陈年老米。由于"日通"的仓库业务一向是在积极地接受大米储存，当日本政府采取加紧处理陈米的政策之后，"日通"仓库的业务量就开始下滑了。1980年，"日通"仓库每月平均存米量为31.4万吨，到1982年7月就减至20万吨。承接了政府物资的业务，由于保管期较长，自然就会有稳定的效益，但稳定往往也会伤害营业活力。所以有人对"日通"提出批评，认为"日通"过分依赖政府的生意，削弱了自己招揽业务的能力。这的确是相当严重的问题。

特别是20世纪80年代以来，客户对仓库业者的要求又有了极大的转变，不再只是要求仓库业者提供储存空间，而且更希望提供诸如输送、搬运、流通加工、情报服务等综合性的服务。再说，"日通"过去最拿手的业务，一直是以承接大宗货物为主，然而由于时代环境改变，大宗货物的业务已逐渐式微，客户要储存的货物，已转变为量少但是种类繁多的小宗物品。因此，就仓库业而言，以体积、重量取胜的"重、厚、长、大"时代已经终结，整个时代的要求已经转向"轻、薄、短、小"了。

"日通"的卡车运送部门，也同样面临必须采取"轻、薄、短、小"对策的关头。这种全程都由卡车负责运送的营业方式，又可分为区域运送和路线运送两种。区域运送是由固定的客户雇车，送货也都是送往一定的场所。路线运送的收货人和送达地点都不固定，形形色色，相当混杂，尤其是20世纪80年代以来轻量小宗货物激增，零碎的小包货物成为货运站的主要业务对象，成批地堆积在货运站上，然后混载上车。在这种情况下，混载的输送效率也就成了首先必须要解决的问题。

以前，在"日通"卡车运送部的业务中，区域运送和路线运送的比率是9∶1，其中，整部车租给某一客户的比率相应也比较大。这种方式，在载运量极大且每部车都能满载又不浪费的时代，是能发挥威力的。但是后来环境变了，商界的物品流通方式明显地朝轻量小宗的方向发展。例如，纤维公司往各地零售店送货时，大概每季只要送一箱去就够了，原因是零售店的经营姿态有了极大的改变，店主不喜欢在店里放太多卖不掉的货，反正一旦缺货，随时拨电话就能很快补齐，非常快捷便利。

因此，"日通"于1977年6月推出"塘鹅"计划，正式开始运输小宗货物。然而这比"大和运输"还是晚了一年多。"大和运输"早在1976年4月就已推出"黑猫"行动，开始运送小宗货物。"黑猫"的营业量，当年就达到171万件，1977年为540万件，1978年为1 087万件，1979年为2 227万件，1980年为3 340万件。而"塘鹅"的营业量1977年是23万件，1978年为154万件，1979年为450万件，1980年为660万件。比较双方的增长速度，"塘鹅"根本不是"黑猫"的对手。

"大和运输"崛起之时,是以大都市为中心广设运送网。"日通"则不然,全国各地都是它服务的对象。由于彼此选择的服务范围不同,就造成了双方业绩的巨大差距。而其主要原因,是因为"日通"对于小宗货运业务的反应迟了一步。已习惯于"重、厚、长、大"型业务的"日通",想要一下子就转变到"轻、薄、短、小"型业务上来并不容易,需要一段相当长的适应时间。

不过,自1981年10月以后,"日通"开始采取积极的营业活动:重新塑造了"塘鹅"的形象,称呼"塘鹅"为"灵活的陆运掌旗者"。结果在一年之内,仅仅是业务需求量最大的12月份,就做了370万件生意,使当年的营业件数高达1 300万件,增长速度之快,可用"飞跃"一词来形容。尽管如此,该年"大和运输"的营业量也增加到了5 000万件,双方业绩还是有一段距离。

"日通"开始经营"塘鹅"运送业务后,为了要容纳小宗货物的分类和存放,当然就需要一些分类和存货的场地。"日通"如果能将原来陆运部门中充斥的冗员以及那些已关闭的货物车站附近的仓库挪来转用,则在资源利用方面将更加效率化,也可以为陆运部门注入新的活力。

此外,除了陆运部门,其他部门也需要改革。负责海内外货物运输和执行旅行服务的航空事业部,以及非得利用空运不可的国际输送事业部,也都面临激烈的营业竞争,如果不能重新调整步调,采用灵活的运营方式,势必无法迎接已经到来的挑战。

因此,"日通"从1982年开始,拟订了一套三年经营计划,希望在接下来的三年中,每年的营业增长率都能高达7%。要实现这一目标,"日通"还得付出艰辛的努力。

资料来源:

中国渠道商务网,www.qudao360.com

讨论分析题:

1. "日通"经营理念和经营方式的改变给我们带来怎样的启示?
2. "日通"还需作出怎样的努力才能赶上和超过"大和运输"?

案例解读

"日通"的转变,引人注目的是其经营方式的改变,而根本上却得益于经营理念的转型。

经营理念,或称营销观念,是指企业在谋划和组织市场营销活动时所依据的具有指导思想和行为准则意义的观念。或者说,它是一种营销哲学,一种关于市场营销的根本态度的看法。作为企业市场营销活动的出发点,它对营销的成败具有决定性的影响。

人们的社会存在决定人们的社会意识,一定的市场营销观念是一定的市场经济运行的产物。"日通"营销观念的转型,与日本社会的经济状况、产业结构的重大转变密切相关。20世纪70年代后半期以来,日本社会的经济状况由"高度增长型"转变为"稳定增长型",产业重心由重化学工业转变为以尖端技术为基础的加工组合型产业,"厚、重、长、大"的时代演进为"轻、薄、短、小"的时代。在这种情况下,原来依托"国铁"

进行铁路、公路联运，主要运送粗重大宗货物的"日通"的日子就不好过了；由于农业连年歉收，政府缩减粮食库存，原来主要承揽政府物资储存业务的仓库业务也开始下滑了。形势逼迫"日通"审时度势，改变过去靠着铁路坐等生意、依赖政府稳取收益的观念，面对市场及日趋激烈的营业竞争，以新的经营方式迎接已经到来的挑战。

这与整个西方国家企业的市场营销观念的转变轨迹基本上是一致的。以美国为代表的西方国家，其企业的市场营销观念经历了旧、新两大阶段。旧观念的特征是生产者导向，新观念的特征是市场需求导向，而导致旧观念向新观念转换的根本原因是20世纪50年代以来，尤其是70年代以来社会经济的迅速发展及由卖方市场向买方市场的转变。

经营理念的转变必然导致经营方式的改变。所以"日通"推出了"塘鹅"业务，仓库业务也转向"轻、薄、短、小"，并提供输送、搬运、流通加工、情报服务等综合性服务。这为"日通"注入了新的活力，使它避免了"长毛象"的厄运。

但是，"日通"的"塘鹅"计划还是比"大和运输"的"黑猫"行动晚了一年多，这一时间差距造成了双方业绩的巨大差距。"日通"要保住昔日的"大哥"地位，还得付出艰辛的努力。这说明认清形势、抓住机遇对于企业的生死存亡具有何等重大的意义。

造成"日通"在经营理念和方式改变上"慢半拍"的原因是养尊处优、积重难返。"日通"在思想和业务转变上"反应迟了一步"，是因为想要一下子转变"并不容易"：一方面，"日通"已经习惯了老业务、旧体制，缺乏自己在市场上招揽业务的能力；另一方面，还有日本政府在一旁督导干涉，不希望"日通"放下"国铁"包袱转向市场求生存。这说明经营理念和方式的改变是何等的艰难。事实上，无论在西方国家还是在中国，这种变革在大多数情况下都绝不是一蹴而就的，它往往需要理智、胆略、见识及坚持不懈的努力。

1-4 一名乘客的航班该不该飞

1999年3月9日，在海南航空股份有限公司从广州飞往成都的一个航班上，148个座

位中，只有一名乘客。

一架波音 737 客机，从广州飞往成都，总费用在 7 万 ~ 8 万元之间，只运载一名乘客，远远不够运输成本。但飞机还是照常起飞了。而且，航行途中照常举行乘客抽奖活动，这名唯一的乘客以 100% 的中奖率，获得一张免费机票，等于不花钱享受到了乘坐专机的待遇。

这件事引起了人们的争论。当地一家报纸发表署名文章，为海航"一名乘客的航班"叫好，大为赞赏公司以乘客利益为重、恪守信誉的做法。继而该报又发表文章，表示对"一名乘客的航班"不解，认为"按照市场经济的一般规律，148 座比 1 座这个数字的比例就已经失去了这个专机航班存在的理由"。有的文章则为海航设计了一些解决的办法，即许多航空公司常规的做法：或者向乘客讲明情况，帮助乘客调整航班；或者在乘客同意的前提下，给予退票和相应的赔偿。文章说："这种情况在国内外都有先例可循。"

海南航空公司自办的一张报纸发表评论员文章不无骄傲地说："海航从来都不是按常规发展起来的。""为了整体利益和长远利益而牺牲局部利益是值得的。一名乘客的航班，照飞。"

一名乘客的航班该不该飞？对这一问题的回答，反映了不同的经营思想。

不少人认为，一张机票，形成了乘客与航空公司之间的契约关系。乘客买了机票，只要不轻言放弃，航空公司就应履行飞行的承诺；否则，其信誉损害将远远超过一次几乎空载的航班的经济损失。

但同样也有不少人认为，对于本次航班，航空公司应当采取"常规"办法，即对这名唯一的乘客晓之以情、动之以理，并给予一定的赔偿。那么，在国内航班正点率原本不是很高的情况下，得到赔偿的这名乘客完全可以高兴地改乘下一个航班。这样做，既不会造成经济损失，也不会损害航空公司的信誉。

"一名乘客的航班"偶尔出现一次，"照飞"可以为企业取得轰动效应，相当于为企业做了一次花钱不多的广告。然而，也有人认为，这种现象出现多了，如果航空公司每天都面对几起"一个人的航班"，谁还敢夸"照飞"的海口？

事实上，对于"一个人的航班"飞与不飞，还有另一种观点："一个人的航班"现象的发生，是市场发出的一种危险信号。有关经营者对此不应沾沾自喜，更不应把它当作吹牛的资本。在服务良好的前提下，需要想一想市场为什么不选择这个航班，多研究一些解决供需严重失衡的办法，少提一些壮志凌云的口号。

到目前为止，尚未有什么权威人士对"一个人的航班该不该飞"作出什么结论，但可以肯定的是，对这一问题的讨论或争论肯定是有些意思的。

讨论分析题：

你的观点是什么呢？

第 2 章
营销环境

本章提示

通过本章的学习，了解市场营销环境对营销活动的重要影响，理解微观环境与宏观环境的主要构成。掌握分析、评价市场机会与环境威胁的基本方法，熟悉企业面对市场营销环境变化所应采取的对策。

营销环境的概念：微观营销环境；企业内部的微观环境；供应商；营销中介；顾客；竞争者；公众。宏观营销环境：人口环境；经济环境；自然环境；技术环境；政治环境；文化环境。营销环境的分析：市场营销环境分析的意义；市场营销环境评价的方法；拟订对策。

重点与难点：应重点掌握市场营销环境的构成，特别是宏观营销环境中经济环境、人口环境及自然环境对市场营销的影响。难点是经济环境中各构成要素对市场营销产生的影响，如消费者收入水平、消费结构及恩格尔定律和恩格尔系数等概念。

本章选取了四个案例，案例 1 讲述柯达面对技术变迁，从准备不足到积极应对的历程，阐明如何分析环境变化所带来的机会和威胁，自身与竞争对手相比的优势和劣势，学会用 SWOT 方法来制定营销策略。案例 2 讲述海尔集团怎样利用沙尘暴这样一种自然气候环境，针对消费者的需求，成功设计空调营销方案。案例 3 讲述肯德基遇到极其严重的环境威胁（苏丹红事件）的时候是如何采取对策减轻这种威胁的。案例 4 讲述英国丰拜克公司是如何将环境威胁转变为环境机会的。

2 - 1　柯达会被数码技术淘汰吗

传统的照相技术基于光化学过程，感光材料从最初的蜡版发展到彩卷经历了100多年的历史。一个产业的兴衰沉浮，最大的现实依据是社会的需求结构与消费结构。20世纪90年代，数码技术的迅猛发展，使电子成像成为可能，照相正经历着从化学成像向电子成像的转变。就像电灯的普及淘汰了煤油灯一样，电子成像技术也将把化学成像的技术（传统相机、冲晒机械等）变成古董，赶进博物馆。

在化学感光行业，随着信息时代的来临，新技术不断推出，历经几十年的传统技术面临淘汰，数码成像的时代即将到来。面对技术环境的巨大变迁，传统化学感光企业有的六神无主、手足无措，有的则未雨绸缪、成竹在胸。

一、辉煌的柯达发展史

在中国的化学成像市场上，国外企业似乎是真正的主角：柯达始终处于霸主地位，富士、爱克发、柯尼卡等在其强大攻势下始终没有良好表现。乐凯，几乎是中国唯一可在这个市场上分一杯羹的企业，尽管用自己的低价牵制着霸主柯达，但因代价过高，仍在苦苦支撑着。

不可否认的事实是，在过去的几年中，柯达在中国市场的营销是非常成功的。从20世代80年代到90年代中期，中国的彩卷市场基本都是富士的天下，柯达在与富士的角逐中由于更长于营销，最终取得了胜利。成功的经验是：

（1）营销技术。富士不肯向中国转让先进技术，只提供产品，给柯达留下了市场空缺。为了打开中国市场，柯达愿意提供先进技术，并救活几个濒临倒闭的合资企业，从而得到了进攻中国内地市场的机会。

（2）营销政府。在营销技术的基础上，柯达全球副总裁叶莺女士开始营销政府，就是与中国政府签订排他性协议，从1998年以后的三年内，中国政府不得引进其他外资（主要指富士）和建立合资企业。这保证了柯达在中国市场的垄断地位。

二、面临的困境

美国影像市场协会（PMA）有统计显示，2003年美国数码相机的销量首次超过了传统相机，传统相机在2000年创出的销售高点已经成为历史"绝唱"。对于主营传统影像业的柯达而言，虽然还是市场老大，但今后的日子可能会越来越难过了。目前，柯达收入的70%来自传统的胶卷和摄影产品，公司全部营运收益亦来源于此。公司7月23日公布的第二季度收益报告显示，利润约为1.12亿美元，比去年同期锐减60%。

来自中国信息产业部的一份市场调研报告显示：2000年一季度，全国家庭数码照相机的拥有率仅为3%，而2002年全国卖出80万台数码照相机，而且今后将以年均35%的速度增长。在这样的市场背景下，一直占据着中国胶卷市场绝对领先地位的柯达当然不甘落后，宣布要将 70% 的研发费用投入到数码领域，并立志在中国达到平均每一万人拥有一家柯达快速彩色冲印店。柯达的战略无疑是希望通过这些举措保住自己在行业内的霸主地位。然而，毕竟时代不同了，老对手富士开始改变自己在中国相对冷漠的态度，并凭借其先进的数码冲印技术攻城略地，暂时处于领跑地位，其他如 IT 等相关行业由于数码技术的连带性也进入了行业，柯达确实面临着威胁。

柯达正在全球范围内进行一项涉及 2.5 万人的裁员，这其中包括因缩减中国厦门工厂的民用胶卷、相纸和一次性相机产量，而将在中国裁员数百人。这也是凭借"98 协议"大规模进入中国市场并迅速取得绝对龙头地位后，柯达首次对中国工厂进行产能缩减和裁员调整。

其原因是"全球市场传统民用胶卷和相纸需求急剧下滑的速度远远超过此间业界专家的预估，我们也没有料到。柯达的传统业务大幅收缩，要求在商业模式上有大的改变，要完成柯达向数码影像巨头成功转型，我们必须裁减员工。这是一个痛苦但不可避免的决定"。

虽然厦门工厂仍将生产胶卷、相纸和一次性相机，但供应范围从全球缩减到亚太和日本地区，产量也将因此缩减。需要指出的是，厦门曾是柯达全球最大规模的胶卷、相纸及一次性相机生产基地。

柯达在数码技术来临之时准备不足，发生了多处失误：首先，柯达在数码相机这个拍摄照片的终端产品上节节败退，价格上也没有明显优势，市场占有率与佳能、奥林巴斯、索尼等有很大差距，这是在 DC 领域，在单镜头反光镜头这一高端市场，基本上是柯达的市场真空。其次，柯达在数码照片冲印机器生产能力上的缺陷，影响了下游厂商的跟进和市场同盟力量的开发。可以说柯达虽然最早开发了数码相机，但是它对数字技术和数字影像产品的冲击反应是相当迟钝的，这是柯达越走越难的根本原因。

当然，对于传统影像市场的萎缩，柯达已经公开承认："我们已认识到人们对传统产品的需求在逐渐减少，特别是在发达市场。正是考虑到这个现实，柯达开始加速应对来自数码市场的需求，转变业务范围，将重点放在数码市场。"

三、启动战略转型

2003 年 9 月，已有 122 年传统胶片生产历史的柯达在其美国总部宣布，公司业务重心向增长迅速的数码业务转型，这次转型是柯达 120 多年来面临的第二次剧烈变革，其意义不啻于柯达的创始人乔治·伊士曼发明摄影胶卷，果断淘汰自己发明的玻璃干版，并进入胶卷生产领域。

虽然表面上看，这项全力以数码为导向的战略调整计划旨在以消费者、医疗和专业胶片影像产品和服务为根本，利用数码技术的力量将公司业务扩展到一系列商业领域，形成一个多元化的公司业务范围，并成为数码市场上的领导者，但投资者都明白，这其实是柯达的"无奈之举"。

早在 2001 年，柯达就宣布将战略重点转向数码影像，并明确提出发展"新三件"——芯片、软件和打印设备，逐步替代"老三件"——胶卷、相纸和冲洗药。当然，柯达的芯片主要是用来存储图像信息的，它的软件主要是用来处理图像信息的，而它的打印技术从功能上说，则类似于化学成像中的冲晒。柯达的三大主打产品全变了，虽然其行业结构没变，核心业务及业务定位都没变，"新三件"与"老三件"之间也有明显的继承关系。未来照相技术及应用功能不再是建立在光化学基础上，而是建立在微电子与数码技术基础上。只可惜这次行动收效甚微，在 2002 年柯达全年 132 亿美元的销售额中，来自数码市场的只有 38 亿美元，大部分还是传统影像业务的贡献。

柯达向数码市场进军的号角已经吹响了，斥资 8 亿美元与日本三洋合作，开始自主研发有机发光显示器产品；在中国，柯达在数码冲印领域已重点发力，正加快步伐把 8 500 家传统冲印店升级为数码冲印店，并与三星、诺基亚、联想建立了战略联盟，希望借助这些 IT 厂商的力量尽快完成升级换代，在柯达密布中国的近 2 000 家数码网络连锁冲印店中向消费者提供彩信输出（冲印或光盘刻录）业务；同时柯达也全力进军打印机市场，推出了一款喷墨打印机，甚至其还计划利用现有的一家合资企业，拓展其在高端数码打印市场的产品线，向业内领军企业施乐公司和惠普发起挑战；此外，在数码相机领域，其加快了推出新品的步伐，2001 年四五月间，公司已连续发布了 3 款新的数码相机。

在数码影像市场越来越诱人的商机面前，柯达"传统与数码两线并重"的市场策略必须要向"数码"严重倾斜。2003 年 8 月开始，柯达宣布了新一轮业务和管理团队的重组计划。其中，商业冲印、显示屏及元器件、数字及胶片影像系统、医疗影像和商业影像 5 大业务部门，替代了民用摄影部、专业市场部、娱乐影像、医疗影像、数码影像和商业系统，成为柯达在未来市场的主要业务领域。宣布解体的公司原有最大事业部——民用摄影部和专业市场部，其成立才不过一个月时间；而显示屏及元器件部，原来不过是属于民用摄影部下面的一个小单元，现在却随着业务调整被赋予了重要责任，独立成为一个新的部门。

更值得关注的是，公司中的"数码派"也由此跃升为"实力人物"。重组后的柯达公司 5 大主要业务区域的负责人，目前已全部由熟悉数码市场的人士管理。在大幅度扩充数码影像机构和人员的同时，柯达也把传统影像部列入了缩减成本的计划中。继年初裁员 2 200 人后，柯达在 9 月份宣布数码转型战略后，已计划再次裁员 6 000 名，这些被裁人员主要就集中在公司美国总部的传统影像部门。

柯达希望，通过裁员为下一个财政年度节约 3 亿美元左右的开支，为下一个财政年度打赢数码影像市场的"大战"，积累更多"弹药"和资本。2003 年 9 月，柯达已宣布大幅减少派息，斥资 30 亿美元为公司在数码彩色打印机、相机和医疗成像设备业务的扩张提供资金。这一激进的计划曾令惊讶不已的投资者纷纷抛售柯达的股票，致使柯达股价跌到了 15 年来的最低点。但这依然没有动摇邓凯达的决心，他认为"全力以数码为导向"的战略前景是无比光明的，可能使公司 2006 年的年收入达到 160 亿美元，2010 年的年收入达到 200 亿美元（目前公司年收入约为 130 亿美元）。现在所有的投入和付出只不过是"毛毛雨"，当然也都是值得的。

柯达转型数码，能否达到预期目标却是难料。因为数码市场已经是一个更大的战场，不仅强手如云，而且面孔翻新。柯达不仅要面对老对手富士的强大进攻，而且必须硬着头皮去跟惠普、爱普生、佳能等新挤进来的各路成名高手竞争，究竟有几成胜算恐怕谁也说不准。

四、向服务企业转变

柯达快速彩扩店是柯达在全球推行的连锁店计划，于 1986 年在英国推出，旨在通过柯达的指导和支援，协助独立投资经营的店家建立标准化管理与统一形象，为消费者提供专业而统一的影像产品和服务。

柯达"轻松当老板"创业计划包含三种方案，分别是初级创业、高级创业和数码创业计划，三个创业计划针对不同投资者的需要，投资费用从 9.9 万到 70 万元不等。

初级创业版（VDS0）面向小本创业人士，投资者仅需 9.9 万元（包括购置一台索维尼 955E 彩扩设备、所需耗材及店铺装修），便可以购置彩扩设备，足以具备开彩扩店的基本条件。在柯达提供技术、培训和零售管理等综合支援和市场推广攻势的配合下，普通老百姓也可以轻松入门开店。

高级创业版（VDS1）针对资金较充裕及对服务多元化与店面装修要求更高的投资者，投入约 25 万～30 万元，便可以在传统彩扩基础上添加数码影像速印系统，提供证件快照、无底片复印等需求庞大的数码影像服务。

数码创业计划适合锐意拓展业务规模人士，投资金额在 70 万元或以上，可以配置全能的数码彩扩系统，一次性投资便可以扩大业务收入来源，提高工作效率与竞争优势。

这一连锁计划于 1994 年在中国开始实施，先由北京、上海、广州等大城市向周边辐射。6 年内就在全国迅速铺开，7 000 家快速彩扩店的从业人员超过了 50 000 人，已成为中国最大的零售连锁网络。柯达快速彩色连锁店全线采用柯达相纸、冲印套药及彩扩工艺，推动了其感光产品在中国的深入推广。已有统计表明：柯达产品目前在中国的市场占有率已达到 53%，稳居中国感光市场品牌第一位。

要在中国广阔的土地上构建一个服务和销售网络需要投入巨额资金。对于一个市值 139 亿美元的巨头来说并非易事，柯达很巧妙地利用了老百姓手中的资金，而且为他们提供了创业和就业的机会。从 1994 年至今，柯达快速彩扩店在中国已经吸引了 25 亿民间资本。为了进一步拓展快速连锁店，柯达抓住了中小投资者的创业愿望，以"柯达给你带来利润"为题在中国适时推出了"9 万 9 当老板"的创业计划，使开办彩扩店成为中小投资者的投资首选。该计划推出数月，柯达快速彩扩店就新增了几百家。

2002 年，柯达大力发展数码网络冲印系统。数码冲印店由于投入较大，因此不可能短期内在市场上遍地开花，这些因素客观上造成了数码照片冲印的不便与冲印成本的昂贵。因此，柯达发挥了原有冲印网络的优势，把传统影像店与数码冲印店结成数码冲印网络，在短短半年的时间里，数码冲印网络在北京、上海、广州等地广泛延伸，2002 年达到 800 家，2003 年更是达到 1 800 家。这一举措不仅让消费者享受到快捷的数码冲印服务，更让柯达数码冲印的市场占有率及消费者对其的认知度大大提高。

2002 年 1 月，柯达与中国银行推出助业贷款，为加盟柯达快速彩色店的经营者提供贷款购买彩扩设备。借款人可以用购买的设备作抵押，贷款金额最高可达到机器价格的 50%，还款期最长为三年。助业贷款项目解决了投资彩扩店的资金瓶颈问题，特别是数码彩扩店，成为当年柯达数码彩扩设备销售超过竞争对手的重要环节。

2002 年 9 月，柯达与联想合作，联想全国 300 家 1 + 1 专卖店加入柯达数码冲印系统，进一步扩大数码冲印网络，同时有效地结合了 IT 的零售渠道。

2002 年 9 月，柯达与三星合作，首次在柯达快速彩色店推出手机影像下载服务，为日后推出手机数码影像输出解决方案打下了坚实的基础。

2003 年，柯达又推出网上冲印，让消费者安坐家中就可以把数码影像传送到附近的柯达数码店冲印。

2004 年，柯达（中国）明确提出"传统与数码并重"的发展战略，在数码方面推出全新的网上冲印，并且联手行业顶级合作伙伴 IBM、诺基亚共同拓展数码冲印网络，使中国市场的影像服务数字化进程再上一层楼。同时，柯达与中国工商银行达成更广泛的信贷合作，为投资者提供更多的信贷选择。

资料来源：

任薇君. 柯达中国的发展. 中外管理，2001（4）

讨论分析题：

1. 柯达在新的环境下遇到了哪些威胁和机会？
2. 试利用 SWOT 法为柯达制定未来的营销战略。

案例解读

柯达在历史上曾经积极推动机械相机到电子化傻瓜相机的发展，从而促进了胶卷、相纸市场的成长。在电子、数码成像技术日渐成熟时，柯达又极力成为数码技术市场化的促进者。由此我们可以看出，在这个技术更替时期，柯达的战略目标就是，紧紧抓住化学成像市场的最后机会，同时积极促进数码成像市场的成长。因为在数码成像时代，整套游戏规则全变了，人们不必把胶卷送到彩扩店去，而是把数码相机接上电脑，通过互联网让柯达这样的专业服务商去处理成像问题，在自己的邮箱中或去连锁店取相片。针对这一变化，柯达的战略框架是，将那些冲印连锁店改造成依托互联网的（照相）电子商务服务站点。柯达在将来的发展中，将面临从产品供应商向服务供应商的角色转变。

柯达面对变化及时地进行了战略调整，而我国的化学感光企业仍是以"求生存"者居多，大多数企业经营者把精力放在"业务目标"上，而无暇去关心和承受周期较长的研究工作。事实证明，企业必须根据所处的各种环境状况制定战略规划，用战略的眼光来看企业的发展，这是企业实现长远发展的必由之路。

分析营销环境最常用的方法是 SWOT 法，其名称是优势（Strengths）、劣势（Weaknesses）、机会（Opportunities）、威胁（Threats）这 4 个英文单词的第一个字母的组合。

SWOT 分析法的步骤是：①企业外部环境分析，列出环境中的机会和威胁；②企业内部能力分析，列出目前企业的优势和劣势；③绘制 SWOT 矩阵，这是一个以环境中的机会和威胁为一方、以企业优势和劣势为另一方的二维矩阵；④进行组合分析。利用这个匹配工具，可以帮助管理者制定如下四类战略：SO（优势—机会）战略、WO（劣势—机会）战略、ST（优势—威胁）战略、WT（劣势—威胁）战略（如下表所示）。

	优势——S 列出优势	劣势——W 列出劣势
机会——O 列出机会	SO 战略 发挥优势，利用机会	WO 战略 利用机会，克服劣势
威胁——T 列出威胁	ST 战略 利用优势，回避威胁	WT 战略 减少劣势，回避威胁

柯达在面临数码时代时，其优势在于品牌知名度高，资金实力较雄厚，但与 IT 和家电企业相比，其技术研发能力较弱。从外部环境分析，柯达的传统化学感光产品在技术变迁的背景下，生存空间日益狭小，技术环境是其生存的巨大威胁，幸运的是，柯达发现了一个重大机会，即无论运用何种照相技术，消费者冲洗的需求在增长，但对传统冲洗店的服务不满意。有些创业者有意投资冲洗店，但苦于得不到技术支持和管理指导，因此，柯达利用自己的品牌和网络吸收特许加盟者进入冲洗行业，既可以收取加盟费用，又可以形成自己产品的销售终端。通过这样一种向服务企业的转型，柯达巧妙地利用自身优势抓住了机会，回避了威胁。

2-2 海尔沙尘暴里觅商机

海尔集团首席执行官张瑞敏曾多次提出：中国企业要参与国际竞争，必须以速度取胜。也许这正是海尔成功的奥秘所在。在 2002 年春天的沙尘暴袭来之际，海尔再一次抓住商机，以迅雷不及掩耳之势推出新品，充分体现出以速度取胜的真谛。

1. 沙尘暴里"雪中送炭"

自 2002 年 3 月下旬以来，我国北方绝大部分地区都受到了沙尘暴或沙尘天气的影响，沙尘所到之处天空昏暗、空气混浊，居民即使紧闭门户，在粉尘飞扬的室内也很难舒畅地呼吸。沙尘暴不折不扣地成为北方越来越频繁的"城市灾难"。但中国著名的家电品牌海尔集团却在此次沙尘暴中独具慧眼，在灾难中发现了巨大商机。

海尔"防沙尘暴Ⅰ代"商用空调，正值沙尘暴肆虐北方大地、人们生活饱受沙尘之扰苦不堪言之时推出，可谓"雪中送炭"，使产品的使用者在有限的空间之内，有效地将沙尘暴的危害降低到最小限度，筑起一道健康的防护墙。

据悉，在海尔"防沙尘暴Ⅰ代"商用空调推向市场的两周时间内，仅在北京、西安、银川、太原、天津、济南等十几个城市就卖出了 3 700 多套，部分城市甚至出现了产品供不应求、人们争购的局面。仅凭"防沙尘暴Ⅰ代"商用空调，海尔商用空调 3 月份的销量便达到了 2001 年同期的 147.8%。

2. 海尔沙里淘金

据环境监测专家称，2002 年我国北方地区沙尘暴形势比较严峻，而且是频繁发生。自 1999 年起，我国进入新一轮沙尘天气的频发期，这也是继 20 世纪五六十年代以来我国所遭受的最严重的沙尘暴侵袭。据悉，仅在 2001 年，我国监测网络就观测到 32 次沙尘暴现象，虽然我国已启动一系列重大环保工程来恢复沙尘暴源区和路径地区的植被和生态环境，力图从源头上控制沙尘暴的暴发，但这也并不能在短期内解决我国北方地区的沙尘暴问题，据专家估计，即使国家环保措施得力，最快也要 15 ~ 20 年方能从根本上解决沙尘暴问题，在这期间沙尘暴仍将频频发生。

当多数人都看到沙尘暴的危害时，海尔却看出了商机，根据市场的变化及人们的个性化需求，迅速推出了最受北方地区欢迎的产品——"防沙尘暴Ⅰ代"商用空调。当时国内生产空调的企业已达 400 多家，家电企业更是数不胜数，为什么仅海尔能做到这一点呢？不难看出，海尔在反应速度、市场应变能力、个性化产品开发、技术力量的转化方面具有强大的优势和实力。

资料来源：

老友. 海尔沙尘暴里寻商机. 中国企业报，2002 - 05 - 09

讨论分析题：

1. 一个企业的核心竞争力包含哪些内容？海尔的优秀之处表现在哪里？
2. 如何理解"没有疲软的市场，只有疲软的产品"？

案例解读

沙尘暴给人们带来的种种危害，使人们"谈沙色变"。它使沙尘漫天，空气中弥漫着一股土腥味，外出不便，车辆、楼窗、街道乃至整个城市都蒙上了厚厚的灰尘。应该说，有了市场需求才有相应的产品产生，既然在短期内我国北方地区无法从根本上解决沙尘暴的问题，那么只有采取种种防御措施，尽可能将沙尘暴给日常生活所带来的负面影响降低到最低程度。

但由此也引发了一股"沙尘暴经济潮"，精明的商家看出了其中蕴涵的无限商机，采取了相应的策略，从而带动了车辆洗刷、家政服务、环卫清扫、吸尘器、空调、墨镜、口罩等行业的兴旺。海尔"防沙尘暴Ⅰ代"商用空调的应运而生，给处于沙尘之中的人们带来了重新享受清新生活的希望。这种采用多层 HAF 过滤网技术、独特的除尘功能、离子集尘技术的海尔"防沙尘暴Ⅰ代"商用空调，可以清除房间内因沙尘暴带来的灰尘、土腥味及各种细菌微粒，经过滤后的空气犹如森林中的一般清新，从而在人们日常生活中为抵御沙尘暴的侵袭筑起了一道道绿色的防护城。

海尔推出"防沙尘暴Ⅰ代"商用空调将"天时、地利、人和"优势全部掌握，使海尔产品又一次热销市场。首先是"天时"，在沙尘暴于 3 月 19 日刚一开始之际，海尔便迅速推出了"防沙尘暴Ⅰ代"商用空调，时机把握恰到好处。此种空调的推出也充分反映出了海尔的"速度"优势，即"市场应变的速度"、"新产品开发的速度"、"生产订单转化的速度"，海尔商用空调科研开发人员连夜开发出了"防沙尘暴Ⅰ代"商用空调。其次是利用了"地利"之便，海尔并不是将这种产品盲目地推向市场，而是进行了精心的市场定位、市场细分，借用在当地营销渠道的优势，将这些产品推向受沙尘暴影响较大的华北、东北、西北及华东部分地区，在第二次沙尘暴到来之际，很多用户已用起了这种空调，除尘换新风效果异常好。由于人们饱受了沙尘暴带来的空气污浊、灰尘到处飞舞的苦楚，于是，具有独特防沙除尘多层过滤网、健康负离子技术的海尔"防沙尘暴I代"商用空调便赢得了民心，受到了宠爱，赢得了"人和"。

海尔从当初一间濒临破产、亏空147万元的集体小厂，发展成为2001年全球营业额实现602亿元的中国家电第一名牌，并在全世界获得越来越高的美誉度。其产品也从1984年的单一冰箱发展到拥有白色家电、黑色家电、米色家电在内的86大门类13 000多个规格的产品群，并出口到世界160多个国家和地区，2001年实现出口创汇4.2亿美元，同比增长50%。目前家电市场虽然竞争激烈，但是真正满足用户个性化需求的产品不多，市场上"不是有效需求不足，而是有效供给不足"，只有那些做到充分满足用户个性化需求的企业才能取得市场的主动权。海尔的每一步看似都掌握了先机，比竞争对手高一等，但其所体现的深厚底蕴是令人惊美的，这也是其他企业一直难以追赶的原因所在。例如，在1998年，海尔成为空调市场的老大，产销量均达到国内第一时，便开始大举进军商用及家庭中央空调领域，其研发出的MRV智能网络变频中央空调迅速畅销国内外市场。当时许多企业在一般空调市场的发展也才刚刚起步。当2001年其他企业意识到商用及家庭中央空调这一市场上的巨大潜力和空间时，海尔MRV商用及家庭中央空调早已成为国内最知名的小型中央空调品牌了，年产销量均已突破150万套，产品出口到德、意、英、美等世界100多个国家和地区，赢得了广大消费者的信任和对品牌的忠诚度。

如今海尔适天时应需求，及时地推出"防沙尘暴I代"商用空调，我们在击掌叫好、叹服之余，不能不深深地思索，"沙尘暴"里，我们是不是应该学习海尔的速度和善于捕捉商机的头脑呢？

2-3 肯德基及时处理苏丹红事件

2005年3月15日，上海市相关部门在对肯德基多家餐厅进行抽捡时，发现新奥尔良鸡翅和新奥尔良鸡腿汉堡调料中含有"苏丹红一号"成分。16日上午，百胜集团上海总部通知全国各肯德基分部"从16日开始，立即在全国所有肯德基餐厅停止售卖新奥尔良鸡翅和新奥尔良鸡腿汉堡两种产品，同时销毁所有剩余调料"。

3月16日下午，百胜集团发表公开声明，宣布新奥尔良鸡翅和新奥尔良鸡腿汉堡调料中含有"苏丹红一号"，并向公众致歉。百胜集团表示，将严格追查相关供应商在调料中违规使用"苏丹红一号"的责任。

肯德基中国公司的部分产品含有苏丹红事件在经历了近两周的检测和调查后，肯德基所属的中国百胜餐饮集团总裁苏敬轼于2004年3月28日正式公布调查结果：经过各级政府在不同城市对不同原料进行抽检，确认所有问题调料均来自江苏宏芳香料（昆山）有限公司供应给广东中山基快富食品公司的两批辣椒粉。中国百胜餐饮集团向全国消费者保证，肯德基所有产品都不含苏丹红。

肯德基公司此次由于苏丹红问题遭受了重大打击。苏敬轼称，针对苏丹红事件的教训，中国百胜餐饮集团决定采取三项措施防范部分食品生产供应商不能严把食品安全关带来的隐患：一是将在过去的基础上加强原有的检测能力，投资 200 万元建立一个现代化食品安全检测研究中心，对所有产品及使用原料进行安全抽检，并对中国食品供应安全问题进行研究。二是要求所有主要供应商增加人员，添购必要的检测设备，对所有进料进行食品安全抽检。三是强化选择上游供应商的要求标准，严防不能坚持食品安全的供应商混入供应链。

资料来源：

陈小力. 经济日报，2005 - 03 - 29

讨论分析题：

1. 面对"苏丹红一号"事件给肯德基带来的环境威胁，百胜集团采取了哪些对策？试用市场营销学的有关原理评价这些措施。

2. 通过这起事件，你认为企业的营销活动在与其营销环境的适应与协调过程中应注意哪些问题？

附：肯德基苏丹红事件始末

2005 年 2 月 18 日

英国在食品中发现苏丹红，下架食品达 500 多种。

2005 年 2 月 23 日

中国国家质检总局发出紧急通知，重点检控进口产品中的"苏丹红一号"，以防进入国内流通渠道。肯德基所属百胜餐饮集团立即要求供应商对相关调料进行检测，并提供书面确认。

2005 年 2 月 25 日

百胜供应商广东中山基快富食品公司发来书面回复，确认其供应的产品不含苏丹红。

2005 年 3 月 4 日

北京市有关部门从亨氏辣椒酱中检出"苏丹红一号",并确认苏丹红来自广州田洋公司。百胜集团再次要求所有供应商继续排查"苏丹红一号",并把重点转向国内原料。

2005 年 3 月 15 日

在肯德基新奥尔良鸡翅和新奥尔良鸡腿汉堡调料中发现了微量"苏丹红一号"成分。

2005 年 3 月 16 日

百胜集团要求全国所有肯德基餐厅停止售卖新奥尔良鸡翅和新奥尔良鸡腿汉堡两种产品。同时启动内部流程妥善处理并销毁所有剩余调料,防止问题调料回流到消费渠道。通过媒体和餐厅,发布中国肯德基"有关苏丹红(一号)问题的声明",向公众致歉。

2005 年 3 月 17 日

百胜集团品控人员在基快富工厂进一步追查苏丹红时,在生产记录中发现宏芳香料(昆山)有限公司提供的含苏丹红的辣椒粉也曾经在 2005 年 1 月 12 号以前用在部分肯德基香辣鸡翅、香辣鸡腿汉堡和劲爆鸡米花的调料中。肯德基立即通知所有餐厅停用少量剩余基快富调料,由味好美的同样调料替代。

2005 年 3 月 17 日

在百胜集团对上述 3 项产品调料掉换处理前,北京市进出口检验检疫局在肯德基的万惠餐厅抽样了该批有问题的调料。

2005 年 3 月 18 日

北京检验报告证实该基快富调料含有苏丹红。虽然肯德基已通过专业测试保证来自味好美的新调料不含苏丹红,但北京市食品安全协调办公室为了确保市民安全,要求肯德基将新调料送交该局再次检测,并且在该局证明不含苏丹红之前,必须立即停止销售该 3 项产品。为了配合北京市食品安全协调办公室的指示,北京肯德基不得已暂停该 3 种产品销售。

2005 年 3 月 22 日

新调料经过北京市食品安全办公室确认不含苏丹红,随即,北京肯德基恢复了香辣鸡翅、香辣鸡腿汉堡、劲爆鸡米花 3 种产品的销售。

2005 年 3 月 23 日

通过国家认证检验机构测试不含苏丹红的新奥尔良调料准备就绪,该产品三天内在全国陆续恢复销售。

2005 年 3 月 28 日

肯德基在全国 16 个城市同时召开新闻发布会,宣布经专业机构对肯德基几百种相关品项检测,证实所有产品不含苏丹红。公司查明所有问题均来自中山基快富食品公司的供应商宏芳香料(昆山)有限公司。宏芳曾向基快富提供两批含苏丹红的辣椒粉。这两批辣椒粉中的一部分用在了肯德基的新奥尔良和香辣产品中。会上,肯德基宣布了三项食品安全措施,全力防范今后类似事件的发生。

2005 年 4 月 6 日

依据中央电视台"焦点访谈"报导,所有肯德基调料中的"苏丹红一号"均可追溯至广州田洋公司。该公司以工业原料违法假冒成食品增色剂,销售给河南驻马店豫香调味品有限公司用于辣椒粉加工;再经过安徽义门苔干有限公司包装,卖给宏芳香料(昆山)

有限公司；最后售给肯德基的供应商中山基快富食品公司，从而混合肯德基的调料。由此可见，从田洋公司到肯德基，中间隔了四家企业。

案例解读

环境包含机会和威胁两方面的影响和作用，分析环境的目的在于发现机会，避免和减轻威胁。

企业对于环境不是无能为力的，企业在分析环境的基础上，可以增加适应环境的能力，避免威胁，也可以在一定条件下改变环境。

本案例中，百胜集团面对威胁，采取了以下措施：

（1）停止销售含有苏丹红的产品，销毁剩余调料；

（2）公开致歉，追查责任；

（3）公布检测结果，并保证其所有产品都不含苏丹红；

（4）制定措施，消除隐患。

上述措施均属于减轻策略的范畴，通过这些措施，企业逐步消除了事件的影响，重新赢得了消费者的信任。

在错综复杂、动荡多变的营销环境中，企业必须不断打造自己的核心竞争力，增强应变力，随时把握环境动态，及时发现问题，迅速、妥善地解决问题，才能够避免和减轻环境威胁，使企业健康发展。

总体而言，在肯德基遭遇危机时，其危机公关的反应非常迅速，所实施的各项公关措施环环相扣，且处置得当。首先，由于其在第一时间以不回避问题的积极态度通过媒体公布事件进展，在公众中塑造了"肯德基是一个有信誉和敢于承担责任的企业"的良好形象，在一定程度上减轻了消费者的疑虑和来自媒体的压力，防止了舆论环境的进一步恶化。其次，企业高管及时出现在新闻发布会上，以坦诚的姿态向公众介绍事件的过程，并巧妙地将视线从肯德基产品转移到供货商身上，同时积极配合政府部门的调查，给公众造成了"肯德基也是受害者"的印象。

可以说，肯德基在事件初期的主动态度对摆脱危机起到了至关重要的作用。

同时，肯德基的这次"拯救"计划也还不够完美。有专家认为，缺少国内权威的帮助正是肯德基化解危机不够到位的地方，因为中国的消费者显然更需要来自国内权威部门的声音。另外，肯德基与媒体和消费者的沟通仍然不算畅通，虽然它承认事实并适时发布消息，但仍有记者和索赔的消费者不能及时从肯德基获得所需要的信息。虽然肯德基成功地把媒体的目光引向了"苏丹红"的来源，但这也正体现出它对辅料供应商管理的不善。

2-4　英国丰拜克公司的手机翻新业务

　　随着手机的日益普及，一个新兴行业——手机回收翻新利用在英国悄然出现。这不但减轻了环境负担，而且给相关企业带来了可观的收益。

　　英国一家多年从事通信设备管理的公司丰拜克（Fonebak），自从 2001 年开拓手机维修和回收业务后，生意日渐兴隆。公司首席执行官凯西·伍德沃德女士最近宣布，今年公司已实现税前利润 370 万英镑，约合 670 多万美元。同时还减少了废弃物对环境的危害。

　　统计数字显示，英国每年要更换 1 800 万部手机，相当于每小时 2 055 部，每 1.75 秒钟 1 部。在其他发达国家，手机更新速度也不断加快。在美国，每个居民平均每 18 个月购买 1 部新手机，欧洲手机更新周期为 15 个月，日本仅为 9 个月。丰拜克公司在英国、意大利、法国和荷兰等欧洲国家，通过手机零售商以旧换新等方式回收手机，然后运往罗马尼亚进行翻新，再通过分销商进行销售。凯西·伍德沃德介绍说："我们回收的手机大部分使用时间不到一年半，其中许多还不到 12 个月，具有重新出售的价值。"

　　丰拜克公司翻新后的手机，由于新旧程度和型号不同，零售价格差别很大，一般在新手机的一半以下。为了让消费者放心，公司为翻新手机提供半年的质量保证。对于回收的无法翻新的手机，公司则会将其拆卸后，将其中的铂、金、银、铜等金属材料和塑料分离出来，送往专业公司处理后再加以利用，从而达到零掩埋的目标，减轻了环境污染。

　　丰拜克公司这项业务得到了英国政府和手机生产企业的大力支持，许多手机制造商都与其签订了回收协议。目前，公司翻新的手机机型有 400 种。公司市场营销经理萨拉·邦德先生告诉记者，公司拥有 600 名训练有素的熟练员工，过去 5 年间总共回收和翻新 600 多万部手机，目前达到每月 35 万部。公司营业额也不断上升，2005 年已经达到 6 000 万英镑。

　　手机回收业务在英国之所以发展迅速，与欧盟和英国更加重视废弃物品的回收利用有着密切关系。欧盟于 2007 年执行"废弃电机和电子设备"法令。其核心内容就是要求相关产品生产厂商将产品推向市场时，保证负责实行产品废弃后的回收计划。

该法令还规定了每项设备再利用及回收使用的目标，并由电动电子设备厂商负责在收集、处理及回收所生产产品过程中所产生的费用。如果生产厂商位于欧盟境外，则进口商或经销商必须负责有关费用。此外，欧盟各成员国必须做到每年从每户居民回收 4kg 的电子产品废弃物。大型家电、小型家电、信息电信设备、消费型设备、照明设备、电机与电子工具、玩具、休闲与运动设备、医疗设备、监控设备以及自动售货机等十大类设备，其回收目标为 70% 以上，再利用目标在 50% 以上。

欧盟的环保法令和措施，改变了传统消费和环保格局，要求生产者、进口商和代理商共同负责产品的回收和再利用，并为此埋单。这使生产厂商进一步增强了环保意识，同时也给丰拜克这样的环保型公司带来了无限商机。

资料来源：

张芝年. 经济日报，2006 – 12 – 12

讨论分析题：

1. 英国丰拜克公司如何在废弃手机的处理方面发现了商机？试用市场营销学的有关原理评价这些措施。

2. 通过这个事例，你认为企业的营销活动在与其营销环境的适应与协调过程中应注意哪些问题？

案例解读

环境包含机会和威胁两方面的影响作用，分析环境的目的在于发现机会，避免和减轻威胁。欧盟的环保法令和措施，要求生产者、进口商和代理商共同负责产品的回收和再利用，并为此埋单。从一个角度看，这是对生产厂商的一个环境威胁；但是，从另一个角度来说，它同时也是一个市场机会。丰拜克这样的环保型公司即是捕捉到这个机会，开展手机的回收和再利用开发，为自身发展带来了无限商机。

任何企业都置身于复杂的营销环境当中。企业对于环境不是无能为力的，企业在分析环境的基础上，可以增加适应环境的能力，避免和减轻威胁，甚至可以在一定条件下将威胁转化为机会，利用这种机会求得自身发展。

第3章
购买者行为分析

本章提示

　　人类的行为可以简单归纳为刺激与反应的过程，不同的个体可能产生完全不同的反应，形成不同的购买动机，作出不同的购买行为。企业营销的目的是发现和满足目标顾客的需求。而要发现和满足顾客的需求，就必须研究顾客的需要、动机、购买行为及其影响因素，了解顾客究竟是怎样选择、购买、使用和处置商品、服务的，以便为产品开发、定价、分销、促销等营销策略的制定提供依据。

　　购买者行为主要分为两类：消费者购买行为和组织购买行为。消费者购买行为部分的理论教学要点包括四个方面：第一，消费者市场；第二，消费者的购买行为模式；第三，影响消费者购买行为的主要因素；第四，消费者购买决策分析。组织购买行为部分的理论教学要点包括三个方面：第一，组织市场；第二，组织购买者行为模式；第三，组织购买决策过程。

　　本章共介绍了四个案例：案例1突出了消费者行为分析的重要性，向读者阐述了企业如何从消费者的角度出发，研究消费者的购买行为，生产、销售让顾客满意的产品，从而满足消费者的需求。案例2比较全面地分析了老年消费者的消费心理和行为，诠释了影响消费者购买行为的主要因素，其中重点突出的是年龄和生命周期阶段对老年消费者购买行为的影响。案例3以国美电器为例，分析了中间商市场的购买行为，指出组织购买者与消费者的购买行为存在重要差异，制造企业应深入分析组织顾客的购买行为，正确处理双方关系，以便实现供销两方双赢的局面。案例4则介绍了终端卖场营销实践中的以消费者行为分析为依托的磁石理论。

3−1　成功来自对市场的了解：
"康师傅"开拓大陆方便面市场

　　1. 灵感＋分析：顶新决定生产方便面

　　首创"康师傅"方便面的是坐落在天津经济开发区内的一家台资企业。其投资者是台湾的"顶新集团"。顶新集团的创业者是魏氏四兄弟。魏氏兄弟经营着从父亲魏德和手里接过来的"鼎新油坊"，这是他们的父亲于 1959 年在台湾彰化乡村创办的小作坊。1987 年底，他们原本计划到欧洲投资。动身前，台湾当局宣布开放大陆探亲，他们灵机一动，立即改变行程，决定在大陆市场寻求发展的契机。一直想将父亲的"鼎新油坊"做大做强的魏氏兄弟，推荐兄弟中的老幺魏应行到大陆考察内地市场，想走出台湾在内地办企业。魏应行走遍了大半个中国，因为他家的企业是油坊，办企业的思路总离不开食用油，在考察中，他总是把眼睛盯着食用油市场。他发现大陆市场几乎全是品质较差的散装油，谈不上优质品牌，上等食用油在大陆市场是个空白。于是，他决定把台湾经营油脂的家庭经验移植至大陆，在大陆生产高品质的包装食用油。因此，顶新在大陆开发了"顶好清香油"，创立了"来自台湾的食用油"形象。

1989 年，魏家与北京农工联合公司合资成立了北京顶好清油公司。当时中央电视台正在播放台湾电视连续剧《星星知我心》，魏氏兄弟聘请女主角吴敬娴做广告："用顶好的清香油，顶有面子。"广告反复播放，家喻户晓。然而，食用油的销路却并不好，因为大陆的老百姓消费水平还没达到"要面子"的程度，大家习惯了廉价的散装油，而十几块钱的瓶装"清香油"质量虽好，价格却远远超过了老百姓的心理底线。

在大陆经销瓶装油失败，魏氏兄弟又在济南试推"康莱蛋酥卷"，还曾经到内蒙古投资一种蓖麻油，结果都以失败告终，失败的原因和瓶装油一样，高估市场。从 1989 年至 1991 年，魏应行从台湾带到大陆的 1.5 亿元台币，一大半都打了水漂。现任顶新集团董事长的魏应行回想起创业时的心境，曾感慨地说："当时对大陆形势认识只有 5 分到 10 分的时候，感觉真是太好了，什么东西一乘上 12 亿，心情就很激动，恨不得拥抱大陆；随着时间的延长，投资的深入，当认识到 30 分到 40 分的程度时，就沮丧起来，因为不合市场规律的事太多，做什么都不顺利；等到股本赔光，恨不得卷铺盖回家的时候，已经是认识到 50 分到 59 分了，一旦越过这个阶段，到达 60 分以上时，就会'柳暗花明，峰回路转'了。"

当魏应行准备离开大陆，打道回府之际，这个"柳暗花明，峰回路转"的契机便到来了。而且，它的到来充满了偶然性和戏剧性。

一天，魏应行外出办事。因为不太习惯火车上的饮食，便带了两箱从台湾捎来的方便面，没想到这些在台湾非常普遍的方便面却引起了同车旅客的极大兴趣。当饥肠辘辘的魏应行从旅行袋里掏出一包方便面准备充饥时，好几个乘客问他："这方便面在哪儿买的？"然后用一种好奇的目光盯着他手里的方便面。在试过这种方便面后，大家纷纷夸奖这面好吃、方便，两箱面很快就一扫而空。这次经历使魏应行发现了一个新的创业契机，他看着两个空空的面箱，脑子里灵光一闪：方便面有市场，为何不生产方便面呢？这次旅行以后，魏应行作了一个后来被证明是非常明智的决定：进军方便面市场。

前几次的投资失败使魏氏兄弟心有余悸，为了避免再次失败，魏氏兄弟对大陆市场进行了冷静而深入的分析。首先是对顶新继续投资大陆进行了可行性分析。专家的分析表明，顶新投资大陆市场已具备天时、地利、人和这三大成功的要素：天时——中国政府需要大量引进台资，对台商在大陆办企业给予大力支持，还提供一些优惠政策，良好的政治气候，大大降低了关系成本。地利——大陆生活水平在提高，而大陆生产的方便面包装简陋，食之无味。顶新的方便面若能以大容量、精选调料和精美适用的包装进入大陆市场，势必受到消费者的欢迎。人和——创业就靠一口气，这口气分盛气和衰气，如果是盛气，创业就成功了；如果是衰气，创业就失败了。而魏家兄弟四人"团结一心，共谋大业"所凝成的一股盛气容易取得突破。其次是对大陆方便面市场的分析。经过周密的调查，研究人员发现，当时的方便面市场存在严重的两极分化现象：一边是国内厂家生产的廉价面，几毛钱一袋，但质量差，面条一泡就糟，调味料就像是味精水；另一边是进口面，质量好，但是五六块钱一碗，一般消费者接受不了。如果有一种方便面，味美价廉，价格在一两块钱左右，一定很有市场。

2. 品牌＋口味："康师傅"方便面一炮打响

看准了方便面市场后，顶新集团又重新振作起来，他们劝说股东继续投资，然后一头扎进这个崭新的领域。他们首先考虑如何为产品命名。他们认为，应该用一个通俗易记、与老百姓接近、比较大众化的名称。经过精心挑选，他们后来用了"康师傅"做产品名，其理由是："师傅"，大陆北方老百姓喜欢把一些比自己水平高的人叫师傅；在南方，一般称年纪大的人叫师傅，是一种"尊称"。"师傅"既通俗又专业还受人尊敬。每个师傅都有姓，姓什么呢？最后他们用了健康的"康"字，因为"顶新"的方便面不含防腐剂和人工色素，以此塑造"讲究健康美味的健康食品专家"形象。同时，顶新集团过去生产经营过"康菜蛋酥卷"，有一定的知名度，方便面姓"康"，与"康菜"可以"称兄道弟"。此外，"康师傅"方便面有个"康"字，也容易引起人们对"健康"、"安康"、"小康"等心理联想。"康师傅"叫起来既上口，又亲切，再配上笑容可掬、憨厚可爱的"胖厨师"形象，便是一个很具号召力的品牌。后来的实践证明，"康师傅"这个取名的确是个好点子。"康师傅"方便面经广告媒体一阵爆炒，便不胫而走，"康师傅"三字差不多成了方便面的别名。广告词也呼之欲出："香喷喷，好吃看得见。"

确定了品牌名称，接下来就是开发适合大陆人口味的面，这也是最为关键的一步。顶新集团对"康师傅"的定位是既要比大陆生产的方便面好吃，同时还要保留大陆风味。经过公司调研部门上万次的口味测试和调查发现：大陆人口味偏重，而且比较偏爱牛肉口味，集团决定以"红烧牛肉面"作为进入市场的主打产品。在配料的研制上，他们采用了试吃方法，根据食客的口味不断地改良配方。他们以牛肉面为首打面，先请一批人试吃，不满意就改。待这批大陆人接受了某种风味后，再找第二批大陆人品尝，改善配方后再换人试吃，直到有 1 000 人吃过后，他们才将"大陆风味"确定下来。在工艺上，公司从日本、德国进口了最先进的生产设备，采用特选面粉，经蒸煮、淋汁、油炸制成面饼，保证了面条够劲道，久泡不糟，再加上双包调料和细肉块调配出的美味汤汁，售价仅在两元左右。当新口味的"康师傅红烧牛肉面"方便面正式上市销售时，消费者几乎异口同声地说："味道好极了！""好吃看得见"的康师傅方便面一亮相便征服了消费者。一年后，"康师傅"在北京、天津、上海、广州等大城市火爆，台湾报纸惊呼顶新集团的创举，乃"小兵立奇功"。

3. 做中国的面王："康师傅"的雄心

"康师傅"一炮而红后，如果只考虑短期的赢利，而不为企业的长远发展注入心血，那么，它今天也许只是中国 1 000 多家方便面厂中的普通一家。但"康师傅"成功后，并没有停止前进的步伐，而是不断地学习和改善。从卖出第一碗面开始，"康师傅"就下决心要做中国的面王。魏式兄弟瞄准的是全国市场，然而，要在这样一个巨大的市场内获得消费者的青睐，仅靠红烧牛肉面这一种口味的产品显然是不够的。顶新集团设立生产基地，生产线也从 1 条增加到 88 条。他们每设立一个生产基地，都会在当地展开详尽的市场调研，了解消费者对其产品的意见。根据各地的口味差异，他们先后开发生产了 20 余种不同口味的产品。这些口味的方便面，由于有详细的市场调研资料作为基础，在推出后纷纷受到消费者的欢迎。

经过几年的发展，顶新在拥有了生产规模之后，开始专注于拓展企业的通路。"康师傅"方便面从 1992 年上市后，产品供不应求，销路很畅，但销售周期长。进入 1996 年，同类产品纷纷上市，竞争日趋激烈，原有的销售渠道和周期很难将产品顺利推上市场。为此，集团提出"通路精耕"的概念，意在缩短流通周期。

过去，产品要通过七八手才能到消费者手里，实行通路精耕后，减少为两三手，甚至在有的城市只有一手，即由集团直接向各大超市供货，二三手转货主要由集团销往批发市场。目前，在国内 200 多个城市，顶新的方便面到消费者手中只经过两次转手，集团批给批发商，批发商再卖给零售商。

为了规范市场，顶新还将国内市场划分为 1 500 个区域，每个区域找一个专署经销商，通过严谨的供销合同，使经销商与顶新集团成为命运共同体，权利、义务明确，这样可以有效地避免由于批发商过多导致的恶性竞争。通过通路精耕措施，目前，"康师傅"已在全国地级城市成立了 200 多个自营销售和配送网点，并在距全国各级批发市场 100 米的范围内设立了 100 多个仓库，加上直营商场、大型超市和由 14 000 家经销商所形成的销售网络，使"康师傅"产品畅销全国。

4. 消费者满意："康师傅"的承诺

"康师傅"要做中国的面王，不是自己说说就可以的，首先要让消费者接受和信赖，只有不断为消费者提供方便和满意，才有可能成为消费者心目中的理想品牌。

"物超所值"是"康师傅"对消费者一个不变的承诺。为了做到这一点，就要不断前进。首先，从产品质量上，随着市场销量的不断上升和生产规模的不断扩大，各种原物料的供应问题显得越来越突出，不是供货不及时，就是质量不合要求。在这种情况下，公司决定以合作经营的方式吸引台湾的专业制造商来大陆投资设厂。从 1993 年开始，先后建成了纸箱厂、PSP 碗厂、包膜厂、塑料叉厂等配套服务厂，完成了产业的垂直整合，既保证了产品质量的稳定，又降低了成本，还为"康师傅"的进一步发展奠定了坚实的基础。

在保证产品质量的同时，"康师傅"还尽心竭力地做到让消费者满意。顶新从 1994 年开始，在广州、杭州、武汉、重庆、西安、沈阳、青岛等地相继设立了生产基地，保证将最新鲜的产品及时送到消费者手中，同时也避免了因长途运输造成的地区差价。

顶新集团还从细节着手，处处为顾客着想。方便面是方便食品，其最大的特点就是方便，顶新集团从顾客的角度出发，不断创新，为方便面的"方便"增加新的元素。他们最典型的一个创新就是首创在碗面上加放塑料叉，以方便消费者，尤其是出门在外的消费者。此项看似不显眼的创举很快便成为一种潮流，使得所有生产方便碗面的厂家纷纷仿效，碗面配小叉成了一项不成文的标准。

顶新集团正是靠着对市场精准的把握，想消费者之未想，而最终实现了成为中国面王的梦想。

资料来源：

1. 王慧彦，王健．市场营销案例新编．北京：清华大学出版社，北京交通大学出版社，2004

2. 曹刚，李桂陵，王德发．国内外市场营销案例集．武汉：武汉大学出版社，2002

3. 肖云龙．"康师傅"发迹大陆．中国营销传播网，2000－06－30

4. 白崇贤．我策划了康师傅．中国营销传播网，2003－12－05

讨论分析题：

康师傅成功的原因是什么？

案例解读

　　顶新集团在大陆的成功之路，给我们上了一堂生动的营销课，也让我们进一步认识到了研究消费者需要和购买行为的工作对企业的重要性。许多学者把"中国面王"的诞生归功于一次偶然出现的创业契机。笔者认为，"康师傅"方便面的成功，固然是由于顶新集团发现了一个难得的市场机会，但更重要的还在于他们对消费者行为分析工作的重视和对待市场的谨慎、务实的态度。

　　其实，顶新集团在中国的市场开拓并不是一开始就那么顺利。在顶新进入大陆市场的初期，他们并没有认识到市场分析的重要性。他们抱着"不熟不做"的传统观念希望在大陆经营自己的老本行——包装食用油。但由于缺乏对市场的了解，产品价格定得过高，不为消费者接受，生产的"顶好清香油"叫好不叫座，导致公司入不敷出，集团在大陆投资的第一炮并没有打响。后来投资生产的"康莱蛋酥卷"和内蒙古蓖麻油也由于同一原因遭到失败。

　　大陆和台湾虽然是一衣带水、同根同源，但两地的很多风俗、观念乃至喜好都有很大的不同。这是顶新集团在大陆交了大笔学费后学到的最有价值的一课。于是，在进军方便面市场的过程中，他们始终把研究消费者的工作放在第一位，绝不作任何武断的决策。

如果说"康师傅"方便面的诞生是偶然的，那么它的成功却是必然的。顶新对市场把握之精确、对消费者需求之了解，都是其他竞争对手所难以相比的。其对消费者的重视主要体现在以下四个方面：

（1）在发现方便面市场这一新的市场契机后，顶新并没有急于投产。在进军方便面市场之前，他们进行了审慎的分析，对大陆方便面市场进行了详尽的市场调研，把大陆消费者对当时市面上的方便面的态度和他们的需求作了详细的了解。最后决定生产价格适中、味美价廉的方便面。

（2）在口味配方的研制过程中，顶新集团的策划者采用了"最笨"、"最原始"的办法——"试吃"来研究方便面的配料和制作工艺。他们摆设了摊点，请普通消费者试吃，根据消费者的直接反馈意见对配方加以改进。最终经过上万次的口味测试和调查，才确定了"大陆风味"方便面的制作工艺和配方。这个方法虽然显得"笨"了点，但却显示出了企业对消费者看法的重视。其实，当时看准中国大陆市场的并不止顶新一家。统一集团与顶新差不多是同时到达大陆的。统一集团是台湾食品业的龙头老大，但他们在进入方便面市场时却犯了一个决策上的错误。他们在产品口味的选择上采用了一个看起来比顶新更聪明、更便捷的方法——"以货试市"。他们先把岛内最畅销的鲜虾面端出来，想让大陆人尝尝"台湾风味"，过过现代快餐食品之瘾。谁知是"剃头匠的挑子——一头热"，大陆消费者对鲜虾面敬而远之。随后，他们又换上岛内排名第二、第三的方便面，但依然反应平平。此时，在惊异两岸同胞的口味差异如此之大后，统一这才想起"入乡随俗"的古训，放下"台湾架子"，进行"风味大陆化"的研究，并策划后来居上的市场营销方案。然而，此时，方便面市场的头把交椅已经被顶新集团牢牢占据了。

（3）顶新集团依靠"红烧牛肉面"在大陆市场打开销路后，又开始研制开发新口味的方便面。他们在开发每一种新口味前都会在当地展开周密的市场调研，了解消费者的意见，推出受欢迎的口味。

（4）顶新在开发新产品的同时，根据消费者的需要不断进行创新。在对消费者食用方便面的消费行为进行深入、细致的分析后，他们发现，许多消费者，特别是出门在外的消费者都为食用方便面的时候需要准备食具感到头痛。于是顶新作出了在碗面里加放塑料叉的创举，并且得到了消费者和同行的认同，这个小小的举措很快便成为生产方便碗面的厂家不成文的规矩。

总之，顶新集团在方便面产品的开发、生产及销售的全过程中，始终把消费者的需求放在首位，在作每一个决策之前都经过缜密的分析研究。顶新集团发现机会是偶然的，但其决策前后的分析则是认真、谨慎的。一个企业要想进入并立足于壁垒较低、竞争激烈的食品行业，就必须不断根据消费者的需求对产品加以改进。在方便面市场，从1996年起，各种品牌纷纷上市，竞争日趋激烈。不少品牌来也匆匆，去也匆匆，但康师傅却在竞争中屹立不倒，究其原因，还在于顶新集团扎实的基本功。顶新集团对市场的认真调研和对消费者需求的详尽分析，是其作出正确决策的基础。

3-2　把握老年消费行为，开拓商机无限的银发市场

一、世界和我国范围内的老龄化问题

根据联合国的有关规定，一个国家若 65 岁以上的老年人在总人口中所占比例超过 7%，或者 60 岁以上的人口超过 10%，便被称为"老年型"国家。当前，在全世界 190 多个国家和地区中，约有 60 个已经进入"老年型"。

联合国统计数字显示，1950 年全世界 60 岁以上的人口大约有 2 亿，1975 年增加到 3.5 亿，到 1990 年猛增到 5.5 亿，2000 年超过了 6 亿，目前全球老龄人口总数已达 6.29 亿，平均每 10 人中就有一位 60 岁或 60 岁以上的老年人。预计到 2025 年，老年人口将高达 12 亿，比 1950 年增加 6 倍。从 2000 年到 2050 年，老年人口的比例将会翻一番，即从 10% 增加到 22%。到 2050 年，60 岁以上的老龄人口总数将近 20 亿，占总人口的 21%，并将超过 14 岁以下儿童人口的总数。百岁老人将从 2002 年的约 21 万增长到 320 万。到 2050 年，非洲老龄人口将从 4 200 万上升到 2.05 亿；亚洲从 3.38 亿增加到 12.27 亿；欧洲从 1.48 亿增加到 2.21 亿；美洲将从 9 600 万增加到 3 亿。目前，全球人口老龄化最严重的国家是意大利，占总人口的 25%。这个从高出生率与高死亡率向低出生率转变的历史性的人口年龄结构的转变，将在人类历史上第一次使老年人口与少年儿童人口在总人口中占有相等的比重。

世界人口年龄结构老龄化现象的出现是人口发展过程中的一个必然阶段，是人口发展的一种历史趋势。人口老龄化的根本原因在于生育率的下降和人均寿命的延长。联合国的有关研究报告指出，生育率下降是导致人口老龄化的最大原因，并且，生育率下降的程度可以加速或延缓人口老龄化的过程。例如，法国虽然早在 1865 年老年人口比例就达到 7%，是世界上最早进入老龄化的国家，但由这个比例翻一番达到 14% 的比例却花费了 115 年的时间。而战后开始老龄化的日本，老年人口这一比例的倍增仅仅经历了 24 年的时间，成为目前世界上人口老化最快的国家。之所以有这么大的差别，主要源于两国生育率下降的速度，前者是平缓的、渐进的，而后者则是急剧的、迅速的。世界范围内的人均寿命延长也是导致出现老龄化的重要原因。随着人们的生活水平、医疗保健、文化意识的提高，人类的人均寿命不断延长，从 1950 年的 20 岁上升到目前的 66 岁。以我国为例，1981 年我国人均寿命为 67.77 岁，2001 年我国人均预期寿命已达 71.8 岁，20 年间增长了 4 岁。而 60 岁以上的老年人每年以 3% 的速度增加，80 岁以上的老年人以 5% 的速度增加，这意味着我国每年净增 380 多万 60 岁以上的老年人，50 多万 80 岁以上的老年人。正是出生率的下降和人均寿命的延长这种双向发展使得全球几乎所有国家的人口结构都趋于老龄化。

我国进入 20 世纪 80 年代以后，由于人口出生率下降，而人口的平均寿命却在延长，促使我国老年人口不断增加，占总人口的比重迅速上升，中国社会也快步进入老龄化。目前，我国 60 岁以上的老年人口已达到 1.32 亿，其中，65 岁以上人口接近 9 000 万，分别

占总人口的10%和7%。依据国际标准，我国人口年龄结构已基本进入老年型，并且正以每年3.2%的速度急剧增长，据预测，到2015年，我国60岁以上人口将超过2亿，约占总人口的14%；到2030年，老年人口将增至3.1亿，占人口总数的20.42%；到2050年，老年人口将增至4.68亿，占人口总数的27.7%。老龄化社会的现实已经摆在了人们的面前。

过去大家总认为，老年消费群体没有购买力，所以并不能形成真正的市场，但经过改革开放30多年后的今天，情况完全不同了，老年人正日益成为一个具有相当经济实力的消费群体。以城市老年人为例，一是领取退休金的占有相当的比例。有人预测，仅退休金一项，到2010年，我国老年人退休金将增加为8 383亿，2020年为28 145亿，2030年为73 219亿元。如果把这些数字转化为现实消费额，将是相当惊人的。二是有相当一部分老年人退休以后又重新找到了工作，有人研究，我国城市60~65岁的老年人口中约有45%的人还在业，对于他们来说，除了退休金以外，还有另外一份收入。三是一部分老年人还或多或少从子女那里得到一部分赡养费。四是一部分老年人还拥有一定的储蓄，据中国老龄科学研究中心的一项调查，城市老年人口中有42.8%的人拥有储蓄存款。而且还应该看到，随着我国经济的发展，老年人的收入将呈增长之势。有资料表明，每年老年人的离退休金、再就业收入、亲朋好友的资助可达3 000亿至4 000亿元，具备相当的消费实力。有人根据老年人消费支出在各年龄段人群所占比例计算出其消费总量，1995年为22 437.586 9亿元，2020年为23 935.516亿元，2030年为55 985.013亿元，2040年为106 905.052 8亿元，2050年为187 842.298 1亿元。如此巨大的消费量为厂商提供了巨大的商机。

二、老年消费心理分析

在我国，老年人一般具有以下消费心理：

1. 求实性

在日常消费中，尽管老年人的个性特征、生活习惯、消费方式有很大差异，但求实心态是大多数老年人的正常表现。在我国，老年人购物时，一般追求商品的经济适用、质量可靠、使用便利、易学易用、安全舒适、朴素大方、有益健康，而对商品的审美情趣、花色款式、装潢色彩及趋时性等无过高要求。一些家电采用触摸式按键被青年人认为是时尚和美的潮流，而老年人则大多对触摸式按键的隐蔽性表示反感，反倒认为普通旋钮式按键更为方便实用，一目了然。对售后服务要求可靠、及时、方便，能消除在商品使用中的不安全感；而对劳务服务则大多要求放心、称心、舒心，特别是对家庭保姆、小时工等更是如此。对价格的求实要求是物美价廉，在我国节俭传统的影响下，老年人购物，一方面注意价格，择廉选购（虽然许多老年人很难做到货比三家）；另一方面是要求实惠。从一般的消费心理看，年轻人花钱买靓丽、买时尚，老年人则花钱买实用、买传统。

2. 习惯性

老年人习惯性消费既是几十年生活惯性的延续，又是对新生活方式较少了解和难以接受的反映。人到老年以后，其行为表现往往是：怀旧和沿袭旧习的心态大于对新事物的学习和接受。其生理和心理基础在于：老年人学习能力和适应能力的下降，而几十年生活方式的积累所形成的个人意识中的丰厚沉积构成了对新事物难以冲破的思维屏障。同时，身体机能的老化使老年人对过去的远期记忆深刻，而对当前的近期记忆弱化。因此，在消费生活中，延续几十年的生活习惯，就成为老年人普遍的消费特征。它主要表现在日常生活中的购买方式、使用方法、商品认知（或品牌认知）等方面。他们大多是老字号、老商店的忠实顾客，是传统品牌、传统商品的忠实购买者。他们往往对传统产品情有独钟。于是在生活中就出现了有些老人不顾年迈、不顾路途遥远，而专门到同仁堂去购买药物的独特风景线。他们信任同仁堂，忠诚于同仁堂。

3. 方便性

消费中求方便是老年人生理变化促使消费生活变化的自然走向，方便消费是生理变化的必然结果，它一般表现为对购买和消费两个方面求方便的要求。由于精力、体力随人的年龄增加而不断下降，即使生活情趣很高的老年人，对购买时的路途奔波、商品挑选的烦琐或者商场中人流的拥挤，大多会感到心有余而力不足。所以老年消费者希望能提供方便良好的购物环境。例如，购物场所交通便利、店内有消费者休息的设施、商品陈列便于挑选、购买程序比较简单等。在使用中，对于那些有使用要求或需要阅读说明后再使用的商品，特别是对于有些家用电器商品的各种开关、按键等，老年人大多感到不方便和反感。一项非正式调查表明，除少数文化程度较高的老年人外，大多数老年人对现在商品包装上的各种文字说明均不阅读，只是根据个人原有的生活经验或由子女代为说明后才使用。这种求方便的心态也是老年消费者容易成为假冒伪劣商品受害者的重要原因之一。

4. 服务性

这里的服务性消费是指通过服务形式弥补老年人生活能力和心理上的不足。这种形式在国外极为普遍，在我国大城市也已被广为接受，随着我国人口的独生子女化，服务性消费的普及将成趋势。根据我国沿海各地主要城市的调查，老年人的服务需求主要是长期家庭保姆、老年人应急家庭服务、老年餐桌、家庭病床、家庭陪伴、定期体检及托老所。在我国逐步步入市场经济的今天，社会生活频率不断加快，传统中国家庭是以家庭基本成员为核心的，老、中、少共享天伦之乐的晚年生活将逐步被社会化老年服务方式取而代之：一是以托老所、敬老院等形成的完全社会化的服务方式；二是仍以家庭为基础，但有其他社会服务人员进入家庭为老年人服务的方式。在城市老年人中，相当一部分是离、退休人员，有较强的经济独立性。在生活中不仅需要家务劳动方面的社会服务，而且越来越多地表现出心理和情趣方面的需要。这在文化水平较高的老年人中尤为突出，他们既需要社会的帮助，同时也具有很强的参与意识。因此，老年人的各种群体活动，或陪伴老年人谈话、读书、外出等服务消费，都具有广阔的发展前景。

5. 补偿性

补偿性消费是一种纯粹的心理性消费，它是一种心理不平衡的自我修饰。在生活消费中表现为，人们将现代消费水平与过去进行比较，比较的结果大多是对过去生活的某些方面感到遗憾和不满足，而当家庭或个人生活水平较高且时间充裕时，对过去的遗憾和不满足的补偿往往会成为他们的消费追求。这部分消费者基本上为老年人，因为，在生活中追忆往事是老年人的心理特征，而向往和憧憬未来则是青年人的心理特征。同时，由于子女成人独立后，老年人的经济负担减轻了，他们会试图补偿过去因条件限制未能实现的消费愿望。在过去很长一段时间里，由于经济条件的限制，老年消费者的补偿性消费心理受到了压抑。在我国经济发展水平不高的时候，可供老年消费者选择的商品不多，这是客观条件方面的限制；由于受价值观和审美观的影响，他们不敢产生补偿性消费心理，老年人爱打扮、穿得太花哨往往不能被大家甚至是自己所接受，这是主观条件方面的限制。而在现代社会，由于我国的改革开放带来了社会生活和经济生活的巨大改变，所以老年人补偿性消费的特征在现阶段段表现得尤为明显。例如，在许多经济发展水平较高地区出现的"重补结婚照"的热潮，就是补偿性消费的典型一例。许多20世纪五六十年代结婚的老年人重披婚纱，花几百、上千元感受现代生活的气息，以补偿过去年代由于过于朴素而留下的某些遗憾。又如，很多地区出现了老年人自己组团去全国各地甚至世界各地旅游的高潮，充分利用退休和子女成人后的闲暇时间，去领略大自然的美景和更好地享受生活的乐趣。而穿着打扮已经被广大老年人和社会所接受，人们认为，人的年纪越大越需要打扮。于是，"老来俏"成为一种新的赞美语。

6. 利他性

就老年人的消费观念而言，一般表现为两类，即自我性消费与利他性消费。所谓自我性消费，主要是指具有现代观念且其子女独立性较强的那部分老年人的消费。他们有自己的离、退休金，对子女一般不承担固定的经济义务，在日常消费中主要注意自身消费价值及自主意识的实现。这种消费多表现为情趣性消费，如对社会活动的积极参与；保健型消费，如保健食品、保健用品的购买；主动为子女及第三代子女提供帮助、教育等，但是这种帮助不是任务而是乐趣。在老年群体中，老年生活中的各种流行，老年活动的倡导和积极参与者大多是这部分老年人。

而具有利他性消费观念者，多是传统观念较重或其子女由于各种原因难以独立的老年人，他们认为继续照顾已成年的子女或第三代人是他们的社会责任和家庭义务，很自然地置自己的需要于不顾。在日常消费中多表现为，自己省吃俭用，而对子女特别是第三代则出手大方，毫不吝啬，甚至给予超水平的关照。老年人和晚辈人的消费水平的这种巨大反差，在我国许多地区颇为普遍。复旦大学的调查显示，老年消费者用于隔代子女的消费仅次于满足自身需要的消费。现在，中国城镇家庭的组成模式是"4＋2＋1"，独生子女得到了4个老人和双亲的绝对关注。为了弥补自己年轻时由于经济能力有限等方面的原因造成的花在子女身上的消费相对较少的遗憾，现在的老年人在对第三代人的消费上显得尤为大方，他们往往不太注重产品的价格等因素，甚至出现倾向于购买高价格产品的趋势。这时的消费已经不能等同于老年消费者为自己购买产品时的特征，而表现出某些青年人消费的行为特征了。

7. 情趣性

老年人的情趣性消费与年轻人不同，老年人情趣性消费的主体实际上是习惯性消费的固化，或为适应老年人生理条件变化而参与的休闲消费的升华。例如，在送报纸入户已经十分普遍的今天，却仍有一批老者非要每天上一趟街买报纸，问其原因，是希望出来走走和大家聊一聊，这些老者视每天买报纸为乐趣。

三、老年消费行为分析

在我国，老年人的消费行为特征主要表现在以下方面：

（1）在购买方式的选择上，老年消费者多数选择在大商场和离家比较近的商店购买。这是因为大商场所提供的商品一般在质量上可以得到保证，而且在购物环境和服务方面也有较大的优势。老年消费者的体力相对以前有所下降，他们希望能够在比较近的地方买到自己满意的商品，并且希望能够得到周到的服务，如商品咨询、导购服务、运行缓慢的自动扶手梯和舒适的休息环境等（见图1）。

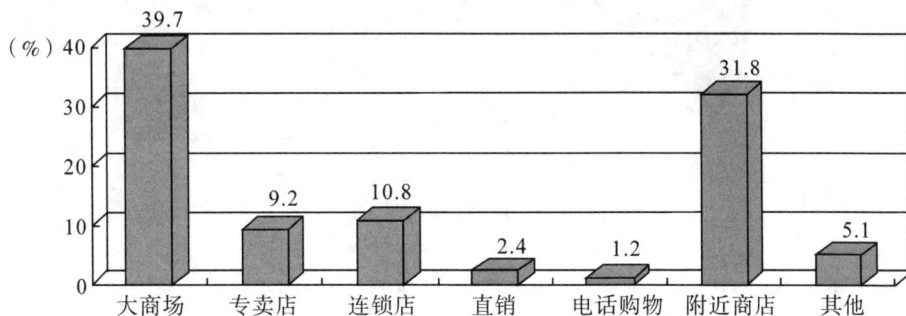

图1 购买方式

由图1我们可以发现，在专卖店和连锁店购买商品的老年消费者也占有一定的比例，甚至还有极少一部分老年消费者会通过电视直销或电话购物。这说明随着我国市场经济的不断发展，人们的消费方式也在不断改变，不仅年轻人的消费行为在改变，而且有相当一部分老年消费者的消费行为也在随着时代的变迁而改变，他们对于一些较新的购物方式都表现出了一定的适应能力。因此，在向老年消费者销售商品的时候也可以采用多种方式。

（2）在购买行为上，因为老年人大多害怕寂寞，而其子女由于工作等原因闲暇时间少，所以老年消费者多选择与老伴和同龄人一道出门购物。老年消费者之间有共同的话题，在购物时也可以互相参考、出谋划策，他们对于哪些商品适合老年人比较了解。这说明，影响老年消费者购买行为的相关群体主要还是老年人（见图2）。

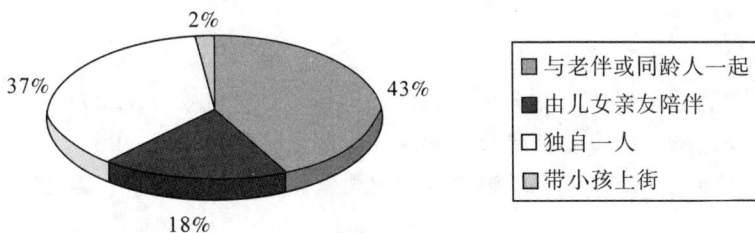

图2 购买行为

由图2我们可以发现，由于某些原因独自一人外出购物的老年消费者占37%，对于这部分老年消费者，商家更要提供热情周到的服务，如为他们详细介绍商品的特点和用途，提供容易携带的包装，必要的时候提供送货上门服务等。

（3）广告对老年消费者的影响程度。对于广告对老年消费者的影响程度，大部分老年消费者选择了"影响一般"（42%），而且有相当一部分老年消费者选择了"没有什么影响"（23%）（见图3）。

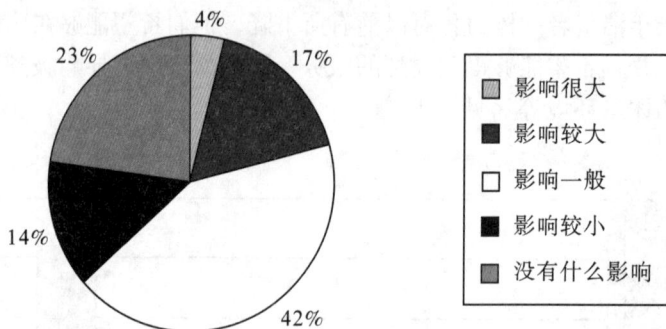

图3　广告的影响程度

　　由此可见，老年消费者对广告的依赖程度一般，并且由于受到一些虚假广告的负面影响，一部分老年消费者对广告产生了反感情绪。由于老年消费者心理成熟、经验丰富，他们一般相信通过多家选择和仔细判断就能选出自己满意的商品。当然，老年消费者还是希望通过广告了解一些商品的性能和特点，并以此为依据选择某些商品，但是要尽量避免夸大性和虚假的广告。

　　（4）老年消费品的购买者。据武汉市老年消费行为调查结果显示，老年消费者所需的商品通常由谁购买的排序是：自己、配偶、子女、除配偶和子女以外的亲属、其他人。由此可见，老年人所需的各种生活物品，大多数是自己和配偶购买的。因此，在现阶段，我国老年消费者中，大多数人对于应该买什么、怎样买、到何处去购买是可以做到自主决策的。所以，在现阶段，针对老年消费群体而设计的各种商品促销活动中，对于广告及其媒体的选择，促销手段、方法的运用，要充分考虑到老年消费者的这一心理特征，在广告诉求上，在促销活动方式的选择上，尤其要做到有的放矢，千万不要做华而不实的表演。

资料来源：

1. 冯丽云. 营销案例的编写与分析. 北京：经济管理出版社，2003
2. 应斌. 我国老年消费者消费行为的演进. 商业时代，2005（26）
3. 聚焦银色市场，老年人市场潜力大. 中国保健市场网，2004－10－11

案例解读

　　消费者的年龄和所处的生命周期阶段是影响其消费行为的重要因素。老年人作为一个特殊的社会群体，其特殊的生理、心理和行为特征，决定了其消费能力、消费偏好、消费行为、消费方式、消费观念、消费习惯、消费决策等方面的特殊性，并形成一个特殊的消费市场。

3-3　高速成长的国美电器

一、国美的成长历史

国美电器有限公司成立于 1987 年 1 月 1 日，是一家以经营各类家用电器为主的全国性家电零售连锁企业。

多年来，国美电器始终坚持"薄利多销、服务争先"的经营策略，把规模化的经营建立在完善的售后服务体系基础之上，从而得到了广大消费者的青睐。同时，国美电器在长期的经营活动中，始终把"创新务实，精益求精"作为企业的经营理念，在业务手法、服务措施、经营品种上不断创新、完善，不仅在消费者中留下了极佳的口碑，而且在行业内也树立起一个全国知名的品牌，随着企业发展，其影响力还在不断增强。

目前，国美电器已成为中国驰名商标，并已经发展成为中国最大的家电零售连锁企业，位居全球商业连锁第 22 位。在北京、天津、上海、成都、重庆、西安、广州、深圳等内地 100 个城市及香港地区拥有直营店 270 余家，员工 40 000 多名，成为国内外众多知名家电厂家在中国最大的经销商。在商务部公布的 2004 年中国连锁经营前 30 强中，国美电器以 238.8 亿元位列第二，并再次蝉联家电连锁第一名，继续领跑中国家电零售业。2004 年底，国美电器基本完成在中国大陆地区的一级市场的网络建设，同时扩展到较为富裕的二、三级市场，并制定了 2008 年实现销售额 1 200 亿元的目标。

2003 年 11 月，国美电器在香港设立分部，目前已成功发展到 7 家分店，迈出了开拓海外市场探索性的第一步，同时预示着国美电器最终将进入国际市场。2004 年 6 月，国美电器在香港成功上市。在"2004 百富人气榜暨品牌影响力"评选中，国美电器位居品牌影响力企业第二名。

在将近 20 年的发展过程中，国美电器不断总结经验，形成了"商者无域，相融共生"的经营理念；塑造了"谦虚的行业领袖"、"成本控制专家"、"消费行家和服务专家"、"供应链管理专家"的品牌形象；形成了"选、用、育、留并重"的人才战略。

如今的国美电器，在连锁化程度、管理水平、经营业绩和企业文化建设等方面已在同行业中遥遥领先，成为中国家电零售业的第一品牌，正向着"成为全球顶尖家电连锁零售企业"的长远战略目标持续快速前进。

在国美的史册上，记录着家电领域的多个全国第一：国美电器 1994 年首创包销制，脱离中间商，使商家与厂家直接对话；最早走出坐店经营的传统营销模式；最早推出特价彩电，击垮彩电限价联盟；最早走出北京，走向全国；最早在我国香港地区开店，向国际市场迈进；最早与电影展开互动营销，开创了中国家电领域文化营销的先河。

二、国美的大规模采购策略

1. 首创包销制

国美电器于 1987 年 1 月 1 日成立时，只是北京珠市口一家 100 平方米左右的小店，经营进口家电。当时电器商品还处于求大于供的状况，国美的创始人黄光裕决定做长久生意，因而没有采取高价销售的撇脂定价策略，而是采用了薄利多销的低价渗透策略。

国美的独特之举还在于率先在《北京晚报》中缝做标价广告，借助广告这一现代营销手段引导顾客消费和消费者与媒体的新型互动关系，走出了坐店经营的传统模式。标价广告为国美带来了滚滚财源，到1992年时，国美已经陆续开了七八家店名各不相同的门店。

1996年，以长虹为首的国产家电崛起，面对国产家电品牌势不可挡的发展趋势，国美开始了经营战略的调整，由先前单纯经营进口商品转向国产、合资品牌家电。当对国产、合资品牌有了一定的销售能力和销售经验后，国美决意创建新的供销模式：脱离中间商，与厂家直接接触，搞包销制。通常，销售商为了减少资金占压，与厂家合作时大多采用代销形式，即使同意经销，也不轻易承诺销售量。国美经过慎重考虑和精心论证，决定以销售量向厂家表示合作诚意。国美与多家生产厂家达成协议，厂家给国美以优惠政策和优惠价格，而国美则包销产品，即承诺经销责任，且保证相当大的销售量。这种越过中间商，与厂家直接贸易的营销模式，使国美在商品成本上获得了比较优势，从而使销量大增。

2. 频频抛出大额订单

随着在全国连锁店数目和销量的增加，国美电器频频抛出大额订单。

2000年10月，国美推出千万元彩电采购大招标，夏华、索尼先后接标，国美分别与之签订了1 800万和2 564万元采购合同，彩电采购总量达10 850台。

随后，国美又开出亿元采购订单，分别与荣事达和TCL签订了8 000万元和1.5亿元的销售合同。

2002年2月，国美在全国推出"差价补偿"承诺，以进一步突出规模销售所体现的价格优势，并受到消费者热烈欢迎。

2002年12月，国美在北京召开"2002年中国彩电高峰论坛"，推出国美彩电"新科技一族"，并与国内厂家签订了总额为32亿元的彩电包销协议。

国美频频抛出采购大订单，意味着中国"商业资本"的重新抬头，也引发了家电行业厂商供销模式的革命。

3. 开创会展型采购新模式

2002年12月，国内第一次由流通企业举办的大规模家电业展览会——"国美家电博览会"亮相上海，借国内外著名厂家悉数到场之机，国美电器一举抛出100亿元的采购订单。这笔巨大的订单占中国家电零售总额的1/30，创造了中国家电史上一个新的纪录。以往家电连锁都是今天采购一个品种、明天采购另一个品种，不能产生规模经济。而国美的这种会展型集中采购，可使国美借会展之机成倍地扩大采购规模，在时间和空间上加快流通速度，大大降低了成本，从而掌握了同业竞争的主动地位。

国美此次采购的目标是市场竞争强、科技含量高、符合消费潮流的家电新产品。"科技、环保、个性、未来"是对签单产品的基本要求，"以中高档商品为主，低档商品为辅，站在中国家电发展的潮头"，一反以往的"价格杀手"形象。国美通过大额包销、买断和定制等方式来争取产品的市场竞争优势，让消费者得到更多的实惠。

国美电器此次签下的订单中，50%为科技含量高的产品，最为突出的特点是时尚性、高科技产品明显增加。这100亿的订单中包括彩电、空调、手机、冰箱、洗衣机、碟机、

电脑和微波炉等八大类，吸引了索尼、松下、夏普、伊莱克斯、西门子、摩托罗拉、LG
等世界明星企业和海尔、长虹、康佳、美的等本土知名企业。

三、国美与家电制造商的厂商博弈

1. 推出特价彩电，击垮彩电限价联盟

2000 年 6 月 9 日，长虹、康佳、TCL 等全国九大彩电企业会聚深圳，成立彩电限价联盟。一时间，业界哗然，媒体竞相报道，彩电价格成为全社会共同关注的焦点。很快，国美电器代表家电流通企业发出自己的声音。北京国美电器公司率先举起反对彩电限价的大旗。先是 7 月 8 日、9 日，在北京把厦华 29 英寸超平彩电卖到了 1 980 元，低于限价 610 元；继而 7 月 15、16 日又在京、津、沪三地把熊猫 29 英寸超平彩电卖到了 1 898 元，低于限价 692 元。两次"跳水价"都引发了消费者的抢购。

在接下来的几周里，长虹 29 英寸超平彩电、LG34 英寸超平彩电、熊猫 DVD、德加拉 DVD 相继以特价机的形式露面国美。及至 8 月下旬的第一个周末，长虹、康佳、TCL 三大彩电巨头在国美同台竞技，算是把国美卖特价彩电的戏推向高潮，这一期间，老百姓的反应是：半夜三更到国美各门店排队，主动发号，有的门店门口甚至出现倒号现象，国美上海及天津有四家门店的玻璃门被蜂拥而至的消费者挤坏……成百上千的彩电、DVD 往往在半天、一天的时间内被消费者一扫而空。每每临近周末，到处打听国美又卖什么特价机几乎成了京城一景，甚至某一周末国美没卖降价彩电也有大批消费者照样去排队，且不乏自觉维持秩序者。

一时间，国美似乎成了彩电降价的代名词，被关注率直线上升，风头远远盖住彩电限价联盟。国美的这一行动令彩电峰会含辛茹苦垒起来的限价同盟顷刻轰然倒塌。这次的降价风暴像是在告诉人们：商家不再是生产、流通、消费各个环节中的价格执行者，而是摇身变为价格的主宰者。

2. 单方面宣布降价，引发国内背投"集体跳水"

2002 年 8 月 10 日，上海国美的一张促销海报引发了国内背投彩电的"集体跳水"。据悉，带头降价的是国内彩电大王——四川长虹。消息传出后，长虹大叫委屈：这只是商家的自主促销行为，与厂家无关！而国美则认为，高端电器目前已经进入降价时代，从市场供大于求的现状看，厂家必然要作出让步！

四川长虹电器营销管理本部在对记者的一份声明上说，此次在上海国美降价的长虹彩电都属于低端背投产品，而且，长虹根本没有作出背投彩电降价的决定，这仅仅是商家自行的促销行为。对此，长虹宣传广告中心王佳妮解释道："长虹背投电视有 1、2、3、4 代之分，属于原来老技术的 1、2 代产品早已降至 1 万元以下，有的品牌甚至在今年 5 月就已将价格调至 8 000 元以下，现在的价位大致在 7 000 元左右。而居于世界领先水平、拥有核心技术的长虹 3、4 代背投与传统 1、2 代在价格上有巨大的差距，目前价位都在 13 000～15 000 元，肯定是不会跌破万元的。而且，第 1、2 代产品在今年 4 月就已全面停产，现在长虹本身的库存已经没有了。所谓的长虹背投电视领头跳水与事实有较大出入。"

王说，商家自行的节假日降价促销行为和大面积地由生产厂家将产品全线降价是性质

不同的两种经济现象。不论出于什么原因，国美单方面宣布降价，都不曾与长虹达成共识，而且还把厂家作为宣传主体推出去，对此，厂家只能哑巴吃黄连——有苦说不出。在现代市场竞争中，商业资本往往凌驾于产业资本之上，主导着产业资本的运作。

对此，上海国美广告宣传部的李经理在接受记者采访时说，背投彩电降价是上海国美10家分店在8月中旬推出"彩电节"的一项内容。此前，上海国美为这个活动专门召开了一个新闻发布会，也邀请了各厂家的领导人来参加。

考虑到目前空调销售已告一段落，而彩电销售旺季要等到9月份才出现，为了填补8月的销售空当，采取促销手段人为地将时间提前不失为一个好方法。当前最吸引消费者的无疑是敏感的彩电价格，而普通彩电降价已失去魅力，因为彩电正在由传统型向高端型过渡，高端彩电的供不应求也正在向供大于求过渡。因此，这位李经理认为，高端彩电目前已进入降价时代。

国美在打促销广告时，按照惯例只标明了促销产品的厂家和型号，而没有具体说明是第几代产品。有些商家的促销广告概念模糊，通常只把最吸引消费者的东西写得最引人注目，无意中损害了厂家的利益。上海国美周四打出降价广告，真正开始卖是在周六，消费者有足够的时间进行对比、观察和考虑。从销售的情况看，即使活动期间上海市连降暴雨，但还是天天有人排长队购买彩电，每周的销量都在翻倍。

北京国美总部企划部的总经理宗向东认为，厂、商之间的竞合关系是长期存在的，每次国美一有大型促销活动，就会收到大量厂家的投诉信，但随着市场供求关系的改变，近年来，商业资本的力量正在不断抬头，所以厂家必定是要作出让步的。

3. 鹬蚌相争，国美与格力对垒

2004年2月，国美成都卖场抛出每套分别自行砍掉480元和1 000元的两款格力空调，引得成都格力遭遇其他经销商跟风降价甚至退货。格力怒不可遏，以断货"逼宫"国美。3月，北京国美总部向各地分公司下发"关于清理格力空调库存的紧急通知"，要求其各地分公司把格力空调的库存和业务清理完毕后，暂停销售格力产品，致使双方由来已久的纠纷完全暴露。就在这时，北京"两会"会场外格力董事长董明珠提出"公平、公正、真诚"的合作原则，致使双方合作彻底破裂。格力表示，"将把国美清除出自己的销售体系"，北京格力转投苏宁。

导致国美和格力分道扬镳的原因究竟是什么？种种迹象表明，双方矛盾的背后有着深刻的原因。

格力一直以"品质领先"著称于全球，是中国最具实力挑战洋品牌的空调企业，格力的成功就在于其多年来将主要精力放在技术创新与品质保证上。国美只是格力1万多家经销商中的一家，即使在其老家北京，国美销量也只占格力5%；格力在全国有20多家销售分公司，其中5家公司与国美有合作，产品直接在国美销售。格力总部市场部有关人士则透露，导致此次事件的"导火线"，是由于格力和国美之间有关2004年合作的协议没有谈妥。按照格力的说法，国美要求格力给国美的销售返点偏高，据说是其他经销商的2~3倍，并且要求在空调安装费上扣除40%作为国美的利润。格力认为，格力对所有经销商的政策都是一致的，国美不可能享受特殊待遇。

而对于国美来说，尽管格力在空调生产领域排头，但在其销售中，比重仅为3% ~ 4%，并不是合作最紧密的上游企业，此番将格力拉出来"祭旗"，就是希望能与格力建立新的供销关系，而长远目的是"敲山震虎"，让其他的空调生产企业明白，连格力都敢动，还有谁不能动。国美一旦赢得此战，与其他品牌谈判时就会有更多的筹码。目前国美销售的家电产品主要以厂商直接供货的方式为主，这样做的目的是为了节省中间成本，降低产品价格。但格力空调一直通过各地的销售公司向国美供货，在价格上不能满足国美的要求，国美因此无法实现其提倡的"薄利多销"原则。显然，国美希望利用自己的渠道优势迫使格力作出价格让步。

4. 力压涨价趋势，国美再掀空调降价风暴

2006 年夏季，国内空调市场处处充满硝烟。由于空调原材料上涨，特别是以铜为首的国际市场大宗采购持续约两个月的"狂牛"涨势，格力、美的等许多空调厂家在旺季来临之际纷纷向各大家电渠道商发出调价通知函，宣布上调空调零售价，空调价格普遍上涨 5% ~ 15%。另外，国家对空调能效比要求不断提高也是催生空调涨价的一个重要原因。一些电器商家的各式空调价格上涨幅度在 100 ~ 500 元不等。甚至有商家采用临时囤货的手段来抬高空调价格。

在国内空调市场的一片喊涨声中，国美电器却对外发布了一条令业界震惊、令消费者欣喜的信息。国美电器品牌管理中心总监何阳青 6 月 14 日正式对外宣布，深圳国美从当天起囤积的 100 万台空调全面放闸泄洪，国美门店所售空调产品在现有市场零售价格基础上，全线下拉 15% ~ 20%。从当周周六起，珠海国美空调将以同样的降幅出手。

针对入夏以来空调市场所呈现出的涨价趋势，何阳青表示，夏季是空调销售旺季，借着原材料上涨的趋势，国内空调厂商纷纷抬高空调销售价格，让消费者为空调"明天"的成本提前埋单，这显然是不合适的。事实上，原材料成本只占空调总成本的 5% 左右，且目前全球市场铜原材的价格走势已经有所回落，至于明年空调价格是否会涨起，要看厂家今后生产原材料采购价格。

深圳国美表示，将使出浑身解数力压空调涨价，此次空调降价珠海国美全部采用直降形式，也就是说完全是实打实的优惠，不掺杂任何花哨形式。对于降价原因，深圳国美方面表示，国美前期全国采购的 100 万台空调都是现金采购，所以无论是对于厂家还是国美来说，这部分空调的成本都没有增加，自然也不需要由消费者来承担。事实上，国美即将降价的传闻已久，曾有业界专家分析，目前是空调市场的销售高峰，国美闪电般的空调降价行动，势必会造成 2006 年空调市场的价格盆地出现，按照这个下降幅度计算，年度空调价格最低谷将会出现，价格走向将马上被改写，也将使今夏空调销售进入新的高峰。

四、家电厂商博弈的新趋势

1. 从杂牌产品到知名品牌

2002 年以前，国美、苏宁等家电连锁企业之所以被称为"价格杀手"，是因为他们最喜欢用不知名品牌，或一些杂牌产品来打"价格战"，以便最快、最好地占领当地零售市场。当时的国美、苏宁实力还不是很强大，无法动摇大品牌的根基，而杂牌产品多为质劣价廉的产品，利润空间大，国美、苏宁等家电连锁企业与之合作，是相得益彰，各得其所。2003 年以后，这种局面有了很大改观。消费者的消费日趋理性，品牌消费时代已经来临，杂牌产品经过大品牌多轮打压，价格下降，利润空间压缩，产品难以赢得消费者信

赖，生存陷入困境。杂牌产品再也不是国美、苏宁等的宠儿，他们更希望"名品进名店"。

国美等家电连锁企业经过前面两三年的苦战，实力和影响力大大提高，而供货商们的实力则大大下降，在厂商博弈中开始处于被动地位。为了吸引消费者眼球，获取更高的收益，同时也是为了试探，夺取厂商博弈中的主动权，国美、苏宁等企业开始频频拿大品牌来打市场。于是才会出现前面所提到的国美与长虹、格力等家电制造商的纠纷。

因此，在新一轮的厂商博弈中，杂牌产品将不再是国美、苏宁等关注的焦点，他们斗争的矛头将越来越指向那些实力雄厚、影响力巨大的知名品牌。

2. 博弈中心从总部转到地方

2003 年以前，厂商博弈说到底就是家电连锁企业与各家电生产企业之间的博弈，即国美、苏宁、永乐等的总部与家电企业的总部之间的博弈。家电生产企业大多设立有大客户经营部，专门负责与分销企业进行沟通、洽谈；而国美、苏宁等企业一方面是实力有限，另一方面是精力不够，主要精力都用在扩张领土方面了，加上博弈的对象——家电生产企业综合竞争力非常强大，国美们只能用全部资源来与家电企业进行博弈。因此，那时的博弈中心在家电零售商和制造商的总部。

在经历了前后三四年的快速扩张之后，国美们终于在中国家电市场中站住了脚，并且自身实力在不断的厮杀中日益茁壮，国美们已经成为家电市场中不可或缺、举足轻重的一股力量，这股力量甚至使得任何一家家电生产企业都不能忽视。厂商博弈的天平开始向零售商倾斜。与此同时，国美们先后上市，为了更好地均衡下面员工的利益，保持企业健康、稳健地发展，国美们开始向下放权，从而使得"各地诸侯"有更大的自主权，获得更多的利益。事实上，2004 年冷冻年度开始之际，国美、苏宁、永乐等家电连锁巨头在与家电生产企业进行谈判时，就确定了"总部统一签订协议，各地分部单独操作"的营销思路，国美的各地分部可以与当地的供货商单独操作市场。近年来发生的若干厂商纠纷事件均印证了这一特征。前面所述的国美与格力纠纷的源泉来自于成都国美与四川格力之间的纠纷。

由此可以预料，厂商博弈的中心从总部转移到各地分部。

3. 从区域行为转化为全国统一操作

虽然博弈中心转移了，但是博弈的范围并不仅限于地方，而是很快就会转化为全国统一操作。在这个方面，国美享有较大的自主权和主动权。

经销商看重你，并不是因为你自身的资源和能力，而是你背后所依靠的厂商的能量！国美各地分部挑起事端，分部负责人也深谙此道，他们会很好地利用他们背后所依靠的整个家电连锁巨头的能量来"抗衡"、"摆平"不听话的供货商。成都国美在降价前没有通知格力，格力觉得自身品牌和市场秩序受到损害，因此要求成都国美道歉，并威胁说要停止供货。而成都国美觉得这是一种市场策略，双方互不相让，最终闹到各自总部，事情愈发不可开交，最终导致格力全部撤出国美。

格力国美事件不是个案，国美总部有借机"杀鸡儆猴"之意，各地分部则可享有更多的"收益"，当地供货商实力不够，"心有余而力不足"，对国美形成不了威胁，各供货商总部无法"合纵"，因此也难以单独对抗国美们。格力以"专卖店"对抗国美连锁，可一而不可再。当厂商的博弈中心转移到地方，地方性行为自然又会很快转化为全国统一操作。

4. 博弈的形式从"一对一"变成"一对多"或"多对多"

当年，国美与长虹争斗，国美与日立纠纷时，其他的家电零售商和家电制造商都抱着"坐山观虎斗"的心理。家电零售商（尤其是家电连锁企业）可以借此了解家电制造商的实力和承受力，同时判断出自己在整个市场中的地位和影响力。家电制造商是"事不关己，高高挂起"，国美如果赢了，那么相当于是帮助自己打掉了一个主要的竞争对手，自己可以趁机"讨好"国美，获得更大的利益；国美如果输了，那么也可以压制一下蠢蠢欲动的其他家电连锁企业，让他们学"乖"点，不要轻易尝试"剥夺"制造商长期霸占的厂商博弈主导权。那时的厂商博弈，就是典型的"一对一"——一个家电零售商针对家电制造商的斗争。

但是，这种情况已经渐渐发生了重大变化，福州苏宁就开业庆典促销费用进行大规模的摊牌，8 家厨卫电器供货商不买账，组成"反苏联盟"联合对抗，博弈的形式在不知不觉中变成"一对多"。这与双方实力有关，单个供货商实力越来越难以对抗整个家电连锁企业，他们只能借助于联合的力量来对抗某一个家电连锁企业，甚至对抗家电连锁企业的一个地区分部也有困难。家电连锁企业实力远远超过一般的中小家电制造商，他们的一个分部都可以依托总部实力，"抗衡"其他供货商同盟。

在新一轮厂商博弈中，博弈的形式从早期的"一对一"变更为"一对多"乃至"多对多"，从目前的发展境况来看，零售商联合体容易形成，而且力量非常强大；而供货商联盟则难以拧成一股绳，前景扑朔迷离。

5. 低附加值产品转移到高附加值产品

"江山代有人才出，各领风骚数百年"，在不同时期，不同阶段，商业竞争的重心也有很大变化。

将整个中国家电市场发展里程浏览一遍，就不难发现厂商博弈的产品特点：20 世纪 90 年代中叶到 2002 年，中国彩电业独领风骚，那时国美与长虹发生大决裂；从 2002 年到 2004 年，空调业成为最吸引人们眼球的领域，国美与日立、国美与格力、家乐福与春兰之争都发生在此期间；从 2003 年开始，冰箱、洗衣机开始突出；业内更多专家认为，从 2005 年开始，中国家电业的热点和焦点将是小家电，而小家电中的厨卫产品将是其中的"明星产品"。

更不容忽视的是，无论是国美与长虹、国美与格力，或是苏宁与"反苏联盟"的争斗，都发生在这些产品处于高附加值的阶段。也就是说，家电零售商从来不会选择那些低附加值产品进行博弈。

目前，小家电市场还处于混乱状态，缺乏具有垄断性质的品牌，加上利润空间大，因此，小家电市场无疑将成为厂商博弈的新热点。一些家电制造商为了在新一轮厂商博弈中抢得先机，已经开始配合国家有关机构制定相关的法律法规，更有家电制造商倡议成立供货商同盟。但是，要想在流通领域和生产领域建立新型的、均衡的、合理的厂商关系，并不是一件轻而易举的事情，它需要供货商和零售商共同努力，需要供货商付出更多的艰辛，同时还必须由市场竞争来检验，这将是一个漫长的过程。

资料来源：

1. 盛敏，元明顺，刘艳玲. 市场营销学案例. 北京：清华大学出版社，2005
2. 吴立. 市场营销经典案例. 北京：高等教育出版社，2004
3. 陈军君."国美"是把剑. 中国营销传播网，2000－09－27
4. 孔龙，刘宏君. 国美，称"王"，还是称"霸". 中国营销传播网，2001－11－26

讨论分析题：

国美电器高速发展的启示有哪些？

案例解读

　　组织市场的购买行为与消费者市场购买行为存在许多差异。深入分析组织购买者的购买行为对于那些采取非直销渠道的制造商来说是至关重要的。

　　在消费者市场，在厂商和购买者的博弈中，购买方由于信息不对称、力量分散等原因往往处于劣势，但在组织市场，这种情况正在改变。当前，在家电、日用百货等行业的厂商博弈中，中间商变得日益强大，国美、苏宁、家乐福等大型零售商具有了与制造商抗衡的力量。从接连发生的国美电器对抗彩电限价联盟、挑战长虹背投、抗衡格力空调、力压空调降价风等种种事件看来，家电业厂家和商家的竞合关系是长期存在的。国美用事实告诉业界和消费者：在厂家和商家的对抗和博弈中，商家不再是被动的一方，有实力的商家正逐渐变身为谈判桌上主动出击的一方。

　　购买规模大且购买频繁是组织购买者与最终购买者（消费者）在购买行为上的主要区别，这也是国美等大型中间商得以与制造商进行力量抗衡的基础。国美的大规模采购使其在与众多家电厂商的合作中，能够享受到最优惠的进货价格。同时，制造商与中间商的合作往往是互惠互利的。家电厂商在为国美提供优惠价格的同时也得到了利益。他们与国美的结算以银行为后盾，只要国美的仓库对厂家的货物签收，厂家便可直接到银行划款，因为国美在银行拥有很高的授信额度，并且在付款方式上国美能做到提前付一定比例的款项，交货后再付一定比例，很少压厂家的钱。这对于厂家来说，无疑是很具吸引力的。许多全国性的家电品牌都与国美签有全国性的协议，提供最低价位的进货条件，否则将执行惩罚条款。这也是国美得以在全国迅速扩张的前提。

组织购买者的需求是衍生需求。组织购买者对产品的需求是随着消费者对消费品的需求的变化而变化的。中间商对产品的选择反映了最终消费者对产品的需要和评价。国美在连接产品生产厂家和最终使用者的过程中，还起着需求信息传递的作用。他们直接面对消费者市场，从市场和顾客那里收集信息，根据市场的需要向厂家定制某些型号的产品，提出生产数量和要求，由厂家生产、国美独家销售，定制包销，从功能、性价比、外观上做到更加符合老百姓的需求，实现厂家、零售商、消费者三赢的局面。

3-4　超市卖场的五个磁石点

第一磁石点位于卖场中主通道的两侧，是顾客必经之地，也是商品销售情况最好的地方。此处配置的商品主要是主力商品、购买频率高的商品和采购力强的商品。这类商品大多是消费者随时需要，又时常要购买的。例如，蔬菜、肉类、日配品（牛奶、面包、豆制品等）。这类商品放在第一磁石点内，可以增加销售量。

第二磁石点在第一磁石点的基础上摆放，主要配置以下商品：流行商品，色泽鲜艳、引人注目的商品和季节性强的商品。第二磁石点需要超乎一般的照明度和陈列装饰，以最显眼的方式突出表现，让顾客一眼就能辨别出其与众不同的特点。同时，第二磁石点上的商品应根据需要隔一定时间便进行调整，以保持其基本特征。

第三磁石点是指超市中央陈列货架两头的端架位置。端架是卖场中顾客接触频率最高的地方，其中一头的端架又对着入口，因此配置在第三磁石点内的商品，就是要刺激顾客。一般为高利润商品、季节性商品和厂家促销商品。

第四磁石点通常是指卖场中副通道的两侧，是充实卖场各个有效空间的摆设商品的地点。这是个要让顾客在长长的陈列线中引起注意的位置，因此在商品的配置上必须以单项商品来规划，即以商品的单个类别来配置。为了使这些单项商品能引起顾客的注意，应在商品的陈列方法和促销方法上对顾客做刻意表达诉求，主要有热门商品、有意大量陈列的商品和广告宣传的商品等。

第五磁石点位于收银处前的中间卖场。各门店可按总部安排，根据各种节日组织大型展销、特卖活动的非固定卖场。其目的在于通过采取单独一处、多品种大量陈列的方式，造成一定程度的顾客集中，从而烘托门店气氛。同时，展销主题的不断变化，也给消费者带来新鲜感，从而达到促进销售的目的。

资料来源：
中国商报网站

讨论分析题:

磁石点的本质含义是什么?

案例解读

　　现代商店经营商品种类繁多,少则几千种,多则几十万种。要使全部商品都引人注目是非常困难的。为此,可以选择以消费者大量需要的商品作为陈列重点,同时附带陈列一些次要的、周转缓慢的商品,使消费者在先对重点产品注意后,附带关注大批次要商品。对于重点陈列,业内有一种商品布局中的磁石理论。所谓磁石,顾名思义,即卖场中最能吸引顾客目光、最能引起购买冲动的地方,而要发挥这些磁石的作用,必须依靠一些布局技巧来完成。在商品布局中运用磁石理论,具体而言就是在卖场中最优越的位置陈列最合适的商品促进销售,并以此引导顾客顺畅地逛遍整个卖场,达到增加顾客随机消费和冲动性购买的目的。

第 4 章
营销调研

本章提示

营销调研是指系统、客观地收集、整理和分析市场营销活动的各种资料或数据，用以帮助营销管理人员制定有效的市场营销决策。这里所谓的"系统"（Systematic），是指市场营销调研必须有周密的计划和安排，使调研工作有条理地开展下去。"客观"（Objective）是指对所有信息资料，调研人员必须以公正和中立的态度进行记录、整理和分析处理，应尽量减少偏见和错误。"帮助"（Help）是指调研所得的信息及根据信息分析后所得出的结论，只能作为市场营销管理人员制定决策的参考，而不能代替他们去作出决策。

营销调研在下列情况下往往为企业决策者所重视：

第一，决策者需要寻找新的市场机会时。在作出把某一产品投入市场的决策之前，要了解哪些是消费者新的需要和偏好，哪些产品已进入其生命周期（Product Life Cycle）的尽头等。

第二，市场营销管理人员需要寻找某种问题的产生原因时。例如，发现在某一市场上原来深受用户喜爱的产品现在被用户冷落了，这时就会由管理者或决策者向调研部门提出调研课题，探究是产品质量或服务质量下降了，还是消费者或用户的偏好有所变化。

第三，决策者在制定决策后必须在其实施过程中进行监测、评价和调整。许多情况下，市场营销调研就是针对决策是否有效而进行的，用以分析一项新的决策是否使市场营销活动向更为有利的方向发展。

第四，预测未来时。调研为预测提供资料依据，预测的准确性很大程度上取决于市场营销调研的质量。营销调研与预测是密切联系而又有区别的两个概念。

本章共四个案例。案例 1 是一份有关哈尔滨市场液体奶的调研报告，调查分析了当今中国液态奶市场消费者的购买行为和习惯，以及目标消费者群体购买饮用液态奶的规律。通过案例，使学生了解样本数目确定、调查方法、数据采集方法、调查报告撰写等市场调查的基本方法。案例 2 是对五种影响消费者偏好的属性的联合分析，通过案例，要求掌握联合分析的基本方法。案例 3 是收入水平和品牌的关系，要求使用对应分析法进行分析。案例 4 是一项有关大学生对电影态度的调查。

4 – 1　哈尔滨市场液态奶调研

第一部分　引　言

一、研究目的

通过分析液态奶消费群体的购买行为和习惯，发现目标消费群体购买饮用液态奶的规律，帮助企业从消费者实际需求和意愿出发，实施有效的市场营销管理。

二、调研内容

1. 人口特征
年龄比例，职业特点，教育水平、家庭概况（家庭人数、月收入、月消费水平）。
2. 消费者研究
购买习惯及态度、群体的特征及偏好等。如购买地点、购买方式、购买的频率等。

三、调研的方法设计

（1）本次调研属性：探索性描述调研。
（2）样本量：计划为 300 个样本，实际接触样本量为 382 个。
（3）抽样方案：采取了非概率性抽样中的便利抽样方法。
（4）信息采集：运用街头随机拦访方式进行。
（5）调查地点：哈尔滨道里区及南岗区繁华路段。

四、调研的样本条件

（1）过去三个月内购买或饮用过液态奶。
（2）在哈尔滨市居住了一年以上。
（3）无规定行业（零售、媒介、咨询、乳业）影响因素。

五、调研分析工具

SPSS 社会统计分析软件。

第二部分 调研结果分析

一、消费液态奶人口特征

本次调查涉及的消费群体中，实际购买过和饮用过液态奶的消费者所占比例为73.8%，没有购买或饮用过液态奶的人口所占比例为26.2%；根据研究中实际液态奶消费者的年龄及性别比例划分，女性占65.8%，男性占34.2%。哈尔滨市现有348万人口，按此比例，有26.2%的人口不购买或不饮用液态奶，实际人口数约91.2万，饮用和购买液态奶的约256.8万人口；文化程度上，哈尔滨市消费液态奶的市民文化水平主要在高中为28.1%、大专为27.3%、本科为32.5%这样一个层次上。这反映了哈尔滨市民文化修养还是比较高的。从文化程度上可看出，大专以上学历消费者的职业比较好，表现出文化程度越高，其专业性趋势越强的特点；在本次调研活动中发现从事专业技术的人员如医生、教师等居多，而家庭主妇所占比例正在下降，下岗人员也比较少。有职业的占69.7%，无职业的占24.7%，退休人员占5.6%；个人月收入水平上，哈尔滨市人均月收入为657.1元，同其他省会城市比较有一定的差距，但总体上看，人均收入比以往有了很大的提高；家庭婚姻状况方面，已婚有子女的占49.5%，已婚无子女的占12.6%，未婚独身的占37.9%。如下图所示。

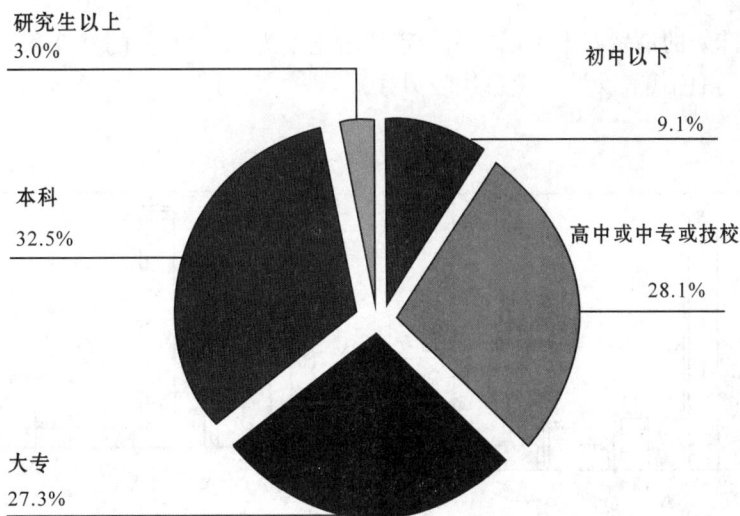

（%）   单位：元

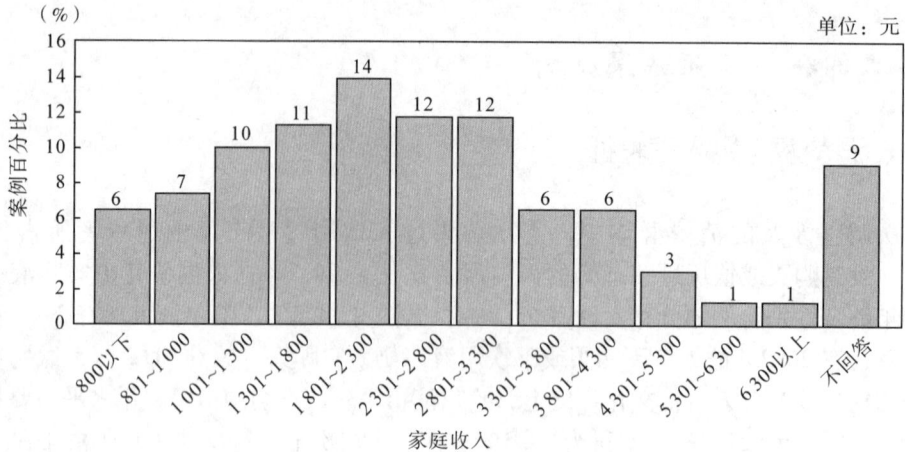

二、液态奶消费者购买行为与饮用习惯研究

（1）饮用纯鲜牛奶的消费者的年龄特征为，31～44 岁的消费者表现明显，虽然本次调查的样本量较少，但从分析中可以得出，纯鲜牛奶的消费者还是以女性居多，特别是年龄在 31～44 岁之间的女性。

从饮用酸奶消费者年龄间的比较来看，17～30 岁的女性居多，而 17～30 岁的男性比例也相对较大。

从饮用果味奶的消费者中可以看出，消费者主要为 17～30 岁的女性和 17～30 岁的男性。（见下图：白色代表女性，黑色代表男性）

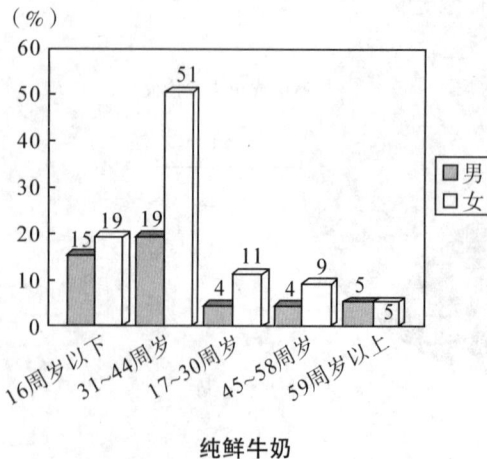

纯鲜牛奶

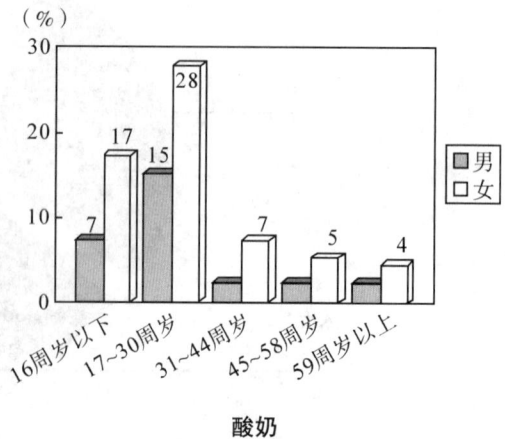

酸奶

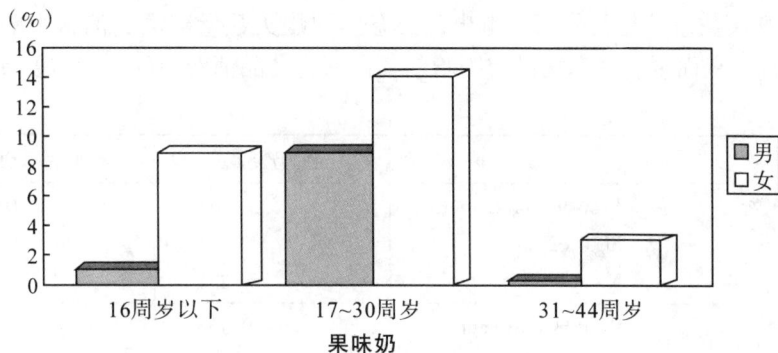

果味奶

（2）液态奶消费者选择最多的品种为袋装纯鲜奶（为 36.9%），最喜欢的程度为 62.3%。

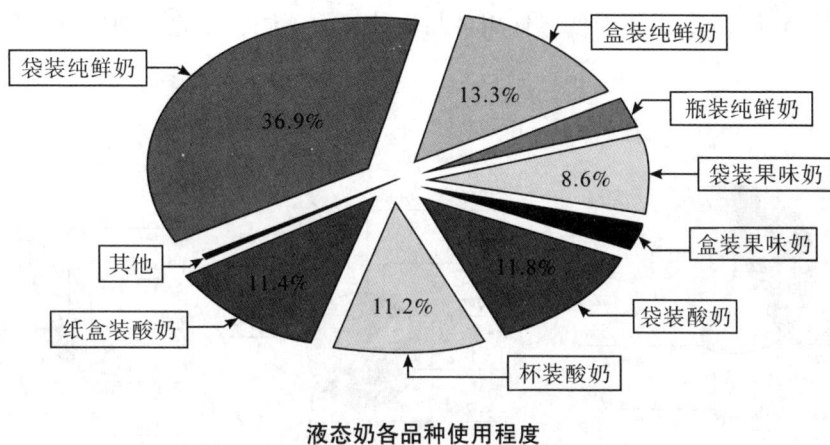

液态奶各品种使用程度

（3）消费者选择各类品种原因分析：对液态奶产品的品种进行选择时，消费者注重的因素中"口味好"最重要，占 30.5%；其次是"营养成分丰富"，占 28.4%；第三是"饮用方便"，占 20.8%。具体如下表。

序号	产品特点及功效内容	消费者选择程度
1	口味好	30.5%
2	营养成分丰富	28.4%
3	有防病的疗效	2.9%
4	具有美容的功效	4.6%
5	价格低	10.5%
6	饮用方便	20.8%
7	促销做得好	0.8%
8	广告做得好	0.8%

（4）从购买数量的相关分析中得出，液态奶的购买数量与家庭消费中的食品支出有显著的相关性，从而说明液态奶已成为哈尔滨市家庭食品消费中的一项重要支出。

		纯奶袋数	食品支出
纯奶袋数	Pearson Correlation	1	0.153*
	Sig.（2-tailed）	.	0.020
	N	231	231
食品支出	Pearson Correlation	0.153*	1
	Sig.（2-tailed）	0.020	.
	N	231	231

* Correlation is significant at the 0.05 level（2 – tailed）.

（5）饮用时间上，由于消费者饮用各品种的习惯不同，在此分别进行了分析，如下图所示。

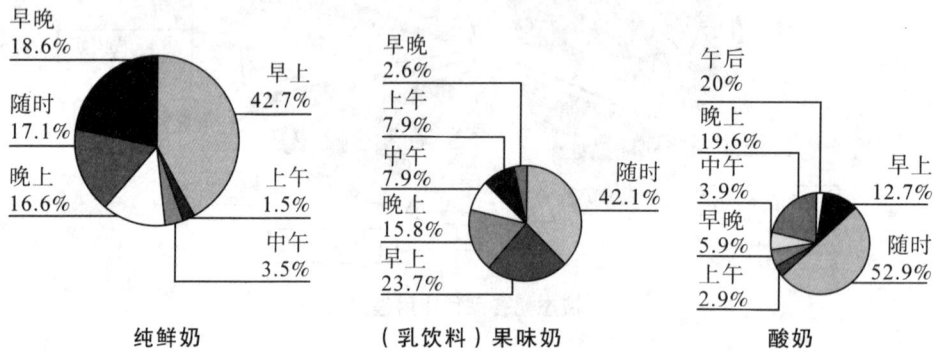

纯鲜奶　　　　　　（乳饮料）果味奶　　　　　　酸奶

（6）液态奶消费者购买量分析（由于一些选项提及数量太少，计算频次时达不到一次的购买数量，故将此一部分在分析中舍掉，就主要的特征进行分析）。

哈尔滨市消费者购买液态奶的情况

产品名称	月人均消费数量			月人均购买频次
纯鲜奶	3.1 袋	0.3 盒		4 次
酸奶	0.4 袋	0.5 盒	0.2 杯	2 次
果味奶	0.4 袋			1 次

哈尔滨市区月消费液态奶情况

产品名称	实际消费人数（万人）	月人均消费量（千克）	月消费总量（万千克）
纯鲜奶	203.4	1.525	530.7
酸奶	44.4	0.275	95.7
果味奶	9	0.1	34.8

（7）购买地点选择的分析：

本次调查的被访者中有 81 人选择了连锁超市，占研究整体的 35%；选择中小型仓买店的为 75 人，占 32.5%；大型超市占 14.3%；其他场所占 18.2%。由此得出，绝大多数消费者购买液态奶主要选择在连锁超市和中小型仓买店。其选择购买场所的原因为：30.4% 选择"离家近"，27.8% 选择"产品质量有保证"，16.4% 的人选择"价格实惠"。

由于消费者选择的购买地点主要是连锁超市、批发市场和奶站的业态形式，所以主要对此三个变量进行了分析。离家近是消费者购买食品的最大的特点，随着市民收入的增多和文化程度的提高，对食品的质量要求也不断地提高，而对于价格因素的选择，其最主要因素是消费者都不想花冤枉钱买达不到自己要求的产品。在这里，我们把液态奶定位在"低价快速消费品"。

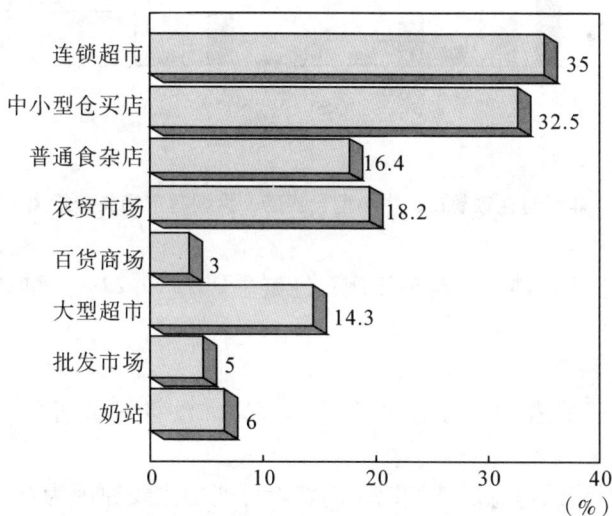

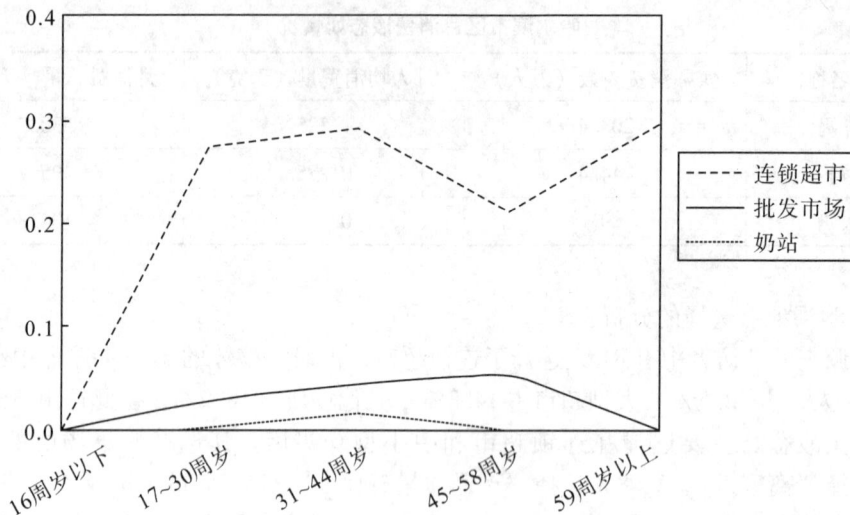

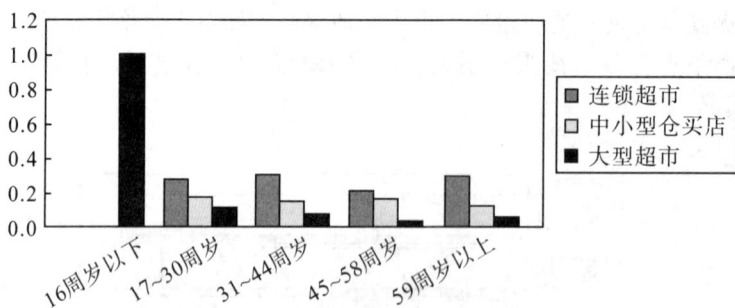

年龄与连锁超市、中小型仓买店、大型超市相关分析图

（8）各品种液态奶的消费者购买比例：纯鲜牛奶为79.22%；酸奶为17.32%；果味奶为3.46%。

（9）家庭订奶分析：

在本次访问的消费者中，订过奶的占19.5%，没订过或曾经订过而现在不订的占80.5%。

根据访问中了解到的信息反馈情况，消费者订奶的主要原因为："方便"、"有营养"和"质量有保证"；没订奶的或曾经订过而现在不订的原因为："选择性差，想喝什么买什么"（占35.1%）和"在购买其他商品时顺便购买"（为24.7%），另有9.6%的人选择了"送奶有时不及时"和5.9%的人选择"送奶不准时"。

其他
9/2.2%

品种多
3/0.7%

信誉好
41/9.9%

离工作地点近
17/4.1%

服务热情
9/2.2%

购物环境好
26/6.3%

产品质量有保证
115/27.8%

价格实惠
68/16.4%

购买点离家近
126/30.4%

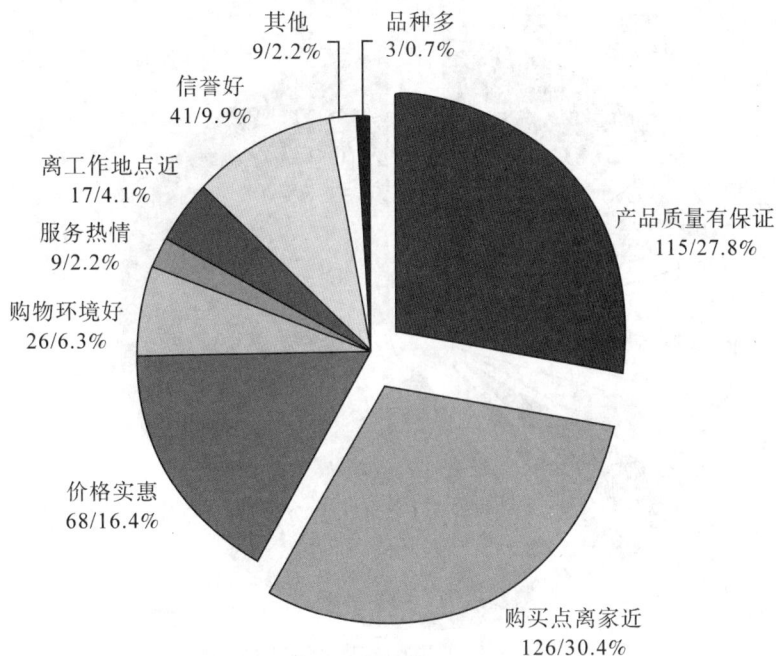

选择购买场所原因

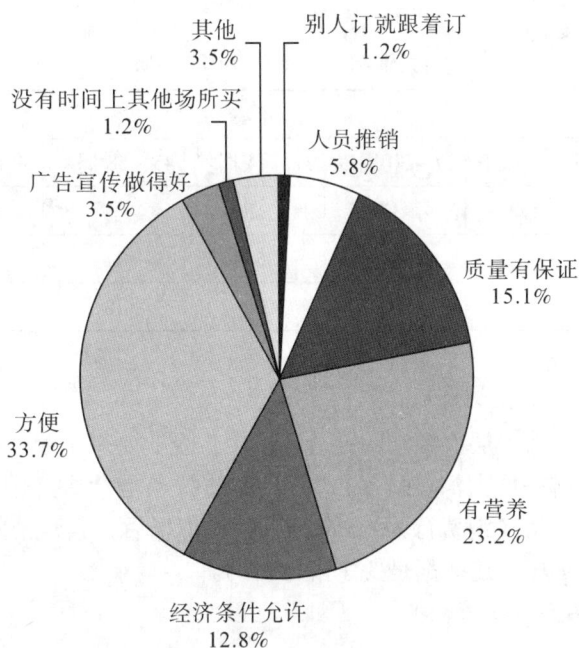

其他
3.5%

别人订就跟着订
1.2%

没有时间上其他场所买
1.2%

人员推销
5.8%

广告宣传做得好
3.5%

质量有保证
15.1%

方便
33.7%

有营养
23.2%

经济条件允许
12.8%

订奶的原因

在订奶的消费群体中，订鲜奶的为 93.5%，订酸奶的 6.5%。分析中发现，订奶所选择的品牌与订奶者的年龄有着密切的相关性。

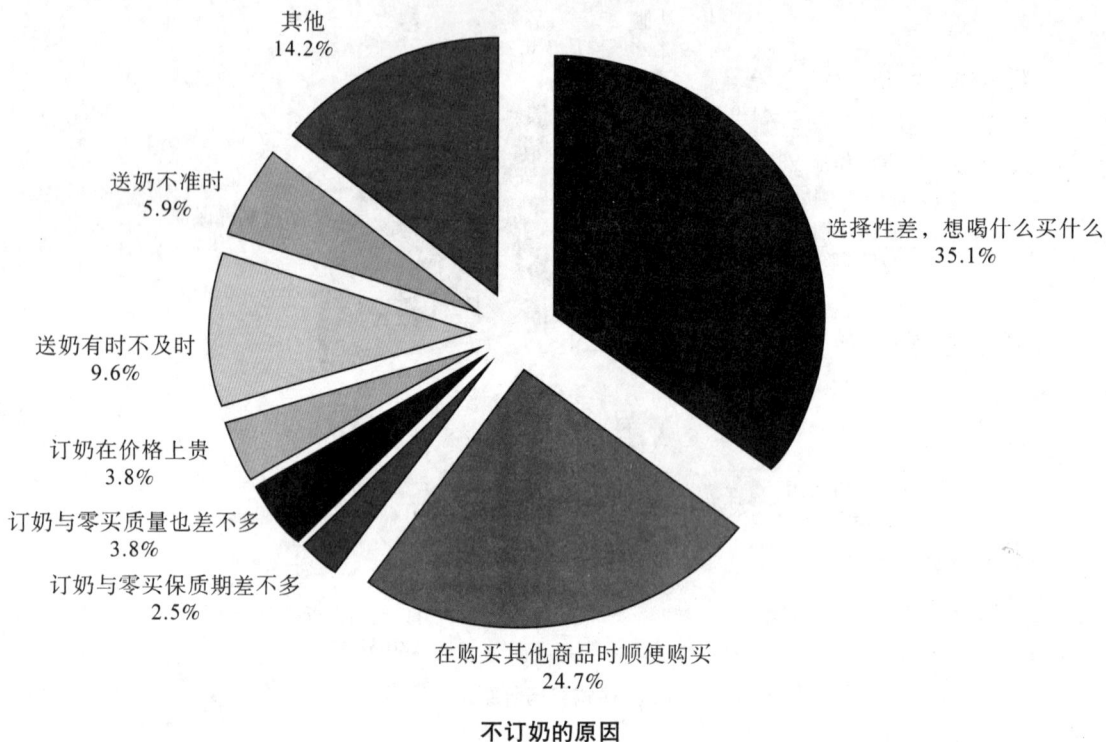

不订奶的原因

订奶情况 * 年龄 Crosstabulation

		年龄					Total
		16 周岁以下	17～30 周岁	31～44 周岁	45～58 周岁	59 周岁以上	
订奶情况	订　过	1	17	15	7	5	45
	没订过		89	54	31	12	186
	Total	1	106	69	38	17	231

结束语：

在产品竞争激烈，消费层次繁杂的社会环境中，企业要想生存，必须要分清本企业产品的目标消费群体（哪一群人消费最多）；其具体的特点是什么（消费习惯和特征）；他们怎样去购买某一类产品（消费行为）；在打入某一市场后，其营销的方式及其具体的运作方法怎么样，好还是坏，这些都是要了解分析的。

（案例编写：万后芬、王友超）

资料来源：

1. 哈尔滨通鉴市场调查公司．哈尔滨液态奶调研报告正式版．http：//www. tjmr. com. 2002. 12. 8.

讨论分析题:

1. 本案例中样本数目的确定和调查的方法是否科学?
2. 本案例中采集数据的方法和调查地点的选取是否合适?
3. 该市场调查报告的撰写有何不足之处?
4. 作为现实中的牛奶企业,应该怎样利用这份报告?

案例解读

本案例中计划样本数为 300 个,实际接触样本量为 382 个,但在调查报告中并没有说明为什么要选取这么多的样本,也没有通过对以前相关的资料收集,利用概率的方法来选取样本数目。另外,在调查方法上,本案例用的是便利抽样方法,这种方法对样本的选择完全按调查人员的意志来定,样本是不是具有代表性值得怀疑。

本案例中信息采集的方式为随机拦访式,这如同便利抽样方法一样,随机性很大,调查的样本是不是有代表性也一样值得怀疑。而对地点的选择更是如此,只选择了哈尔滨市道里区及南岗区繁华地带,而没有根据牛奶订户的居民特征进行调查地点的抽样。

本市场调查报告看似比较完整,但还有一些关键的地方仍然没有作出说明。例如,对调查费用的说明、对调查日程的安排、对由样本推断总体形成的误差等都没有进行说明。

本调查报告虽说有一定的参考价值,对目前市场上的牛奶用户的特征有比较清晰的描述,但由于其调查方法、地点选择、样本数目及分析结果的说明等让人有很多疑义,所以其可信度要大打折扣。

4-2 一个经典的联合分析

Green and Wind 公司对推出一种新的地毯和室内装潢去污剂很感兴趣。技术人员开发了一种新产品来处理顽固的污点。管理人员确定了五种会影响消费者偏好的属性:包装设计(Package Design)、品牌名称(Brand Name)、价格(Price)、优秀家用品奖章(Good Housekeeping Seal of Approval)和返款保证(Money-back Guarantee)

(1) 三种包装设计在考虑中,表示为包装设计 A、B 和 C。

(2) 三种品牌名称在考虑中。两种为竞争者已经在市场中使用的,一种是公司现有的商标名称。这些名称是:K2R、Glory 和 Bissell。

(3) 三种定价在考虑中:1.19 美元、1.39 美元和 1.59 美元。

(4) 优秀家用品奖章或有或无。

(5) 返款保证或有或无。

要表达这五种属性的所有可能组合,则总共有 $3 \times 3 \times 3 \times 2 \times 2 = 108$ 种可选方案要检验。但是,通过正交试验设计,只选用了其中一小部分给受访者。这样便降低了研究费用,并减轻了受访者的混乱和疲劳程度。研究人员可以把注意力集中在受访者对这五种产品属性的偏好上，并建立有关的一般线性模型。选择的试验同样满足统计标准的要求，如效率、正交性和平衡，尽管并不总是有可能完美地满足这些标准。研究人员必须使用计算机软件来正确地产生试验方案。

正交排列如图 4 - 1 所示：

package design	brand name	PRICE	good housekeeping seal	money-back guarantee	RANK
a	K2R	$ 1. 19	no	no	13
a	Glory	$ 1. 39	no	yes	11
a	Bissell	$ 1. 59	yes	no	17
b	K2R	$ 1. 39	yes	yes	2
b	Glory	$ 1. 59	no	no	14
b	Bissell	$ 1. 19	no	no	3
c	K2R	$ 1. 59	no	yes	12
c	Glory	$ 1. 19	yes	no	7
c	Bissell	$ 1. 39	no	no	9
a	K2R	$ 1. 59	yes	no	18
a	Glory	$ 1. 19	no	yes	8
a	Bissell	$ 1. 39	no	no	15
b	K2R	$ 1. 19	no	no	4
b	Glory	$ 1. 39	yes	no	6
b	Bissell	$ 1. 59	no	yes	5
c	K2R	$ 1. 39	no	no	10
c	Glory	$ 1. 59	no	no	16
c	Bissell	$ 1. 19	yes	yes	1
18	18	18	18	18	18

图 4 - 1　正交排列示意图

使用 SPSS 联合分析的正交设计过程来产生这样一个方案。得到了 18 个试验方案后，可以相应做出 18 个"产品卡片"。每一个卡片上可以印上包装设计的略图和其他属性的详细说明。SPSS 联合分析的 Plancards（设计卡片）过程可以生成这些卡片。图 4 - 2 显示了其中一个卡片：

Evaluation of a carpet cleaner

package design　a
brand name　K2R
PRICE　$ 1.19
good housekeeping seal　no
money-back guarantee　no

图 4 - 2　产品卡片

　　研究人员可以指示受访者把这些卡片按偏好从高到低的顺序进行排列。等级变成了一般线性模型中的一个从属变量。图 4 - 3 显示了受访者的分等数据,"1"代表最高等级。

package design	brand name	PRICE	good housekeeping seal	money-back guarantee	RANK
a	K2R	$ 1.19	no	no	13
a	Glory	$ 1.39	no	yes	11
a	Bissell	$ 1.59	yes	no	17
b	K2R	$ 1.39	yes	yes	2
b	Glory	$ 1.59	no	no	14
b	Bissell	$ 1.19	no	no	3
c	K2R	$ 1.59	no	yes	12
c	Glory	$ 1.19	yes	no	7
c	Bissell	$ 1.39	no	no	9
a	K2R	$ 1.59	yes	no	18
a	Glory	$ 1.19	no	yes	8
a	Bissell	$ 1.39	no	no	15
b	K2R	$ 1.19	no	no	4
b	Glory	$ 1.39	yes	no	6
b	Bissell	$ 1.59	no	yes	5
c	K2R	$ 1.39	no	no	10
c	Glory	$ 1.59	no	no	16
c	Bissell	$ 1.19	yes	yes	1
18	18	18	18	18	18

图 4 - 3　受访者分等数据

　　研究人员一般会做一个以上主题的联合试验,但是 Green and Wind 公司只做了一个主题。SPSS 联合分析可以进行一般线性模型数据分析。分析结果如图 4-4 所示。

```
     Averaged
     Importance        Utility            Factor

                                          PACKAGE        package design
+------------+                            ----I          a
I33.80      I          -4.1667           I----          b
+------------+          3.8333            I              b
            I           .333.
            I
          +--+                            BRAND          brand name
  8.45   I  I          -.3333             I              k2r
          +--+          -.8333            -I             glory
            I           1.1667            I-             bissell
            I
+------------+                            PRICE          $1.19
I33.39      I           3.5000            I---           $1.19
+------------+          .6667             I-             $1.29
            I          -4.1667            ----I          $1.59
            I
          +-+                             GOODHOUSE      good housekeeping seal
  6.34   I  I          -.7500             -I             no
          +-+           .7500             I-             yes
            I
        +-----+                           MONEYBACK      money-back guarantee
        I19.01I         -2.2500           --I            no
        +-----+          2.2500           I--            yes
            I
                        10.5000           CONSTANT
```

图 4-4

资料来源:

SPSS 公司的案例

讨论分析题:

请对联合分析的结果进行分析。

案例解读

根据图 4-4 的结果,可得出下列结论:

1. 效用 (Utility) 一栏显示了对每一个属性的评分或分等值。这些分等值由联合估计程序选出,这样把它们加在一起的时候,每一类产品的总效用值将和原始等级最可能地相符合。因子 (Factor) 一栏显示了每一因子的每一水平的效用函数。这些缩微图,即相应的效用,显示除了品牌名称 (Brand Name) 以外,包装设计 (Package Design) 最受喜爱的是 B,最受喜爱的价格是 1.19 美元,优秀家用品奖章 (Good Housekeeping Seal) 和返款保证 (Money-back Guarantee) 有相同的效用。

2. 平均重要性（Averaged Importance）一栏显示了属性的重要性。依次排列为：包装设计、价格、返款保证、品牌、优秀家用品奖章。注意：属性的重要性由属性效用得分的相关等级确定。

4-3　收入水平和品牌的关系

为了考察收入水平和品牌选择之间的关系，某公司进行了一项市场调查。将被访者按年收入分为低、中、高三类。要求每位被访者从列有六种品牌的卡片中选一种。交叉频数表如下表。

品牌和收入的联列表

品牌	收入水平			
	低	中	高	合计
A	2	7	16	25
B	49	7	3	59
C	4	5	23	32
D	4	49	5	58
E	15	2	5	22
F	1	7	14	22
合计	75	77	66	218

资料来源：

柯惠新等. 市场调查与分析. 北京：中国统计出版社，1999

讨论分析题：

请你用对应分析法分析收入水平和品牌的关系。

案例解读

1. 以下是 SPSS 输出的对应图：

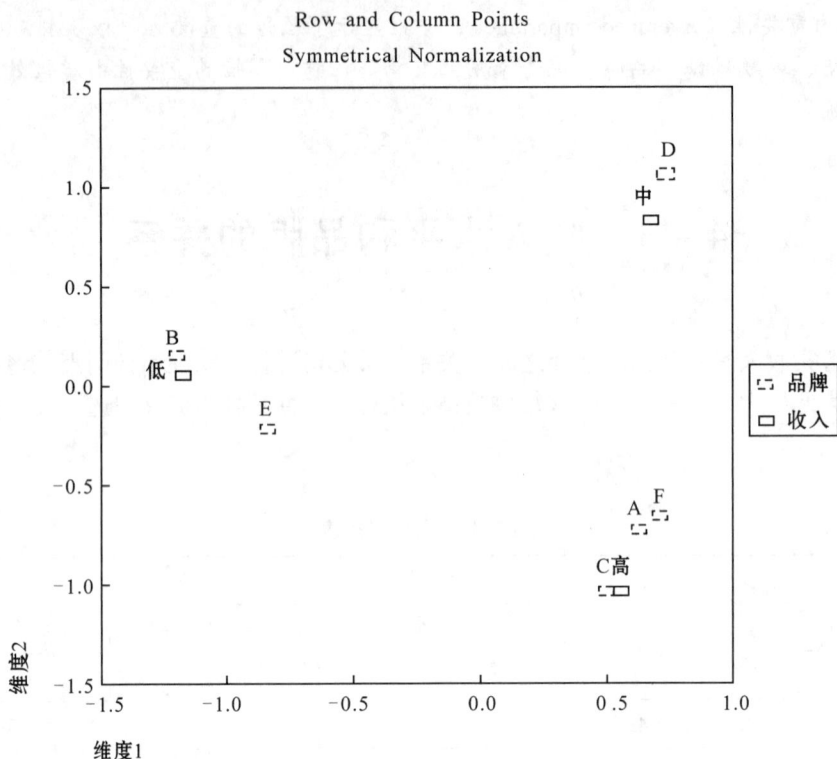

Row and Column Points
Symmetrical Normalization

2. 从对应图可以推断出下面一些结论:

(1) 高收入的消费者偏好品牌 A、C、F。

(2) 低收入者选择品牌 B、E。

(3) 品牌 D 是中等收入消费者唯一的选择。

4-4　选择电影院的因素

　　某市场调查公司曾进行了一项有关大学生对电影态度的调查,调查样本包括某大学各学院的学生 150 人。问卷中有一道题目是调查学生选择电影院的因素,其评比表如下(五分制):

因素	重要				不重要
	1	2	3	4	5
1. 交通方便	□	□	□	□	□
2. 观众品位	□	□	□	□	□
3. 音响效果	□	□	□	□	□

（续上表）

因素	重要				不重要
	1	2	3	4	5
4. 座位舒适	☐	☐	☐	☐	☐
5. 近居住地	☐	☐	☐	☐	☐
6. 购票容易	☐	☐	☐	☐	☐

以下是对调查数据处理后，得到的旋转后的因子载荷阵及旋转后的公共因子对原始变量的解释程度。

变量	因子一	因子二
1. 交通方便	0.177 84	0.736 63
2. 观众品位	0.722 60	0.070 20
3. 音响效果	0.839 71	− 0.064 05
4. 座位舒适	0.807 46	0.073 84
5. 近居住地	− 0.025 38	0.808 88
6. 购票容易	0.117 91	0.821 45
特征值	1.925 43	1.886 19
解释方差的比例	0.320 95	0.314 37

资料来源：

闵建蜀等 . 市场研究：基本方法 . 香港：香港中文大学出版社，1979

讨论分析题：

根据上表，请你解释公共因子的含义。

案例解读

从表中的数据来看，变量 2、3、4 的值分别为 0.722 60、0.839 71、0.807 46，在第一公共因子的因子载荷值较高，第一公共因子反映了它们三个的公共特性。可以推断第一公共因子代表"享受性"。

变量 1、5、6 在第二公共因子的因子载荷值较大且接近，这说明第二公共因子是它们公共特性的体现，第二公共因子可能代表"接近性"。

第 5 章
竞争战略分析

本章提示

在一个竞争激烈的环境中从事营销活动,对市场竞争状况和竞争者行为进行分析是营销人员的一项重要工作。在对竞争行为进行分析时,企业首先要对所在的行业的市场结构进行分析,判断其所属的市场结构类型,根据行业集中度对竞争激烈程度进行总体评估。然后,找出自己最直接的竞争对手(战略集团),对其进行分类,并对不同的竞争者的行为、性质、特点进行分析,最后针对竞争环境和变化趋势采取相应的营销竞争战略。

本章选取了三个案例。案例1通过对现在的中山香格里拉大酒店内外部环境的分析,发掘自身存在的优势、劣势、机遇及威胁。在对其内外部环境进行充分调查的基础上,运用战略管理相关理论对中山香格里拉大酒店的未来战略取向问题进行分析,并进一步提出改善的建议。案例2则介绍和分析奔驰公司是如何应对凌志的挑战的。案例3则以沃尔玛和邯钢为例,重点介绍和分析低成本竞争战略的原理、具体做法和效果。

5-1 中山香格里拉大酒店竞争战略分析

"香格里拉"的美名,来自詹姆士·希尔顿的传奇小说《失落的地平线》。书中详述了香格里拉——一个安躺于西藏群山峻岭间的仙境,让栖身其中的人,感受到前所未有的安宁。今天,"香格里拉"早已成为世外桃源的代名词。

香格里拉酒店管理集团是马来西亚华人郭鹤年先生创建的。所有的香格里拉集团下属酒店都统一以传统的东方文化和风格装饰酒店,并以西方严谨的管理制度严格加以管理,通过集团销售网络向世界各地所属酒店输送客源,二十多年的摸爬滚打使香格里拉迅速发展成为今天享誉全球的名牌酒店集团之一。

中山市是革命先行者孙中山的故乡,近年来,中山市相继获得"全国精神文明先进城市"、"国家卫生城市"、"全国园林城市"和"全国环保模范城市"等光荣称号,更获得联合国颁发的"人居奖"崇高荣誉。中山依靠其丰富多样的旅游资源、新颖的城市人文景观和水乡田园风光吸引了来自全世界的各方游客,其第三产业取得了迅速蓬勃的发展，旅游业成为该市 GDP 的主要来源之一，面对如此欣欣向荣的局面，与旅游相关的各行各业也纷纷兴旺起来。酒店业与旅行社、景区并称旅游业的三大支柱产业，在迅速发展的大潮中，中山酒店业的发展也发生了翻天覆地的变化，不容忽视。

香格里拉酒店集团于 1984 年开始进驻中国内地市场，国内首家香格里拉大酒店坐落在美丽的杭州西湖湖畔。2004 年，香格里拉正式落户人杰地灵的伟人故里——中山市，这是目前中山唯一的一家国际性酒店。截至 2004 年底，香格里拉集团在中国内地已拥有 16 家星级豪华饭店，客房量超过了 8 000 间。这些拓展计划可谓是紧随中国经济发展的步伐，中山香格里拉大酒店开业，为香格里拉在广东的进一步发展提供了无限生机。

中山香格里拉大酒店位于中山市东区，地理环境优越，毗邻市政大厅；交通非常便利，离中山港码头只有 15 分钟车程，离市中心地带也仅有 3 千米之遥。酒店呈双塔式建筑，分东西两翼，客房及套房总数达到了 463 间，是一所集休闲、康体、娱乐、会议于一体的多功能豪华星级酒店。

资料来源：

梁新弘. 中国战略管理案例库，2005
中国营销传播网. 服务营销案例库，2006

讨论分析题：

1. 试用波特五力模型分析中山香格里拉大酒店的竞争状况。
2. 试用价值链分析中山香格里拉大酒店的竞争优势。
3. 通过以上分析，谈谈中山香格里拉大酒店的战略举措。

案例解读

一、波特五力模型分析
波特的五力模型认为，影响企业竞争结构的因素主要由五方面力量决定，这五方面分别是：潜在进入者的威胁、替代品的威胁、买方议价能力、卖方议价能力和产业内部的竞争。现根据这个模型，试对中山香格里拉大酒店的外部环境作简要的分析，具体情况如下：

1. 潜在进入者的威胁

随着旅游业的蓬勃发展，市政府加大完善旅游基础设施的力度，中山游客接待量逐年增加，单靠原来几家老牌酒店的客房量，已经不能很好地满足游客数量不断攀升的市场需要，据说中山在未来几年将建成多间高星级酒店。可见，大家都想插足这个行业分一杯甜羹。

中山香格里拉大酒店位于石岐城区，地理位置非常优越，临近的著名旅游景点有孙文西文化步行街、孙文纪念公园、孙中山纪念堂、阜峰文塔等，市内还有中恳百货、益华百货、中山百货、万佳百货、百佳商场等大型商贸百货公司和超级市场，岐江食街、北苑食街、环城食街等饮食场所遍布市区每个角落，市区内吃、住、行、游、购、娱一条龙配套设施相当完善。另外，中山香格里拉大酒店是由国外知名酒店管理集团管理，管理制度严格，操作规范成熟，具有很高的管理水平。香格里拉建有中山首家星级豪华水疗中心，最近还对外推出了中山香格里拉高尔夫完善之旅，为爱好高尔夫的宾客提供一流的配套服务享受。潜在进入者要想跟香格里拉大酒店抗衡，若不具备相当的管理水平和特色的差异化产品，是根本不可能的。

因此，中山香格里拉大酒店以其高星级、高品位、先进的管理水平、优质的个性化服务和优越的地理位置，占据着中山高星级豪华酒店的市场，给众多潜在的进入者造成了巨大的进入障碍，潜在进入者要想轻易闯进来绝非易事。

2. 替代品的威胁

旅游业广义的住宿设施涉及面很广，除了包括我们常说的星级酒店外，还包括度假村、客栈、招待所、露营地等，这些住宿设施事实上就构成了旅游星级酒店的替代品群。

近年来，中山出现了多家漂亮的星级酒店，但很大一部分都坐落在乡镇繁华地带，如位于灯饰之都古镇镇的中山国贸（逸豪）大酒店（五星）、三角镇的真善美大酒店（四星）、南朗镇的昆仑酒店（三星）、古镇镇的银泉酒店（三星）等，这些酒店离石岐城区的车程并不远，大概在 1 到 1 个半小时内就可以到达。此外，在城区新落成的一些酒店也深受大众游客的欢迎，如开业不久的紫来轩酒店（三星）、莲兴酒店（三星）等，这些低星级酒店价格实惠、服务周到、安全卫生，是自助游客、散客落脚的好地方。另外，在城区周边的乡镇还有一些独具特色的度假村，如大冲镇的卓旗山风景度假村，那里风景宜人、空气清新，特色的度假屋吸引了不少游人的驻足……这些住宿设施都是中山香格里拉大酒店的替代品，而且给香格里拉造成了巨大的威胁，虽说高星级的豪华酒店在今天的中山还是相当的缺乏，但是不是所有的游客都会选择这种类型的住宿设施，如何把不同品位要求、不同类型的游客都吸引到香格里拉来，让他们有"不到香格里拉，枉到中山"的感觉，这是中山香格里拉大酒店亟待解决的问题。

3. 买方议价能力

中山香格里拉大酒店的顾客群由以下四个部分组成：①商务客人，主要消费包括客房服务、会议厅、宴会厅、餐厅、康体娱乐等，这一顾客群对价格的敏感度一般不高，追求的是豪华和高星级，纯属炫耀消费。②一般客人，主要消费的是酒店的客房服务。根据马斯洛需求层次理论可知，人们的生活水平提高了，即生理需要得到了满足，就会产生更高层次的需求，按理来说能够提供高品位、优质服务、豪华享受的酒店将会受到越来越多人的青睐，但事实告诉我们并非如此。普通客人对价格的敏感程度很高，炫耀动机已不再是一般客人的消费目的，他们追求的是物美价廉，性价比是他们考虑的首要因素。③团体客人，这一部分顾客本身没有什么议价能力，价格都是由旅行社和酒店协商定死了的，这时候的旅行社才是酒店真正的买方。④城市居民，他们的消费范围主要是餐饮消费和康体娱乐消费，议价能力也相当强，因为除了酒店提供这些服务外，在其他的娱乐场所也同样可以享受到，只不过他们追求的是高质量和高服务水平，他们看重的是酒店的"品牌"。

4. 卖方议价能力

卖方通常指的是供应商，对一个酒店而言，供应商来自方方面面，其中，客源的供应是酒店的关键所在，顾客是酒店生存的顶梁柱，稳定的客源对酒店的健康发展尤为重要。

当今的酒店要想在商场上生存，与旅行社合作成为他们强有力的竞争手段。旅行社在保证酒店旅客数量的同时，酒店会给予旅行社一个双方协商的团体价格，以实现双赢。从这个角度看来，旅行社俨然又成了酒店的供应商。不难看出，随着人们旅游经验的不断丰富，越来越多的人选择自助游、背包游，而不是参团，他们都厌倦了那种"赶鸭式"的游览方式，旅行社的市场存在萎缩的势头，市场的缩小导致旅行社间的竞争加剧，因此，降低成本、创新线路成为旅行社吸引顾客的新亮点。那么，如何降低成本呢？降低质量是一个方法，但这是治标不治本的，只会导致恶性循环，所以降低供应成本成了唯一的出路。竞争的残酷要求旅行社想方设法地与酒店商讨价格，务求取得一个最便宜的房价，从而可以整合出一条最实惠的线路吸引顾客。

当然，酒店的供应商又何止这些，但仅从这一个最主要的供应商就能看出，酒店的供应商拥有强大的讨价还价能力，直接影响着酒店的利润水平。

5. 产业内部的竞争

说到中山，人们自然而然地就会想起国际酒店和富华酒店，这是中山人的骄傲，是高星级酒店的典范，多少人因为入住了这两家酒店而感到无比的光荣。时至今天，这两家酒店依然保持着它固有的优势——忠诚的顾客和良好的信誉。顾客忠诚度是酒店致力要拥有的宝贵财富，一旦建立起来，必将为酒店带来长期的利润；而良好的信誉正是从多年的经营和优质的服务中引申出来的。最近，中山国际酒店在评星审核中一举获得了五星级酒店的光荣称号，成为中山香格里拉酒店最大的竞争对手。当然，香格里拉也不是浪得虚名的，"香格里拉"本身就是一个顾客忠诚度的象征，其自身就是一个质量的保证，而且中山香格里拉还有一个非常突出的优势，就是它拥有大型的停车场，这是国际酒店和富华酒店所没有的。总而言之，中山香格里拉大酒店与国际酒店等历史悠久的酒店存在相互竞争，行业内竞争异常激烈。

6. 企业竞争结构分析

通过以上波特五力模型的分析后我们不难发现，影响中山香格里拉大酒店发展的主要因素是替代品的威胁、买方议价能力、卖方议价能力和行业内部的竞争，这些因素都影响着中山香格里拉大酒店的竞争结构战略的采用。

二、价值链分析

香格里拉集团是一个以经营豪华酒店而闻名的企业，它以"殷勤好客香格里拉情"

作为自己的经营思想，把"为客户提供物有所值的特色服务和创新产品，令客人喜出望外"作为酒店经营的使命宣言，处处体现着"顾客至上"的方针思想。中山香格里拉大酒店落户伟人故里，给当地旅游业的发展增了一砖、加了一瓦。究竟香格里拉酒店的核心竞争力是什么？竞争优势在哪里？是什么让它成为众多游客心目中理想的港湾？就提出的这些疑问，下面试对中山香格里拉大酒店的竞争优势作一下简要的剖析：

	基础管理			
人力资源	严格招聘、免费提供岗位培训、职位提升和调职机会 带薪假期的保证、保险、MIS			
标准、特色、文化	广告 促销 细分市场 集团销售网络	会员折扣 预订折扣 高雅舒适 免费宽带	现场嘉宾表演 美味正宗粤菜 富于情调	高尔夫套餐 水疗中心 健身中心	完善 齐全 大型停车场
	市场营销	客房服务	餐饮服务	康体娱乐	配套服务

中山香格里拉大酒店价值链

（一）基本活动

1. 市场营销——细分市场多样化

中山香格里拉大酒店致力于把企业打造成一所集商务、休闲、娱乐、康体等多功能于一体的高级豪华酒店，它所涉及的顾客面很广，主要有商务人士、游客、城镇居民和企业组织，这些顾客都有一个共同的特征，就是追求品位、重视质量和享受生活。

为了适应这种战略目标要求，中山香格里拉大酒店建有完善的配套设施设备，针对不同的顾客，中山香格里拉都可以很好地满足他们的需求。例如，针对商务人士，香格里拉为他们量身定做了行政套房，提供全免费的宽带网络，商务中心、咖啡厅、酒吧等给商务洽谈提供了很好的平台；而针对普通游客，香格里拉为他们准备了多款温馨舒适的客房供选择，等等。

"内部抓质量，对外抓营销"，中山香格里拉大酒店开业前后，到处都能看到有关它的宣传活动。另外，香格里拉拥有强大的集团销售网络作宣传后盾，一来保证了客源，同时也为它进一步打开中山市场铺设了宽敞的道路。

2. 客房服务——酒店的核心环节

客房服务是酒店的核心，失去了这个核心，酒店将不再是酒店，因此各个酒店都会在客房服务方面下大力气，以期留住客人和吸引新客户的光临。

长久以来，酒店客房服务都有两个致命的弱点——供应的缺乏弹性和客房价值的不可储存性。酒店一旦建成就很难有所改变，客房的数量一旦定下来就不会无端增加或凭空减少，这种供应的缺乏弹性导致酒店不能随淡旺季节而适时增减客房的数量，这恰恰与酒店产品的需求有弹性产生了强烈的矛盾；客房价值的不可储存性则说明了客房每天都能创造价值，如果哪天客房没有卖出去，那么这一天客房的价值将永远无法追回，损失一旦造成就无法弥补了。酒店客房服务的这两个特性，要求酒店的经营者必须想方设法地使客房在可持续发展的前提下实现使用最大化，追求利益最大化时刻都是酒店经营的关键。

中山香格里拉大酒店意识到了这一点，在客房服务方面除了遵循舒适、温馨、安全、卫生、方便的原则外，还添加了很多人性化的元素，如酒店会给某些符合条件的客人提供房价折扣。酒店销售客房的方式很多，其中网上预订就是一种，中山香格里拉大酒店给通过网上预订客房的顾客打折，有些时候折扣可以低至五折。还有一种打折方式就是成为酒店的会员，这不仅针对个人，更多的是针对企业和组织。折扣是对顾客的关爱，更是网罗顾客的一种有效途径，对酒店而言，它的收获是一群十分忠诚的老顾客。

3. 餐饮服务

香宫是香格里拉酒店的一个特色，其正宗的风味粤菜和周到的服务赢得了顾客众多的赞美之词。尚苑西餐厅到处都洋溢着高雅的气氛，推出的自助餐广受顾客欢迎。情调是大堂酒廊独有的魅力，酒气的芳香、现场音乐演出、三五知己结伴对酒当歌，成为现代人寻求放松的新途径。

4. 康体娱乐——为顾客考虑周到

现代人工作生活的高强度、快节奏和强压力，困扰着人们的健康，越来越多的人陷进了"亚健康"的洞穴。香格里拉酒店为客人考虑到了这些，建有健身中心，引进水疗技术，建造了中山首家星级豪华水疗中心，为顾客提供最贴心的照顾。另外，酒店还推出了一款名为"中山香格里拉高尔夫完善之旅"的套餐活动，每位游客只需980元就可以享受到超值服务，包括在中山的世界级高尔夫球会打一场18洞的高尔夫，入住酒店高级客房一晚，次日自助早餐，以及健康中心、洗衣折扣优惠等。

5. 配套服务

房内配备卫星和有线电视、国内、国际长途直拨电话、独立淋浴间及浴缸、吹风筒、迷你酒吧等设施。大型会议室、办公室设备租用和商务服务及设施，包括传真、打印、文字处理、图片扫描、快递等服务一应俱全。值得一提的是，酒店设有大型的停车场，这是目前市内其他两所具有影响力的酒店所没有的。

(二) 支持活动

1. 人力资源管理——精英的集合

这是香格里拉酒店人力资源部经理的一番话："酒店业是一门有关人的生意，我们要充分照顾的是我们的客人、员工和经营伙伴。以人为本，以客为先，公平、公正和透明的管理是我的原则。在香格里拉，大家都是领导者，即使不领导别人，也在领导自己。"

员工是酒店最重要的资产，有快乐的员工才能有满意的客人，在人力资源管理方面，香格里拉酒店有它自己一套人性化的标准和规范。香格里拉的招聘是严格的，除了有身高等外观的要求外，还视不同的岗位对英语能力有所要求，意识是香格里拉酒店招聘人员的一个重点，员工必须有强烈的"为客服务"意识，当然，真诚甜美的笑容也是其中一个要点。在职员工拥有很好的福利制度，如酒店会提供免费的岗位培训，每位员工一年保证有不少于7天的带薪假期，酒店为员工购买保险等。另外，员工还有很好的升职机会，工作出色可以参与内部招聘，或获得跨地域调职机会。MIS是当今企业广泛应用的一个企业内部管理系统，香格里拉在人员考勤的管理方面使用了感应卡考勤系统，通过打卡记录考勤，不但客观，而且准确，为企业评定员工的工作表现提供了有力的证据。

有序的管理是企业持续健康稳定发展的根本，酒店是一个服务行业，而人正是服务的主体，人员管得好，酒店方能顺利地经营发展。

2. 企业文化

企业文化是企业的灵魂，是企业传承已久的精髓所在。中山香格里拉继承了香格里拉酒店固有的传统文化，"殷勤好客香格里拉情"、"为客户提供物有所值的特色服务和创新产品，令客人喜出望外"……一句句看似简单的话语是酒店经营思想和经营使命的最佳表述，一段段看似平凡的誓言是香格里拉人始终坚守的金句。中山香格里拉酒店正是凭着这样的企业文化征服着每一位下榻的客人，向全世界证明了它存在的价值。

三、未来发展的战略举措探讨

通过对中山香格里拉大酒店内外部环境的深入分析，不仅看到了中山香格里拉的竞争优势所在，更找到了影响其发展的关键因素。下面将结合两部分得出的中间结论，对中山香格里拉大酒店未来发展的战略举措进行简单的探讨，试提出一些建设性的建议。

1. 坚持走通过产品差异化的道路，创造宽松的竞争环境

中山香格里拉大酒店拥有市内多家大中型酒店所没有的差异化产品，如首家星级豪华水疗中心、大规模的停车场、性价比高的高尔夫套餐等，这正是中山香格里拉区别于其他同等级酒店的亮点所在。坚持走差异化产品的道路是有一定道理的，差异化的产品在市场上没有过多的竞争者，相对大众化产品而言竞争环境要宽松得多，竞争少表明该产品的市场供给是有限供应，在需求不变的情况下，提供差异产品的企业就能获得更多的市场份额，市场份额的大部分占有就会为企业带来相对多的利润空间。同时，酒店也可以给潜在进入者设置一些障碍，减缓进入者进入的时间，减少其给酒店带来的冲击，抓住先机尽量获取更多的利润，实现酒店经营的最终目标——利润最大化。

2. 坚持以质取胜，走高端的市场路线

对普遍产品而言"高价格＝高质量"，这是广大消费者在大量消费行为中探索出来的规律，但有一点要注意的就是公式只对"从左往右"有效，一旦反向就不能成立了。这个公式充分说明了价格和质量之间是存在一定的关系的，高价往往意味着高品质，但这恰恰与消费者的消费心理产生了矛盾，顾客期待的是如何花最少的钱换取最优质的产品。现在酒店业市场上经常都会听到这样一些评语，如"二星级的收费，五星级的床"，这些都是大大破坏了行业稳定的不良做法，以低价来维持高的客房入住率，只会导致客房设备的过快折旧，服务质量下降，造成行业内的恶性竞争，引起酒店业利润水平的滑坡，最终全军覆没。因此，好的做法应该是坚持质量取胜，以优质的服务赢取顾客心甘情愿地掏钱消费，维持行业的利润水平，从根本上打造酒店的质优品牌。

另外，中山香格里拉大酒店打从一开始就定位在了一个较高的位置，豪华和星级是酒店的象征，入住香格里拉就是身份的象征，虽然说在旅游业快速发展的今天，"炫耀"已经不是旅游消费最主要的动机，但这依然是影响顾客选择消费层次的一个重要的动因，走高端的市场路线可以很好地迎合高层次顾客的心理需求。

3. 竞争更要竞合，为企业创造良好的经营环境

现代企业竞争更多的是强调竞合，竞合就是"竞争"和"合作"的完美集合。企业与企业间暗地里是相互竞争的关系，但表面上却要相互合作，从而营造一个和谐良好的经营环境，实现共赢。中山香格里拉大酒店要想在中山站稳脚跟，必须与很多企业建立合作

的伙伴关系。首先，是与市内其他同等级的酒店建立合作，产品供给的缺乏弹性是所有酒店无法独立解决的难点，唯一的解决办法就是与其他酒店建立良好的合作关系，当酒店客房满客而又有客人想入住的时候，就可以介绍给自己的合作伙伴，同样，对方酒店遇到相同情况时也会把客人介绍给你的酒店；其次，与有良好品牌信誉的旅行社合作，如中山国际旅行社、中山中国旅行社、中山海外旅行社等，好的旅行社可以为酒店带来源源不断的客源，当然，酒店也需要让渡一些利润给旅行社，实现双赢；再次，酒店可以与一些大型企业组织合作，给予打折优惠，承办企业的各种会议、宴会、餐饮服务，保证酒店其他部门的营业收入。当然，酒店还可以和很多别的企业建立合作关系，在这里就不一一列举了，如与清洁公司建立合作关系，把酒店的清洁工作外包给清洁公司，一来可以节省成本，二来可以获得更专业的清洁服务。

5-2 应对凌志的挑战

　　丰田公司认识到全世界有大量的消费者希望得到和承担一辆昂贵的汽车。在这群人中，许多消费者愿意买奔驰，但又认为奔驰价格过高了。他们希望购买性能像奔驰那样的车，并且价格要合理。这给了丰田一个想法：开发一辆能与奔驰竞争，甚至定位于更高价值的轿车，一个"聪明"的购买者欲获得身价但不会浪费钱。

　　丰田的设计者和工程师开发了凌志汽车并开展多方位的进攻。新汽车像雕塑品，安装精良，内部装饰豪华。丰田的广告画面旁边显示的是奔驰，并写上标语："这也许是历史上第一次，只需花36 000美元就能买到价值73 000美元的高级轿车。"丰田努力挑选能高度胜任的经销商，精心设计陈列室，并把销售作为汽车设计的工作之一，陈列室有宽敞的空间，布置了鲜花和观赏植物，免费提供咖啡，备有专业的销售员。经销商开列了潜在客户的名单，向他们寄发手册，内含12分钟戏剧性体现凌志绩效功能的录像带。例如，录像带显示工程师把一杯水放在引擎上，当奔驰引擎发动时，水发生抖动，而凌志却没有，这说明凌志有更平稳的引擎并能提供更稳定的驾驶。录像带更戏剧性地展示，把一杯水放在操纵盘旁，当凌志急转弯时，水不溢出来——这令人兴奋。购买者向他们的朋友到处介绍，成了新凌志最好的销售员（免费的）。

讨论分析题：

　　针对凌志的挑战，奔驰应该如何应对（应该采取什么样的市场营销组合策略)？

案例解读

　　针对凌志的挑战，奔驰不应该降价，而应该保持原价，甚至应该提高产品的价格，同时要采取相应的营销组合策略来支持其高价格策略。

　　（1）奔驰采用的是高质量、高价格的溢价策略，而凌志采用的是高质量、中等价格的优良价值策略来发动对奔驰的攻击。在这种情况下，奔驰不能降价，因为一旦降价就意味着它以前所采取的策略是对顾客的一种欺骗。

（2）凌志的目标顾客群和奔驰的目标顾客群不相同。凌志的目标顾客群是那些希望能够得到像奔驰一样性能的车，同时又要求合理价格的人。顾客在购买产品时，不仅关注产品质量和价格，同时还关注品牌内涵。对于其目标顾客群来说，奔驰不仅代表着高质量，而且也是身份和地位的象征，有着丰富的品牌内涵，这一点凌志是无法与之抗衡的。

（3）所以，在这种情况下，奔驰绝不能降价来与凌志打价格战，而应该采取相应的营销组合策略来应对凌志的挑战。在产品方面，奔驰应该致力于提高产品质量，使得在质量上超越凌志车，更加完美，使凌志无法攻击其产品质量。在渠道方面，应该选择优秀的中间商，为顾客提供高附加值的服务，通过服务塑造差异，提高价值。在促销沟通方面，应致力于打造丰厚的品牌内涵，提高顾客的忠诚度。

总之，面对凌志的挑战，奔驰应该在继续完善产品质量的同时，突出品牌个性和内涵，牢牢抓住自己的目标顾客群，不能陷入价格战的泥潭中。

5 – 3　低成本竞争战略

　　企业竞争优势的来源之一是低成本优势。如果企业进行的所有生产经营活动的成本累计低于竞争对手的成本，企业就具有了低成本优势。如果企业的低成本优势对于竞争者而言是难以模仿和复制的，则其低成本优势就会持久。如果企业向买方提供可以接受的价格水平，以使其低成本优势不为售价低于竞争者而抵消，低成本优势就会带来超额收益。

　　低成本竞争的战略价值取决于其持久性。低成本优势只有在企业维持它时才能产生高于平均水平的效益。如果不能持久地改善企业的相对成本地位，那么企业只能保持成本等价或成本近似，企业要获得低成本优势就必须找到低成本优势的持久来源。企业的低成本优势源于其生产经营活动的成本行为，成本行为取决于影响成本的一些结构性因素，包括企业的规模经济、学习能力、生产能力利用模式、联系、相互关系、整合、时机选择、自主政策、地理位置、机构因素等。这些结构性因素结合起来决定一种既定生产经营活动的成本，因此，保持对成本起主要作用的基本因素的长期优势，就可能实现低成本竞争的战略优势。本节介绍并分析保持低成本竞争优势的两个成功案例，从全面成本管理的角度对企业低成本竞争战略作一阐述。

一、沃尔玛案例

　　1962 年，山姆·沃尔顿开设了第一家沃尔玛（WAL—MART）商店。迄今，沃尔玛商店已成为世界第一大百货商店。按照美国《福布斯》杂志的估算，1989 年，山姆·沃尔顿家族的财产已高达 90 亿美元。沃尔玛在世界零售业中排名第一。《商业周刊》2001年全球 1 000 强排名，沃尔玛位居第 6 位。作为一家商业零售企业，能与微软、通用电器、辉瑞制药等巨型公司相匹敌，实在让人惊叹。

　　沃尔玛取得成功的关键在于其商品物美价廉，对顾客的服务优质上乘。

　　沃尔玛能始终保持自己的商品售价比其他商店便宜，是在压低进货价格和降低经营成本方面下工夫的结果。沃尔玛直接从生产厂家进货，想尽一切办法把价格压低到极限成交。公司纪律严明，监督有力，禁止供应商送礼或请采购员吃饭，以免采购员损公肥私。沃尔玛也把货物的运费和保管费用降到最低。公司在全美有 16 个配货中心，都设在离沃尔玛商场距离不到一天路程的附近地点。商品购进后直接送到配货中心，再从配货中心由公司专有的集装箱车队运往各地的沃尔玛商场。公司建有最先进的配货和存货系统，公司总部的高性能电脑系统与 16 个配货中心和 1 000 多家商场的 POS 终端机相联网，每家商场通过收款机激光扫描售出货物的条形码，将有关信息记载到计算机网络当中。当某一货品库存减少到最低限时，计算机就会向总部发出购进信号，要求总部安排进货。总部寻找到货源，便派离商场最近的配货中心负责运输路线和时间，一切安排有序，有条不紊。商场发出订货信号后 36 小时内，所需货品就会及时出现在货架上。就是这种高效的商品进、销、存管理，使公司迅速掌握商品进销存情况和市场需求趋势，做到既不积压存货，销售又不断货，加速了资金周转，降低了资金成本和仓储成本。

压缩广告费用是沃尔玛保持低成本竞争战略的另一种策略。沃尔玛公司每年只在媒体上做几次广告，大大低于一般的百货公司每年 50～100 次的水平。沃尔玛认为，价廉物美的商品就是最好的广告，我们不希望顾客买 1 美元的东西，就得承担 20～30 美分的宣传、广告费用，那样对顾客极不公平，顾客也不会对华而不实的商品感兴趣。

沃尔玛也重视对职工勤俭风气的培养。沃尔玛说："你关心你的同事，他们就会关心你。"员工从进公司的第一天起，就受到"爱公司，如爱家"的店训熏陶。从经理到雇员，都要关心公司的经营状况，勤俭节约，杜绝浪费，从细微处做起。这使沃尔玛的商品损耗率只有 1%，而全美零售业平均损耗率为 2%，从而使沃尔玛大大降低了成本。

沃尔玛每周五上午召开经理人员会议，研究商品价格情况。如果有报告说某一商品在其他商场的标价低于沃尔玛，会议可决定降价，保证同种商品在沃尔玛价格最低。沃尔玛成功地运用低成本竞争战略，在激烈的市场竞争中取胜。

二、邯钢案例

我国的邯郸钢铁总厂（以下简称"邯钢"）是 1958 年建成的老厂，目前是中国钢铁企业前 10 名的国有大型企业。1990 年，邯钢生产的 28 种钢材中就有 26 种亏损。1991 年开始实行低成本目标管理战略，以"模拟市场核算、实行成本否决"为核心，加大了企业技术改造力度，加强了内部经营管理，坚持走集约化经营的道路，勤俭节约使效益大幅度提高，实力迅速壮大。

"模拟市场核算"的具体做法：一是确定目标成本，由过去以"计划价格"为标准的"正算法"改变为以市场价格为依据的"倒算法"，即将过去从产品的原材料进价，按厂内工序逐步结转的"正算"方法，改变为从产品的市场售价减去目标利润开始，按厂内工序反向逐步推算的"倒推"方法，使目标成本等项指标真实地反映市场的需求变化。二是以国内先进水平和本单位历史最高水平为依据，对成本构成的各项指标进行比较，找出潜在的效益，以原材料和出厂产品的市场价格为参数，进而对每一个产品都定出科学、先进、合理的目标成本和目标利润等项指标。三是针对产品的不同情况，确定相应的目标利润，原来亏损但有市场的产品要做到不亏或微利，原来赢利的产品要做到增加赢利。对成本降不下来的产品，坚决停止生产。四是明确目标成本的各项指标是刚性的，执行起来不迁就、不照顾、不讲客观原因。

"成本否决"的具体做法：一是将产品目标成本中的各项指标层层分解到分厂、车间、班组、岗位和个人，使厂内每一个环节都承担降低成本的责任，把市场压力及涨价因素消化于各个环节。全厂 28 个分厂、18 个行政处室分解承包指标 1 022 个，分解到班组、岗位、个人的达 10 万多个。目前全厂 2.8 万名职工人人身上有指标，多到生产每吨钢材负担上千元，少到几分钱，个个当家理财，真正成为企业的主人。二是通过层层签订承包协议，联利计酬，把分厂、车间、班组、岗位和个人的责、权、利与企业的经济效益紧密结合起来。三是将个人的全部奖金与目标成本指标完成情况直接挂钩，凡目标成本指标完不成的单位或个人，即使其他指标完成得再好，也一律扣发有关单位和个人的当月全部奖金，连续 3 个月完不成目标成本指标的，延缓单位内部工资升级。四是为防止成本不实和出现不合理的挂账及待摊，确保成本的真实可靠，总厂每月进行一次全厂性的物料平衡，对每个单位的原材料、燃料进行盘点。以每月最后一天的零点为截止时间，次月 2 日由分厂自己校对，3 日分厂之间进行核对，在此基础上总厂召开物料平衡会，由计划、总调、计量、质量、原料、供应、财务等部门抽调人员深入到分厂查账。账实不符的，重新核算内部成本和内部利润；成本超支、完不成目标利润的，否决全部奖金。

调整内部机构设置，保证低成本目标实现。一是精简机构，1990—1995 年，总厂和分厂的管理科室从 503 个减到 389 个，管理人员从占职工人数 14% 减到 12%。二是充实和加强财务、质量管理、销售、计划、外经、预决算、审计等管理部门，进一步强化和理顺了管理职能。三是实行"卡两头，抓中间"的管理方法。一头是严格控制进厂原材料、燃料的价格、质量，仅此一项，从 1992 年以来总共降低成本 9 000 万元；另一头是把住产品销售关，坚持集体定价。"抓中间"就是抓工序环节的管理，不仅抓生产过程的"跑、冒、滴、漏"，而且将各项技术经济指标进行横向比较，以同行业先进水平为赶超目标。

讨论分析题：
分析低成本竞争战略给我们的启示。

案例解读

（一）从行业竞争角度分析

低成本竞争战略有力地抵抗了买方讨价还价的威胁。顾客在购买商品过程中，其还价顶多只能将价格压到市面上的最低价格。沃尔玛每周五的经理会议如果发现别的商店同种商品价格更低的话，经理们有权决定立即降价，保持沃尔玛商场商品价格最低的地位。邯钢坚持以市场价格为依据，确定自己的目标成本，而在实际经营中，其实际成本大大低于目标成本，在同行业中获得成本优势，而且沃尔玛和邯钢都始终坚持之，从而长期保持低成本优势，确定了他们的竞争优势地位。

邯钢、沃尔玛的低成本战略招徕了大量顾客，从而使邯钢、沃尔玛销售量大，进货量相对增多，增强了邯钢、沃尔玛的讨价还价能力，使供应商不能轻易涨价。如果供应商涨价，可能有失去强有力的经销商、销售渠道萎缩、市场销量下降、市场占有率下降的风险。在正常情况下，供应商是不会冒此风险的。而且供应商也会计算由于邯钢、沃尔玛信誉好、销量大，可以在增大的销量中补偿单位利润的下降，使总利润不减少。

沃尔玛、邯钢低成本竞争优势的战略地位形成也归功于规模经营。邯钢 1990 年钢产量 110 万吨，1995 年增加到 215 万吨；1990 年利润 100 万元，1995 年增加到 7 亿元。沃尔玛 1997 年的销售额 1 193 亿美元，净利润 35.3 亿美元。规模经营使邯钢和沃尔玛的低成本竞争战略成为可能。

邯钢、沃尔玛的低成本竞争战略不同于一般意义上的降价策略，它们的低成本是加强管理、苦练内功的结果。

（二）从价值链角度分析

邯钢是一个钢铁联合企业，其价值链构成是内部后勤、生产作业、外部后勤、市场销售、售后服务。内部后勤是指与接收、存储和分配相关的活动，如原材料采购、仓储、库存控制、车辆调度和向供应商退货。在这一价值链中原材料价值是关键，邯钢抓住这个关键环节，在采购上严把原材料、燃料进货关，为了降低成本，采购供应部门下达最高采购限价（经预测的市场价格），只准低买不许高进；同时，严格质量和数量检验，堵住管理上的漏洞，与奖惩紧密挂钩，降低采购成本给予嘉奖、超支惩罚，把进货成本压到最低。

生产作业是指与将投入转化为最终产品形式有关的各种活动。在价值链的这个环节上，邯钢通过全员、全过程的全面成本管理，把降低成本的重点首先放在充分挖掘现有设备潜力上，使主体设备从烧结机、高炉到炼钢转炉、连铸机、轧钢机等的利用效率都达到和超过设计能力。其次放在技术改造上，如邯钢三轧钢，1993 年下半年投资 46 万元对线材生产线进行改造，轧钢的产量从 1993 年的 15 万吨提高到 1994 年的 22 万吨，比目标成本降低了 510 万元。邯钢自建 60 万吨的棒材生产线，除主体设备外，辅助设备全用原有的设备改造而成，既保证了质量又不影响生产效率，同样的生产线，有的钢厂投入 6 亿元，邯钢只投入 2 亿元，从而赢得了成本优势。再次放在工序环节的投入上，邯钢把烧结、焦化、炼铁、炼钢、轧钢按炉、机型号分类，以全国同行业、同炉、同机的主要技术经济指标的前 3 名为目标。经过两年的努力，在 43 项可比的主要技术经济指标中，邯钢有 40 项进入前 10 名，其中 9 项指标进入前 3 名。同时，在生产过程中，工人们从节约一度电、一升油、一个螺丝钉做起，全面节约，杜绝浪费，在生产工艺上保证低成本。

外部后勤是指与集中、存储和将产品发送给买方有关的各种活动。在价值链的这个环节上，邯钢人通过加强库存管理，及时调度、发运，降低产品成本。

市场销售是指与提供一种买方购买产品的方式和引导他们进行购买有关的各种活动，如报价、定价、渠道选择、渠道关系、销售队伍、促销等。邯钢在这方面严把产品销售关，建立集体定价制度，确定最低销售价格，任何人无权降价，鼓励在不降低市场占有率的前提下尽可能以较高的价格出售，从而使低成本的价格溢出转化为企业纯收入。

沃尔玛是商品销售业，其价值链构成是内部后勤（采购、运输、储藏）、生产企业（营业经营）、市场营销（广告、服务）和高度发达的分销体系。沃尔玛在价值链的每个环节上都保证了低成本。尤其是高度发达的分销体系和计算机网络系统，使采购及时，库存既不积压也不断货，保持在一个合理水平。沃尔玛培养职工勤俭节约，杜绝浪费，从小事做起，使沃尔玛的商品损耗率只有 1%，降低了营业成本。另外，沃尔玛节省广告开支，节约了费用。

由此可见，一个企业必须找准自己的价值链，在价值链的每一个环节上下工夫，降低产品成本，使企业真正实现低成本优势，在竞争中取胜。

（三）从成本驱动因素角度分析

（1）规模经济。无论邯钢还是沃尔玛，它们都存在规模经济，而且规模经济是这两个企业的重要成本驱动因素。规模经济对我们的启示，一是企业要取得恰当的规模形式；二是在对规模敏感的活动中制定政策，加强规模经济；三是根据企业的偏好来利用规模经济的形式；四是重视企业拥有优势的规模形式所驱动的价值活动。

（2）学习。一项价值活动可以通过学习使其效率提高从而使成本下降，邯钢通过学习，在制度改变、进度改进、提高劳动效率和使原材料更适合于工艺流程等方面使成本大幅度下降。沃尔玛通过学习降低了零售商店和其他设施的成本。学习对我们的启示，一是企业要利用学习曲线进行管理；二是保持学习的专有；三是向竞争对手学习。

（3）生产能力利用模式。当一项价值活动与大量固定成本相联系时，活动的成本就会受到生产能力利用率的影响。邯钢固定成本比较大，如果不充分利用固定成本，改造陈旧设备，提高设备利用率，则必然增大产品的单位成本。生产能力利用模式对我们的启示，一是提高设备利用率；二是进行技术改造，减少产量波动造成的影响。

（4）联系。一项价值活动的成本常受到其他活动实施情况的影响。从价值链内部联系看，邯钢利用直接活动和间接活动（生产和维修）、质量保证和其他活动（检查和购买）之间的联系，沃尔玛利用协调活动（内部后勤和营业）、取得成果可以相互替换的活动（广告和各种推销）之间的联系等，都大大降低了成本。从与供应商和销售渠道的价值链之间的联系看，与供应商联系对成本影响重大，如供应商交货频繁度和及时性与原材料库存之间的联系、供应商的包装材料与企业的原材料管理成本之间的联系。联系对我们的启示，一是企业要充分利用价值链内部的成本联系；二是企业要充分与供应商和销售渠道合作。

（5）相互关系。相互关系最重要的形式是当一项价值活动可以与一个兄弟业务单元共享时的相互关系。共享一项价值活动增强了该活动的生产能力。如果该活动的成本对于规模经济或学习是敏感的，或者如果由于不同的业务单元在不同的时间对价值活动提出需求而使共享改善了生产能力利用模式，如邯钢某些基础设施和某些经验在厂内共享，结果降低了成本。另一种相互关系即在分离的活动之间共享专门知识，这样也会降低成本，如沃尔玛各个分店共享经验和专门知识。相互关系对我们的启示是共享活动可以降低成本。

（6）整合。一项价值活动的纵向整合的程度影响其成本。整合可以采取不同方式降低成本。如通过整合可以使企业回避拥有较强讨价还价能力的供应商和买方，可以带来联合作业的经济性。如邯钢直接从炼钢工序运送到加工工序，就不需要重新加热，从而降低了成本。整合也可以避免利用市场的成本，如沃尔玛自己拥有强大的分销体系，拥有自己的车队，外部后勤成本就大大降低。整合对我们的启示是整合和解散整合都具有降低成本的潜力。

（7）时机选择。一项价值活动的成本常常反映了对时机的选择。有时，企业作为率先行动者之一可以获得捷足先登的优势，但迟后行动者也可以有所收益。如购买最先进的设备在钢铁行业就是一种优势。时机选择对于成本地位的作用可能在更大程度上取决于选择与经济周期或市场条件有关的时机。如钢铁业在工业周期低谷时购买设备，不仅可以降低买价，而且对财务费用都有着巨大影响。时机选择对我们的启示，一是利用率先行动者和迟后行动者的优势；二是在商业周期中选择购买时机。

（8）自主政策。一项价值活动的成本总是受到企业政策选择的影响。对成本影响最大的政策选择包括：产品的选型、性能和特点、所提供的产品组合与种类；所选用的工艺技术、独立性或规模、时机选择或其他成本驱动因素；所使用的原材料或其他外购投入的规格；生产速度安排、维修、推销队伍和其他活动的程序；其他人力资源政策，包括招聘、培训和对雇员的激励；相对于普遍标准而言，为雇员支付工资和提供方便；所使用的销售渠道；市场营销和技术开发的效果，开发活动的费用比率；所提供的服务水平；所服务的买方；交货时间等。自主政策对我们的启示是，政策选择在决定成本中起关键作用，政策选择能立即产生增加或降低成本的效果。

（9）地理位置。地理位置对所有价值活动的成本都有影响。各种活动相互之间及它们与买方和供应商之间的地理位置，通常对如工资、后勤效率和货源供应等方面具有显著的影响。如相对供应商的地理位置是内部后勤成本的一个重要因素，而相对买方的地理位置又影响了外部后勤成本。沃尔玛正是把握地理位置这一理论，在全美以及全世界设立分店，在各分店与供应商相对最短距离点上设立配送中心，从而降低了成本。地理位置的启示是，企业应达到地理位置最优化。

（10）机构因素。包括政府法规、免税、关税、财政刺激手段及本土化规定等，机构因素构成了最后一个主要的成本驱动因素。在某些产业，一项或几项机构因素就可能成为最重要的成本驱动因素。对于沃尔玛全世界分销店来讲，关税和本土化等机构因素就成为重要的成本驱动因素。对于邯钢来讲，财政刺激手段可能是最重要的成本驱动因素。所以说，有利的机构因素能降低成本，不利的机构因素能加大成本。

小结：

从上述比较分析中，可以得出这样的结论：不同国家、不同行业的企业都可以采取低成本竞争战略，在竞争中取胜。

在市场经济中，竞争是正常的商业行为，而每个企业要想在竞争中取胜，必须制定竞争战略，取得竞争优势地位，而竞争有利地位取决于成本行为，成本行为取决于影响成本的驱动因素，不同驱动因素构成不同的价值链，从而决定价值活动的成本地位。因此，控制成本驱动因素，重构价值链，寻求一切低成本来源，才能在竞争中取胜。这或许是上述论述给我们的最重要启示。

第 6 章
目标市场营销策略

本章提示

为选择市场并使之有效地为自己服务，企业必须执行目标市场营销策略。目标市场营销要经过三个主要步骤，通常用 S（Segmentation，市场细分）、T（Target，选择目标市场）、P（Position，市场定位）来表示（如下图所示）。

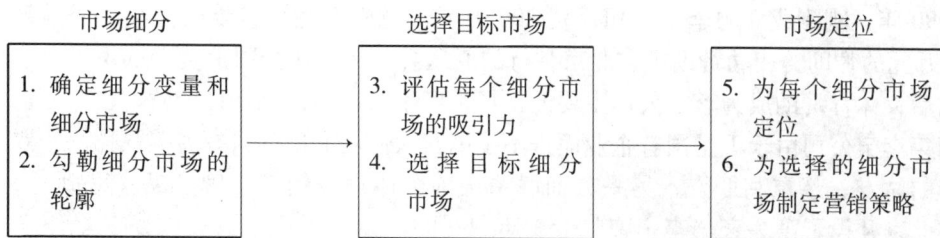

市场细分	选择目标市场	市场定位
1. 确定细分变量和细分市场 2. 勾勒细分市场的轮廓	3. 评估每个细分市场的吸引力 4. 选择目标细分市场	5. 为每个细分市场定位 6. 为选择的细分市场制定营销策略

市场细分是指将整个市场划分为若干具有不同需求和反应的不同顾客群的行为；市场细分后，企业需要决定以哪些细分市场作为进军的目标，此即选择目标市场；市场定位是指为了在目标顾客群心目中占据一个特殊位置，而设计企业产品和创意的活动。定位的实质是差异化，即如何使自己与竞争对手相区别。科特勒认为，STP—目标市场营销是战略营销的核心。运用 STP 分析工具要求掌握市场细分的内涵、客观基础、作用、方法及有效细分的标志；目标市场选择的前提、程序及策略选择；市场定位的内涵、步骤、策略与方法。

本章选取了五个案例。案例 1 讲述李宁公司定位所面临的困境，从案例解读中，我们可以学习如何应用 STP 分析工具给李宁公司重新定位。案例 2 讲述 2005 年蒙牛借"超级女声"东风，红遍大江南北的经典成功营销案例，透过案例解读，我们可以看到该案例给我们的核心启示是成功的市场创新往往比营销手段创新效果更好。案例 3 讲述中国邮政速递服务公司在激烈的市场竞争中是如何利用市场定位重塑形象、区隔对手、应对竞争的。案例 4 则介绍澳门米兰站的市场定位策略。案例 5 分析米勒啤酒公司市场定位的成功经验。

6 - 1　李宁公司的辉煌历程

1988 年，被世人誉为"体操王子"的李宁，在经历了汉城奥运会的失败之后，并没有停止挑战自我的奋斗。退役后的李宁没有走运动员继而教练员的常规发展之路，而是选择了加盟广东健力宝集团公司，任总经理特别助理，从此闯荡商海，拉开了李宁公司创业之路的序幕。

1989 年，李宁开始筹备李宁公司的业务。1990 年 4 月，注册"李宁牌"商标；5 月，李宁公司宣布成立。

在以后的几年中，李宁公司凭借极富民族情感的鲜明品牌、超前的公关意识、有利的营销渠道措施，迅速打开了市场，成为中国体育用品行业一面鲜红的旗帜。

创业初期，公司曾把李宁牌产品定位为"国内高档品牌"，但推出的第一件产品，因为价格比国内一般产品高出 1 倍，根本无法得到市场、商家的认可和接受。由于当年首先要解决生存问题，所以只好回调成适合大众价位的产品，以中低档产品的定位进入市场，开始了"农村包围城市的道路"。这一时期，李宁公司主要品牌经营手段为体育赞助和特许经营。1990 年，刚刚成立的李宁公司斥资 300 万元，说服亚运会组委会回绝了韩国某公司 3 000 万元的赞助，成功赞助了在北京举行的亚运会，从而让全国消费者认识了李宁牌。从此以后，体育赞助成为李宁公司主要的市场推广手段。而说到特许经营，也算是歪打正着，当年李宁公司由于不是国有企业而进不了国营大商场的门，只好另辟蹊径，一方面联络李宁的队友、亲友和朋友，另一方面联系全国个体户经销李宁牌产品。1990 年，李宁公司在北京开设了第一家"李宁牌"专卖店。

这一阶段的管理团队是经验型的团队，来自当时国内名牌"十佳"、"梅花"等厂家的专业技术人员和销售管理人员的加盟，为李宁公司的长足发展奠定了坚实的基础。现在李宁公司总监以上高层管理者几乎都是在这一时期加入的。从这一阶段开始，职业经理人开始驾驭企业经营发展，特许经营体制逐步完善，经销商队伍不断扩大，李宁公司的营销网络成为极其有力的竞争砝码。公司每年保持着 100% 的增长速度。李宁公司产品的三大主项：体育服装、运动鞋、便装雄踞市场头把交椅。1995 年 8 月，在天津召开的体育用品订货会上，李宁架设立巨型独立展位，成交额达 4.5 亿元人民币，占整个订货会交易量的 1/2。

顺应市场需要，李宁公司以中档产品定位，以团体订货为主渠道，以"农村包围城市"为主要经营道路，迅速建立了品牌知名度。由于其大众化的产品定位，李宁公司成功实现了生存目标，进入高速发展时期。公司许多员工还记得当年"全民穿李宁"的壮观场面：李宁公司的一款夹克（JD001）销量达 20 万件，有的地区上至政府官员，下至工薪阶层，甚至拉平板车的，几乎人手一件！归纳李宁公司十年来的成功因素，有以下三个方面的因素：

(1) "李宁"品牌的成功首先得益于"李宁"这两个字所蕴涵的特殊意义，在某种程度上，"李宁"就是英雄主义、民族主义的化身。以名人名字为依托，大打品牌战略，这在十年前属于比较超前的做法，很容易取得成功。

（2）社会营销理念。1990 年，刚刚成立的李宁公司斥资 300 万元，说服亚运会组委会回绝了韩国某公司 3 000 万元的赞助，成功赞助了在北京举行的亚运会，从而让全国消费者认识了李宁牌。从此以后，体育赞助成为李宁公司主要的市场推广手段。利用赞助体育运动扩大宣传，为李宁公司塑造了良好的社会形象，也有利于同政府建立良好的关系。

（3）顺应市场的产品定位。从整体上来说，李宁牌产品定位是比较适合中国消费者的。李宁牌能够取得今天这样的成绩，也说明了中国的消费者接受它、喜欢它。20 世纪90 年代初期，中国体育产业虽极具发展潜力，但产品供给并不充分，耐克、阿迪达斯这样的国际知名运动品牌还没有进入中国市场，存在许多市场空当。中国消费者对体育产品的需求刚刚被唤起，但对体育和休闲服装的需求其实还是合一的。鳄鱼品牌之下的休闲服装市场，在当时是一个很大的空当，而在这个市场上的是中国最主力的大众消费者。李宁公司就选择和定位在这个市场，并且将产品定位为"带运动感觉的休闲产品"，但并没有真正做专项体育产品。这种定位使李宁牌产品赢得了许多消费者的认可。因为不仅在当时，就是在今天，中国的体育用品消费水平仍然非常低，这就决定了李宁公司只能选择传播一种运动的文化、运动的感觉，而不能做纯粹的、专业的体育用品，这种产品定位恰恰迎合了中国大多数消费者的需要。

市场在不断地变化，消费者的口味在变，技术在变，环境也在变。任何一个企业都得面对不断的变化，来调整自己的战略，重新设计产品，重新细分市场。李宁公司也面临这样的问题。

1996 年开始，我国进行宏观经济政策调整，对国企施行兼并破产，东南亚金融风暴波及中国国内市场，使团体消费骤然下降，李宁公司顿时失去了主攻方向。在李宁公司内部，前几年的高速发展使公司陷入品牌多元化陷阱，公司不仅生产体育服装和运动鞋帽，也生产西服、衬衫，甚至健身器械、文具、化妆品和皮衣。公司经营成本加大，内耗严重。经销网络出现跨地区经营、窜货和经销商资质下降、经销商由于利润空间缩小而转向其他经营等现象。

基于此，李宁公司管理层果断地进行了"大手术"，对庞大臃肿的组织机构进行分拆，淘汰经营不善的子公司，余下的重新进行整合。最重要的整合是以鞋业公司为主，收编运动服装、便装公司，成立北京李宁体育用品有限公司，专门负责生产和经营李宁牌运动服装、运动鞋和配件。

随着中国经济的发展，中国体育用品市场品牌林立，国际名牌不断涌入，国内各种体育用品品牌纷纷登场，消费者在体育用品方面有了更多的选择。与国内很多处于行业领先地位的民营企业一样，随着国际国内市场形势的不断变化，李宁公司很多传统的竞争优势逐渐消失了。

根据案例，李宁公司面临的挑战可以总结为以下三个方面的问题。而对于一个本土的具有十年历史的企业来讲，李宁公司目前在市场上面临的这三种情况也是非常现实的问题。

1. 销售增长趋缓

自 1996 年以来的五年，李宁公司的市场份额并不都是在增长，销售的增长也并不像中国体育用品市场的增长那么快，相对于 1996 年以前每年 100% 的增长率更是不可同日而语。李宁公司的市场份额每年都在下降，从 1996 年的 13.67% 降到 2000 年的 10%。对比同时期耐克的稳健和阿迪达斯的良好上升势头，显然遭遇到了"成长的上限"。在李宁公司从 1996 年的 6.7 亿元降到 1997 年的 6.09 亿元再到 1998 年的 5.13 亿元和 1999 年的 5.23 亿元的同时，阿迪达斯却从 0.44 亿元一路上升到 1999 年的 2.4 亿元，同样是经济萧条时期，阿迪达斯却始终保持了 60% 以上的增长率，同期的锐步也是在稳步增长。这在很大程度上反映了消费者消费趋势的变化，对李宁公司来说意味着存在市场份额继续下降的可能。

2. 产品线过长

根据案例资料可以看出，李宁牌产品线过长，既生产中档的体育服装、运动鞋和包、帽子等配件，又生产高档的高尔夫产品。年龄覆盖面非常宽，既有适合 40 多岁人穿的产品，也有 14 岁以下孩子穿的儿童服装、鞋和配件，但却没有一种生命周期特别长的稳定的核心竞争产品。这种缺乏市场细分的做法直接衍生出许多品牌管理问题，如目标消费群体与实际消费群体的不一致、消费群体易被其他细分品牌瓜分等。从调研公司的报告结果中可以清楚地看到，李宁公司目标消费者不清，实际消费群体与目标消费群体不同质，而且出现了实际消费群严重偏离"重度体育用品消费群体"的现象。

3. 定位不清晰

从案例的描述中可以了解到，消费者对李宁牌的印象比较分散和模糊，例如，运动的、优雅的、飘逸的、荣誉的、亲和的、民族的，各种各样的感觉。李宁牌没有像耐克和阿迪达斯那样传递出非常清晰明确的品牌个性，例如，耐克是"超越的"和"在竞争中体味快乐的"，阿迪达斯是"成熟的"和"专业的"。并且，消费者所认知的李宁牌的"民族性"正是李宁公司通过研究认为该因素不会成为未来决定品牌购买力的最重要因素而一直试图去弱化的。

资料来源：

李宁品牌重塑. 北京大学管理案例研究中心，2002
李宁品牌错位. 中国营销传播网

讨论分析题：

试利用营销学中的 STP 原理为李宁公司制定品牌发展战略。

李宁公司成立于1990年，目前已成为代表中国及具有东方元素的国际领先的运动品牌公司，做到了在足球、跑步、篮球、网球、羽毛球、乒乓球等领域的专业产品提供。其中在跑鞋领域表现出色，特有的"李宁弓"减震科技为代表技术，休闲鞋则注重休闲与运动元素的紧密结合，08年推出一款　"园"字鞋，就深受年轻消费者欢迎，盛行网络。

案例解读

（一）S——选择细分变量，对体育用品市场进行细分

细分变量的选择：

根据已有对消费者的分析我们知道，影响体育用品消费的主要因素依次是价格、年龄、产品风格和地域。这也是我们所选择的细分变量。

对市场进行细分：

首先，采用价格作为主要细分变量，把体育用品市场区分为高端、中端和低端市场。

其次，以年龄为次要变量进行细分。把消费群体划分为 14 岁以下儿童、14～25 岁青少年、26～35 岁青年和 35 岁以上四个群体。

再次，以风格作为变量进一步细分。把消费群体划分为追求时尚、对时尚很敏感、对时尚不敏感和庄重保守四个群体。

最后，根据城市消费水平，将城市划分为一级城市、二级城市、三级城市等三个细分市场。

勾勒细分市场的轮廓：

这样，整个体育用品市场被细分为若干个细分市场（如下图所示）。每个细分市场都有不同的特点和需求，细分市场中的主导品牌也各自不同。

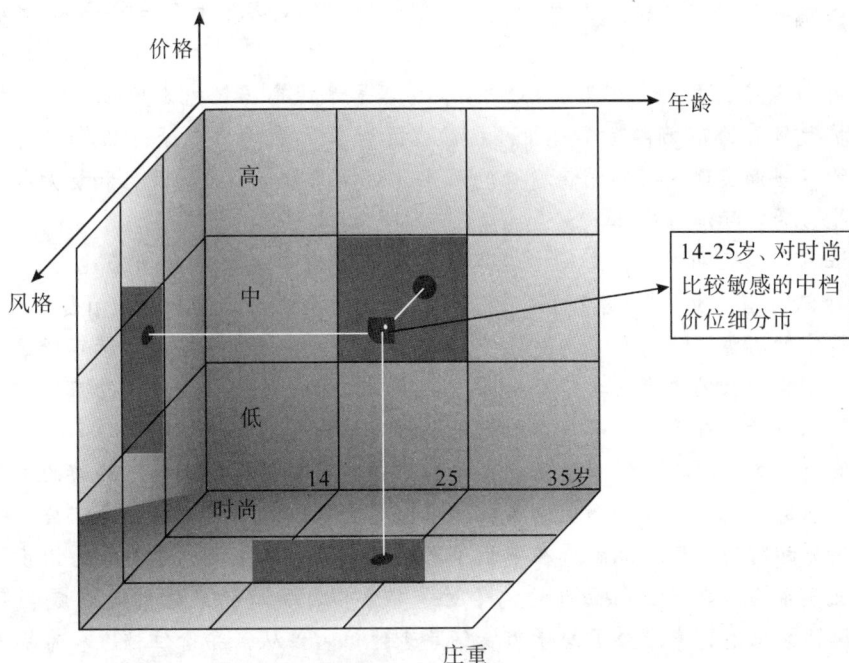

体育用品细分市场轮廓示意图

以运动鞋为例，每双鞋价位在 200 元以下的细分市场为低端市场，200～400 元为中端市场，400 元以上为高端市场。在高端细分市场中，又根据年龄分为不同的消费群体。

年龄在26～35岁的消费群体中，根据对产品风格要求的不同，分为追求时尚的和偏于保守风格的。这些人可能居住在北京、上海等一级城市，也可能在沈阳等二级城市或保定等三级城市。年龄在26～35岁，居住在一级城市，喜欢追求时尚流行风格，会购买价格在400元以上运动鞋的消费者，就是一个用四个细分变量进行细分后的细分市场。

（二）T——评估不同细分市场的吸引力，选择目标市场

1. 目标市场选定

根据市场驱动的品牌战略，李宁公司的目标市场可以定位为"中国体育用品的大众化非专业运动消费群体"，即年龄在18～30岁、具有中等收入和消费能力的中国普通消费者。在未来发展中，塑造一个稍低价位的新品牌来吸引14～24岁、追求时尚的年轻一族消费者。

从1997年开始，李宁公司试图将目标消费群体定位在14～28岁、以学生为主的大中城市中喜爱运动的消费者。但是调研公司的数据显示，实际上李宁最忠实的消费者是24～35岁、生活在二级城市、中等收入的消费者，他们追求大众化而非专业运动消费，并且，李宁的实际消费者，不仅有15岁的少年，也有45岁的中年人，在一定程度上具有15～45岁等距分布的特点。总之，李宁的目标消费群体与实际消费群体是有相当大的差异的。而且，李宁的实际消费群体明显偏离中国体育用品主力消费群体：年龄在15～25岁，喜爱运动，具有崇尚新潮时尚和国际流行趋势的特点。

2. 第一目标市场选择

应该选择哪个群体作为今后的目标消费群体呢？这取决于李宁公司的使命和总体战略。

2001年，李宁公司确定未来三年的总体战略是保持市场领先者地位，在保护市场份额的同时扩大目前的市场占有率。即，在考虑品牌长远影响力、进行品牌重新定位的同时，还必须在当期实现足够的销售增长。因此，必须保留与公司的目标和资源相一致并有足够消费能力的实际消费群体。

为保证不影响短期利益，立足中端市场，满足具有中等收入和消费能力、年龄在18～30岁、生活在省会和中等城市的"中国体育用品的大众化非专业运动消费群体"，也就是李宁公司实际消费群体的需求，对李宁公司来说，应该是最稳妥的目标市场选择。

但是，销售增长的要求使李宁公司在中端市场之外还必须拓展更大的市场空间，选择第二甚至第三目标细分市场。那么，应进入高端市场还是低端市场呢？

根据案例正文中所提供的背景信息，目前中国体育用品市场上李宁品牌的主要竞争对手是耐克、阿迪达斯、锐步和国内的康威、安踏等企业。在高端市场，李宁公司的主要竞争对手是耐克和阿迪达斯等品牌；在中端市场，李宁公司的主要竞争对手为锐步、百事等品牌；在低端市场，李宁公司面临的竞争对手非常多，具有代表性的是康威和安踏等品牌。从市场份额上看，李宁公司处于市场领导者地位。但从产品价位档次和市场发展趋势上来看，则处于夹在国外高档品牌耐克、阿迪达斯和国内众多低档品牌之间的状态。上有耐克等高档品牌的封杀，下有安踏等低价位产品的冲击，李宁牌的市场空间处于十分微妙和危险的状态，市场份额连年下降。

综上所述，李宁公司对目标市场的选择可以参考以下三种：

（1）在以价格划分的中端细分市场上"通吃"。

（2）立足中档市场，逐渐向中高档市场转移，并退出低价市场。

（3）在以中端市场为主战场的同时，向高端和低端市场做一定的延伸。

（三）P——市场定位

根据李宁公司选择的不同目标市场，其市场定位可以是：

（1）在以价格划分的中端细分市场上"通吃"。

当以中端市场为其目标市场，选择在中端市场上"通吃"时，由于比较符合李宁公司现有消费群体的特征，市场定位可以是，针对年龄跨度比较大的中等城市大众化消费者，生产中等价位产品，突出质量/价格比优良的特点，产品线可以比较长，以满足不同年龄和风格要求的消费者需求。并注意强调友好的公司形象。

（2）立足中档市场，逐渐向中高档市场转移，并退出低价市场。

当选择立足中档市场，逐渐向中高档市场转移，并退出低价市场时，可以考虑向中高收入、年龄在36～45岁的成功人士推出高尔夫系列产品和健康系列产品，向18～30岁的年轻人推出青春系列产品。

（3）在以中端市场为主战场的同时，向高端和低端市场做一定的延伸。

当选择在以中端市场为主战场的同时向高端和低端市场做一定的延伸时，市场定位其实是在高端市场造势，通过做出一些中高档产品来提升品牌形象的产品，如高尔夫服装产品；向低端的延伸是减少来自低端品牌的干扰，并扩大产品销售。进入低端市场，除了要塑造形象、吸引和培养低端的消费者，还要在与低端品牌竞争的时候，阻绝低端市场中像安踏、康威这样的产品，使它不能够很容易地进入中端。

如果李宁公司选择重新进入低端市场，则需要考虑"单一品牌和多品牌"的问题。根据低端细分市场的消费群体特点，李宁公司需要吸引14～25岁、追求时尚的年轻消费者。面向14～25岁消费群体的产品，在消费形式上应该是以年轻、时尚、追求动感作为市场需求，而与李宁品牌现在给大家民族的、亲和的印象是不一致的，所以在这个细分市场上可以考虑重新塑造一个稍低价位的全新的品牌，例如，"李宁"的拼音缩写"LN"。

中端细分市场才是李宁牌产品销售的核心市场。在中端市场上，则可沿用原品牌，针对年龄在24～35岁、具有中等收入和消费能力的中国普通消费者这一李宁公司主要消费群体，在产品方面，定位于中高档产品，品质优良、穿着舒适，且质量/价格比合适，即能提供最好的价值；产品个性定位为城市的、时尚的和专业的；在公司形象方面，体现友好和荣誉的特色，并突出一定的运动和休闲兼而有之的特点。

根据上述分析，李宁牌产品的市场定位可以是：在产品方面，定位于面向中等收入人群的中高档产品，品质优良、穿着舒适，且质量/价格比合适，即能提供最好的价值；产品个性则定位为城市的、时尚的和专业的；在公司形象方面，体现友好和荣誉的特色，并突出运动属性的立足点。

6-2　蒙牛乘"超级女声"东风，红遍大江南北

　　国内著名乳品品牌光明、伊利、蒙牛、三元、三鹿、娃哈哈等竞相争夺国内市场，在全国各地划分势力范围，其中又数蒙牛与伊利的全国乳业第一品牌争夺战尤其激烈，两大品牌明争暗斗，硝烟四起。

　　2004 年，由湖南卫视主办的"超级女声"歌唱大赛在北京、上海、南京、成都和广州等地火爆异常。2004 年"超级女声"栏目获得了极大成功：在各个城市"超级女声"歌唱大赛的报名现场，数以万计的参赛者排起"长龙"，盛况空前的景象，我们记忆犹新。2005 年伊始，这个节目又有猛料爆出：中国乳业巨人——蒙牛，将全面展开与湖南卫视的合作，将"2005 蒙牛酸酸乳超级女声"比赛，打造成新一代青春女生的代言节目！

　　著名的 AC 尼尔森调查结果表明，2005 年 6 月蒙牛酸酸乳在北京、广州、上海、成都四城市的销量超过 100 万公升，是上年同期的 5 倍。最令人瞩目的是，蒙牛乳业 8 月 23 日在香港发布了其 2005 年上半年的财务报告，公司上半年营业额由上年同期的 34.73 亿元上升至 47.54 亿元。蒙牛副总裁孙先红曾明确表示，对"超级女声"进行赞助蒙牛其实有所准备，可没想到短短几个月，竟然把竞争对手给"忽悠"了。

　　据这名高层说，除了销量飙升外，蒙牛在品牌美誉度方面也尝到了甜头。央视索福瑞对主要品牌乳酸饮料的调查报告表明，2005 年 5 月蒙牛酸酸乳的品牌第一提及率跃升为18.3%，反超竞争对手伊利优酸乳 3.8 个百分点，无论是从品牌力还是从市场占有率看，蒙牛酸酸乳都已经成为乳饮料方面的第一品牌。到 8 月底，"超级女声"进入高潮阶段，蒙牛副总裁孙先红透露，借助冠名"超级女声"，蒙牛酸酸乳销量继续一路飙升。我们有理由相信，蒙牛的销售业绩将在第四季度保持这种兴奋状态。

　　8 月 26 日，蒙牛董事长牛根生告诉某记者，蒙牛此次在"超级女声"投入的资金只是 1 400 万元，包括蒙牛酸酸乳的冠名权、比赛现场的广告牌等内容，湖南卫视还赠送了蒙牛 15 秒的广告。"可以说我们用 1 400 万达到了 3 000 万的效果。"

　　这场旋风中的另一个赢家则是湖南卫视，从 3 月起，"超级女声"保持了 8% 的平均收视份额，而各个分赛区的总决赛收视率更高达 10%，远超过中央电视台的"梦想中国"等同类型节目。"超级女声"决赛时段的广告报价随之调整为每 15 秒 11.25 万元，突破了中央电视台黄金时段 11 万元的报价。据统计，今年报名参加"超级女声"的选手逾 15 万人次，"超级女声"当之无愧地成为中国第一娱乐节目。

　　拿下冠名权，就相当于跻身"超女财富快车"的头等舱。在头等舱里，蒙牛没闲着，"仅海报就印刷了 1 亿张！"蒙牛液体奶市场总监赵远花介绍，2005 年 1 月，液体奶市场部启动了全方位的营销计划，准备将冠名的效应发挥到最大化。

　　1. 巧选品牌形象代言人——"乖乖女"张含韵

　　张含韵简介：张含韵，四川德阳人，16 岁，2004 年"超级女声"大赛季军。形象甜美、可爱，自信并前卫。

　　说起代言人的选取，应该先从"蒙牛酸酸乳"这个产品说起。"酸酸乳"相比蒙牛其他乳品来说，口感清新爽滑，酸甜中不失牛奶特有的浓香，产品附加值较高，属中高档奶产品系列（其竞争对手直指伊利优酸乳）。所以，该产品的主力消费群体定位为 15～25 岁的女孩子。这个消费群体的特点是：追求个性、前卫，喜欢表现个人的魅力与自信。蒙牛酸酸乳也是一样，其品牌精神同样是鼓励少男少女们勇敢地秀出独特的一面，用真实、勇气、自信、激情，用自己的魅力给这个世界增添更多味道。

　　张含韵作为 2004 年"超级女声"的季军，其形象甜美、天真又不乏自信与激情。而正是这种自信及激情使她在 2004 年的比赛中取得了不俗的成绩。同时，张含韵作为 2004 年及 2005 年的参赛选手，本身也是对"超级女声"宣传的一种效应最大化和二次扩大。所以，应该说在代言人的选取方面，蒙牛是下了很大的心思的，而结果也是很成功的。

　　张含韵的个人首张专辑《我很张含韵》与"超级女声"大赛同期推出，专辑中的《想唱就唱》是"超级女声"的主题歌，而《酸酸甜甜就是我》是蒙牛酸酸乳的广告歌，这让蒙牛、湖南卫视和张含韵本人同时获益。

　　2. TVC 广告片评测

　　广告内容：张含韵一开始戴着耳机在唱歌，但是歌声走调严重，引起了不少人的嘲笑。但是，在她喝了一口蒙牛酸酸乳之后，其歌声有了质的改变，人们的目光从嘲讽变成了跟随，继而大家和张含韵一起唱起了《酸酸甜甜就是我》，并拿起酸酸乳一起合力喊出了"蒙牛酸酸乳，酸酸甜甜就是我"，最终以标版结束。

　　从喧哗的场面到走样的歌声，从喝了一口酸酸乳到大家一起唱《酸酸甜甜就是我》，再到产品标版，其全过程均围绕"青春、自信"展开。是什么使歌声有了质的改变呢？是"蒙牛酸酸乳"，是这种青春滋味的饮料给了这个少女以自信，也使众人成了朋友，成了追随者。最后标版加上粉红色的界面与产品的组合，巧妙地再现"超级女声"打造青春粉色梦想的追求，与产品内涵进行了完美的搭配，使整个广告片弥漫着梦想与自信的色彩。

3. 卫星电视的配搭推广

曾为央视标王的蒙牛这次更是不惜血本,在央视各套全面开花,同时辅以各地卫星电视进行宣传,将宣传的效应进行积累以求效应最大化。央视作为打造品牌的基地其效果已经不言而喻,当年众多的品牌崛起都是承蒙央视的强大号召力。蒙牛作为央视的老客户更是清楚,本次宣传蒙牛主打15秒的TVC,在夜晚黄金时段进行滚动播出,同时辅以强势栏目进行插播,使广告能尽可能地与受众贴近。

同时,各地卫星电视的崛起也不容当前厂家忽视。拿湖南卫视来说,据统计,从《还珠格格》的播放开始,其收视率已经在国内占老二的位置。作为蒙牛来讲,这样的机会自然不能错过,于是湖南卫视、安徽卫视等强档媒体也变成了蒙牛宣传的主战场,其宣传攻势较央视丝毫不弱。通过各高空媒体的使用,不仅迅速强化了品牌形象,同时也为新品上市作好了铺垫。

4. 平面媒体的宣传及应用

在平面媒体宣传方面,蒙牛更是做到了无孔不入。在拿下冠名权后,蒙牛马上着手宣传。仅海报就印刷了1亿张。"超级女声"活动分为几大赛区:广州赛区、郑州赛区、成都赛区、杭州赛区、长沙赛区。所以,在以上几大赛区的宣传就必不可少。为此,蒙牛在《南方都市报》、《潇湘晨报》、《东方今报》、《成都商报》、《都市快报》等平面媒体对活动及产品进行了大范围的宣传。从赛事的举办及内涵、报名及比赛资格介绍、比赛全程,到蒙牛酸酸乳的"酸甜"新口味、代言人张含韵的介绍及产品核心定位都作了系列报道,有效地聚集了广大青春少女的目光,普及了"蒙牛酸酸乳"在消费群体心中的认识。

同时,蒙牛乳业集团与湖南卫视还在《国际广告》等各大广告、财经类杂志上进行了一定力度的宣传,使广告界的传媒都兴奋起来,主动关注本次赛事活动,扩大了宣传的效应。就连主攻时事经济政治人物评论的《时代人物》也在此期间主动大篇幅刊登"超级女声"的纪念海报。

5. 网络媒体的宣传及应用

在8月和9月初,打开新浪网看新闻时,会看到巨大的弹出式广告。打开百度进行搜索,会发现在"新浪网影音娱乐世界"、"中国湖南卫视"、"超级女声"等各大网络媒体均出现了"超级女声"及蒙牛的整版专题宣传报道。

应该说,蒙牛与湖南卫视在网络媒体的选择方面更具眼光。其一,网络媒体成本便宜,可以进行系统全面的宣传。其二,网络作为年轻人了解世界的新途径,其作用已经超过了电视媒体,也就是说,采用网络进行宣传能有效集合大众目光,争取最大的宣传效应。其三,利用网络的互动性与场外观众进行适时的沟通,及时将信息进行反馈,可以不断改进营销策略。

在宣传手法方面,蒙牛更是翻出了新花样:除了既有的报名及参赛规则、全程报道、赛事图片及流媒体宣传外,蒙牛更是在百度专门创立了"张含韵吧",使众多网友能将自己品尝蒙牛酸酸乳后的感想、对张含韵的关注,以及对超级女声比赛的看法都集中地发表在这里,将"势"巧妙地造到了最大。同时,由张含韵演唱的《酸酸甜甜就是我》更是受到了广大网友的好评,截至笔者发稿时,《酸酸甜甜就是我》已经在百度mp3歌曲TOP500强中排名第十位,而《想唱就唱》更名列第二,下载次数更是以十几万次名列榜首。

在宣传创新方面，蒙牛此次推广活动中的互动游戏"蒙牛连连看"与"超级 FANS"极具亮点。这两款小游戏在蒙牛乳业网站及相关活动网站都可以下载。而更值得一提的是，这两款小游戏还提供分数上传，当玩家在打出超高分数的时候可以将游戏结果进行上传，最终由蒙牛评选出数位优秀玩家并派发礼品。这一活动不仅使玩家在娱乐中感受到了休闲的滋味，同时还加深了对蒙牛酸酸乳的好感，化解了宣传的生硬性，使品牌效应能更深刻地植根于消费者心中。

6. 终端的促销及公关造势活动

蒙牛集团利用自身的通路优势，在 20 亿包蒙牛酸酸乳的外包装上印上了"超级女声"的比赛信息。同时，蒙牛加大了产品铺市率。就石家庄而言，蒙牛在石家庄保龙仓的 3 个店、世纪联华的 5 个店、家世界的 2 个店、华普超市的 3 个店、北国超市的 6 个店及一些单店大型卖场都进行了大范围的铺货。与此同时，在这些店中蒙牛的堆头数量明显激增，打破了以往三鹿牛奶（三鹿是河北省的本地龙头品牌）堆头霸权的局面。

在具体促销方面，蒙牛一是统一了摆设的外观，所有摆设全部采用四方及环形的包装，张含韵的形象鲜明突出。同时，大量的 POP 贴于超市入口及生鲜卖场奶品区，使消费者能很容易看到，加大了随机购买几率。二是推出了买六送一的促销活动。消费者最关心的毕竟还是价格因素，在这个大好的促销时段，顾客们抓住这个机会大批量地购买，甚至还有人一次买两三箱的。据调查，在举办"超级女声"的时间内蒙牛酸酸乳的销量明显优于伊利优酸乳和三鹿君乐宝系列，并且蒙牛其他产品的销量也有一定上涨，很好地起到了以点带面的效果。

据媒体报道，在"超级女声"的主赛区长沙等地，蒙牛适时地推出了许多大型义演活动。尤其在大型广场及卖场的门口附近，蒙牛推出了"青春女生大比拼"、"品蒙牛酸酸乳，看超级女声"等活动，热辣的歌舞加上新品的品尝，使现场的气氛热闹非凡，有效地锻造了品牌的高端形象，使蒙牛酸酸乳在人们的心中烙下了印记。对于五大赛区之外的市场，蒙牛并没有让它们游离自己的视野之外。在 34 个城市，蒙牛酸酸乳开展了迷你路演活动，把当地的优秀选手输送到五大赛区参加比赛。为扩大影响，蒙牛还在新浪网上建立蒙牛酸酸乳活动特区，让网友可以获知"超级女声"的最新资讯、参加有奖游戏、参与和选手的视频聊天。按照赵远花的全面安排，蒙牛在酸酸乳产品上也下了一番工夫：除了增加四种新口味外，还为配合冠名"超级女声"采用了新产品包装，在以前单纯的利乐纸包的基础上增添了瓶装和袋装。上半年已经有超过 20 亿包印有"蒙牛酸酸乳超级女声"字样的蒙牛酸酸乳上市。

正是这样的一番"折腾"，原来被人们视作"离经叛道"、毫不相干的湖南卫视和蒙牛，借助"超女"大捞狠捞了一把，甚至有营销专家认为："该案例完全可以写入教科书了。"

资料来源：

新浪网，www. sina. com. cn

北京娱乐信报（网络版），2005 - 09 - 01，http：//www. sina. com. cn

华夏时报（网络版），2005 - 09 - 05，http：//www. sina. com. cn

新民周刊（网络版），2005 - 09 - 08，http：//www. sina. com. cn

讨论分析题：

1. "超级女声"和蒙牛酸酸乳的目标顾客在哪？
2. 它们的定位有何相似之处？
2. 本案例对你有何启示？

案例解读

2005 年由湖南卫视播出的"超级女声"节目在收视上和对社会的影响上均达到了一定的水平，在观众的心中造成了较大的影响，"超女"成功塑造了"超级女声"及相关产品的品牌，其成功的原因及启示分析如下：

第一，"超级女声"这一产品本身具有较高的观赏性。该产品是 2004 年湖南卫视播出的一个大众化的选秀节目，该节目的选手经过各大赛区层层选拔，并且经过淘汰其他选手而晋级的选手唱功实力突出，现场均为真唱，观众投票亦使大众感觉到其真实性，其产品本身具有一定的吸引力。

第二，"超级女声"的目标顾客广泛。由于该节目属于综艺类节目，综艺类节目本身的顾客群体就涉及老、中、青、幼等群体，老少皆宜，而"超女"在开播期间，其主力观众都是 25 岁以下的年轻人，这些群体在新环境下长大，受外来文化影响深，独立、开放、放手表现，他们不但自身狂热，追捧"超女"，还影响和带动周围其他人。因此，"超女"最终形成广泛的顾客群。

第三，有效地抓住了目标顾客的心理。"超女"由于其零门槛的特性而成为一项"平民造星"运动，该节目深深吸引了处于青春期、有当明星梦的少女的心，其宣传的"想唱就唱"主题更是说出了许多年轻人的心声。而从另一个方面来讲，"超女"另一个吸引人的地方在于其海选阶段的审丑过程，抓住了人们的心理，让观众看到了台上新奇、独特、搞笑的一面，使那些看惯了精英文化的观众得到了意外的惊喜。

第四，"超女"将消费者心中被压制的某些欲望释放出来。其搭建的短信票选互动、评选的平台，使观众直接参与了对其心目中明星的评选，使在强制文化压制下的人们某些思想得以解放。这种互动的方式改变了传统电视节目的单向性，让人有更大、更多的参与感，而当时市场上尚无类似的"平民运动"。

第五，"超女"成功地利用各种媒体进行传播推广。湖南卫视本身就是在国内综艺类颇有影响力的媒体，其收视率也相当高。而近年来不少新闻事件因网络的推波助澜而成为社会热点，影响着整个社会，湖南卫视不但充分地运用其本身的优势，还成功地运用了网络，从 BBS 到各大网络的专题报道，"超女"均引发了广泛的关注。

第六，"超女"成功地利用了赞助商的消费群。蒙牛是"超女"的主赞助商，酸酸乳是其 2004 年开始推出的产品，其目标顾客定位是 12 ~ 24 岁的年轻女孩，这和"超女"的目标顾客十分相似。因此在定位和诉求上，两者都非常接近，在"超女"的推广中，蒙牛向市场推出了大量印有"超女"的宣传产品，有效地宣传了"超女"。

总之，"超女"是一次非常成功的营销活动，该活动紧紧地抓住了目标顾客及其需求，"超女"不仅是产品创新上的成功，更重要的是其准确把握了消费者需求并加以利用，配合各种推广要素在推广上的成功，从而真正实现了市场创新。其成功的诸多因素如产品创新、宣传策略及手法我们在一般的营销活动中都可见到，但市场创新及准确把握消费者尚未被满足的需求，发现全新的目标市场并准确定位，才是其成功的精髓。

6-3　中国邮政速递服务公司的市场定位

中国邮政速递服务公司是一家专门从事国际、国内邮政特快专递业务的企业，并先后于 1980 年 7 月和 1984 年 11 月开办了国际、国内邮政特快专递业务。特快专递作为一种新型业务，因其经济效益显著，引起了国内外诸多公司的关注。不仅国内的外贸、海关、民航、运输等单位先后开办了此类业务，甚至某些外国私营公司也不失时机地参与到这一激烈的市场竞争中来。为了在这种激烈竞争的环境中胜出，中国邮政速递公司该如何进行市场定位？

1. 问题提出的背景

近几年来，尽管邮政 EMS 的业务量、业务收入仍处于不断增长中，但市场占有率却连年下滑。究其原因，在于强大的竞争对手和中国速递市场的良好发展前景。据速递业务专家介绍，当前中国速递市场规模已超过百亿元，且以每年 30% 的速度递增。更有专家预测，3 年以后速递业务将以每年几倍甚至十几倍的速度增长。在这样的市场环境下，邮政 EMS 不能只是满足于自身业务量、业务收入的增长，而要解决如何面对竞争的问题，将保持和提高市场占有率作为业务发展的目标。

在发展传统邮政业务的过程中，邮政主管部门要体现普遍服务的精神，即面对所有地域的所有用户，以用户能够支付得起的资费提供具有一定服务质量的邮政服务。而邮政 EMS 业务毕竟不同于以往的传统邮政业务，它属于按照商业化原则运作的竞争类业务。在这类业务的领域中，其客户是特定的，价格也是特定的，一般不涉及公民权利与普遍服务问题，需要注入更多的市场元素，进行市场分析，结合市场细分，确定目标市场，明确市场定位，用以指导业务发展过程中灵活多变的营销策略，以便更好地适应竞争的需要。

2. 竞争优势分析

20 多年来，中国 EMS 已经建立起网络方面的强大优势。通过不懈努力，已与世界上 200 多个国家和地区建立了业务联系，在国内 2 000 个城市开办了业务。目前已拥有专职邮政速递员工 1.4 万余人，专用揽收、投递、运输机动车辆 1 万余部；在全国 201 个城市

配有最先进的电脑设备，计算机跟踪查询骨干网络基本建成。所有这些，构成了中国
EMS 的强大优势。

因此，近些年来，特快专递业务服务于改革开放，提出了"时限、质量和服务是
EMS 永恒的追求"的口号，致力于满足客户多层次、多方位的需要，在服务深度、服务
方式、服务质量和服务水平上不断拓展、改善、提高，严格组织生产作业，加快邮件传递
速度，加大综合生产能力投入，实行门到门、桌到桌服务，全面提高服务质量，便利广大
客户。

3. 针对不同客户群的目标市场营销

（1）定位集团大客户，挖掘潜在客户。

近年来，邮政特快专递部门在发展过程中，通过对市场进行调查和分析，在继续稳固
发展国际、国内特快专递业务的基础上，将业务的重点放在了发展集团用户的物品类业
务、单证类业务上。对于集团大客户，突出重点地区和大城市，大力发展同城、区域性业
务，提高物品类业务比重。经过不懈的努力并凭借中国邮政的信誉优势和 EMS 的品牌优
势，邮政速递部门已将行业性行政管理机构纳入 EMS 大客户范畴，如目前开办得比较成
熟的单证类邮件，种类包括身份证、护照、港澳台通行证、录取通知书及相关资料、驾驶
执照、法院传票和法律文书等，都已成为同城业务的切入点，并显现出强劲的增长势头。
随着电子商务、邮购等业务的发展，商贸企业、金融机构也被纳入到 EMS 大客户行列中
来，旨在为这些新兴行业和部门提供个性化、多样化的服务。

（2）对三类不同的普通客户市场实施不同的市场定位。

除了对集团大客户进行深挖外，邮政特快专递部门还加大了对普通客户市场的挖掘力
度，提出了业务结构分层次发展的思路，根据客户对快递业务在资费和时限上的不同要
求，在继续稳固发展国际、国内普通特快专递业务之外，成功开发出"经济类快递"和
"精品类快递"，旨在更好地为客户服务，以满足不同客户市场的需求。

①普通特快专递业务。

普通特快专递业务包括国际、国内两大块，国内特快专递业务又分为国内异地特快专
递业务和同城特快专递业务。资费标准采用按重量计费的方式，如国内特快专递的起重资
费为 500 克及以内 20 元，之后的续重资费为按 500 克为 1 单位累进。在速递时限上，
EMS 承诺从函件收寄之日起至到达日止国内运递时限不超过 72 小时。

②国际经济快递业务。

为满足物品类快件市场的需求，2001 年 1 月 1 日，中国邮政与荷兰 TPG 集团联手，
在北京、上海、天津等 20 个大中城市推出价廉质高的国际经济快递服务（Economy Express），可通达二十几个国家。该业务类似于快货服务，可办理一票多件业务，并可提供
"门到门"服务，对象为交寄大宗快件的商业用户。由于部分采用陆路运输，此类快件的
资费大幅度降低，而时限仅比普通特快专递邮件慢 48～72 小时。

③EMS 限时专递——次晨达业务。

中国邮政于 2004 年 1 月 8 日、5 月 18 日和 6 月 18 日分别推出了长江三角洲、珠江三
角洲、环渤海区域内部的共计 47 个城市的 EMS 限时专递——次晨达业务，实现当日收寄
的 EMS 邮件，保证在次日上午 10 点前（珠江三角洲地区 11 点前）投交给收件人，如未
按时到达，所付邮费全部退还。2004 年 10 月 9 日，又一举推出包括北京、天津、上海等

13个城市间的次晨达业务，使该项业务开始走出区域。随着业务运作的不断成熟，还将不断扩大开办范围和通达区域，形成国内速递业务的精品业务，提升速递业务品质，增强竞争能力。

（3）抓住空白市场大力创新，积极开发新业务。

在巩固现有市场的同时，中国邮政速递公司抓紧当前有利时机，在竞争对手尚未涉足的地方开拓和占领市场，推出特色业务来推进目标市场营销。特色业务主要有：国内特快专递代收货款业务、特快专递收件人付费业务、超常规特快专递邮件业务、邮政礼仪专递业务、邮政 EMS 手机短信息查询服务。

资料来源：

电信维基网，www.telewiki.cn

讨论分析题：

中国邮政速递服务公司是如何进行市场定位的？

案例解读

1. 中国邮政速递公司主要围绕客户需求进行市场细分工作。在梳理业务结构层次过程中，首先区分出集团大客户和普通客户的不同需求，然后对普通客户市场从时限速度和资费上入手，又细分出三类业务、三个市场，满足不同客户的选择。在选择目标市场时，更加注重差异化策略，旨在为公司塑造强有力的、与众不同的鲜明个性，以求得客户的认同，树立自己的品牌形象。

2. 中国 EMS 在市场定位方面做了许多工作。如针对目前单证类业务数量比较大的情况，邮政速递部门已将行业性行政管理机构纳入 EMS 大客户范畴，主要用于专递纳税单据、身份证、高考录取通知书等邮件；随着电子商务、邮购等业务的发展，商贸企业、金融机构也被纳入 EMS 大客户行列，旨在为这些新兴行业和部门提供个性化、多样化的服务。但这些还不够细致，目前需要做的是认真研究客户的需求，在适当的条件下，给予一定的政策倾斜，如资费上的、服务上的等，真正为客户着想，使中国 EMS 深入人心。

6-4 澳门米兰站

2000 年，香港吹起了一股再利用的环保风。香港二手名牌商品的换手率极高，香港的米兰站、巴黎站和名人坊这些较成规模的二手名牌包店，正式开创买卖二手名牌手袋的风潮，成了时尚一族的最爱，也为香港挖掘出了二手名牌市场的无限潜力。

今天的米兰站，已成为名牌手袋衣饰的市场探热针。米兰站以买卖皮包为主，CHANEL、LV、Gucci、BV、Eermes 和部分当季发烧的 Prada、Miu Miu 和机车包都是其看好的主力商品。目前在香港已有 8 家分店，高知名度引发银行发行"米兰站联名卡"，每日人潮络绎，店外还有警卫驻守，不难看出香港人追求奢侈品品牌之风。此店设有二手时装部，但 LV 的服装及 accessories 的款式则不多。米兰站收货价最高，但同时卖出价也最贵。

2008 年 1 月份米兰站也正式登陆澳门
地址：板樟堂前地 6 号 A
地区：东望洋区（水坑尾/荷兰园）
电话：（+853）28389957
商店类型：皮具
主营品牌：Gucci，LV

　　澳门的米兰站和香港本店的经营信念一样，都很简单：每个女孩都梦想拥有一个名牌又时尚的手袋，何不以更轻松的方法，让更多女孩 dreams come true？全因洞悉二手市场的需求，米兰站首创"现金收货"，借以吸纳具备素质及罕贵的手袋；米兰店还屡创新的行销策略，令手袋变成有价值的货物。从此，"换手袋"不再是名媛专利，很多 OL 和太太也加入这一行列，感受"换手袋"的乐趣。

　　有些女孩会先在二手包店里买一个全新的包包，使用两个月后，保养得好的，再回到店铺，店里会以原价 7 折左右的价格回收。二手店中的包比市面上的稍便宜一些，价格是参照包的成色、新旧程度还有款式受欢迎的程度来制定的。千万别指望和店主讨价还价，那样会被鄙视的，因为这些店铺的生意实在太好了。虽然便宜，但价位依然会在千元以上。若是当年限量版的包包，就属于藏品，价格往往会比当年还高出许多。

　　价格优势固然让爱包女士们动心，但是货品的真伪也是她们关心的问题。负责人介绍说，他们"进货"时，都需要货品的原主人提供相应发票等资料，并经过专业人士的鉴定，根据货品的折旧程度、产地、版型、年份等不同而评估出相应的价位。米兰站的包包有一半左右是全新品，而且新品的销售量不输于二手包。

讨论分析题：

米兰站的市场定位特点是什么？

案例解读

米兰站完全抓住现代人追求奢侈品品牌之风，选择追求时尚奢侈品品牌，但经济上无法完全负担得起的顾客为目标市场，把企业定位在二手名牌市场，利用"现金收货"，吸纳具备素质以及罕贵的手袋，向这类顾客提供她们所想要的品牌产品，虽然是二手产品，但在质量上是绝对优质，而且价格较市面相对便宜一些。这样使得一般人都可以享受到名媛"换手袋"的专利乐趣，dreams come true。

6-5　米勒啤酒公司

1969 年，美国啤酒业中的"老八"——米勒啤酒公司，被菲利普·莫里斯公司（PM）收购。PM 公司，这个国际烟草业的巨人，在 20 世纪 60 年代凭借高超的营销技术取得了辉煌的战绩：在美国的市场份额从第四位升到第二位，公司的"万宝路"牌香烟销售量成为世界第一。当时的 PM 公司一方面有着香烟销售带来的巨大赢利，另一方面又受到日益高涨的"反对吸烟"运动的威胁。为了分散经营风险，他们决定进军啤酒行业，在这个领域一展身手。

那时的美国啤酒业是一种寡头竞争的态势。市场领导者安修索·布希公司（AB）的主要品牌是"百威"和"麦可龙"，市场份额约占 1/4。佩斯特蓝带公司处于市场挑战者的地位，市场份额占 15%。米勒公司排在第八位，份额仅占 6%。啤酒业的竞争虽已很激烈，但啤酒公司营销的手段仍很低级，他们在营销中缺乏市场细分和产品定位的意识，把消费者笼统地看成一个需求没有什么区别的整体，用一种包装、一种广告、一个产品向所有的顾客推销。PM 公司兼并了米勒公司之后，在营销战略上作了根本性的调整。他们派出烟草营销的一流好手充实到米勒公司，决心再创啤酒中的"万宝路"。

在作出营销决策以前，米勒公司进行了认真的市场调查。他们发现，若按使用率对啤酒市场进行细分，啤酒饮用者可细分为轻度使用者和重度使用者两类，轻度使用者人数虽多，但其总的饮用量却只有重度使用者的 1/8。他们还发现，重度使用者有着下列特征：多是蓝领阶层；年龄多在 30 岁左右；每天看电视 3.5 小时以上；爱好体育运动。米勒公司决定把目标市场定在重度使用者身上，并果断地决定对米勒的"海雷夫"牌啤酒进行重新定位。"海雷夫"牌啤酒是米勒公司的"旗舰"，素有"啤酒中的香槟"之称，在许多消费者心目中是一种价高质优的"精品啤酒"。这种啤酒很受妇女和社会中的高收入者欢迎，但这些人多是轻度使用者。米勒决心把"海雷夫"献给那些"真正爱喝啤酒的人"。

重新定位从广告开始，他们考虑到目标顾客的心理、职业、年龄、习惯等特征，在广告信息、媒体选择、广告目标方面作了很多改变。他们首先在电视台特约了一个"米勒天地"栏目，将广告主题变成"你有多少时间，我们就有多少啤酒"来吸引那些"啤酒坛子"。广告画面中出现的尽是些激动人心的场面：船员们神情专注地在迷雾中驾驶轮船，钻井工人奋力止住井喷，消防队员紧张地灭火，年轻人骑着摩托冲下陡坡。他们甚至请来了当时美国最著名的篮球明星张伯伦来为啤酒客助兴。

为了配合广告攻势，米勒又推出了一种容量较小的瓶装"海雷夫"，这种小瓶装啤酒正好能盛满一杯，顾客夏天喝这种啤酒时不用担心剩余的啤酒会变热。这种小瓶子的啤酒还很好地满足了那部分轻度使用者，尤其是妇女和老人，他们啜完一杯，不多不少，正好。"海雷夫"的重新定位战略当然非常成功，到了 1978 年，这种牌子的啤酒年销量达 2 000 万箱，仅次于 AB 公司的百威啤酒，名列第二。

　　"海雷夫"的成功鼓舞了米勒公司，他们决定乘胜追击进入另一个细分市场——低热度啤酒市场。进入 20 世纪 70 年代，美国各地的"保护健康运动"方兴未艾，米勒注意到对节食很敏感的顾客群在不断扩大，即使那些很爱喝啤酒的人也在关心喝啤酒会使人发胖的问题。当时美国已有低热啤酒出现，但销路不佳。米勒断定这一情况的出现并不是因为人们不能接受低热啤酒的概念，而是不当的定位所致，他们错误地把这种啤酒向那些注重节食但并不爱喝啤酒的人推销。米勒公司看好这一市场，他们花了一年多的时间来寻找一个新的配方，这种配方能使啤酒的热量降低，但其口感和酒精度与一般啤酒无异。1973年，米勒公司的低热啤酒——"莱特"牌啤酒终于问世。

　　对"莱特"的推出，米勒可谓小心翼翼。他们找来一家著名的广告商为"莱特"设计包装，对设计提出了 4 条要求：①瓶子应给人一种高质量的印象；②要有男子气；③在销售点一定能夺人眼目；④要能使人联想起啤酒的好口味。为了打好这一仗，他们还慎重地选择了 4 个城市进行试销，这 4 个地方的竞争环境、价格、口味偏好都不相同。广告攻势自然也很猛烈，电视、电台和整版报纸广告一块上，对目标顾客进行轮番轰炸。至于广告主题，米勒用的是"您所有对啤酒的梦想都在莱特中"。广告信息中强调：低热度啤酒喝后不会使你感到腹胀；"莱特"的口感与"海雷夫"一样，味道好极了。米勒还故伎重演，找来了大体育明星拍广告并给出证词：莱特只含普通啤酒 1/3 的热量，但口味更好，你可以开怀畅饮而不会有腹胀的感觉。瞧，还可以像我一样的健美。试销的效果的确不错，不但销售额在增加，而且顾客重复购买率很高。

　　到了 1975 年，米勒公司才开始全面出击，广告攻势在美国各地展开，当年广告费总额达到 1 100 万美元（仅"莱特"一项）。公众对"莱特"啤酒的反应之强烈，就连米勒公司也感到意外：各地的"莱特"啤酒供不应求，米勒公司不得不扩大生产规模。起初，许多啤酒商批评米勒公司"十分不慎重地进入一个根本不存在的市场"，但米勒的成功很快堵上了他们的嘴巴，他们也匆匆忙忙地挤进这一市场，不过此时米勒公司已在这个细分市场上稳稳地坐上了第一把金交椅。"莱特"啤酒的市场成长率一直很快。1975 年，"莱特"啤酒销量是 200 万箱，1976 年便达 500 万箱，1979 年更达到 1 000 多万箱。1980 年，这个牌号的啤酒销量列在"百威"、"海雷夫"之后，名列第三位，超过了老牌的"蓝带"啤酒。1974 年底，米勒公司又向 AB 公司赢利最多的产品——"麦可龙"牌发起了挑战。"麦可龙"是 AB 公司啤酒中质量最高、价格最贵、市场成长率最快的产品，AB 公司依靠它一直稳稳地占领着最高档啤酒这一细分市场。米勒公司岂肯放过，不过这次米勒公司却没有强攻，而是用了一招漂亮的"移花接木"之术。它购买了在美国很受欢迎的德国高档啤酒"老温伯"的特许品牌，开始在国内生产。米勒把"老温伯"的价格定得更高，广告中一群西装笔挺、气概不凡的雅皮士举杯同饮，说道："今晚，来喝老温伯。"很快，"麦可龙"在这一市场中的领导地位也开始动摇。

　　在整个 20 世纪 70 年代，米勒公司的营销取得巨大的成功。到了 1980 年，米勒公司的市场份额已达 21.1%，总销售收入达 26 亿美元。米勒啤酒被称为"世纪口味"。

资料来源：

糖酒快讯，www.info.tjkx.com

讨论分析题：

1. 米勒啤酒公司的市场细分标准及市场细分策略是什么？该公司主要占领了哪些细分市场？为了占领这些市场，他们采取了哪些策略？

2. 米勒啤酒公司的成功经验是什么？从中可以得到什么启示？

案例解读

1. 米勒啤酒公司在对啤酒市场进行细分时采用的细分标准分别是：使用量、购买者追求的利益及消费者的收入、社会阶层。

海雷夫啤酒占领了啤酒重度饮用者市场和部分轻度饮用者市场。为了占领重度饮用者市场，公司首先认真做了市场调查，在此基础上进行市场细分，并决定对海雷夫啤酒重新进行市场定位，并且根据目标顾客群的特征成功地进行定位沟通。

莱特啤酒占据了爱喝啤酒又担心发胖的顾客构成的市场。公司在推出新产品时非常谨慎，在试销的基础上，把产品大批量投放市场，配合强大的广告攻势，使得产品大获全胜，在这个细分市场上抢占先机。

老温伯抢占了高档啤酒市场。公司采用购买现有高档啤酒品牌特许使用权的方式进入高档啤酒市场。

2. 从案例中我们可以看出，米勒公司的成功经验在于其认真进行市场调查，并在此基础上进行市场细分，发现市场机会，抓住市场机会。要把握市场机会，占领某一细分市场，必须采用整合营销策略，进行市场定位。

启示：观念指导行动，行动带来结果，掌握市场细分，市场定位、整合营销等观念给企业的营销活动注入了新的理念，在这种理念的指导下开展营销活动，能够提升企业市场竞争力，开拓市场竞争新局面。

第7章
产品与品牌策略

本章提示

任何产品都有一定的生命周期。所谓产品的生命周期，就是产品从进入市场到最终退出市场所经历的时间。一般来说，产品的生命周期分为四个阶段：导入期、成长期、成熟期和衰退期。对于企业来说，识别自身产品所处的生命周期阶段，对于采取相应的市场营销策略和开发新产品具有重要的意义。包装是产品的外在表现，良好的包装能够提高产品的附属价值，对于企业提高市场占有率和利润水平具有重要作用。

品牌、商标是企业重要的无形资产，它是企业文化和价值观的浓缩，品牌和商标管理也是企业管理的重要内容。有效的品牌和商标管理不但能带来企业品牌的升值，对于提高企业市场竞争力也有重要作用。

本章选取了六个案例。案例1讲述摩托罗拉V998/V8088的产品策略，从该案例可以了解到摩托罗拉公司手机产品生命周期的特点，明确产品创新的价值所在。案例2通过可口可乐公司改变可乐口味来说明企业在新产品开发过程中应注意的问题。案例3通过伊利婴幼儿奶粉包装设计说明良好的包装对于增加产品的销量和提高市场占有率具有重要作用。案例4通过"农夫山泉"品牌成功案例说明品牌记忆点创造法对于企业经营的成功具有重大价值。案例5说明不正确的品牌延伸决策可能导致企业经营的失败。案例6通过对A、B两家电话设备厂的比较，揭示产品策略差异对企业发展的影响。

7-1 摩托罗拉 V998/V8088 的产品策略

摩托罗拉的两款手机 V988 和 V8088 是 "V" 系列手机的代表，这一系列手机进入市场的四年多历程表明了公司针对 V988/V8088 系列的产品策略特点。

公司推出 V988 手机的市场背景是：摩托罗拉、诺基亚和爱立信三家公司雄居手机市场的前三位，西门子、三星等品牌还没有引人注意，而国产手机更是悄无声息。V988 手机是公司在 1999 年春天推向中国市场的，其特点是：双频、体积小、大显示屏和大键盘。这些特点在市场上是绝无仅有的，再加上摩托罗拉先进的市场推广手段，很快便凭借其功能和品牌受到市场青睐。当时的市场定价是 1.3 万元左右。伴随着新产品的推出，公司产生了一系列的问题，比如手机生产工艺不成熟、原材料供应不足等。公司通过努力，使新产品的各方面情况逐渐稳定，并且新增加了 "中文输入" 和 "录音" 的功能，尤其是 "中文输入" 功能，深受短信息业务使用者的欢迎。此时，其市场价位也降到了 7 000 ~ 8 000 元。

与此同时，摩托罗拉也在发展另一款手机——V8088。它完全是基于 V998 设计出来的，除了具有 V998 的一切功能外，还有 WAP 上网、自编铃声、闹钟提示和来电彩灯提示等功能，在外观的曲线设计上也独具特色。与在美国设计的 V998 不同，V8088 是在新加坡设计出来的，更符合亚洲人的审美观点，公司的策略也是只将这款手机投放在亚洲市场。

1999 年，伴随着新千年钟声的敲响，中国的手机市场刮起了 "手机上网" 的旋风。而号称 "摩托罗拉网上通" 的 V8088 恰好选择在此时推向市场，风靡一时，售价达到 8 000 元以上，比同期的 V998 高出了 2 000 元。以 V998/V8088 为代表的 "V" 系列手机属于公司四类产品特色中的 "时尚型"，其市场目标是成功人士和一些追求时尚的人们。

风光了近半年以后，随着摩托罗拉及其他公司的一些新产品的推出，V998/V8088 系列手机开始逐渐离开高端市场的位置，其市场价格都降到了 4 000 元以下。同时，WAP 上网的狂热逐渐冷却，V8088 的价格也只比同期的 V998 高出不到 1 000 元。价格的降低非常有效地刺激了市场，这两款手机的市场需求量大大提高。从 2000 年第三季度起，V998/V8088 系列手机成为摩托罗拉的主打产品，其需求量在公司手机产品中名列第一。然而，伴随着 V998/V8088 需求的大幅上升，又产生了一系列质量问题。在全国的许多地方，消费者手中的产品发现有倒屏、显示不全或黑屏的现象。由于问题的突发性和数量较大、地域较广，而公司的售后服务没有跟进，致使福建、浙江、四川和贵州等地出现了消费者拒绝购买 V998/V8088 手机的情况，这两款手机遭受了沉重打击，并可能会影响到后续的 V60、V66 等还在试制阶段的系列手机。因此，公司采取了断然措施，紧急召回有问题的手机，妥善处理，向消费者真诚道歉。接下来，公司经过努力，发现了产品本身缆线上的设计缺陷，及时予以纠正，终于挽回了市场，V998/V8088 系列手机市场第一的位置失而复得。此时的产品价位已经降至 2 000～2 700 元，这个大众化的价位再度刺激了消费需求，使得产品的市场需求旺盛，同时也为后续产品的研发和成长提供了有利的条件。

接下来，伴随着市场的激烈竞争，这一系列的手机已定位于中低档，价位稳定在 1 500～1 700 元。这一系列手机轻巧且功能齐全，依然受到消费者的喜爱。此外，这一系列手机的工艺已经发展成熟，质量和服务稳定。因此，功能、价位和质量等多方面的特点使得这一系列的手机仍然在市场上占有比较重要的地位。

值得关注的是，现在的手机市场竞争异常激烈，该系列的手机不断降价，2002 年 2 月，在天津 V998 的市场定价为 1 700 元，但是到了 10 月，就已经降至 1 300 元了。同时，手机市场已经开始向 2.5G 和 3G 发展，新的 GPRS 和 CDMA 取代 GSM 是一种发展趋势。因此，尚处在 GSM 时代的 V998/V8088 系列手机相对来说也进入了产品的衰退阶段。按照公司的产品策略，这一系列手机将在一年左右的时间内淡出市场。

资料来源：

中国营销传播网

讨论分析题：

1. 摩托罗拉公司"V"系列手机代表的 V998/V8088 两款手机市场寿命达到四年多的时间，试分析该系列手机的产品生命周期。

2. 公司针对 V998 手机在产品生命周期的各阶段采取了哪些不同的营销策略？

案例解读

产品的生命周期是产品从进入市场到最终退出市场所经历的时间。一般来说，产品生命周期分为四个阶段：导入期、成长期、成熟期、衰退期。摩托罗拉公司"V"系列手机代表的 V998/V8088 两款手机市场寿命达到四年多的时间，也就是经历了上述四个阶段。当 V998/V8088 两款手机在 1999 年刚进入市场的时候，由于市场上竞争产品很少，这两款手机的销量得到快速的增长，获利丰厚。超高的利润吸引其他手机厂商也不断开发类似的产品，促使手机市场快速地进入成长期，不到两年的时间，市场已达到成熟，这时竞争比较激烈，各大手机厂家便采用新技术以迎合市场对手机的新需求，这样，V998/V8088 两款手机便在 2002 年进入衰退期。总体来说，作为摩托罗拉公司"V"系列手机代表的

V998/V8088 两款手机从开发进入市场到进入市场衰退期，大体经历了四年的时间，这也反映了近年来中国手机市场产品更新速度快、新技术不断涌现、每一款手机的市场生命周期越来越短的趋势。20 世纪 90 年代末，市场上只有绿屏手机，2001 年蓝屏手机开始出现，2003 年彩屏手机开始在市场上登陆，2004 年带摄像头、存储设备的手机开始出现并占市场主流，这都反映了手机产品的生命周期越来越短，甚至有些款式的手机从进入市场开始不到一年的时间，就变得过时，被迫退出市场。

产品在其生命周期的不同阶段所面临的市场环境、技术工艺、竞争状况有很大的不同。在 V998 手机的导入期，由于前期花费了大量的研发费用及市场开拓费用，再加上市场竞争不太激烈，同时为了增加产品的销量，需要投入一定的广告等宣传费用，一般来说，产品的定价比较高，可以高达 13 000 元。V998 进入成长期后，产品要不断地加以革新，使新产品的各方面情况逐渐稳定，并且新增加了"中文输入"和"录音"的功能，尤其是"中文输入"功能，以满足发短信的消费群体的需求。这个时期由于产量的增多，单位成本降低，产品的市场价格降到 7 000 ~ 8 000 元。在产品的导入期，摩托罗拉公司不失时机地开发 V8088，具有 WAP 上网、自编铃声、闹钟提示和来电彩灯提示等功能，在外观的曲线设计上也独具特色，价格也比 V998 高了 2 000 元。产品在进入市场成熟期后，竞争变得更加激烈，价格也越来越低，这个时期，产品趋同化也逐步严重，各大手机厂家只有通过促销才能达到增加销量的目的。进入 2002 年，手机市场已经开始向 2.5G 和 3G 发展，新的 GPRS 和 CDMA 取代 GSM 是一种发展趋势。因此，尚处在 GSM 时代的 V998/V8088 系列手机相对来说也进入了产品的衰退阶段，这是必然的趋势，对于摩托罗拉公司来说，只有认识产品的生命周期的规律，研发出新一代的手机，才能适应不断变化的需求，才能在市场竞争中立于不败之地。

7 - 2　新可乐为何昙花一现

案例背景

1985 年 4 月 23 日，可口可乐公司董事长罗伯特·戈伊祖艾塔作出了一项重大决定：为了适应消费者对甜味更加偏好的变化，可口可乐公司决定放弃原来的已有 99 年历史的神秘的"7X"配方，推出一种新的可乐。然而，这一决策产生了灾难性的后果，严重动摇了可口可乐在人们心目中"真正可乐"的地位，遭到了媒体和众多消费者的强烈抗议，使可口可乐公司第一次濒临危机。在不到 3 个月的时间里，公众的压力就迫使公司不得不承认它犯了一个错误，宣布恢复老可口可乐的生产，更名为"古典可乐"，同时推出新配方的"营养可乐"，此时是 1985 年 7 月 11 日。

可口可乐遭遇强劲对手

自百事可乐诞生后，可口可乐就无一宁日。半个多世纪过去了，这两家公司之间一直进行着激烈的竞争，且似乎从未停止过。为了向可口可乐挑战，百事可乐提出了"百事可乐新一代"的口号，通过系列广告，大力宣扬青春、充满活力、富于挑战性的百事精神，"认为自己年轻的人现在就喝百事"，从而导致美国年龄在 25 岁以下的人几乎都迷上了百事可乐，抢走了可口可乐在年轻人中的市场份额。

接着，百事推出"挑战的百事"。为了改变人们总是相信老品牌，认为可口可乐更好的传统观念，百事可乐于 1972 年在美国发动了一次别出心裁的试饮百事可乐与可口可乐的产品的比较攻势。在公共场合请行人蒙住眼睛免费饮用这两种饮料，然后再送一瓶饮用者认为更好喝的饮料，结果多数人饮后都要百事可乐，以 3 : 2 的优势战胜可口可乐，从品尝的第一印象来看，百事可乐比较讨好，因为它的含糖量比可口可乐多出 9%，这一比较场面被百事可乐在电视上反复播放，产生了令人兴奋的攻击性效果，许多可口可乐的老顾客纷纷改饮百事可乐，这一活动使百事可乐的市场占有率迅速提高，其软饮料在市场上所占的份额一下子由 6% 直升至 14%，大有与可口可乐平分天下之势。

作为一种反应，可口可乐公司也进行了自己的口味测试。可是，这些测试都有着一个同样的结果，即消费者更喜欢百事可乐的味道，且市场份额的变化也反映了这一点。到 1979 年底，与可口可乐 23.9% 的市场占有率相比，百事可乐已缩小了两者之间的差距，拥有了 17.9% 的软饮料市场。到 1984 年底，可口可乐的市场份额仅剩 9%，而在杂货商市场上，已落后了 10 个百分点。可口可乐的市场营销研究部门曾就其市场地位相对于百事可乐日渐缩小的问题，作了一个颇为详细的说明。分析表明，在 1972 年，18% 的软饮料消费者只喝可口可乐；同期，忠诚于百事可乐的人只有 4%。但 10 年之后，情况发生了很大的变化，只有 12% 的人宣称忠诚于可口可乐，与此同时，忠诚于百事可乐的人数几乎与之相匹敌，达到 11%。

"堪萨斯计划" 出台

在 20 世纪 70 年代末和 80 年代初，尽管有强大的广告力量和超级的分销系统，但可口可乐的市场份额依然被侵蚀掉，因此，公司开始将注意力转移到调查产品本身的问题上来。证据日益明显地表明，味道是导致可口可乐衰落的唯一重要的因素。也许原来的秘密配方要被淘汰了，在这种情况下，公司开始实施"堪萨斯计划"。

在"堪萨斯计划"的指导下，1982 年，公司在 10 个主要市场进行了大约 2 000 次的访问，以调查消费者接受一种不同的可口可乐的意愿状况。在调查中，调查人员先向人们展示一些故事卡片——一种模拟的、连环漫画式的商业广告。然后让人们回答一系列问题，如一张故事卡上说可口可乐中增加了新成分，味道变得更甜美，而另一张则说它与百事可乐没有什么两样。然后询问消费者对这种观念变化的反应，如"你会感到难过吗？"或"你愿意尝一尝新可口可乐吗？"等。调查人员从回答中估计，有 10% ~ 12% 的可口可乐饮用者将会感到难过，他们中的半数将克服这一难关，但另一半人则不愿意。

在调查访问表明试用新可口可乐的意愿的同时，另外一些测试却提供了一些相反情况，大小不同的消费者团体分别表明了强烈的赞成和不赞成的情绪。但技术部门却坚持开发一种新的、令人更愉快的口味。到 1984 年 9 月，他们认为这一切都已经做到了。由于全部使用了比蔗糖更好的玉米糖浆，因此它成为一种泡沫更少、更甜且带有柔和的刺激味的新饮料。公司立即对它进行了无标记味道测试，即在这种测试方法中，消费者没有被告知他们喝的饮料的品牌。这些测试的结果极大地鼓舞了研发者。新味道的可乐大大地击败了百事可乐，而在以前的这种无标记测试中，百事可乐总是胜过可口可乐。

调查研究人员估计，新配方的可口可乐将使其市场占有率提高 1%，这意味着可增加 2 亿美元的销售额。在采用新口味之前，可口可乐公司投入 400 万美元，进行前所未有的大规模口味测试。在 13 个城市中约 19.1 万人被邀请参加了无标记的不同配方的可口可乐的比较。之所以运用无标记测试，目的是为了排除品牌偏好而产生的任何干扰。55% 的参加者更喜欢新可乐，这表明可口可乐击败了百事可乐。调查研究的结果似乎表明，支持新配方是不容置疑的了。

新可乐粉墨登场

在作出引入新口味可乐的决策的同时，一系列辅助性的决定必须相应地实施。例如，必须考虑是在产品大类中加入新口味的可乐还是用它来替代老可乐。在反复考虑以后，公司的高级经理们一致同意改变可口可乐的味道，并把旧可乐撤出市场。

1985 年 1 月，介绍新可乐的任务交给麦卡恩·埃里祖艾塔和基奥，他们在纽约城的林肯中心举行了一次记者招待会。请柬被送往全国各地的新闻媒介机构，大约有 200 家的报纸、杂志和电视台的记者出席了记者招待会，但他们大多数人并未信服可口可乐的优点，他们的报道一般都持否定态度。新闻媒介的这种怀疑态度，在以后的日子里，更加剧了公众拒绝接受新可口可乐的心理。

老可乐变为新可乐的消息迅速地传播开来。81% 的美国人在 24 小时内知道了这种转变，这一数字超过了 1969 年 7 月知道尼尔·阿姆斯特朗在月球上行走的人数。1.5 亿人试用了新可口可乐，这也超过了以往老可乐的需求量，达到 5 年来的最高点。决策的正确性看来是无可怀疑的了，但这一切都是昙花一现。

事与愿违

形势很快就发生了变化。有一些反对意见本是意料之中的，但反对派的力量迅速地扩大了。在刚上市的 4 小时内，公司大约接到了 650 个电话。到 5 月中旬，每天除了收到倾泻而来的愤怒的信件外，公司还要接到 5 000 次的电话。公司增加了 83 条电话线，雇用了一些新职员来处理这些反应。人们纷纷指责可口可乐作为美国的一个象征和一个老朋友，突然之间就背叛了他们。有些人威胁说以后不喝可口可乐而代之以茶或白开水。

竞争对手百事可乐趁此幸灾乐祸地大做文章，在整版报纸广告上攻击说，"可口可乐从市场上撤走他们的产品，把可乐秘方更改，以便更好地学习百事的味道"，"大家知道，某种东西如果是好的，就用不着改变它，百事可乐的成就，迫使对方出此下策"，现在是对方"正视现实，向百事看齐"的时候了，等等。当 7 月份的销售额没有像公司预料的那样得到增长以后，装瓶商们也开始要求供应老可口可乐。

可口可乐的屈服

公司的经理们现在开始认真地考虑怎样挽救可口可乐公司的衰落景况了。在一次经理会上，经理们决定在7月4日之前不采取任何行动。因为到那时这个周末的销售额不能统计出来。可是结果并不理想，于是公司决定在"传统可口可乐"的商标下，恢复老可乐的生产，同时公司将保留新口味的可乐，并称之为"营养可乐"。这个决定在7月11日被公之于众，其时高级经理们走上了带有可口可乐标志的讲台，向公众致以歉意，但没有承认新可口可乐的出现完全是个错误。

两条信息被传递给美国的消费者：一是对那些喜欢喝新可口可乐的人来说，公司致以深深的谢意；而对那些喜欢老配方的可乐公众来说，所发出的信息则是"我们听见了你们的声音，现在老可乐又回到了你们中间"。

消息迅速传播着。ABC广播公司中断了正在播出的广播剧，在星期三中午播送了这条新闻。在所有晚间有线新闻广播中，恢复老可口可乐的决定，都在通常是为灾祸或为外交动态保留的显著位置上被通报了。软饮料爱好者们一般都是感到高兴的，甚至华尔街也为这一变化而感到高兴，因为老可乐的恢复使可口可乐公司的股票上升到12年以来的最高水平。

资料来源：

中国营销传播网

讨论分析题：

1. 可口可乐公司在经过全面市场调研后所推出的新可乐为何遭到市场的拒绝？

2. 你认为如果用新可口可乐作老可乐的补充，而不是用它来替代老可乐，这样能成功吗？为什么？

案例解读

现代营销理论认为，产品是一个整体化概念，它是由核心利益、附加产品、期望产品、潜在产品、基础产品等五个层次所组成的。消费者购买产品所涉及的因素非常复杂，不但取决于产品的质量、口味等物质方面，更重要的是附属在有形产品上的价值、信念等无形要素。可口可乐作为美国饮料市场的领跑者，一直扮演着美国的象征与消费者老朋友的角色，消费者之所以购买可口可乐，并形成一定的品牌忠诚度，主要不是因为可口可乐的口味与价格，更重要的是因为可口可乐品牌的内涵及联想度，人们喝可口可乐追求的是可口可乐所代表的古典与传统。虽然可口可乐在推出新可乐之前曾进行过市场调研，可口可乐的调研人员仅仅剔除品牌让消费者免费试饮，结果是新可乐战胜了百事可乐，但没有注意到可乐品牌的内涵及文化，这就决定了调研结果的不可靠性，致使可口可乐公司作出了错误的决定，放弃老可口可乐的生产而向市场推出人们难以接受的新可乐。

可口可乐公司生产的可乐的产品线比较窄，类别比较少，口味比较单一，借助单一类别的产品销往全球各个地区，各个人群都是可口可乐的目标群体。因此，可口可乐公司奉行的是产品专业化战略，这种产品战略带来了巨大的成功，使可口可乐的品牌价值荣登2005 年世界品牌价值的榜首。可口可乐的口味之所以得到全球消费者的认可，古典口味是公司经营之道的根本。但当今消费者数量过多，并且有着不同的文化传统和不同的口味，消费者对可乐口味的需求处于不断变化之中，特别是一些年轻群体比较倾向于口味比较甜、比较活泼的可乐，这就给可口可乐公司提出了挑战，迫使其必须扩大产品组合的广度，增加新种类的产品以满足市场上的新口味要求。因此，如果可口可乐公司在保持传统可乐口味不变的情况下，适当开发味道比较甜的新可口是对老可乐的有效补充，对于提高市场占有率，以及更好地满足市场需求是必要的，也是可行的。

7-3　好包装自己会说话
——伊利婴幼儿奶粉包装设计

企业产品的竞争是一个动态的过程，因此产品一定要有产品策略。产品策略分为两项：一是产品的技术研发；二是终端的产品包装。产品包装是企业营销活动中真正的"终端"，因为它是厂商与消费者"面对面接触"的地方，是能诱发消费者"掏钱"的地方。因此，产品的包装设计必须到位，产品才能成功。国内的奶粉市场竞争激烈，除了国产奶粉之外，还有许多洋品牌奶粉也加入了竞争。据调查，大部分的国产奶粉在与洋品牌奶粉的比较中，营养成分、技术、卫生等项目并无多大差别，但在产品包装上却存在着很大的差距。此时，包装对销售起到的作用被"放大"了。

在接到伊利公司的设计合同后，北京某市场调研公司首先在北京进行了地毯式的市场调查，收集了满满一皮箱竞争品牌的奶粉，然后进行整合设计。两周后，该市场调研公司带着设计提案来到了伊利集团总部。伊利集团奶粉事业部总经理、市场总监、战略研究室总监、配送处总监及全国各大区经理，几乎所有的领导都来听取提案汇报，许多大区经理还是专程从全国各地赶来的，可见伊利对此包装设计案的重视程度。

北京某市场调研公司首先就奶粉品项、其他竞争品牌包装设计、伊利婴幼儿奶粉的包装设计策略做了分析：

一、奶粉品项分析

奶粉的种类很多，不同的奶粉卖给不同的消费者，针对不同的消费者讲话，在包装设计上也需要运用不同的策略。分析国内的奶粉，大致可分为五大类：

(1) 全脂奶粉；

(2) 全脂加糖奶粉；

(3) 配方奶粉（婴幼儿奶粉/儿童奶粉/学生奶粉/孕产妇奶粉/青壮年奶粉/中老年奶粉）；

(4) 保健系列奶粉（降糖奶粉/免疫奶粉/补钙奶粉/补铁奶粉/补锌奶粉）；

（5）调味系列奶粉（豆奶粉/鸡蛋奶粉/果味奶粉）。

本次伊利奶粉欲设计的包装属于"配方奶粉"中的"婴幼儿奶粉"，在包装设计上要运用特殊的策略。

二、其他竞争品牌包装设计分析

国内市场婴幼儿奶粉的品牌众多，较具竞争力的就有几十个，在投入本次包装设计之前，该市场调研公司先对其他竞争产品包装的优缺点作了全面分析，以确保"知己知彼，百战百胜"。

分析的重点分为两项：一是"主视觉"；二是"色彩策略"。

（一）从"主视觉"来分析

其他竞争产品包装的表现方式有很多，分别为：

（1）以"婴儿照片"为主视觉；

（2）以"婴儿插图"为主视觉；

（3）以"卡通图案"为主视觉；

（4）以"满版色块"为主视觉；

（5）以"乳牛"的照片为主视觉；

（6）以"花"的照片为主视觉；

（7）以"纯文字或 logo"为主视觉。

（二）从"色彩策略"来分析

其他竞争产品包装的色彩可归纳为：

（1）使用"白"色系（牛奶的基本色）；

（2）使用"红"色系；

（3）使用"黄"色系；

（4）使用"蓝"色系；

（5）使用"绿"色系；

（6）使用"紫"色系。

根据以上分析，我们总结出以下三点结论：

结论1：国内奶粉包装尚无人使用高质感的 BABY 摄影照片。

结论2：国内奶粉包装尚无人使用深绿色及金色的主色系。

结论3：国内奶粉包装尚无人使用高质感的玩具插图。

而结论3（使用高质感的玩具插图）最后成了我们为伊利婴幼儿奶粉所使用的设计策略之一。

三、伊利婴幼儿奶粉的包装设计策略

一般成人奶粉是对大众讲话，而本产品不同，它属于"机能性 3 阶段商品"，是针对妈妈讲话，因此包装设计策略与一般奶粉有很大不同。而市面上的奶粉包装不是设计上与"儿童"及"奶粉"无关，就是亲和力不足，或是诉求 3 阶段不够明确。伊利婴幼儿奶粉算是"后发性商品改变包装"，要想在强势品牌林立之中杀出一条血路并非易事。该市场调研公司为伊利婴幼儿奶粉整合出以下六个关键的设计策略：

（一）强调货架上的陈列视觉——凸显"1、2、3"三阶段

当一个消费者（通常是妈妈）走到商场货架前，面对众多的奶粉，这时她心中关心的不是"有没有添加牛磺酸"或"有没有添加双歧增殖因子"，也不会抱定"我非买××品牌不可"的主意，她心里最关心的其实是：我宝宝现在的年龄应该喝哪一阶段的奶粉？

因此，当她在货架上找到适合宝宝的奶粉后，才会再看"是哪一个品牌"及"添加了什么特殊配方"，所以包装上一定要给妈妈一个"清楚、直接"的视觉信息，让她在最短的时间内"看"到"1、2、3"三个阶段。"1、2、3"不仅要被"看"到，而且其识别性要比其他竞争产品更强。

（二）运用与"儿童"、"成长"关联的插图当 KEY VISUAL（主视觉）

鉴于国内奶粉包装设计尚无人使用高质感玩具插图的情况，该市场调研公司选用了与儿童关联性较强的玩具插图当主视觉，让人一眼便知本产品与"儿童"、"成长"有关，视觉效果清楚又直接。

由于奶粉分为三个阶段，因此，主视觉也创作了三种：

第 1 阶段：即 0~6 个月的初生婴儿，我们创作了温馨可爱的"小喇叭"。

第 2 阶段：即 6~12 个月的婴幼儿，我们创作了一台"小汽车"，以满足家长想给孩子更高档次生活的期盼。

第 3 阶段：即 1~3 周岁的幼儿，活动量增大，我们创作了动感十足的"小足球"。因为足球是国内最风靡的运动，可满足父母"望子成龙，望女成凤"，以及长大后"为国争光"的心理。

（三）传达"专业性"

至于产品的 USP（独特营销卖点），如添加牛磺酸、初乳粉、B - 胡萝卜素等，则以大而明显的文字标示，并与主视觉相结合，使包装传达出专业性。

（四）色彩计划

伊利婴幼儿奶粉全系列的包装色彩采用粉色系，传达"亲切"及"温馨"的视觉感受。

（五）每一面的展示效果都要考虑到

奶粉包装是立体展示，一个好的包装除了正面之外，背面更是不容忽视。本包装在背面所下的工夫不亚于正面，除了把原本密密麻麻的说明文字做最合理、美观的编排外，为了强调伊利奶粉的纯净奶源，还画了一张"内蒙古大草原"的插图。画中有辽阔的内蒙古大草原，有最纯种的黑白花乳牛，还有蒙古包，让消费者在翻阅包装背面时，产生"伊利奶粉"等于"纯净奶源"的正面联想。连包装的底部也重复了一次企业名及品名，以确保在任何情况下（如商场导购员疏于理货），品名都会被看到，都有被消费者购买的机会。

（六）注重国际化形象

中国加入WTO后，将有更多的国际品牌进入市场，所以本包装的设计也必须"一步到位"，达到国际设计水准。因此，包装正面的品名我们加了英文，所有的插图及细节的设计也都力求精致化，以传达国际化的产品形象。

结语：好包装自己会说话

伊利婴幼儿奶粉的包装设计结案后，双方进行了伊利奶粉全产品系列十多个包装的设计工作。

本产品上市后火爆的程度只能用"供不应求"来形容。伊利集团奶粉事业部詹总经理非常肯定这样的用心设计，而且非常自信地断言市场的热烈反应与销量的增长。

资料来源：

销售与市场

讨论分析题：

1. 评价伊利婴幼儿奶粉的包装设计。
2. 我国奶粉企业在产品的包装设计方面存在哪些问题？应当怎样改进？

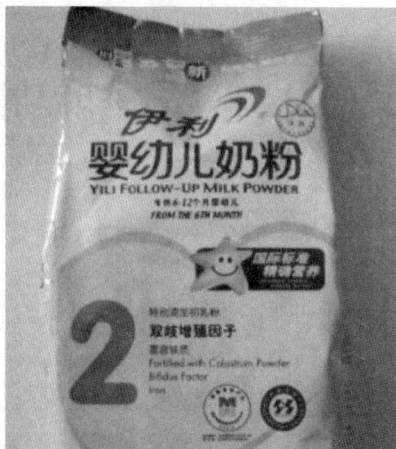

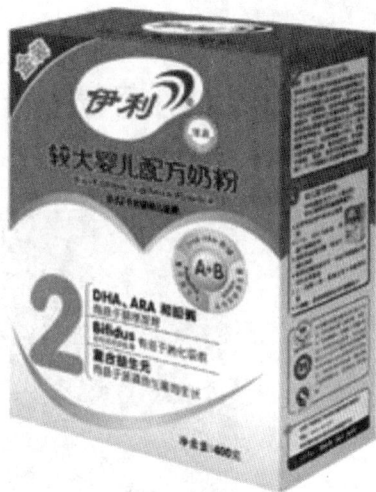

案例解读

伊利婴幼儿奶粉的包装设计是在委托北京某市场调研公司，通过分析奶粉品项、竞品包装设计、伊利包装设计策略的基础上进行的。伊利婴幼儿奶粉的包装设计体现出六个方面的特点：

第一，强调货架上的陈列视觉——凸显"1、2、3"三阶段。

第二，运用与"儿童"、"成长"关联的插图当 KEY VISUAL（主视觉）。

第三，传达"专业性"。

第四，色彩计划。

第五，每一面的展示效果都要考虑到。

第六，注重国际化形象。

上述六个特点足以突出伊利婴幼儿奶粉的目标群体，充分显示出产品的特色，通过特有的图案和颜色使购买者能够在琳琅满目的货架上辨认出来。伊利婴幼儿奶粉的包装设计非常注重主视觉和色彩效果，通过突出内蒙古大草原的形象、鲜明的"1、2、3"字母和强有力的英文等树立自己的特色，以吸引消费者的眼球，达到扩大销售量和增值的效果。

我国奶粉企业在营养成分、技术、卫生等方面，与国外奶粉企业相比，并无太大差别，但在产品包装上却存在着很大的差距。例如，包装的色调不够鲜明、产品的特色不突出、目标群体模糊和视觉形象欠佳等，这些直接影响了我国奶粉的销量和市场占有率。鉴于伊利婴幼儿奶粉的包装设计的经验，我国的奶粉企业应注重包装在产品增值方面的重要性，要在充分调研的基础上，认真分析竞争对手产品包装的特点，在综合衡量自身产品的特点、目标群体特征和市场竞争状况的情况下，进行奶粉包装的设计，把奶粉的包装看作是企业营销活动中真正的"终端"，让好包装来说话，促使消费者愿意多花钱购买其奶粉。

7-4　记忆点创造法——"农夫山泉"品牌成功案例

　　1999年，农夫山泉的广告开始出现在各类电视台，而且来势汹汹，随之市场也出现了越来越热烈的反应，再通过跟进的一系列营销大手笔，农夫山泉一举成为中国饮用水行业的后起之秀，到2000年便顺理成章地进入了前三甲之列，实现了强势崛起。历来中国的饮用水市场就竞争激烈、强手如云，农夫山泉能有如此卓越表现，堪称中国商业史上的经典。而这个经典的成就首先启动于"农夫山泉有点甜"这一整个经典中的经典，这句蕴涵深意、韵味优美的广告语，一经出现就打动了每一个媒体的受众，令人们牢牢记住了农夫山泉。为何会有如此不同凡响的效果？原因正在于它极好地创造了一个记忆点，正是这个记忆点征服了大量的媒体的受众，并使他们成为农夫山泉潜在的消费者。

　　从这个案例中，作者总结、提升出一种能让消费者快速、深刻记住企业对产品诉求的好方法：记忆点创造法。它的核心内容是：创造能让消费者记忆深刻的点，有了这个点就有了你的产品在消费者心目中的位置。

　　企业的产品宣传与消费者的记忆如同一场思想斗争，前者竭力要在后者大脑中建立起信息据点，而后者则不断地排斥无用的信息。前者如何才能胜出？毛泽东的战略思想是：集中优势兵力各个击破。战略上我们要能够以一当十，战术上我们要以十当一、以百当一，才能有必胜把握。记忆点创造法就是将企业所宣传、传播的力量集中贯注于一个点，努力让这个点渗透到消费者的记忆深处，促使这个点在消费者脑海中留下一个鲜明的印记。

　　如何成功地建立记忆点呢？具体操作原则如下：

一、创造显著的差异性，建立自己的个性

雷同、相近的东西很难让人记忆深刻，只有显著的差异才能使人难以忘记。三国演义中关公与孔明无论是外表还是用以烘托其个性的典型事件都是不同的，关云长的外表特征是：红脸美髯，诸葛孔明特征却是：手摇鹅毛扇；关云长性格的记忆点是：过五关斩六将、下棋刮箭毒，诸葛孔明的性格的记忆点却是：草船借箭、六出祁山。因为每一个人物都有明显的差异化，所以才能让读者产生深刻的记忆。创造差异性是突显自己产品的存在的首要因素，没有差异点，就不会产生记忆点。"农夫山泉有点甜"对此作出了很高明的应对。当别的同类产品都在表现各自如何卫生、高科技、时尚的时候，农夫山泉不落俗套，独辟蹊径，只是轻轻却又着重地点到产品的口味，也仅仅是"有点甜"，显得超凡脱俗，与众不同。这样就形成了非常明显的差别，使自己的产品具有鲜明的个性，重要的是让电视机前的消费者感到耳目一新，这样的产品让消费者忘记是困难的，一个广告能达到这样的效果，这个产品也就成功了一半。

同样做得很成功的是乐百氏纯净水，它重点突出了"二十七层"净化工序，用一个非常简单的数字表现了它生产的纯净水的优异品质，使人叹服，不禁对企业的精益求精精神产生敬意。这种表现方式独树一帜，当然功效奇大，鲜明的差异性立即脱颖而出，挑剔的消费者不会轻易错过。

二、力求简单，只要一点，容易记忆

消费者的记忆能力是有限的，而市场中各种产品的信息相对而言是无限的。要让消费者记住你的产品绝非易事，绝不是可以省去智慧、技巧、创新而能够做到的。最起码要避免让他们一下子就要记住过多的产品信息，否则，消费者缺乏意愿和能力，再多的信息也等于没有。面对铺天盖地的产品信息，消费者只愿意也只能够记住简单的信息，越简单越好，简单到只有一点，最容易记忆。农夫山泉在这一点上同样掩藏不住其非凡的明智，仅仅用了"有点甜"三个字，三个再平常、简单不过的字，而真正的点更只是一个"甜"字，这个字富有十分的感性，那是描述一种味觉，每个人接触这个字都会有直接的感觉，这个感觉无疑具有极大的强化记忆的功效，记住了"有点甜"就很难忘记"农夫山泉"，而记住了"农夫山泉"就很难对农夫山泉的产品不动心。农夫山泉就是以简单取胜：简单，使自己能够轻松地表述；简单，也使消费者能够轻松地记忆。

又如农夫山泉后又推出了"农夫果园"系列果汁饮料，开始进军果汁饮料市场。按理说果汁市场刚刚在近几年兴起，市场空间应很大，但是先有统一入主，后有娃哈哈、可口可乐、康师傅等国内外著名饮料大企业跟进，市场细分一分再分，产品创新一代胜一代，市场竞争非常激烈。而农夫山泉此时推出"农夫果园"为时已晚，它应属于果汁里的二流产品。可是农夫山泉却别出心裁，采用一点记忆，在别的厂家的果汁饮料都尽力回避果汁饮料里有沉淀物的问题时，农夫山泉却迎刃而上，打出"农夫果园，喝前摇一摇"的广告语，并把其变成了产品销售的一个卖点。这一摇，使产品深入人心，并倡导了一种新的喝法；这一摇，也使"农夫果园"系列产品扶摇直上，将已诸侯纷争的果汁市场

"摇"得重排座次，农夫山泉的果汁饮料也乘势从二流产品迅速挤入一流产品行列。

这正是简单的特有效率。中国人对关羽的形象记忆深刻，其中一个重要的记忆点是"刮骨疗毒"。这件事简单之极，但又绝非简单。没有几个人能够做到像关羽那样不怕痛的，这件事的核心点正是一个"痛"。关羽"不怕痛"，能忍常人不能忍之"痛"。"痛"同样感性十足，谁都体验过并且记忆深刻，只要想象一下"刮骨"是一种怎样的"痛"，而关羽在承受这种痛时连眉毛都不皱一下，人们便不由得叹服，被他的英雄气概所折服。这就可以让人产生简单而深刻的记忆。

三、符合产品的特性，突出产品的优良品质

名副其实才能盛名不衰，越是真实的就越有力量。企业要始终知道是在为自己的产品做广告，为自己的产品做广告就是为自己的产品的特性做广告；广告要符合产品的特性，否则就不是在为自己的产品做广告；广告中的核心记忆点更要以高度的准确性切中产品的特性，否则就是一个失败的记忆点，其失败正败在放弃了最生动有力的产品特性的支持；失败的记忆点是无法经受市场考验的，是无法博得消费者欢心的，必然会导致品牌的失败。符合产品的特性是第一步，为产品做广告、创造记忆点，就要竭力宣扬、渲染产品的优良品质。就是说，要为产品的优点作广告，围绕产品的优点创造记忆点，记忆点要是广告的核心点更是产品优良品质的凝练和升华，通过记忆点使消费者知道并记住产品的优点，这是产品成功的基础。如舒肤佳"有效去除细菌，保持家人健康"；潘婷"含维他命原 B5，拥有健康，当然亮泽"；伊利"来自大草原的好奶"，便成功地抓住了记忆点

"农夫山泉有点甜"在这一点上表现得无可挑剔。农夫山泉取自千岛湖 70 米以下的深层水，这里属国家一级水资源保护区，水质纯净，喝一口都会感到甘甜。正是这样，用"有点甜"来形容可谓恰当之极，因为它符合产品的特性；更可谓精妙之极，因为它突出了产品的优良品质。

四、建立面的纵深，配合、烘托这个点

这个记忆点绝非是孤立、单薄的，孤立、单薄则经不起记忆的筛选。相反，它背后必须有一个宽阔的信息纵深面，而点正是面的浓缩，虽仅一个点，却携带大量的信息。记忆一触发了这个点，必会带动后面的大量信息，正所谓"牵一发而动全身"，所以只要记住并激发这个点，就会自然地记起背后广阔纵深面的信息，这些信息正是企业绞尽脑汁要告诉消费者的。农夫山泉的广告策划人员显然深谙这一点，那个著名的广告绝非一句"农夫山泉有点甜"就万事大吉，而先是一幅非常美丽淳朴的千岛湖风景画面，青山绿水，又重点突出纯净的湖水，接着是几个非常富有人情味的人物描写，然后再用大量的"笔触"细腻地刻画了一个农家小孩饮用了湖水后非常甜蜜、纯真的微笑，最后才是一句话外音"农夫山泉有点甜"。这最后一句点题之语是点，前面所有的描述都是纵深面，没有前面的纵深面，这个点绝不深刻，没有后面的点，这个面绝不让人记忆深刻。这个点在整个纵深面所营造的绝妙意境的高潮时分自然而然、如约而至地降临，一下子就深深地扎进了观者记忆的海洋，观者无可抗拒地记住了这一刻、这一点，也记住了这一点后面的纵深

面的广阔信息。

资料来源：

销售与市场，2005（7）

讨论分析题：

分析"农夫山泉"品牌记忆点创造法的成功之道。

案例解读

　　在市场激烈的竞争中，每个企业都力图使自己的产品及企业的整体形象广为人知，并能深入人心，为此想尽法子用尽手段。但对消费者而言，面对如此众多的企业和产品，要让他们记住其中的某一个并非易事，更别说印象深刻。记忆点创造法就是要将企业产品最具差异性、最简单易记的品牌核心诉求提炼出来，把企业所有宣传、传播的力量集中贯注于这一个点，努力让这一点渗透到消费者的记忆深处，从而建立起难以消除的信息据点，这个据点就是企业的产品在消费者心目中的位置，也决定着产品在市场上的品牌地位。

　　"农夫山泉"品牌记忆点创造法成功的典范"农夫山泉有点甜"，这句蕴涵深意、韵味优美的广告语，一经出现就打动了每一位消费者，令人们牢牢记住了农夫山泉。一般来说，雷同、相近的东西很难让人记忆深刻，只有显著的差异才使人难以忘记。"农夫山泉"正是创造显著的差异性，建立起自己的个性，突出产品的优良品质。记住了"有点甜"就很难忘记"农夫山泉"，而记住了"农夫山泉"就很难对农夫山泉的产品不动心，农夫山泉就是这样以简单取胜。

　　"有点甜"无疑是让人感觉美好的，"甜"意味着甜蜜、幸福、欢乐，这是中国人终生的追求，这样的中国人必定会追求感觉甜美的产品。农夫山泉狠狠地抓住这一点，它对中国人说：我，有点甜。这等于说：我，是你的追求。作为广告语，这更等于说：请追求我吧。这是极难抵挡的诱惑，农夫山泉就是用诱惑力赢得消费者的购买力的。当年孔府家酒也有一个非常成功的广告，广告语是"孔府家酒，让人想家"，"家"在中国人心中是非常美好的，是很容易感动中国人的，而一种能让人想家的酒必然会给中国人一番特殊的感觉。有了这种感觉，产品的成功就有了保证。所以要创造让人感觉美好的记忆点，赢得消费者的好感，才会有好的产品，这正应了好迪的一句广告语：好迪真好，大家好才是真的好！

7-5　品牌延伸之误 ——终结"活力 28"

几年前,提起活力 28,人们马上会想起那句脍炙人口的"活力 28,沙市日化"广告词,甚至还能哼唱几句"一比四,去污强"的广告歌。现在,那些曾经一直购买活力 28 的人们走进超市,手里拎的都是雕牌、奇强;活力 28 早已活力不再,甚至在市场上销声匿迹了。

一个异军突起、被誉为"民族之骄傲"的企业如此迅速衰败、匆匆落幕,让人在扼腕叹息之余,更加多了几分思索。

品牌适时宣传造就"活力"

活力 28 的前身是湖北省沙市的一家油脂厂,与日后的生产洗衣粉毫不相干。20 世纪 80 年代中期,沙市油脂厂面临着巨大的生存压力,由于国家的宏观调控,原材料价格上涨,赢利的空间越来越小,陷入了前所未有的困境。

1982 年,在一年一度的广交会上,一家荷兰公司提供了超浓缩无泡洗衣粉的配方,希望能转让给国内可以研制的厂家。这一配方成为困境中的沙市油脂厂的救命稻草,该厂火速组织人马把这个以前没有接触过的东西研制出来,顺理成章地拥有了这个技术。超浓缩洗衣粉给沙市油脂厂带来了转机,日后闻名神州的活力 28 从此诞生。

经过反复的试验、论证,走过一段极为艰辛的开拓市场之路,超浓缩无泡洗衣粉的先进效果渐渐得到了消费者的认可,也让活力 28 人对产品更加充满信心。为了让活力 28 走向全国,沙市日化勇敢地采取了一个石破天惊的举动——向银行贷款打电视广告。于是,日化行业第一个广告就登上了中央电视台,开创了日用消费品广告的先河。伴随着"一比四"的广告歌曲,活力28家喻户晓,沙市日化名动天下。消费者买洗衣粉指名道姓要活力28,各大百货站纷纷慕名前来签订购销协议,活力28迅速畅销全国各地。

品牌过度延伸耗尽"活力"

"成功的时候也就是危机开始的时候",活力28没能摆脱这种宿命。

当洗衣粉已占领城市市场2/3的份额时,沙市日化一口气引进了国外先进的餐洗、洗发水、香皂设备,开始大规模地开发日化相关产品。客观地说,这对活力28未尝不是一件好事。从长远看,单一的产品在日渐激烈的竞争中难以避免风险,多业并举可以加重抗风险的砝码,更何况活力28选择开发的都是日后成长性十分强的行业。如果这些产品能够像洗衣粉的推广那样,就足以让活力28实现雄霸日化市场的宏伟蓝图。但在洗衣粉光环的笼罩下,这些产品没有得到相应的重视,管理者认为借活力28的品牌优势可以做很大的延伸,只想简单地克隆已有的成功,却恰好走进了多元延伸的陷阱。这些潜力巨大的产品最终只在湖北地区有一定的份额,甚至由于质量、价格等因素而导致"出师未捷身先死"。

真正导致活力28兵败滑铁卢的是纯净水的开发。为了这个新产品,活力28耗巨资引进了国外先进的生产设备。和上述几个商品一样,虽然它们并没有用活力28这个品牌,但广告之后都不忘加上"活力28,沙市日化"这句经典的洗衣粉广告词。于是,消费者不愿意接受了:喝"活力28"纯净水时怎么也抹不去洗衣粉的味道,活力28的名字反而对产品造成了伤害。

1994年,活力28洗衣粉的销量达到了自己历史的最高峰——9万吨。与此同时,市场的极度繁荣下也危机四伏:首先,活力28市场布局单一。三分天下占二分只是相对城市市场而言,在市场容量巨大的农村市场并没有多少份额。当农村市场开始成为众多洗衣粉厂家拓展的领域时,活力28已丧失了先机。而且活力28主要的产品是浓缩粉,普通粉品牌"马牌"只在四川有一定的市场。当日后消费者转向价格低廉的普通粉时,给了活力28一个毁灭性的打击。其次,活力28用广告砸出市场后,却没有真正对自己的渠道进行管理,也没有深刻意识到扑面而来的危机。由于主要做城市市场,洗衣粉都由当地的百货站负责销售。随着市场经济的到来,私营批发业的崛起,百货站纷纷解体,活力28的销售渠道顷刻之间崩溃。再次,没有成熟的高素质的销售队伍。当时活力28只有七八个文化程度不高的销售人员,只能进行一些简单的销售,根本不懂市场策划,而且销售人中只管卖货,不管货款到账与否,照拿提成奖励,造成坏账、呆账堆积成山。加上政府意志的兼并重组,企业负担过重,庞大的活力28集团再也撑不下去了。

之后,活力28集团虽然经历了合资、上市和资产重组,却不得不放弃了自己的品牌,改头换面,难以再现昔日的辉煌。活力28永远地沉寂了……

资料来源:

经济管理,2004(8)

讨论分析题：

1. 分析"活力 28"品牌创立为什么会成功，品牌延伸为什么会失败。
2. "活力 28"品牌成功与失败的经验对我国企业具有哪些借鉴意义？

案例解读

　　"活力 28"之所以会成功，除了产品的质量和强有力的广告宣传外，还有其特定的历史背景和不可或缺的决定因素：计划经济向市场经济转型，国家统一配给取消，商品流通逐渐开放，消费者可以自由地选择商品，活力 28 的出现恰好满足了他们的需要；当时市场销售渠道单一，一般是由当地百货站统一配货给商场，使活力 28 在城市市场的销售有了保障；产品名称的特色，敢为天下先的广告让消费者认识并接受了这种新产品。沙市日化在取得成功后，便采取了产品多元化的战略，虽然能够分散市场风险，但"活力 28"品牌延伸到其他产品上，特别是纯净水上，犯了致命性的错误。那时增加的其他产品广告之后都不忘加上"活力 28，沙市日化"这句经典的洗衣粉广告词。于是，消费者不愿意接受了：因为喝"活力 28"纯净水时怎么也抹不去洗衣粉的味道，活力 28 的名字反而对产品造成了伤害。总之，"活力 28"品牌延伸的错误在于没有理清产品组合上各个产品项目的关系，忽略了各个产品的自身特点，犯了片面性的错误。

　　"活力 28"品牌成功与失败的经验对我国企业具有一定的借鉴意义。长期以来，我国企业的品牌意识不够，不能有效地管理和利用品牌，难以做到品牌的增值和化解品牌运作过程中的风险，这就造成了我国大多数企业的品牌价值较低。品牌价值的源泉在于运动，品牌不同于有形资产，它只有在使用中才能增值，但品牌运作，特别是品牌延伸会有一定的风险，所以对我国企业来说，必须建立一套品牌管理的机制，增强企业的品牌风险意识，避免"活力 28"品牌延伸所犯的错误。

7-6　产品策略差异与企业兴衰

　　A 电话设备厂（以下简称 A 厂）地处上海，于 1958 年建厂，是国家定点制造电话交换机的骨干企业。A 厂自 1960 年研制成功我国第一部纵横制自动电话交换机开始，截至

1991 年，累计生产各类交换机达 400 万线，产品销往全国（除台湾省外）各省、市以及亚非国家，市场占有率达 60% 以上。20 世纪 70 年代至 80 年代末，A 厂产品始终供不应求，企业生产经营十分兴旺。

B 电话设备厂（以下简称 B 厂）地处河南，由 A 厂无偿提供全部纵横制自动电话交换机生产技术，并负责工厂的建设。B 厂的地理位置不是十分有利，当地的工业基础较差，加之生产和管理人员素质不高，一定程度上制约了 B 厂的生产经营发展。在计划经济条件下，纵横制自动电话交换机属稀缺产品，靠着国家指令性计划调拨，B 厂尚可维持企业生存。20 世纪 80 年代中期，数字程控交换机技术日趋完善，大量的进口或三资企业制造的数字程控交换机纷纷进入我国通信市场，数字程控交换机已潜在地显示出它将最终取代纵横制自动电话交换机。80 年代后期，众多的纵横制自动电话交换机生产企业的产品销售不断萎缩，企业经营困难。就在这时，B 厂开始与解放军某通信学院合作开发新一代产品 HJD—04 数字程控交换机，而 A 厂纵横制自动电话交换机的市场销量非但没有下降，反而呈不断上升趋势。面对这样的市场形势，A 厂的决策层认为："A 厂纵横制自动电话机牌子老、技术性能可靠，市场销售不会受数字程控交换机的影响，靠着纵横制还能吃上 20 年。"A 厂非但不考虑新产品的开发，反而继续扩大纵横制自动电话交换机的生产规模。进入 90 年代后，在数字程控交换机更为猛烈的市场冲击下，A 厂纵横制自动电话交换机产品也出现滞销。至 1991 年，A 厂的交换机基本没有销售订货，工厂当年就陷入了亏损的困境。

此时的 B 厂尽管同样受到了纵横制自动电话交换机滞销的影响，但是，B 厂与解放军某通信学院合作开发的国产 HJD—04 数字程控交换机已于 1991 年正式推向市场，及时地补充了纵横制自动电话交换机的不足，企业非但没有出现亏损，而且效益呈不断上升趋势。

资料来源：

产品策略与企业兴衰. 国际市场，1999（8）

讨论分析题：

A 厂和 B 厂不同结果的原因有哪些？

案例解读

A 电话设备厂和 B 电话设备厂均属国有企业，在计划经济体制下，企业生产经营十分兴旺。A 厂作为国家定点制造电话交换机的骨干企业，自 1958 年建厂直至 20 世纪 90 年代初，各项经济指标都属同行业中的首位，而 B 厂是靠 A 厂帮助扶持发展的小兄弟厂，随着经济体制改革的不断深化，市场竞争日趋激烈，数字程控交换机技术日趋完善，大量进口或三资企业制造的数字程控交换机纷纷进入我国通信市场。面对外部环境的变化，A 厂高层决策者的观念没有转变，仍然停留在计划经济条件下的思维模式之中，坚持企业一切工作以"我的产品"为中心，缺乏危机感，不重视市场动态变化，不关心新技术、新产品的延伸，当产品已进入衰退期，还一意孤行地扩大纵横制自动电话交换机的生产规模，致使到 1991 年，造成企业亏损的后果。

B 厂虽然地理位置不十分有利，各方面的基础条件都较差，但是，企业高层决策者树立了现代市场营销观念，重视市场调查与研究，针对企业面临的竞争格局，为企业制定了科学的产品策略，提前与科研机构合作开发新产品，抓住良机，成功推出能满足市场需求的新产品。所以，1991 年 B 厂不但没有出现亏损，各项经济指标还呈现不断上升的趋势。

两个国有企业走过的历程充分说明：在市场经济条件下，企业的生存和发展与企业制定正确的产品策略息息相关，企业高层决策者，尤其是第一把手是最重要、最关键的市场营销人员，他的观念、知识及决策关系着企业的前途命运、生存和发展，企业的一切工作都要以市场为中心。无数事例告诉我们，加强企业市场营销管理、不断创新，是企业生存和发展的永恒主题。

第 8 章
价格策略

本章提示

　　企业在其商品和服务的交易活动中，不可避免地要遇到价格问题。商品和服务的价格制定主要有三种方法，即成本导向法、需求导向法和竞争导向法。不同的定价方法会带来不同的价格水平，从而影响企业商品和服务的市场销售和经营目标的实现。

　　定价策略是企业为了实现其营销目标所采取的一种具体行动。通常，定价策略有新产品定价策略、心理定价策略、产品寿命周期定价策略等。在不同的条件下选择恰当的定价策略，对实现企业的定价目标及营销目标具有重大意义。

　　本章选取了五个案例。案例 1 讲述三家电信运营公司的可移动通话业务的资费价格策略，从案例解读中可了解这种竞争导向定价方法。案例 2 从实战的角度讲述一次纯牛奶的定价过程，从案例解读中可了解正确的定价方法和定价策略对企业销售的影响。案例 3 详细分析了和记移动电话不同时期的定价策略。案例 4 则以双星鞋不参与价格大战为例，对价格竞争和非价格竞争进行简单对比分析。案例 5 详细介绍格兰仕的价格营销模式。

8-1　资费竞争

　　在阿拉斯加有一种豪猪，每到大雪纷飞的寒冷季节，豪猪们就会紧靠在一起取暖，身上的刺也跟着戳痛彼此的身体，可是一分开又会冷得受不了，豪猪们只好学习调整自己，彼此适应，最终找到一个合适的距离，既能获得足够的温暖又不会刺痛自己。

　　这种在刺痛中寻求和谐的过程，与当前通信行业的竞争颇有些共通之处。随着拆分重组，我国的通信市场已经形成多家竞争的格局，并且竞争日趋激烈。竞争必然会带来"刺痛"，过度竞争就好像挨得太近的豪猪，会给对手和自己都带来巨大的伤害。

　　价格杠杆作为一种相当有效的争夺用户的手段，为不少运营商所采用。然而，过度的价格战只能造成一损俱损的结局，这也是业界的共识。2003 年的 5 个月来，电信、移动、联通三家运营商在竞争中不断整合资费标准，根据竞争对手、市场及用户等多种因素制定自身企业的价格策略。

　　笔者就某地三家电信营运公司的可移动通话业务的资费进行调查，了解到各家的资费标准如下表所示：

公司/品牌	移动神州行大众卡	联通如意风行卡	电信小灵通
月租	25 元	18 元	39 元
通话费	主叫：网内 0.15 元；网外 0.22 元；送 50 分钟通话时间；被叫全免（折送 9.2 元）	主叫 0.11 元；被叫全免	主叫本地免；被叫全免
功能费	送来电显示/发短信	来电显示 6 元/月	送来电显示
按 50 分钟电话折算为包月费	25 元	29.5 元	39 元
按 100 分钟电话折算为包月费	34.25 元	35 元	39 元

　　从上表可以看出，各家运营商的价格实际上已经较为接近，只是定位上稍有不同。像中国移动神州行大众卡，如果按照主叫 50～100 分钟/月计，是最为便宜的一种，对那些话务量较少，平均每天 1～2 个电话，每次 1～2 分钟的用户很适合。而对于话务量较多的用户，39 元包月的小灵通自然是首选。可以说，经过一系列的资费整合，三家运营商暂时寻找到了一个不会"刺痛"彼此而又可以保持"温暖"的和谐。

　　对中国电信公司来说，"小灵通"是长达 5 个月的"资费战"的直接起因。中国电信公司相关人士认为，经过一系列的价格调整，企业在竞争中占领了市场，赢得了先机：一是他们分流了一部分中国移动用户，而固定电话用户几乎没受影响；二是他们的投资少、回报可观，且所利用的是存量资产，获得的是边际收益；三是中国电信用户 ARPU 值虽然减少了，总收入还是有所增加；四是为中国电信公司进入移动通信市场练了兵。

　　就中国移动公司而言，用来应对"小灵通"的品牌是"神州行大众卡"。其实，"大众卡"是早在几年前与全球通、动感地带同时推出的三大品牌之一，但当时几乎没有响应者。现在看来，其实是没摸清消费者的心理。当时数字移动电话刚出来，是时尚和高档的产品，而"大众卡"作为模拟移动电话，准备淘汰，属于低档品牌。虽说质量与全球通没有多大区别，价格便宜，但消费者宁愿花不菲的钱，也不屑于买这款"低档"货。几年后，当移动电话普及为大众产品后，"大众卡"这个品牌又表现出了巨大的生命力和适应性。

　　中国联通公司在这场竞争中推出了如意风行卡，用最低月租一下抓住了消费者图便宜的心理。虽然反应稍嫌迟缓，但也迅速占有了市场，与中国移动、中国电信"三足鼎立"。

　　"和谐"是短暂的，随着市场的风云变幻，企业还将不断调整自己的价格策略。

资料来源：
人民邮电报，2003

讨论分析题：

1. 本案例中，三家电信营运商资费调整采用了什么定价方法？
2. 在价格制定中，应该如何考虑消费者需求？

案例解读

从上面的案例可以看出，三家电信运营商资费调整，采用的是一种典型的竞争导向定价。通常，企业的基本定价方式有成本导向定价、需求导向定价和竞争导向定价三种。成本导向定价是一种以成本为依据的定价方法。这种定价方法强调对企业产品成本的充分补偿和赢利的可能，企业的定价必须以产品成本为最低界限，在保本的基础上考虑不同的情况，制定对企业最为有利的价格。成本导向定价法的特点是简便易用，但它仅考虑成本对价格的影响，而现实中的成本往往受市场需求和企业竞争地位的限制。需求导向定价是以市场对产品需求的强度和消费者对产品价值的理解程度为依据来确定价格的定价方法。这种定价方法由于充分考虑了消费者需求因素对价格的影响，所制定的价格较容易获得消费者承认。竞争导向定价方式是从市场的竞争结构和环境出发，以市场竞争对手的价格水平作为企业的主要定价依据，以谋求在竞争中生存和发展的一种定价方法。企业依据竞争对手的价格水准，结合自己的产品特色，制定具有竞争力的产品价格，并随着竞争者价格的变动及时调整，以确保和加强企业产品价格的竞争优势和企业的竞争地位。本案例中，中国电信公司推出"小灵通"，对中国移动和中国联通的移动通信市场构成极大威胁，加剧了该市场的竞争程度。为了应对竞争，巩固竞争优势和竞争地位，移动和联通分别推出"神州行大众卡"和"如意风行卡"，并且以中国电信的"小灵通"价格为依据，制定了低廉的资费标准。此后，三家运营商根据竞争对手的资费标准不断调整价格策略，最终各家运营商的价格比较接近，形成了"三足鼎立"的竞争格局。所以，三家电信运营商资费调整，采用的是一种竞争导向定价方法。

此外，从三家运营商的价格定位的差异及中国移动公司的"神州行大众卡"价格定位可以看出消费者需求的重要性。定价要抓住消费者的"买点"和"卖点"。"买点"是指消费者作为自然人对产品或服务的实际需求，如消费者买移动电话的实际需求是为了与人沟通。虽然三家运营商的价格较为接近，但在满足消费者的实际需求上略有不同。中国移动神州行大众卡，如果按照主叫50~100分钟/月计，是最为便宜的一种，对那些话务量较少，平均每天1~2个电话，每次1~2分钟的用户很适合。而对于话务量较多的用户，39元包月的小灵通是首选。"卖点"则是指消费者作为社会人对产品或服务的外在需求，如买移动电话的外在需求是为了体现身份与地位。当移动电话尚属高档品时，"卖点"才是产品定价的基础，这就是高档品如汽车、房子、首饰越贵越抢手的原因。很显然，定价不一定是一味地低价就是为消费者着想。正如"大众卡"早在几年前是与全球通、动感地带同时推出的三大品牌之一，但当时响应者几乎没有。这是因为当时数字移动电话刚出来，是时尚和高档的产品，而"大众卡"作为模拟移动电话，准备淘汰，属于低档品牌。虽说质量与全球通没有多大区别，价格便宜，但消费者仍不愿意买这款"低档"货。所以，在制定产品价格时，无论采用何种定价方法，一定要兼顾消费者的实际需求和外在需求。

8-2　一次纯牛奶的定价过程

新疆 A 企业在进入乳制品行业初期，由于产品单一，无品牌影响力，对主推纯牛奶品种上市之初，采取的是 243ml/袋，百利色包装形式，产品规格 20 袋/箱，产品供货价 19 元/件，终端零售价 20 元/件，产品销售量每日不足 12 吨，企业处于无利甚至亏损状态，为此，新上任的总经理急于改变这种状况，因而对产品品种进行了调整，每袋容量改为 200ml/袋，规格 24 袋/箱，然而在制定产品供货价时却遇到了难题，由于各方面意见不一致，有的主张仍采取原先价格每箱 19 元就可以了，有些主张产品价格定在 24 元，有些则主张定在 20~21 元/件即可，有的则主张定位在 22 元/件，为此，新上任的总经理陷于矛盾之中。固然，采取原先的 19 元价位产品上市会提高销售量，但产品利润率极低，而采取提价定价在 20~24 元之间，产品价格越高，利润率越高，固然是好，但当时企业面临着生存的问题和销售急需上量的问题，不能不作全盘考虑，因而总经理一直犹豫不决。

资料来源：

中国营销传播网

讨论分析题：

究竟应如何确定牛奶的价格呢？

案例解读

定价过程的分析阶段

一、对产品进行定性分析

乳制品行业中纯牛奶产品一直是市场上走货量较大的产品，同时，该产品肩负着企业品牌和形象传播的任务，是一个走量和形象产品。

二、目标消费人群分析

纯牛奶产品作为乳制品行业中的一个普通品种，其消费人群涵盖上至老人下至小孩的所有人群，属于家庭消费占主导的普通消费品。

三、渠道状况的分析

牛奶产品的消费面对广大家庭，A 企业产品的销售渠道主要是街边超市和社区周围的杂食店，是食品行业的传统销售渠道。

四、产品策略的分析

该纯奶品项是企业的长线产品，承担着企业的战略任务，产品价格一旦定下来，将是长期和稳定的。

五、产品特性的分析

该产品采用百利色包装，包装形式与市面产品大同小异，其功能、概念无特殊和独到之处，产品是普通产品。

六、产品的价格需求弹性分析

纯牛奶产品是一个价格需求弹性大的产品，产品价格对产品销售量起到很大作用，特别是该地区消费者尚无品牌消费概念，消费者对牛奶知识认识较少，对尚无建立品牌的 A 企业而言，价格与需求的弹性表现更为明显。

定价过程的市场调研阶段

一、行业发展情况调查

乳制品行业作为一个朝阳行业，液态奶产品处于一个高速发展阶段，市场容量较大，行业兴盛，同时从网上查看了全国各地区牛奶产品的价位，作为百利色产品的销售单袋价格均在 1 元，而整箱由于包装规格不同，产品价格有所不同，但折合每袋价格仍在0.9~1元之间。

二、市场环境的调查

（1）对整个市场竞争产品进行分析，发现产品规格、包装趋于一致，产品价格同一规格的售价一致，其供货价也一致。但因促销折算下来差别较大，低的折算下来只18元/件，而高的在22元/件，是市场上的主流。

（2）通过对消费者调查得出：A 企业产品口味非常好，比该市场的第一品牌口味都要好，很受消费者欢迎，但终端铺货量较少，价格对消费者影响尚不大。

（3）通过对销售渠道调查得出：A 企业原先规格产品供货价19元，零售与整箱购买对渠道而言利润一致，虽然整箱利润与竞品一致，但零售与竞品相比价差1元，终端有微小差异，从而也影响终端零售店主的零售推荐力。

三、企业自身环境的调查

（1）企业对奶业发展充满信心，企业的目标是让全疆人民喝上一杯放心奶，因而在后期会对乳业在推广、品牌、宣传上进行大的投入，因而产品定价需要当出此部分空间利润。

（2）企业母公司规模较大，财务状况良好，并拥有几个千头牛场，奶源质量高，奶源的优势大、产品质量好，是白金品质、白银价格，是追求市场份额的企业。

（3）企业的乳业处于市场发展初期，尚无品牌优势，而且纯奶产品的市场地位属于跟随者地位。

（4）从企业所处的市场环境来看，牛奶产品正处于销售势头的上升期，销售量会大幅提升。

定价的最终结论

根据对各因素的综合考虑，结合市场的调查结果，通过分析，应采取竞争导向定价法中的随行就市定价法，将该产品定位在中档价位，供货价格定在22元/件，建议零售价23~24元/件，考虑市场后期发展的不可预见性，并建议企业在产品推广中预提2元用于产品的推广费和促销费用。

此方案得到公司总经理的认可，并执行该价格定位。最终结果：企业产品顺利上市，并形成了较大的销售量，取得了定价的成功。

8-3　和记移动电话的定价策略

一、公司背景

和记电讯有限公司是和记黄埔集团旗下管理香港、澳门及中国内地移动通信业务的电信公司。和记电讯在香港电信市场拥有约17年的丰富经验，屡创同业先河，引进多项不同的移动通信技术，包括第一代模拟制式的移动通信服务、第二代的GSM/CDMA/PCS数码制式服务，以及第二代半的GPRS/IS95B分组数据服务。和记电讯于1995年率先推出全球首个CDMA网络，更于1998年推出全亚洲第一个GSM双频网络。和记电讯目前积极在香港发展世界级的3G网络及精彩的移动多媒体服务，成为和记黄埔集团发展全球性3G业务的核心部分之一，全力迈向第三代移动通信新纪元。其控股子公司和记电讯有限公司于1987年成立，是香港最早的三家移动电话公司之一。

二、案例背景

香港的移动电话发展虽然只有短短的十年，但其变化及竞争情况可算是全球之冠。我们将以香港移动电话市场的十年发展为背景，从和记移动电话在香港移动电话市场的不同发展时期的不同价格策略出发，探讨它的成功与失败。

三、案例分析

(一) 市场导入发展阶段

香港的移动电话由最早期的模拟系统，发展成最先进的数码科技，还包括美国军用通信技术。另一方面，其市场亦由早期的寡头垄断，迅速地转变成现时的开放市场。当时香港主要有三家移动电话公司，除和记电讯之外，还包括香港电信集团属下的CSL和等一太平集团属下的讯联电讯，它们都以经营模拟网络为主。由于当时频带资源不足及移动电信技术的限制，各网络经营商都未能提供足够的线路满足市场的需要。因此，市场处于供不应求的卖方市场阶段，产品价格必然处于高价水平，这包括移动电话售价及使用费。自1987年起至1992年止，香港移动电话市场的模式是完全封闭及垄断的，价格的操控权完全掌握在三家公司手中。为了获得利润最大化的效果，各公司都以不同的营销策略，建立它们本身的市场占有率。那段时期可以说是经营商的黄金时期。因为他们不但可从每月月租费及通话费中取得利润，还可以从手机的售卖中获得可观的回报，这约占经营商利润的30%~40%。在销售最高峰时每部手机的价格达到3万~3.5万港元，但是其成本只是数千元。可想而知，这里面的边际利润十分巨大。

和记的成功绝不仅仅是因为市场的供不应求，而是因为市场推广策略的运用得宜及市场环境的配合，其成功的原因具体可归结为以下三点：

1. 与上游企业的共赢

和记电讯有限公司有两大股东——和记占 70%、美国的摩托罗拉（Motorola）占 30%。一个是网络经营商，另一个则是设备供应及制造商。由于拥有丰富技术及经验的合作伙伴的全力支援，和记电讯能够在最短的时间内兴建起移动电信网络，使它的服务能尽快推向市场。"捷足先登"是其市场策略的重要战术之一。正因如此，和记电讯很快成为市场的主导者。当时正是摩托罗拉移动电话风行的年代，由于其品质优越，摩托罗拉移动电话在各地市场上都大受欢迎，而和记电讯是摩托罗拉移动电话在港的独家代理商。和记这一特殊的地位不仅吸引了那些钟爱摩托罗拉的消费者成为用户，同时又借此树立了它优质高档的品牌形象，迎合了香港人追求名牌的心态。和记电讯凭借其卓越的形象，很快成了香港的名牌电信公司之一。

2. 准确的市场定位

由于在当时移动电话是奢侈品，拥有及使用移动电话被视为富人的专利，并非一般普通大众所能负担，所以和记电讯把自己的目标市场定位于高收入群体，主要包括医生、律师等专业人士和商人。他们使用移动电话不仅频率高，同时对服务的要求亦十分严格。而和记优质的专业品牌形象正好满足了他们的需求。

3. 优良的网络覆盖范围

根据当时有关部门的测试表明，和记的网络覆盖范围是全港最佳的，其分布的合理性在不浪费公司成本的前提下，使客户能得到最及时和最优质的服务。

（二）市场成熟阶段

在 1992 年底，香港电讯管理局批出三个 GSM 数码移动电话牌照给和记电讯、香港电讯 CSL 和数码通（Smarton）。同时还批准讯联电话以 D—AMP 制式及和记电话以 CDMA 制式经营数码移动电话业务。同时，由于市场上突然增加为数不少的经营者（以牌照数目计算），使香港移动电话市场逐渐结束了卖方市场，进入自由竞争阶段，新法令的实施和新经营者的进入，令竞争的程度更趋激烈。和记的领导地位不断受到威胁，以前单一的营销策略已经不合时宜，此时企业应该考虑如何通过产品和服务的差异化来形成自己新的核心竞争力。

各公司为了尽快提高数码移动电话业务的市场占有率，纷纷以低廉的收费来提高竞争力，而且都将目标消费者锁定为中等收入阶层。他们不再以手机销售业务作为主要的收入来源，而是允许客户带机入网。他们觉得这种低价策略的实质是薄利多销，厂家只是把原先丰厚利润中的部分利润让给了消费者，其实并未提供差异化的服务。1993—1995 年，该低价策略十分成功，迫使其他网络经营商也接受了那些不是由他们所售出的手机，这一策略使得整个移动电话市场发生了彻底的改变。一大批移动电话零售商相继出现，整个市场呈现一片热闹的景象。

从 1990—1996 年间移动电话价格走势可以看出，移动电话的价格走势分为两个截然不同的阶段。1990—1992 年末，其价格一直处于稳步上升阶段。1993 年初，整个市场的移动电话价格达到最高点，那时每部电话平均售价是 3.2 万港元左右。该阶段正是上文提及的市场导入发展阶段的高边际利润期。此后的一年里，随着移动电话市场的逐渐开放以及竞争者的快速增加，移动电话的价格开始急速滑落。1994—1995 年间，移动电话的价格下降开始趋于平缓。1996 年初，移动电话的单价最终低至每部 4 700 港元左右。

通过以上市场资料及数据的分析，我们觉得可以通过以下四点来解释这个价格急剧下降的现象：

（1）数码通的进入。作为一个新进入者，它首先降低了价格，令用户可以选购比较便宜的移动电话入网，低价策略使数码通能够在短时间内占有不俗的比率。市场的压力促使其他移动电话经营商降低价格，以争取占有更大的市场。

（2）为了能够在 PCS 技术（一种 3G 无线技术，可为用户提供互联网接入和远程信息传输，同时还能收发彩色图片，在手机上进行复杂的游戏）出现之前，尽快夺取市场占有率，讯联电讯在 1995 年底推出"一元出机大行动"。客户只需付出一元及预缴全年服务费用，便可拥有一部数码移动电话。这项促销活动十分成功，它完全扭转了讯联电讯多年以来的劣势，以占有率计算，由榜末跃至第三位。

（3）"大哥大"的减价战改变了各大移动网络商每月上网的数目。以和记电讯为例，1996 年 1 月的上网人数跳升至每月 2 万余名，即平均每日接近 800 个申请。有鉴于市场压力的增加，香港电讯 CSI 于 1996 年 3 月以震撼性的"买一送一"优惠价进行促销。以爱立信 GH337 为例，它们由每部机 8 800 港元调低至两部合售 4 950 港元，即每部只需要 2 475港元。这次超低的低价策略令其营业额有了可观的增长。

（4）在竞争对手以降价来抢夺市场时，和记电讯为了挽回已失去的数码移动市场占有率，于 1995 年 4 月开始，将其属下的移动电话零售价大幅调低，平均价由每部 1.2 万港元降至 6 000 港元左右。受市场竞争持续激烈及香港经济放缓的影响，和记电讯更于 1996 年 1 月再大幅调低售价至 3 000 余港元，在不足一年内，售价跌幅超过 65%。相对上面三个公司而言，和记的低价并没占到明显的优势。所以其在当时移动电话的市场占有率为 18%，排在第四位。

除了在移动电话售价方面相互竞争，各大移动网络经营商亦在电话服务收费上展开了另一场价格战。

香港电讯 CSL 亦于 1996 年 3 月开始增加对客户的优惠。在"买一送一"的优惠期内，客户不但可以获得平均接近 18% 的基本月租费折扣，更可额外获得每月 50 分钟的地铁免费通话时间。尽管如此，香港电讯 CSL 各类的套餐服务收费仍然比较高，其次便是数码通。

在市场早期作为领导者的和记，此时却是 GSM 技术数码服务市场的后进入者。这是因为：第一，虽然和记电讯与摩托罗拉是一对很好的合作伙伴，但只在模拟网络方面，GSM 技术是根据欧洲电信界的规划所制定的，而摩托罗拉是美国公司，所以和记在这方面未能取得优势。由于多方面的阻力，和记电讯被迫使用西门子的 GSM 交换机。正因如此，推出数码服务的时间表被迫延迟，导致在市场上失去了优势。第二，由于建造 GSM 网络的时间准备不足，导致网络覆盖面出现非常严重的重叠现象，基站与基站之间的干扰令通话质量降低，甚至使断话现象十分普遍。不稳定不可靠的服务质量，令消费者满意度降低，更令和记电讯在行业内的声誉下降。

由于和记电讯是最迟推出数码服务的公司，所以尽失市场先机。为了能够尽快收复失地，和记电讯将其服务套装全线减价，务求能够吸引更多其他公司的用户改用和记的网络。同时，和记将减少部分手续费，如接驳费和增值服务附加费等，使顾客能享用全方位的优惠。踏入 1997 年，和记电讯为了挽回失去的市场占有率，启动了一连串的优惠策略。首先，和记电讯不但大幅降低每月的服务费，而且还赠送更多的免费通话时间。从和记的 GSM 电话服务费标准看，其平均减幅超过 15%，亦是全港之冠，目的在于鼓励用户"打多悭多"，一定程度上刺激了通话消费。这一举措给移动电话市场带来了颇大的冲击及回响。其次，和记电讯与信用卡公司合作，推出免息分期供机，每月只需供款 158 ~ 648 港元，便可拥有一部 GSM 手机，借此刺激客户数目增长，包括吸引新用户和争取竞争对手的用户，还刺激了重复购买。在短短的四个月时间里（1997 年 2 月—5 月），和记电讯的客户由 28 万增至 35 万，从竞争中的第 4 位回升到第 2 位。

资料来源：

http：//202. 116. 83. 77/hope/azhu/Article/

讨论分析题：

分析和记电讯在不同阶段所采取的不同定价策略，并简要剖析其原因。

案例解读

1. 在市场导入期，和记采用了撇脂策略。这个策略在当时使它的市场占有率排名第一，成为市场领导者。此时采取撇脂策略是成功的，这是因为：

（1）在市场导入阶段，产品供不应求，竞争对手少，市场处于卖方市场。

（2）当时移动电话是一种奢侈品，边际利润空间很大，消费者对移动电话的价格敏感性低，价格与可感知质量之间的关系很强。

（3）和记与摩托罗拉的联合打造了它优质专业的品牌形象，从它的目标顾客群是高收入阶层可以看出，公司的核心战略是将产品定位为市场上的高档产品。在这种情况下采用撇脂策略，留给生产者的价值比让渡给顾客的多。

（4）从产品生命周期来说，这个阶段属于单一供应商阶段，企业关注的焦点是顾客，主要从可感知价值出发来定价。和记正是遵循了这一规律而定价，从而在短期内攫取了高额利润，增加了企业现金流量。

2. 强强联合，有利有弊。早期和记与摩托罗拉的合作，不仅使它赢得了很多用户，最重要的是利用摩托罗拉的品牌效应塑造了自身优质高档的品牌形象，达到了共赢。但是，后来由于移动电话网络技术的变革——欧洲电信界制定的 GSM 技术，使得和记与摩托罗拉（美国）的合作成为自身进一步发展的阻力，和记没有及时调整自己的合作策略，找寻新的合作对象，导致其推出数码服务的时间表被迫延迟，失去抢占市场的先机。因此，企业在选择战略合作伙伴时也应与时俱进，在不同时期选择合适的伙伴。

3. 在市场成熟阶段的前期，和记低价跟进策略失败的原因是：在香港移动电话的市场导入期，属于市场领导者的和记，在行业内发生价格战的时候，由于合作者及自身网络建设等原因，它的跟进比较晚，并没有及时建立起先动者优势，丧失了市场主动权。因为在同质化较高的市场，如果竞争者发动价格战，除了跟进，别无选择，如果跟进，应越快越好。

4. 企业应该关注宏观市场变化，根据环境及时调整自身的营销策略。虽然在市场培育时期使用撇脂策略取得成功，但那是因为竞争尚处于产品竞争的阶段。但当市场进入自由竞争，厂商之间的产品竞争转化为品牌竞争时，和记没有及时转变经营思想，不注重品牌的延伸力，而只是一味地采取价格跟随策略。这种价格跟随策略，即使其当时采取的是最低价策略，但是由于缺乏生命力，并且品牌的延续性没有衔接好，因此不仅没有起到打造品牌美誉度的作用，反而在一定程度上破坏了其优质专业的形象。市场领导者在竞争者发动价格战时，如果既不想让自己的品牌跌价损伤产品品牌形象，又不愿坐视市场份额被竞争者抢走，我们建议和记可以推出新的阻击性品牌去迎战竞争者，使其品牌避免正面接触价格战。

5. 在市场成熟的后期，和记不仅降低移动电话的价格，而且大幅度降低了各种类型的服务费，还赠送了通话时间。这种降价幅度为当时全港之最，形成了冲击力，远高于消费者对价格下降的知觉阈限，因此又使其客户数量由 28 万增至 35 万，市场占有率从竞争中的第 4 位回升到第 2 位。

8-4　双星鞋为何不打折

在近几年鞋业"价格战"打得不可开交之时，双星却凭着独特的经营策略连续 15 年夺得全国同行业销量第一。中国胶鞋协会会长、双星集团总裁汪海介绍，双星自身的管理实力、质量实力和成本优势，以及全新的营销策略，在很大程度上赢得了消费者。

现在各类鞋店为争夺顾客，纷纷上演各种类型的"价格大战"，用"数字游戏"来吸引消费者的购买欲，而双星集团领导认为，这是短期行为，双星不能这样搞"价格秀"。现在消费者越来越成熟，大家都认识到，不管你怎样变，价格低于成本的情况不太可能，因为企业和经销商追求的是利润。价格战不可避免地引起业内同行之间的相互拼杀和报复，导致行业利润率降低。仅仅依靠价格战并不能形成有效的竞争力量，因此，一定要诚信经营，从生产管理、经营理念、经营模式和经营手段等方面保证产品价值，同时营造"卖点"。

在经营理念上，双星提出了"树百年品牌，建百年老店"的战略目标，非常明确地告诉双星生产和市场一线双星人，要着眼长远，实现可持续发展，任何短期的（如以次充好、价格欺骗等）、有损品牌形象的行为都与这一理念相背离。双星人认为，价格战不利于企业形象的维护和提高，产品价格是企业市场形象不可分割的一部分。如果企业一味地降价促销，将会给消费者造成疑虑，是否企业在产品质量或别的方面出了问题？因此，双星集团通过举办教育培训班等形式，教育代理商和经销商一定要诚信经营，"不打价格战，不玩数字游戏"，要"以真诚缔造品牌，以真情回报社会"；即使降价，也是实实在在，对过季产品或断码缺号产品以低于成本价格进行处理，就算是不赢利，但要"赢心"，同时也能扩大市场占有率，带动新产品销售。

　　在经营模式上，双星制定最低价格策略，实行生产供应的"扁平"经营模式，即"前店后厂"模式，做到"哪里有市场，哪里就有工厂，哪里有工厂，哪里就有店"。为控制成本，双星将工厂建到了全国各地，共有大大小小 100 多家工厂，并且在生产过程中强化管理、工艺和技术创新，使历史以来的劳动密集型生产情况得到了改变，新设备、新工艺、新技术的应用，使流水线上人员得到最大限度的减少，极大地降低了生产成本，这些工厂产品通过双星物流中心，直接供应连锁店，从物流环节又保证了为市场提供最低价格的产品，产品内在价值不仅不降，通过科技创新，反而有所提高，实现了客户价值最大化，真正达到了打"价值战"的目的，也保证了产品在消费者心目中一直是"中低档价位，美观实惠，中国老百姓买得起的名牌"的好印象。

　　在经营手段和促销形式上，双星摒弃"打折"这种形式，经常性地推出"特价产品"，目的是"让消费者以最低的价钱买到最好的产品"，企业和经销商靠薄利多销创利润。因此，每次双星推出的"特价产品"都能引起市场的轰动。"以真诚缔造品牌，以真情回报社会"，双星用最低成本向消费者提供产品是对消费者的奉献，同时也是对双星树百年品牌形象的最好阐释。

　　与此同时，双星人积极实施价格战的替代策略，进行产品创新，主攻高端市场，拓展中端市场，占领大众市场，靠高、专、新、奇、特产品吸引消费者；进行品牌创新，推出雄鹰展翅飞翔的名人标志、具有文化色彩的产品设计和包装；进行服务创新，提倡"好上加好"的 200% 服务，做到"亲情化营销"、"公益文化营销"、"时尚文化营销"、"娱乐营销"等，产生差别化功能，凝聚功能，吸引了消费者，赢得了消费者的信赖和肯定，树立了双星名牌新形象。

资料来源：

华中频道网，www.cmwin.com

讨论分析题：

双星不打折的原因是什么？

案例解读

　　从价格竞争迈向非价格竞争是企业经营思想和发展战略的一种方向性转变。价格竞争体现着以产品和成本为导向的企业发展战略，它要求更多地关注企业产品的成本、规模和数量，因而是被动地和有限地去适应市场。而非价格竞争则体现着以市场为导向，创造市场、引导市场的企业发展战略，它更多关注的是市场和消费者的需求特点与变化，以及营销方式的成效，因而是能动地和全面地去适应市场。

8-5　格兰仕成功之道——价格营销模式

格兰仕的前身为桂洲羽绒制品厂。1991 年，格兰仕决定实行战略转移，进入微波炉市场。

　　格兰仕进入微波炉行业之后，为了使总成本绝对领先于竞争者，先后卖掉年赢利上千万元的金牛型产业——羽绒厂和毛纺厂，以把资金向微波炉生产集中。当时，许多城市的居民不知微波炉为何物，更不习惯于用微波炉来烹饪。显然，在这种几乎没有什么竞争对手的情况下，只要倾全力投入生产要素，就能很容易地在规模上把对手远远甩在后面，并使单机成本大大低于竞争对手，从而迅速占领尚未充分发育的市场。格兰仕正是以这种敏锐的洞察力紧紧抓住机会，选择规模战略，利用价格手段而迅速崛起，取得了不菲的成绩。

　　目前，格兰仕已成为全球最大的微波炉生产企业，拥有 1 500 万台微波炉的年生产能力，占据了全球微波炉市场 35% 的份额。在 2000 年，格兰仕集团包含微波炉、空调等家电在内的销售总收入即已达 57 亿元，而原来微波炉的龙头老大蚬华，其年内销售规模已不到 15 万台。

一、格兰仕的主流化营销策略

1. 何谓主流化

　　在新经济语境中，格兰仕的营销策略被称为"主流化"，即格兰仕的营销模式代表了家电业的发展方向。主流化营销的目标是当竞争对手普遍较弱（市场份额低于 26.1%）时，通过规模经济和低成本扩张策略，迅速取得该市场的领导地位（市场份额达到 41.7% 以上）。实现主流化的优势主要有两点：第一，企业由于规模扩大而使成本降低，从而得以获取更大利润；第二，由当前产品所确立的客户群体可以成为后续产品（或服务）的稳定市场。

　　主流化的创始人是亨利·福特，他充分地利用了主流化的优势，使福特汽车一度处于低成本、高市场占有率和高收益的有利地位。然而，并不是所有的企业都可以实现主流化，由科技创新所带来的生产力的革命是实现主流化的基本前提。在以计算机和互联网为代表的新经济出现以前，因为大多数工业产品的价值构成是以转移价值为主，包括科技创新在内的附加价值相对次要，所以主流化只能在少数领域实现。在软件和互联网广泛运用之后，科技创新成果的推广成本迅速减少，为主流化提供了运用空间。格兰仕能够成功地在中国内地实现主流化，还因为当时的微波炉市场非经济因素较少。一方面，彩电业的巨头尚未意识到微波炉这一小小家电的巨大前景；另一方面，真正生产微波炉的企业尚在低规模运转，仿佛散兵游勇，难以形成有效的市场冲击力。

2. 有效利用资源优势

　　企业的竞争归根到底是成本和利润之争。如何在激烈的市场竞争中以少胜多，以寡敌众，关键在于如何合理有效地运用手中掌握的资源。对于资源的定义，不同的人有不同的解释和看法，不同的企业所拥有的资源也不相同。但是，资源的稀缺性都是相同的。从企业的角度看，无论脑力（人才）、爆力（技术）、财力（资金）还是信息，都是企业不可或缺的资源。企业策划所扮演的角色就是将有限的资源作最合理、最有效的运用，以降低成本、提高效率、规避风险，并获取最高的利润。日本的丰田车之所以能以"低价格、高品质"的特性横扫市场，原因就在于它能够有效地利用"有限资源"，并善于进一步累积丰厚的资源，从而使其有利的地位得以巩固和延续。通常所谓的"零库存"、"无贷款"、"看板方式"和"及时赶上"等营销模式，其实都是资源有效利用的典型操作方式。

从某种意义上说，格兰仕的市场运作方式就是丰田模式的"中国版"。据有关人士介绍，跨国公司把全球制造基地迁至中国的同时，顺手也将中国变成世界最大的生产中心和研发中心。研发中心放到中国内地目的是寻求中国廉价的科技人员，生产中心移师中国目的是寻求廉价的劳动力，两者在质优价廉上并无本质区别。不管企业的竞争如何演变，但竞争的实质——成本和利润之争是永远不变的。格兰仕的比较优势就是廉价的"资源"，即相对丰厚的时间、土地和劳动力等资源。家电业是一种劳动密集型产业，与人的生活联系紧密，市场巨大。尤其是像中国这样人口众多的国家，原材料完全能够自给，随着中国经济的增长，非但不会丧失低成本的比较优势，反而会变得更有竞争力。

3. 定位：制造中心

定位是企业在预期消费者心目中树立的一个"指路牌"。营销学认为，定位就是给商品明确的地位，看它应在何时、何地、以何种属性满足消费者的消费需求。其实，定位就是以企划创意为商品寻找最有利的市场机会。

格兰仕为实现"家电产业品牌"的战略计划，走的是一条与别的企业完全不同的道路。作为一个刚刚步入家电行业的企业，格兰仕缺乏自有的核心技术，为此，格兰仕就需要在跨国公司的产业升级中寻找机遇。在这种机遇中，实现自己企业的优势与跨国公司扩张目标的对接。也就是说，通过分工合作和专业化协作的方式，使格兰仕的优势与大企业提供的机遇整合在一起。例如 OEM 生产和贴牌加工，就是这一策略的具体体现。

格兰仕的目标是成为一个微波炉或家电的生产制造中心，将自己定位为世界的工厂，或者加工车间。利用跨国企业在产业或技术升级中提供的机遇，结合自己的优势使企业的扩张策略得以实现。通过分工协作的方式，使企业成为一个家电企业的生产制造中心，并最终使格兰仕成为一个产业品牌。从这点来讲，格兰仕走这条道路是值得称赞的。

在现阶段，企业利用资源优势，通过分析、比较，找出适合自己发展的一条道路，这本身也是一种资源。也许将来企业会有自己的核心技术，也有力量开发出更高的核心技术，这当然更好。但就现在而言，格兰仕"做全球家电业的生产制造中心"这一发展策略还是非常切合实际的。它可以在利用自己的低成本的同时使其他企业获益，从而实现"双赢"的结局。因此，在多数企业都强调"核心技术自己创造"时，格兰仕却抛出"利润也是核心技术"的全新理念，这是应该被理解并赞同的。

4. 规模经济与资源整合

按照微观经济学的理论，在企业达到一定的规模水平之前，随着产品数量的增加，产品的平均成本不断呈下降趋势，直至达到平均成本的最低点，即企业的最佳规模点。这种现象被称为规模经济。事实上，格兰仕的成功，就是规模经济的成功。随着微波炉的生产规模不断扩大，生产成本也不断降低，这就为发动价格战提供了巨大的回旋空间。而价格战所引发的市场份额的扩大，又进一步促成格兰仕扩大生产规模、降低成本，这样再三往复，最终把格兰仕推上了全球微波炉市场的头把交椅。

实现生产的规模经济，通常可以采取两种方式：一种是通过企业自身的积累来不断增加生产规模；另外一种是通过企业间的合作（如并购、协作生产等方式）来整合社会资源，实现企业规模的扩大。后者是现代企业经常采用的一条迅速发展的便捷途径。格兰仕即走了这样一条整合社会资源、在合作中共同发展的道路。采用这一方式不仅可以使企业自身发展壮大，也可以将竞争对手变成自己的合作伙伴，实现双赢的目的。

在这一扩张策略的实施进程中，格兰仕首先从微波炉的重要部件——变压器入手。因为当时日本的微波炉比欧美的微波炉便宜得多，使欧美生产厂家感到巨大的竞争压力，导致美国微波炉的生产日趋衰落。在这种情况下，格兰仕马上前往美国谈判，答应以每生产一台付8美元的代价换取美国生产线。结果谈判成功，美国人获了利，格兰仕也不花一分钱就获得国际先进设备，双方整合后达到双赢。

紧接着，格兰仕尝试与微波炉生产强国日本合作。由于格兰仕拥有美国的生产设备，劳动力成本也比日本低，日本企业同样感到压力很大。经过谈判，格兰仕又以每生产一台付5美元的代价换取了日本生产线。

这样，格兰仕依靠企业信用和企业活力，在全球资源整合上把握住亚洲金融危机及发达国家需要进行产业结构调整的时机，对发达国家先进的生产设备采取"拿来主义"的态度，不花费科研开发资金，就获得球体微波、多层防漏等与微波炉相关的专利和专有技术30多项，同时得到许多条先进的微波炉生产线。

通过不断整合，格兰仕的生产规模越来越大，也将更多的国际对手变成合作伙伴，从竞争走向整合。目前，在生产设备与销售网络和品牌互动上，格兰仕已与全球200多家企业展开合作，极大地降低了开发成本，并提高了开发效率。同时，微波炉的产量迅速提高，扩大了规模，形成规模经济。由于产销量大，分摊在单位产品上的开发费用和制造费用很低，规模经济的优势非常明显，从而使生产成本远远低于国外品牌。由此也带动了出口，使出口额大幅递增。

二、格兰仕的价格营销

市场营销学鼻祖菲利浦·科特勒在其营销宝典《营销管理》中谈到价格策略时，第一句话便是"没有降价两分钱不能抵消的品牌忠诚"。"价格"正成为中国企业使用最为频繁的搏杀利器，而价格大战、竞相削价几乎是中国市场价格竞争的全部内涵。可以说，如今的中国市场已经进入了"泛价格战"时代。家电行业尤其是彩电业堪称"价格战"的典范，如今汽车、航空、电信、医药、医疗服务、食品、大众传媒等很多从来没有价格之争的行业也都开始卷入价格战的搏击中。

1. 屡见不鲜的价格战

价格竞争屡屡发生的主要原因是商家的从众心理。中国市场上的价格竞争一般表现为：同行业内某一厂商率先大幅降价，然后一大群相关厂商迅速跟风降价。加之不同行业价格竞争所产生的连锁效应，最终使价格竞争的硝烟弥漫整个中国市场。在价格战中，很多厂商跟风而动，表面上好像保住了自己的市场占有率，实际上却元气大伤。因此，对很多厂商而言，每次大减价都是舍命陪君子，实属万般无奈的选择，充其量只能获得一点心理上的满足。与此同时，另外一些诡计多端的厂商则抓住同行这种脆弱的迎战心理，经常根据自身的需要，蓄意在行业内挑起价格争端。这样，一方面可以造成市场混乱，从中获利；另一方面则误导同行们被动跟风，趁机将其中相对弱小的厂商拖得皮开肉绽、筋疲力尽。

　　针对这种情况，专家的看法是，"由于目前中国市场上真正懂得经营管理的企业家十分欠缺，低水平的经营管理模式下存在这样的跟风从众行为是合乎事实情理的。这也反映出中国企业整体营销水平偏低的现实状况"。

　　然而，这种商家从众的状况，与中国现实的消费状况亦不无关系。由于近年来中国产业结构趋同，少数企业过多地获得生产资源的配置，使这些产业的供给能力增长过快，并超过了居民（尤其是城市工薪居民和农民）需求能力的增长。在市场供大于求的情况下，消费者自然会对厂商的各种降价活动表示赞成，甚至出现持币观望的市场现象。而且，市场调研资料表明，中国消费者的消费水平并非如同官方数据显示的那么乐观。目前的中国消费群体中，处于高消费水平（吃、住消费占消费总额的 30% 及以下）层面上的居民只有 34% 左右，其余的居民则属于中（吃、住消费占消费总额的 30%~60%）、低消费群体（吃、住消费占消费总额的 60% 及以上）。在市场的运作过程中，偏低的消费水平难免对过高的商品价格产生"抗体"效应。

　　此外，由于各地经济发展水平参差不齐，并且国内经济发达的地区不是很多，消费者除了在经济承受能力上有差距外，东西南北各地居民的消费观念和消费习惯也各不相同，保守与开放同时存在，这些都为价格战在中国培养了充分的战斗空间。从这个角度而言，商家以价格为拼杀工具并不见得有十分险恶的居心；换句话说，此时的跟风行为并不能说明其经营管理水平低。

　　2. 阶梯降价

　　在微波炉市场上，格兰仕素有"价格杀手"、"价格屠夫"的称号。通过多次降价，格兰仕不断抢占竞争对手的市场。格兰仕的绝对低价不仅令消费者趋之若鹜，同时又对竞争对手产生强大的威慑力，最终成就了它在世界微波炉市场上的霸主地位。1996 年 8 月，格兰仕为了扩大自己的市场占有率，率先在全国宣布大幅度降价，幅度达 45%。当时一些国外品牌的在华经销商及国内竞争对手没有意识到这是格兰仕抢先一步争夺市场份额的狠招，反而错误并自负地认为格兰仕降价销售是在清理积压品。等到他们醒悟过来时，格兰仕已远远地冲在前面与他们拉开了距离，使那些国内外品牌再也无力追赶。通过降价，该月格兰仕创造了超过 50% 的市场占有率，全年的占有率也达到了 35%。

　　1997 年春节之后，格兰仕的促销手段更是一招狠似一招，花样翻新、层出不穷。在北京、上海这两座中国最大、最有影响力的城市，格兰仕实施了"买一送一"的营销策略，即买一台微波炉送一台价值 380 元的电饭煲。这项活动取得的成效之大甚至都超出了格兰仕人的期望。以北京为例，在活动的 5 天有效期内，格兰仕共售出 15 000 台微波炉。由于大大地超出了期望，以至于赠品远远不够，最后只得在报刊上刊登启事：格兰仕日后一定补偿赠品以答谢新老客户的厚爱。当 6 月份微波炉进入销售淡季时，格兰仕反而加大了促销力度，先是利用广大媒体造势，宣布开展与上次活动内容一样的"买一赠一"活动，并且将活动时间延长到一个月。接着从 7 月上旬开始，又将活动从"买一赠一"升级为"买一赠三"，赠品包括微波炉专用饭煲、电风扇和电饭煲，同时将这一活动扩展到了全国 20 多个大中城市。

　　通过降价销售，格兰仕获得了长足的发展。2000 年，格兰仕共生产微波炉 1 200 万台，占中国市场份额近 70%，占全球市场份额近 35%，稳居全球第一。如此庞大的产销规模，为格兰仕进一步实施总成本领先战略奠定了基础。

自从进入微波炉市场以来，格兰仕微波炉的产销量从1993年的1万台达到2000年的1 200万台，一举成为全球微波炉市场的龙头老大。格兰仕发动的价格战只不过是表现形式，而真正在背后支持价格战的是格兰仕以规模经济为基础的总成本领先战略。

综合分析格兰仕这些年来的价格策略，我们可以看到以下显著特点：

（1）价格下调幅度大。格兰仕的降价策略是，要么不降价，要降就大幅度地降。所以，格兰仕每次下调价格，调价幅度都在20%以上，甚至达到40%。如此高的降价幅度能够在消费者心目中产生极大的震撼效果，并对竞争对手形成巨大的震慑作用，这也是格兰仕降价策略较为成功的重要因素之一。

（2）降价策略多样。格兰仕的降价策略每次都有所不同，有时是全面降价，有时是只调低一个规格，有时是调低一个系列。

（3）降价策略与其他促销形式密切配合。格兰仕的价格调整，变化多、力度大，同时配合强大的媒体炒作、促销攻势等方式，使其降价活动可以达到最大的宣传效果，使格兰仕的降价事件几乎人尽皆知。从这一点来看，格兰仕在市场推广方面可谓优秀之极。

（4）降价效果显著。格兰仕的每次降价活动，都取得了较好的市场效果。1996年8月，格兰仕平均降价24.6%，同时，格兰仕的占有率从36%上升到50.2%，增加了14.2个百分点，价格弹性系数为0.70（即价格每下降1%，占有率上升0.7个百分点）。1997年10月—11月，格兰仕平均降价22.8%，占有率上升11.6个百分点，价格弹性系数为0.51。1998年7月，格兰仕平均降价12.5%，占有率上升9.4个百分点，价格弹性系数为0.75。由此可见，格兰仕的降价弹性系数不低于0.5，充分显示出格兰仕降价的效果。

（5）以阶梯式降价打击竞争对手。这是格兰仕降价策略最显著的一个特点。格兰仕的降价策略受到充分的计划指导，基本上是企业规模每上一个台阶，就大幅下调一次价格。其消灭散兵游勇，扩大自己市场占有率的目标十分明确。例如，一旦自己的规模达到125万台，就把出厂价定在规模为80万台的企业的成本价以下。此时，格兰仕虽然利润很少，但还有利润，而规模低于80万台的企业，多生产一台就多亏一台。在这种情况下，除非对手能形成显著的品质技术差异，才能与格兰仕一搏，以重新夺回被抢占的市场份额并生存下去，否则只能破产。而当企业规模达到300万台时，格兰仕又把出厂价调到规模为200万台的企业成本线以下，结果规模低于200万台且技术无明显差异的企业立即陷入亏本的泥淖。格兰仕通过这样的方式，不给竞争对手任何追赶其规模的机会，从而在家电业创造了市场占有率达到61.43%的神话。

格兰仕的降价策略与其市场建设策略是同步进行的。市场是一个舞台，它不但为企业产品发挥自己的优势提供了一个巨大的空间，并且是企业间相互竞争的场所。格兰仕非常注重市场的建设，这为它阶梯式降价的成功提供了坚实的保障。

第一，培育市场。通过在报刊上开辟专栏、赠送微波炉食谱图书等方式，培育中国的微波炉市场。

第二，启动市场。建立全国性的营销网络，主要通过与各地代理商合作的方式，共同启动微波炉市场。

第三，占领市场。在电饭煲市场上，多通过赠送活动来占领市场，而在微波炉市场上则主要通过价格战方式占领市场。

第四，巩固市场。针对不同的市场区，不断推出新产品来满足消费者的个性化需求，同时通过提高产品质量和服务水平来巩固市场。例如，格兰仕推出了"三大纪律、八项注意"的规范服务，推出了为顾客诚心、精心、让顾客安心、放心的"四心级"服务，一地购物、全国维修的跨区域服务等，都是格兰仕巩固市场的重要策略。

3. "一篮子鸡蛋式"规模经营

随着我国社会主义市场经济体制的逐步确立，市场竞争空前激烈，而诸多跨国公司因看好中国市场的巨大潜力而纷纷加盟，更使这场竞争日趋白热化。面对国内外近乎残酷的市场竞争局面，只有走集约化之路，实现规模经营，才能较快地提高自身竞争能力，在激烈的市场竞争中发展壮大并立于不败之地。前面我们提到，当格兰仕看到微波炉在中国的发展前景时，曾下决心将其赢利产业——毛纺厂、羽绒厂全部卖掉，把资金全部集中到微波炉上。同时从日本、美国和意大利引进全套具有 20 世纪 90 年代先进水平的微波炉生产设备和技术，快速进入微波炉行业。这种发展战略，无疑会给人一种孤注一掷的感觉。

世界著名作家马克·吐温曾作过这样一个精辟的比喻："把所有鸡蛋都装进一个篮子里，然后看好这个篮子。"其含义与格兰仕集中兵力将微波炉做大的战略思想不谋而合。很显然，为了守住这"唯一"的"篮子"，格兰仕只能推行总成本领先战略，通过降低价格赢得市场、扩大规模，再降低价格赢得市场、再扩大规模……实行一系列良性循环的市场霸占之路。

规模战略，简单地说，就是同时增加所有生产要素的投入，扩大生产规模，通过规模经营，实现企业的超常规发展。在实际战略步骤上，格兰仕选择了集中生产单一产品或劳务的战略，通过几年的努力，在微波炉领域真正实现了专业化、集约化生产，实现了规模化经营，使企业走上了良性发展的轨道。

三、格兰仕的其他营销组合

1. 拓展空调市场

作为微波炉业的老大，格兰仕已将微波炉做到极致。在此之后，格兰仕开始将注意力投向空调，因为它认为空调供过于求的根本原因不在于市场容量过小，而在于居高不下的价格不能为广大消费者所承受。这对以总成本领先战略来获取竞争优势的格兰仕来说，是一个极大的机会。

空调价格战 2000 年才刚刚开始，产品利润率基本维持在 15% 左右，远远高于其他家电产品。从市场结构来看，前十几个品牌集中瓜分了 80% 的市场份额，但各自的占有份额相差并不大，像前三名的市场占有率分别为 30%、15%、15%，实力比较接近，市场集中度比较低，谁也不拥有对市场的决定权。另外，空调是一个垄断竞争的市场，品牌忠诚度较低，其竞争态势与寡头垄断的市场不同，竞争激烈但不残酷。而且，空调企业很少对进入者采取有针对性的富有成效的防御或进攻行动。所有这些因素都为进入者提供了很好的机会。

然而格兰仕的实力却绝对不容小视。就空调业而言，其技术壁垒并不高，基本属于组装工业，而成本控制是组装工业的核心。因此，空调行业存在多方面有利于格兰仕的条件，大致可以反映在以下三个方面：

一是大规模生产有利于摊销固定成本。空调老大海尔的年产量也就在 150 万台左右，而大规模专业化生产正是格兰仕的强项。

二是大规模采购有利于获得价格优势，这可以从格兰仕微波炉的成功经验中看到。格兰仕靠近零配件供应地——珠江三角洲，也是企业的优势条件之一。

三是国内空调的配套生产能力很强，有助于新进入的企业发展壮大，由于空调新品牌的成长至少需要 2 ~ 3 年，所以资金的支持是最重要的，而这恰恰是格兰仕的优势。首先，格兰仕在微波炉领域具有极强的赢利能力，其负债率很低，基本可以达到零负债，而其毛利却高达 10% 以上。因此，格兰仕现金流量健康，据称其获得的银行授信就有几十亿，但却从未动用过。同时，由于它有港资背景，所以格兰仕虽不是上市公司，但因为与香港几家大银行有密切的信贷往来关系，其融资能力不可低估。

2000 年 12 月，格兰仕集团的空调正式上市，与同型号的海尔、格力和海信空调比，每台价格便宜 300 ~ 400 元。看来，在空调市场的竞争上，格兰仕试图克隆微波炉模式，要以价格营销赢得市场并打败竞争对手。其最终效果如何，我们拭目以待。

2. 注重质量

随着格兰仕微波炉价格的狂降，其中国市场的主要对手 LG 有些顶不住了。于是在许多媒介发布广告暗示"价格降得这么低，质量难以保证"。于是格兰仕的价格战略成了财经类媒体关注的热点。到底格兰仕发动价格战是好是坏，其质量究竟有没有保证？对于这个问题要作出正确评价必须全面科学地了解格兰仕所选择的营销战略，并同时了解该企业选择该战略的背景。

不言而喻，格兰仕的价格战只不过是该企业的总成本领先战略的反映。格兰仕当初将支撑了格兰仕十几年发展的传统项目都砍掉了，把所有的赌注押在了微波炉上，就是为了集中所有资源发展一个产品。因此，它是依靠生产集约化、专业化来提高生产力水平的，这种方式必然导致成本的降低。一般而言，降价有三种类型：限量供应式降价、偷工减料式降价和降低成本的降价。限量供应式降价不是一种真正的企业战略，而是一种营销策略，就格兰仕而言，送几千台微波炉出去都不成问题，说白了就是炒作。还有一种偷工减料式的降价，这种降价方式必然降低产品的质量，无疑会造成企业的短命。而降低成本的降价，则是靠规模生产降低生产成本而降价的，是有基础、有条件的降价。格兰仕的降价正是这一种形式，因此，基本可以认为，格兰仕并非以次充好欺骗消费者，因为它明白消费者对它意味着什么。

3. 文化营销

在格兰仕 1993 年转产微波炉的时候，中国多数消费者还不知道微波炉为何物，而且格兰仕品牌也毫无知名度。在这种情况下，格兰仕没有采用大规模的形象广告宣传，而是在全国 400 多家报纸、电视上开设专栏介绍微波炉的知识、菜谱和消费指南，通过这种独辟蹊径的引导方式，塑造企业形象、传播企业文化，让人们认识微波炉。他们花费时间编写的《微波炉使用大全》及《菜谱 900 例》，是当时微波炉使用最全的菜谱。他们将这些菜谱和使用指南用光碟形式免费送给消费者。因此，在消费者眼中，格兰仕是在用知识和文化来培育市场，引导消费者正确使用产品。而别的企业往往用轰炸式的广告来抢占市场。两者在消费者心目中的地位差别可想而知。

讨论分析题：

分析格兰仕成功的主要原因。

案例解读

格兰仕之所以能够在微波炉领域获得成功，是因为作为企业，它讲信用、有活力，选择了适合自己发展的正确战略，并为之努力奋斗。由此形成了多方面的竞争优势：

第一，规模化、集约化、专业化。这是格兰仕的企业特色和基本战略。

第二，全面掌握核心技术。通过这几年的努力，格兰仕已基本掌握核心技术，开发出300多种新产品，在全球市场有了较大的主动权。

第三，提升服务水平。在这一点上，格兰仕通过消费引导，培育了国内市场，口碑一直不错。同时又与国内外企业共同开发"微波美食家"网站，以更大规模地引导消费者，拉动消费需求。

第四，懂得市场，擅长价格促销和品牌宣传。

第五，分销网络完善，市场运作有序。

第六，重视产品质量。为了跻身国际市场，格兰仕从最初的环节起就严格按国际质量管理和质量保证体系组织生产和管理。格兰仕通过了 ISO9001 国际质量体系认证，成为中国同行业中首批获此认证的企业，从而为格兰仕产品进入国际市场提供了便利条件。

第 9 章
分 销 策 略

本章提示

分销渠道是联结产品提供者与消费者的桥梁和纽带。在现代市场营销中，企业要通过各种分销渠道，才能把产品提供给各地域市场和广大的客户，满足市场需要，实现企业运营的目标。因此，分销渠道策略是企业市场营销组合中的一个重要策略；合理地设计和建立产品的分销渠道，把产品及时、方便、有效、经济地提供给市场和消费者，则是分销渠道策略所要研究的主要内容。

本章选取了六个与企业分销活动有关的案例。案例 1 讲述了三星 OA 的渠道变革过程，从案例解读中，我们可以了解到促使企业进行渠道调整改进的原因和企业对渠道进行调整改进的方式策略。通过此案例，可以加强学生对分销渠道在企业营销中的重要作用的认识。案例 2 讲述了爱普生公司是如何选择中间商的，在案例解读中，我们详尽地分析了企业选择中间商的标准、途径与方法。案例 3 讲述了奥妮公司如何借助新品牌来整合经销商，在案例解读中，我们分析探讨了批发商与零售商在分销中的功能与作用，企业利用长、短渠道进行分销的利弊，企业对中间商进行激励的措施。案例 4 讲述了佩珀公司的分销苦旅，希望学生通过对本案例的讨论分析，掌握企业设计、选择分销渠道应遵循的原则和应考虑的因素，理解渠道成员间合理地进行职能分工的重要性和意义。案例 5 介绍了上海菊花集团公司改革分销渠道结构的尝试过程并进行了详细的点评。案例 6 通过一则具体事件介绍了营销实践中最常见的一个渠道问题：窜货；并在案例解读中简单地分析了窜货成因和危害，而案例本身则对该问题的解决方法提供了一些有意义的借鉴和参考。

9-1 三星 OA 的渠道变革

"我从初四就开始上班了，实在太忙！"三星电子 OA（办公自动化）产品中国区部总经理陆靖在记者采访时开场就说了这句话。陆靖的忙是有原因的，1 月 9 日，在三星数码打印产品 2004 年新渠道战略发布的那天，陆靖被正式任命为三星电子 OA 产品中国区部总经理。在此之前，陆靖的身份是三星打印机总代理——万海科技的总经理。陆靖身份的转变，蕴涵着三星电子全新的渠道战略。

在中国，三星电子一直扮演着幕后英雄的角色，通过与 OEM 伙伴合作，在渠道上采取"经销商俱乐部"模式，三星激光打印机至今已经占到 35% 的市场份额。三星取得如此大的成绩只用了短短两年时间。而在三星打印机进入中国市场时，惠普已经在中国市场经营了 18 年，佳能经营了 6 年，爱普生经营了 5 年。

2004 年伊始，正当三星在打印机市场春风得意之时，却主动掀起了一场渠道变革的风暴。第一步是对原有的渠道体制进行大刀阔斧的改革。三星这一策略的推出引起业界广泛关注并引发众多猜测：三星将摒弃总代理万海自行发展吗？三星决策层否定了这种说法，称万海公司目前仍是三星数码打印产品事业部中国区进口产品线的独家总代理。

此次三星关于渠道策略的重大调整是出于进一步扩大市场份额的需求而提出的。首先，通过两年的运作，三星的数码打印系列产品已经进入了成熟阶段，成熟产品的运作与不成熟产品的运作是不同的。其次，随着市场形势的不断变化及所运作产品线的深入，过去那种封闭的渠道模式已经跟不上三星产品快速增长的步伐，影响了三星产品市场份额的进一步拓展。再次，以往的渠道粗放式管理的弊端也开始显现出来：渠道布局不尽合理，对行业市场的覆盖能力不够全面，终端渠道建设较为混乱并难于控制等。最后，由于三星产品线的不断丰富，使新的渠道战略实施成为可能。

此次三星的渠道改革通过对原有资源的整合，在全国 10 个省市分设打印机和传真机各 10 家区域总代理，并以此为基础形成全新的渠道销售模式。采取"渠道扁平化"原则，将渠道细化为大批发商、零售联盟、区域联盟、行业大客户部、连锁大卖场五大类，并针对不同类型的渠道提供点到点的支持。细分后的新渠道体系横向设立行业大客户部就是要以政府、公安、教育、银行作为行业突破口，加大政府集团的销售量。此外，针对五大细化的渠道下游都会建立适合各自特点的行业俱乐部。

此次三星渠道变革最大的改变就是推动原有渠道商进行角色转变，把原来的渠道代理商转变为渠道战略联盟伙伴，在保证渠道商最大利益的前提下，实现渠道商与三星的共同发展。陆靖说："通常渠道的改革是一个痛苦的过程，渠道商往往难免'受伤'，我们这次的渠道变革是一个三方资源的高效整合，而在这次整合中我们做到了兵不血刃。"

在产品层面上，三星一改以往"单点突破"的销售手法，开始整合其全线 OA 产品系列，使打印机、传真机、多功能一体机产品实现了市场的全面覆盖。据了解，2004 年，三星根据每种产品的不同特点，对终端市场的渠道商按照销售产品的种类进行属性细分，不同的渠道商掌控一至两款最适合自己渠道销售的产品，以求利润和市场销售覆盖的最大化。

在渠道支持方面，三星也对下游经销商的支持由以前机械式的资金或返利支持转向产品、市场及技术支持等全方位的支持。尤其是针对各渠道的特点，对经销商提供专门、对口的扶持，为实现三星 OA 产品的全线突破，构架出了行之有效的立体模型。

三星表示，新渠道模式的建立，是三星"适时而动，适势而动"渠道策略的一个集中体现，不仅是三星应对未来 IT 市场发展的一种准备，同时也是三星数码打印产品在中国市场全面进入新的发展阶段的一种准备。新的渠道模式的核心是结合三星数码打印产品的特色，不断地进行产品细分和市场细分，针对不同的区域市场制定不同的产品策略，在充分发挥区域代理商主观能动性的基础上，实现三方优势资源的全面整合，谋求在中国市场更大的发展。

资料来源：

庄贵军等．营销渠道管理．北京：北京大学出版社，2004

讨论分析题：

1. 三星对渠道进行调整改进的原因是什么？它从哪些方面对其渠道进行了调整改进？
2. 三星的渠道变革对企业的渠道管理有何启示？

案例解读

　　本案例涉及的知识点主要是：促使企业对渠道进行调整改进的原因和企业对渠道进行调整改进的方式策略，以及分销渠道在企业营销中的重要作用。

　　在企业的营销活动中，渠道是一个战略性的要素，它作为一座桥梁，连接着企业和消费者，既是消费者获取产品和服务的通道，又是企业制胜的武器和法宝。渠道的构建、渠道的调整改进既对企业成功与否带来全局性、长远性的影响，与此同时，又为企业带来一定的成本和风险。因此，企业必须慎重行事，既要考虑渠道的功能和流程，又要考虑和评估诸如经济、技术、政治、社会需求、供给和竞争等方面的各种影响因素。如果考虑不周或不能正确评估而匆忙或盲目行事的话，很可能会适得其反，即所谓"成也渠道，败也渠道"。此外，渠道的构建和调整改进往往是一个持续性的过程，不可能一蹴而就、一劳永逸。即使企业已设计了一个适合当时各方面限制因素和企业营销目标的渠道系统，但当情况发生变化时，也还需要适时地调整渠道。

　　一般来讲，在以下情况下，企业会考虑进行渠道的调整改进：一是企业的产品和市场发生了变化。如企业开发出新产品，而新产品与现有产品有较大的差异，现有渠道不适合于新产品的分销时，就需要进行渠道的调整改进。又如，市场环境的变化使得整个商业格局发生了变化，使有些渠道成员不能继续在渠道中服务或该产品分销渠道在该市场效益差或成本太高等，都使企业要对原有渠道进行调整和修改。例如，随着社会经济的发展，科学技术的广泛应用，以及因此带来的生活方式的变化等，往往会带来企业渠道成员寿命的变化：企业的某个渠道成员要变换经营品种或整个机构倒闭或出现更有效的分销方式等，从而促使企业进行渠道调整。如家用电器产品，原来的销售主渠道是百货商店和电器城，而近年来电器专业连锁店则逐渐成为主渠道，这种渠道环境的变化，必然会对生产商产生不小的影响，促使其在分销产品时要考虑是否要对渠道作出相应调整。二是产品生命周期发生了变化。产品在其生命周期的不同阶段，目标市场可能会发生相应的变化，因而也需要考虑何种渠道更适合目标市场的问题。三是企业的营销目标、政策发生了重大变化。一般来说，新的营销目标需要新的渠道政策，因而带来了渠道的调整改进问题。并且企业营销政策的重大变化也会带来对渠道进行调整改进的需要。例如，企业的价格策略发生了较大变动：对某些产品或某种产品大幅度降价，改变了原有产品的目标市场，这就往往需要考虑对原有渠道进行调整改进，使之能较好地服务于现在的目标市场。四是渠道出现了严重危机。企业的分销渠道及渠道成员关系是在不断发展变化的，当企业面临严重的渠道危机，例如，成员间出现了严重冲突而不得不更换渠道成员时，就产生了渠道的调整改进需要。五是竞争的需要。例如，当竞争者的渠道明显优于本企业时，往往会促使企业进行渠道的调整改进。

在本案例中，根据材料可知，三星进行渠道调整改进的原因主要是企业的产品和市场发生了变化，产品的生命周期发生了变化。

三星对其渠道作了以下方面的调整改进：

(1) 对渠道模式、渠道运作方式进行调整改进：由原来的"经销商俱乐部"的渠道模式改为区域总代理的新模式。由粗放式、封闭式的运作变为精细化的运作，对终端市场精耕细作，以使企业更加贴近顾客，及时、准确地把握顾客的需求动向，更好地为顾客服务，提高顾客的满意度，取得更好的营销效益。

(2) 精简渠道结构：由原来较长的渠道向扁平化方向发展。原有的渠道结构通路长，层次较多。这种长渠道存在着许多弊端，无法有效满足顾客需求，因而随着市场竞争的加剧，将之改为扁平化、短宽型的结构：即采取生产商—批发商或零售店（厂商零售店）—消费者模式，使销售渠道越来越短，销售网点则越来越多。渠道扁平化、短宽型的调整产生了这样的效果：销售渠道短，拉近了企业与消费者间的距离，使企业更了解市场，增加了企业对外界环境的适应能力，并增加了企业对渠道的控制力，使生产企业能更主动、更全面地控制、开发市场，使实物、货币、信息、促销等因素的流动也更加迅速、有效；而销售网点多则增加了产品的销售量和覆盖面。可见，这种扁平化的结构对企业把握顾客需求，满足顾客需求，进而提高经济效益有着巨大的作用，对企业长远发展也有重大意义。

(3) 对渠道成员关系的调整改进：由松散型、交易型向紧密型、伙伴型发展。过去与渠道成员是一种松散型关系，渠道成员间是"我"和"你"的交易关系，每一成员都只关注自身利益，整个渠道具有极大的不稳定性。这种不稳定性为商品分销带来了一定程度的交易混乱和分销成本的提高，妨碍了商品分销的正常运行。而现在，三星把原来的渠道代理商转变为渠道战略联盟伙伴，将"我"和"你"的交易型关系转变为"我们"的关系，即转变为在互惠的基础上共赢的合作伙伴关系，使双方在发展中保持密切的、固定的合作关系，共同发展，在合作中求效率，在联合中出效益。

启示：

(1) 分销渠道在企业经营管理中发挥着重要作用，已成为建立和发展企业核心能力的重要资源。建立和管理良好的分销渠道，是确立企业竞争优势的重要手段之一。核心竞争力是能够使企业在激烈的市场竞争中始终保持有效生存与发展的能力，是企业在国际竞争中获取持续优势的源泉。在市场环境迅速变化和竞争日趋激烈的今天，越来越多的企业认识到，市场竞争从某种意义上来说，已逐渐演变为渠道之间的竞争。一个企业的生存与发展，很大程度上要依赖于其所在的分销渠道系统的协调与效率，以及能否最好地满足最终消费者的需求。因此，选择、构建、管理和创新分销渠道，是当今企业管理者所面临的重大挑战之一，特别是在产品、价格广告等都无可奈何地同质化，市场竞争日趋激烈的情况下，以分销渠道来创造差异化的竞争优势日显重要。对于企业来说，能够拥有一个有效覆盖和控制整个目标市场的分销网络，以及保证这个分销网络有效运转的营销管理体制，已成为企业最宝贵、最重要的"资本"。对分销渠道的选择与管理已不仅仅作为管理的职能与日常运作，而是成为建立和发展企业核心能力的重要资源。可以说，当今市场决战在于分销渠道，分销的差异化竞争优势已是企业着力的重点。如果企业不能建立和有效地管理好的分销渠道，就无法有效地保护现有市场和开拓新市场；反之，就可使企业获得比竞争对手更低的成本和具有独特经营特色的竞争优势。

（2）以满足顾客需求为中心的营销观念来指导企业的渠道构建工作。即企业应以消费者为起点，依据消费者的渠道偏好来设计渠道，然后根据渠道特点对生产者、经销商各自活动进行整合，修改产品的包装、组合和部分功能（尽量减少不必要的非标准化的款式变化和定制选项，制定现实的渠道所能支持的目标价格；把某些服务环节和售后支持说明书作为基本产品的一部分等），使渠道能以最低的成本、最快的速度、最好的服务满足顾客的需求，使其更具吸引力和竞争价值。

（3）企业的渠道策略与其市场的发展是互为因果、相互促进的。正确的适应市场的渠道策略促进了产品的销售，进而推动了市场的扩大及市场份额的提高，使企业能在市场中快速发展；而企业在市场的快速发展又促使企业进行渠道变革，发展与完善其渠道策略，使之更适应市场环境的变化。

（4）应依据企业内外部条件的变化而适时地进行渠道改革。企业的渠道建设与管理要"适时而动，适势而动"，才能使渠道的建设与管理有助于实现企业的营销目标。同时，企业对市场的研究、对渠道的研究要有前瞻性。若其渠道的设计与变革能走在别人的前面，能预测、洞察到市场环境变化的趋势，率先引导潮流，就能赢得先机。

9-2 爱普生公司如何选择中间商

日本的爱普生（Epson）公司是生产电脑打印机的一家大型企业。在公司准备扩大其产品线、增加生产经营各种计算机时，公司总经理杰克·沃伦对现有的经销商有些不满意，也对他们向零售商店销售其新型产品的能力有一些怀疑，他准备秘密招聘新的经销商以取代现有的经销商。为了找到更适合的经销商，沃伦雇用了一家招募公司，并给他们这样的指示：

（1）寻找在经营褐色商品（如电视机等）和白色商品（如冰箱等）方面有两层次

（从工厂到分销商再到零售商）分销经验的申请者。

（2）申请者必须具有领袖风格，他们愿意并有能力建立自己的分销系统。

（3）他们每年的薪水是8万美元底薪加奖金，公司提供375万美元帮助其拓展业务，他们每人再出资25万美元，并获得相应的股份。

（4）他们将只经营爱普生公司的产品，但是可以经销其他公司的软件。

（5）每个分销商都配备一名培训经理并经营一个维修中心。

招募公司在寻找候选人时遇到了很大的困难。虽然他们在《华尔街日报》上刊登广告（没有提及爱普生公司）后，收到了近1 700封申请书，但大多数不符合爱普生公司的要求。于是，招募公司通过黄页（电话簿上用黄纸印刷的商业电话号码）得到了一份经销商的名单，再通过电话联系，安排其与有关人员见面。在做了大量的工作之后，列出了一份最具资格的人员名单。沃伦一一与这些人员见面，并为其12个配销区域选择了12名最合格的候选者，替换了现有的经销商，并支付了招募公司25万美元的酬金。

由于招募是暗中进行的，因此原来的经销商对此事一无所知。当杰克·沃伦通知他们将在90天内完成交接工作时，经销商感到非常震惊。他们与爱普生公司共事多年，只是没有订立合同。但是，沃伦必须更换经销商，因为他认为现在的经销商虽然干了很多年，但是缺少经营爱普生新产品和拓展新渠道的能力。

资料来源：

张传忠. 分销渠道管理. 广州：广东高等教育出版社，2004

讨论分析题：

1. 爱普生公司选择中间商的标准是什么？你认为其标准是否可以进行补充与完善？
2. 你认为招募公司在操作程序和方法方面，有哪些成功经验值得借鉴？

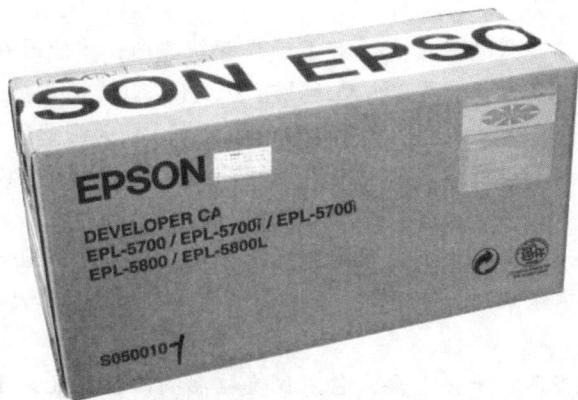

案例解读

本案例涉及的知识点主要是：企业选择中间商的标准、途径与方法。爱普生公司选择中间商的标准主要是：①中间商的实力（即经营能力），即考察它有没有经营爱普生公司产品的最基本的能力。主要考察中间商的销售队伍、销售业绩和市场覆盖状况等情况。②中间商的管理效率，主要考察中间商的战略发展、领导能力等方面情况，具体可从中间商对下游管理的能力，对自己企业的物流、人流、资金流、信息、促销等的管理水平等方面进行考察。③中间商的产品组合，包括所经营的产品类别、档次和品牌等。

爱普生公司选择中间商的标准还可以进行补充与完善。一般来讲，当目标市场购买者众多、分布面又广的时候，生产商往往需要采取间接渠道模式，借助外部的专业销售组织来实现商品的分销。而当企业选择间接渠道分销其产品时，就有一个选择中间商（即渠道成员）的问题。选择中间商，实际上是选择商品分销的合作者或战略伙伴。一旦选择了某个中间商作为分销的合作者，就在渠道中形成相对应的社会分工，引起分销渠道结构的重组。这种渠道结构通常能够影响分销成本，影响到商品能否及时、准确地转移到消费者手上，也影响在消费者和最终用户心目中的产品定位。因此，企业要着眼于长期的合作，着眼于共同开拓市场所可能带来的利益，根据市场的性质、双方的经营实力、市场的环境及国家的法律与政策等方面的要求来考虑对中间商的选择问题，为此应建立一定的原则和标准来对中间商进行选拔，选择的标准主要包括以下方面：

一是企业文化，包括理念和信誉（声誉）。具体包括以下方面：

（1）是否有共同愿望、共同抱负和共同利益。分销渠道作为一个整体，每个成员的利益来自于成员之间的彼此合作和共同的利益创造活动。从这个角度上讲，联合中间商进行分销就是把彼此之间的利益"捆绑"在一起。只有所有成员具有共同愿望、共同抱负，具有合作精神，才有可能真正建立起一个有效运转的分销渠道。共同利益是合作之源，共同愿望、共同抱负是合作的根本，所谓"道不同，不与谋也"。具体可考察中间商的消费群体、目标市场与本企业是否相似或相近；中间商能否认同、接受、配合本企业的理念；考察中间商的合作意愿、态度，即渠道成员是否愿意以积极的态度来经营企业的产品，是否对生产企业的品牌感兴趣，以及在多大程度上感兴趣。因为分销的业绩与中间商的活力和积极性密切相关。如果经销商不愿意销售企业的产品，即使它再有实力、声誉再好，对企业来说都没有任何意义。

（2）中间商是否有现代营销理念。有了现代营销理念，才能跟得上市场营销环境的变化。安于现状、贪图安逸、不愿意主动适应市场、不思改进的成员会成为企业发展的最大障碍，只有营销模式先进，具有现代营销理念的成员才能为企业带来长远的利益。

（3）销售信心。考察渠道成员对企业产品的销售前景是否有信心，以及有多大程度的信心。

（4）是否富于开拓精神。中间商要有强烈的开拓意识，积极地开拓市场，进行渠道建设，重视走出去对下线客户加强服务，不断地进行通路细耕，扩大其覆盖范围和深化渠道渗透力。

中间商的信誉（声誉）十分重要，它不仅直接影响回款情况，还直接关系到市场的网络支持。一旦中间商中途有变，往往会给企业造成很大的冲击，甚至使企业陷于欲进无力，欲退不能，不得不放弃已经开发出来的市场的境地。而企业因此而被迫重新选择中间商，再构建新渠道，则往往需要付出巨大的代价。因此，信誉是一个重要的选择标准。信誉可以从同业口碑、履约率、资信情况、客户对它的评价等方面得到反映。

二是实力。实力即经营能力，即考察中间商有没有经营本企业产品的最基本的能力，包括财务和销售方面的实力。财务实力主要包括财务状况和信用状况；销售实力主要包括经营规模、销售队伍、销售业绩和市场覆盖状况，是否有地理区位优势等。因为企业建设分销渠道，最基本的目标是要把自己的产品打入目标市场，让那些需要企业产品的消费者或最终用户能够就近、方便地购买。因此，企业应选择那些能帮助自己产品进入目标市场的中间商。

三是管理效率。中间商的管理效率主要取决于它的组织绩效、经营管理水平、对有关商品销售的努力程度，以及企业的稳定性、领导能力等方面。具体可从以下方面考察：

（1）中间商对下游管理的能力。

（2）对自己企业的物流、人流、资金流、信息、促销等的管理水平，其管理是否规范、高效。

（3）它的团队精神如何，对生产商的政策能否及时、正确地贯彻。

（4）其分销网络有无恶意冲突。

四是产品组合。分销渠道不仅是企业产品的销售出口，也是建立企业形象、商品形象，让消费者产生购买欲望的信息载体。分销渠道是产品市场定位的决定性因素之一。因此，企业应选择那些目标顾客愿意光顾的、能烘托并帮助建立企业和产品形象的中间商。具体可以从中间商所经营的产品类别、档次和品牌，有多少不同的产品供应来源等方面来分析考虑。

五是经销企业的产品，中间商能提供什么优惠条件。

在本案例中，招募公司在操作程序方面采用先广告招聘，进行大范围的搜寻、海选，经初步筛选后再面试、再精选的步骤。这种做法值得借鉴。因为在寻找渠道成员时，搜寻的范围越大，找到合适的渠道成员的机会就越大，因此一般来说，寻找渠道成员时，搜寻的范围越大越好。而做广告，进行广而告之，让有意经营的中间商都来参与，则便于企业进行甄选。当然，企业还可以通过贸易组织、出版物、电话本、商业展览会等商业途径，以及向顾客和中间商咨询、网上查询等途径来寻找渠道成员。招募公司所采用的方法主要是定性确定法，即依据委托企业所制定的选择标准或要求，对有意经营的中间商进行甄别，初选出符合条件的中间商。企业选择中间商时还可以采取定量确定法，即对"准经销商"进行量化评估，然后经过排序而选出。其量化指标通常是销售量、销售增长率、销售成本等。

9-3　奥妮借新品牌整合经销商

奥妮是重庆的一家生产洗发用品的企业。在中国，它也曾经名噪一时。它的几则广告曾经给人留下了深刻的印象，如"长城永不倒，国货当自强"的广告，奥妮首乌洗发露的"梦中情人篇"，请周润发拍摄的"百年润发"和极具异域风情的西亚斯"印度歌舞篇"更是广受欢迎。

然而近几年，奥妮却遇到了很大的困难。导致奥妮销售始终低迷徘徊的主要原因，是它的渠道策略。多年来，奥妮几乎不用经销商，都是通过零售商销售产品。这种策略在奥妮刚起步时还可以，但随着产品品牌的增加，尤其是市场竞争的加剧，这种策略的弊端就出来了。

公司在北京作了一个简单的调查，结果发现：在家乐福等大型超市里，在众多品牌中，百年润发的产品总是摆在洗发水货架最不起眼的位置，甚至还落满了灰尘，西亚斯等奥妮品牌更是难觅其踪。即便是在一些中小超市，奥妮也争取不到主动权，反倒被近几年崛起的广东的一些中小品牌抢到了先机。奥妮 2002 年的市场销量下滑得很厉害，堆头费、进场费、陈列费、导购费等开支，阻碍了奥妮在大中城市通过卖场进行渗透，在二、三级市场，奥妮的销售也不是很好。

公司曾经对从泰国引进的国内独一无二的产品——印度按摩沐浴露"西亚斯"品牌寄予厚望，在广告中也刻意没有提到这个产品是由奥妮生产的，希望通过这个产品拉动奥妮的整体销售。但由于其市场策略仍然没有脱离奥妮的老路，终究难以被市场认可。

2003 年 5 月，奥妮正式交由重庆市江北区区属管理。此时的奥妮已经不是国有企业，而是由香港海润国际投资控股有限公司、香港新成丰国际控股有限公司、中国重庆化妆品厂等几家主要股东组成的新公司。新公司也迎来了新的执行总裁王某。

王总上台之后，很快就推出了新的黄连除菌产品。除了做大量广告以外，他还提出了一个"共胜营销"的新理念。对于这个理念，王总解释说："我们现在要让经销商参与我们的市场活动，而且还不是一般的参与。包括市场管理、终端网络建设、地方媒体投放等，我们都希望与经销商合作，以前我们的销售经理做的工作很大程度上是卖场工作，但是他们现在最大的工作就是帮助经销商赚钱。"

至此，奥妮的渠道策略已经很明确——黄连除菌不仅是奥妮的新品牌、新产品，更是其拉拢经销商、吸引经销商，改变渠道策略的一个工具。

"有钱赚，我当然做啦！"一个颇有点儿实力的经销商梁某表态说："做日化的如果做到我这个程度就不会再做宝洁这样的牌子了，因为利润太低，太辛苦，可这次不同，奥妮给我们经销商的利润空间很大，有了这个空间，我就可以回去召集底下的分销商，把一部分利润让给他们。"

经销商看中的是利润，而奥妮看中的应该是梁某这样的经销商手中的分销网络和这么多年市场打拼的终端经验及关系网。

对于奥妮，此次的市场策略调整是前所未有的，而对于经销商，奥妮此次渠道策略调整的力度还不够大。一些经销商想用自己手中的药店网络经销黄连除菌产品，但还没得到奥妮的同意。

资料来源：

庄贵军等 . 营销渠道管理 . 北京：北京大学出版社，2004

讨论分析题：

1. 奥妮不用经销商而用零售商销售产品的利弊何在？
2. 奥妮用了什么方法激励经销商？

案例解读

本案例涉及的知识点主要有：批发商与零售商在分销中的功能与作用，企业利用长、短渠道进行分销的利弊，企业对中间商进行激励的措施。

经销商与零售商都是参与企业分销活动的中间商，在现代营销中，中间商在企业的产品分销中起着重要作用，绝大多数生产厂商生产的产品，需要通过中间商的努力，通过他们的买卖活动或参与买卖，才能进入流通领域，才能最后销售给消费者。那么，生产者为什么愿意把销售工作委托中间商去做？这是因为中间商具有某些专业化了的功能。这些功能虽然生产者也可以自己去完成，但是要完成得与中间商一样好很难，在很多情况下，即使完成得不逊于中间商，在经济上往往却是不可行的。可以说，分销渠道的功能，多数是在中间商的积极参与下完成的，它是媒介商品交换这一职能的承担者。中间商的分销能力及其发挥程度、中间商的组合状况及其与生产厂商之间的关系等因素，对分销渠道的整体效率具有决定性的影响。企业联合中间商来共同进行商品分销，可以获得社会分工的利益。一般来讲，在企业分销渠道中参与分销的中间商主要有以下类型：

（1）批发商。这里所说的批发商是指独立于制造商，专门从事产品批量买卖，处于商品流通的起点和中间阶段的中间商。批发在经济活动中占有重要地位，是商品生产发展的必然产物。一般情况下，为了集中精力更好地进行生产经营，商品生产者往往不可能或不愿意花更多的时间、人力和物力来分销自己的产品。因此，客观上就需要有能够大批量地从生产商进货，把商品引进流通领域，然后以比较小的批量供应出去的经营单位，即批发商。本案例中所说的经销商是充当了批发商的角色的。批发商在分销渠道的主要职能是：购销商品、调节矛盾、承担风险、提供服务、承担物流等。

（2）零售商。零售商是指以零售为其主营业务，直接为最终消费者服务的中间商。零售处于商品流通的最终环节，商品通过零售就退出流通领域，完成其形态变化的最后阶段，进入消费，实现其价值。因此，零售是联系生产商、批发商和消费者的桥梁，在社会再生产中和企业市场营销活动中都具有十分重要的作用。零售商在分销渠道的主要职能是：销售商品，满足消费需求；反馈信息，指导促进生产。

企业是否利用中间商来分销产品，带来了是采用直接渠道还是间接渠道的问题。直接渠道是指生产者不利用中间商，而直接把产品销售给最终消费者，即产品不经过任何中间环节的渠道。间接渠道是指有一级或多级中间商参与，产品由一个或多个商业环节销售给消费者（用户）的渠道类型。很明显，在本案例中，奥妮公司采用了间接渠道分销其产品。

间接渠道还可分为短渠道和长渠道。短渠道是指有一阶中间商参与，产品经由一个商业环节销售给消费者（用户）的渠道类型。长渠道是指有两阶或多阶中间商参与，产品经由两个或多个商业环节销售给消费者（用户）的渠道类型。在本案例中，当奥妮公司使用经销商销售产品时采用了长渠道；而不用经销商只用零售商销售产品时，则是短渠道。短渠道具有渠道短、流通环节少、流通时间短、流通费用少等优点，拉近了企业与消费者的距离，使企业更了解市场，增加了企业对外界环境的适应能力，并增加了企业对渠道的控制力，使生产企业能更主动、更全面地控制、开发市场，使实物、货币、信息、促销等因素的流动也更加迅速、有效，但也存在着生产者和零售商要承担批发商的职能，即要承担较多的渠道职能和市场风险的缺点。而长渠道则具有可以有效地利用批发商在流通环节中的作用和功能，特别是利用批发商所特有的以低成本支撑的大批量进出的规模经济优势，即批发商通过其大批量储存、大批量运输、大批量配送，使交易次数最小化的功能，使其具有商品聚合或组合和辐射、开拓市场、创造需求的能力，从而能更经济地执行流通职能，提高流通效率的功能和作用。当然，长渠道也具有经营环节多，流通时间长，从而相应提高产品成本进而提高产品的最终价格，成员间容易产生矛盾，生产商难以有效控制渠道等缺点。

正因为长渠道、短渠道分销各有其利弊，因此，企业须视具体情况，如企业的能力、产品和市场等而作出适当的决策。

那么，奥妮用什么方法激励经销商？

企业若采用间接渠道来分销其产品，就带来了一个如何对渠道成员进行管理的问题。渠道成员的管理工作包括对渠道成员的选择、监督和激励。本案例涉及的是如何对渠道成员进行激励，以调动其合作的热情和积极性，使之不断提高业务经营水平，为提高整个渠道的效率而努力工作。激励，对调动人的积极性具有重要作用，美国哈佛大学的心理学教授威廉·詹姆士在《行为管理学》一书中认为，合同关系仅仅能使人的潜力发挥到20%~30%，而如果受到充分激励，其潜能可发挥至80%~90%左右。可见，要发挥渠道成员的积极性，对渠道成员进行有效的管理，企业应制定出一套完整、准确、清晰和行之有效的激励政策与措施。此外，一般来说，渠道各成员与企业所处的地位不同，考虑问题的角度也不同，必然会在目标、利益等方面产生矛盾。因此，为了实现预期的市场目标及有效地完成企业的战略部署，企业也必须采取措施对渠道成员进行有效的激励与控制。

在本案例中，奥妮公司是通过以下方法激励经销商的：向经销商提供适销对路的优质产品；让利，给予经销商尽可能大的利润空间；让中间商参与企业的营销活动，从而感受到企业对其的重视；与经销商在互惠的基础上，建立共赢的合作伙伴关系，双方在合作中求效率，在联合中出效益。

因为对于经销商来讲，适销对路的优质产品意味着利润、销量、形象，更意味着销售效率的提高。一般而言，畅销的产品所需要经销商的市场推广的力度比较小，所以其销售成本比较低，还会带动其他产品的销售。因此，厂家可以通过提供适销对路的优质产品来激励经销商。而让利，给予经销商尽可能大的利润空间；让中间商参与企业的营销活动，从而感受到企业对其的重视；与经销商在互惠的基础上，建立共赢的合作伙伴关系等策略，对增强渠道成员间的合作，促使渠道稳定持续地发展有一定的帮助。因为渠道本身实际上是一种多方利益主体之间的利益均衡，制造商、经销商等渠道环节始终处于一种动态博弈的状态，因此，要使渠道畅通高效地运转，发挥其应有的作用，就应创造一种良好的合作氛围，使各成员都有一个合理的生存空间，各成员之间建立并保持一种密切协商、长期合作的伙伴关系。

9-4　佩珀公司的分销苦旅

　　提到饮料行业，您脑海里一定会闪过百事可乐和可口可乐，可是，您曾经听说过佩珀饮料公司吗？十之八九您会疑惑地摇摇头。实际上，佩珀公司早在20世纪80年代初，就已经由美国得克萨斯州一家制造浓缩饮料的小公司发展壮大为非可乐类饮料世界排名第一的大公司。就整个饮料行业来讲，它排名第三，仅仅位于百事可乐和可口可乐之后。1982年，该公司的总营业收入超过25亿美元，并创下了连续27年赢利的纪录。说到这里，您或许会觉得奇怪：佩珀公司业绩既然如此骄人，现在又怎么会声名稀落，十人九不知呢？是的，任何公司都曾经走过弯路，佩珀公司也不例外。

　　是什么原因使佩珀公司的饮料曾经那样畅销赢利呢？质量上乘，广告促销，在全美无人不晓，这些固然是成功的原因，但光有这些还不够。它成功的最主要原因是其分销战略。

　　饮料营销中销售通路最重要。人们往往认为是制造商创造了满足消费者需求偏好的方法，而零售商也是影响消费者选择饮品的重要力量，但常常忽略了饮料业中分装厂商的影响。佩珀公司把浓缩的饮料卖给分装厂商，分装厂商将饮料稀释后装瓶，并辅以广告促销，推销给零售商，再由零售商卖给消费者。佩珀公司就借助这种通路，源源不断地将产品销往市场。多年的苦心经营使佩珀公司与全美500多家分装厂商建立了密切的关系。分装厂商的销售人员经常与零售商保持密切联系，他们制作本地的促销广告，要求零售商将他们批进的佩珀饮料放在最显眼的柜台处，有时还运用折扣、特殊陈列品、优惠券和免费样品等手段来促进佩珀产品的销售。分装厂商很了解当地的市场情况和零售商的需要，以至于他们还能帮助佩珀公司制定各地区的营销方案。尽管这些分装厂商同时也经销可口可乐或百事可乐等，但他们中的大多数都把佩珀饮料看作最佳品牌的饮料。可以这样说，佩珀的昔日辉煌，确实离不开分装厂商的鼎力相助。

　　但是，成也萧何，败也萧何。或许，佩珀公司还未意识到是什么决定着它的成功，1982年，佩珀公司改变了依靠分装厂商在当地做广告促销的做法，转而实行全国统一的集中营销方案。公司削减了地方性的销售人员，减少了对分装厂商的业务支持，并用全国性的广告活动取代了过去由分装厂商在当地做广告促销的做法。公司预计，采用全国集中营销方案，可以大大增加公司产品的影响，从而刺激消费者的需求。但结果却事与愿违，当年佩珀公司产品的销售量下降了3%，到了秋季时该公司亏损4 000万美元，其市场排名也由第三位降至第四位。分装厂商与公司的关系也日益疏远，他们开始对公司采取防备态度。在分装厂商心目中，佩珀产品的特殊地位已经消失，它不过是一种普通的品牌而已。一位分装厂商毫不客气地说："佩珀公司只有先抓住了分装厂商，才能抓住消费者。"这一说法非常正确。

　　事隔不久，佩珀公司意识到其在通路策略上的失误。公司放弃了全国性集中市场营销方案，又想回到过去依靠分装厂商在当地推广促销的方案。公司试图与分装厂商重修旧好，但它能否鸳鸯梦重温呢？

资料来源：

张广玲. 分销渠道管理. 武汉：武汉大学出版社，2005

讨论分析题：

1. 佩珀公司过去成功的主要因素是什么？
2. 如果你是佩珀公司的营销主管，你将如何摆脱现在的困境？

案例解读

本案例涉及的知识点主要是：企业设计、选择分销渠道应遵循的原则和应考虑的因素，在渠道成员间进行渠道职能的合理分工的重要性和意义。

佩珀公司过去成功的主要因素是对各渠道成员所应承担的功能进行了合理的分工，发挥了佩珀公司（生产商）与分装厂商（中间商）各自的优势，选择了一条适应企业内外部条件的分销渠道结构模式。

分销渠道，通常是指产品从生产领域进入消费领域过程中，由与提供产品或服务有关的一系列相互联系的机构所组成的通道。这些机构主要包括生产商、中间商和消费者，以及一些支持分销的机构，如运输公司、独立仓库、银行、市场研究公司、广告公司等。他们都是渠道成员之一，执行把产品从生产商移向消费者或用户的任务。

从上述分销渠道的概念可知，分销渠道是由一系列相互依存的组织按一定目标结合起来的网络。其组织成员各自的任务是相互依赖的。例如，一个生产商要依赖其他机构如零售商把自己的产品送达最终消费者手中，以实现其目标（利润）。由于这种相互依赖性，分销渠道可以看作是一个为了生产共同的"产品"而相互联系、相互依赖的系统。这个"产品"就是商品所有权从生产者或商人手中转移至消费者手中的活动。

分销渠道具有联结产销、沟通信息、促进销售、风险承担、协商谈判及实体分配等功能，使产品从生产者转移到消费者的整个过程顺畅、高效，消除或缩小产品供应与消费需求在时间、地点、产品品种和数量上存在的差异。分销渠道的功能也就是渠道成员所能发挥的职能，而职能的实现则取决于成员的活动，它在渠道中表现为各种各样的流程，包括产品流、所有权流、促销流、订货与信息流、风险流、洽谈流、融资流、付款流等。这些流程将组成分销渠道的各类组织结构贯穿起来，形成一条通道。也就是说，渠道的功能是通过渠道流程或渠道中不同成员的职能来完成的。一般来讲，渠道的这些流程和职能是缺一不可的，但并不是渠道中的所有机构自始至终都要参与所有的流程。在渠道中，由于各成员所承担的职能不同，因而其所对应的流程也不尽相同，换句话说，这些渠道的职能和流程客观上是可以由不同的成员来承担的。特定的机构往往只从事一项或多项流程。例如，生产商主要从事产品的生产，而中间商（中介机构）则主要利用自己的销售经验、专业知识、业务网络及规模为渠道中的其他成员如生产商提供低成本、高效益的销售服务，使生产商利用中间商销售可能比生产商自己进行销售更有优势。

在企业的商品分销中，渠道功能在渠道成员之间的分解与分配方式，形成了各种各样的参与完成商品所有权由生产者向消费者或用户转移的组织或个人的构成方式，即渠道结构。不同的渠道结构，有不同的渠道成员。在产品或服务从生产者流向消费者（用户）的过程中，由于每个成员的资源条件不同，因而使得其在完成某些流程时有优势，成本低，而完成另一些流程时没有优势，成本高。因此，这会导致渠道成员机构在渠道运作中往往都集中精力执行自己最有优势的职能（流程），把自己没有优势的职能向效率更高的成员转移，而这种转移不仅使自己能以较低的成本获得较高的收益，而且客观上能大大提高渠道的效率，从而提高整个渠道的竞争力。因此，企业要进行低成本、高效率的产品分销活动，就必须合理地设计选择渠道结构模式。

渠道设计、选择涉及很多方面的问题，例如，每一个区域需要设置多少网点，渠道都需要发挥什么功能，渠道一体化程度需要达到什么水平，渠道功能如何在渠道成员之间进行分配或安排，渠道的集中程度、规范程度、标准化程度如何，渠道由哪几个层级构成，每个层级又由哪些类型的渠道成员构成，等等。而要进行正确的设计选择，须遵循一定的原则和考虑方方面面的因素。其原则通常包括以下五点：

一是畅通高效。即企业应尽量使所设计的渠道畅通高效。建立畅通高效的分销渠道对于缩短商品流通时间、降低商流风险、提高流通速度，将产品尽快、尽早送达目标市场，使消费者能在适当的地点、时间以合理的价格买到满意的商品，从而使消费需求得到满足，具有重要意义。要达到畅通高效，分销渠道设计就应以消费者需求为导向，努力提高分销效率，降低分销费用，从而以合理的价格向顾客提供可靠的、值得信赖的产品或服务，同时把困难与不便减到最小。

二是成本最小化。如何以较低的成本取得较大的分销效益与效率，是分销渠道设计的关键之一。而成本的高低与渠道成员的数量、效率，渠道的长短及所分销产品的特点有密切关系。企业设计分销渠道应因地制宜，适当地选择确定渠道的长度和宽度，寻找最合适、最有潜力的渠道成员，力求低成本、高效率地分销产品，更好地满足目标顾客的需要。

三是系统性。渠道是一项至关重要的营销资源，要使它成为企业赢得竞争优势的有力武器，有助于企业达到目标，其设计要注意系统性。系统性涵盖以下内容：①企业设计的渠道要有助于企业的基本目标的实现。这些基本目标主要包括财务方面的目标、企业品牌形象的树立、产品市场定位策略的贯彻等，并要注意每个目标与企业的整体目标相匹配。②要注意渠道自身的各个部分、各个环节、各成员的衔接与配合，使之相互补充，尽量减少各环节、各部分之间的功能重叠或疏漏，避免单个部分、环节的孤军作战。

四是动态性。企业渠道网络的建立需要很长时间，而一旦建立，由于利益分配的确定，因而也就存在着强大的抵制变革的内力和倾向。但是销售环境是不断变化的，分销网络一旦不适应销售环境，就会给企业带来损失并被无情的市场竞争所淘汰。因此，企业在设计渠道时，应遵循动态性的原则。

五是合作性。渠道设计实际上是一种流程的设计和多方利益主体之间的利益调整，制造商、经销商等渠道环节始终处于一种动态博弈的状态，因此，要使渠道畅通高效地运转，就应遵循合作性原则，使各成员之间建立并保持一种密切协商、长期合作的伙伴关系。由于在企业的渠道网络中，成员之间常常产生一些利益分歧、冲突和摩擦，因此，渠道设计者、管理者要制定明确的、可行的政策，以明确各自的权责，同时创造一种良好的合作氛围，加深网络成员的理解与沟通，以增强相互的信任。

渠道设计除了要遵循一定的原则外，还要分析考虑各种影响因素。因为任何一个分销渠道的运作都是在一定的环境的制约与影响下进行的，而环境的不断变化又会引起渠道内部的分化、重组与变革。因此，设计渠道，首先要对环境和影响因素进行分析，使企业所建立的渠道能扬长避短，趋利避害，保持渠道的灵活性和生命力。而影响渠道运作的因素主要有产品、市场、营销中介（中间商）、企业、成本等方面。例如，分销渠道深受产品市场的顾客人数、地理分布、购买频率、购买数量，以及不同促销方式的敏感性、顾客的渠道偏好、顾客对渠道的接受程度和接受意愿、顾客的购买准则等因素的影响和制约。当顾客人数众多，地理分布广时，就需要企业建立较多的销售网点或利用中间商分销产品，才能取得较好的效果。又如产品特性，即产品的物理和化学性质、产品的体积和重量、产品的价值及产品所处的生命周期阶段等也是影响分销的一个重要约束因素。当所要分销的是保质期短、易腐烂的产品时，就应建立较宽较短的渠道，以便尽快地将产品推入市场。

在本案例中，佩珀公司所分销的产品是饮料，属于消费品的范畴，顾客人数众多，地理分布广，因此需要企业使用较宽较长的渠道，利用分销厂商的功能、市场覆盖能力来分销产品，才能取得较好的效果。这里的分销厂商实际上承担了批发商的功能，他们为佩珀公司和零售商提供了大批量购销商品的服务，即从佩珀公司手中大批量采购商品，并根据客户的需要挑选和编配商品的花色品种，进行重新分配与包装或者进一步深加工后，再将商品转售给下游的零售商。批发商的这种购销活动，使零售商不必通过多个货源供应者便可取得所需的商品；同时也使佩珀公司不必直接与零售商联系便能解决产品的销路问题，及时地把产品分销出去，分销厂商的购销活动起着合理分销商品，方便佩珀公司和零售商销货、进货的作用，并为这些企业简化了某些经营活动。

分销厂商在经营过程中还开展了各种促销活动，并向佩珀公司和零售商提供经营理念与思路、提供业务运营模式与方法，提供具体的解决问题的方案等，通过这些措施来帮助佩珀公司和零售商更好地促进产品销售、提高销售效率、降低销售成本、增加销售利润，从而实现了"共赢"。

从佩珀公司的分销实践中，我们也可以看到渠道成员间合理分工的重要性和意义。在企业的渠道运作中，为了提高分销渠道的质量和效率，生产商应从团队的角度来理解和运作厂家与商家（批发商、零售商）的关系，以协作、双赢、沟通为基点，根据各自长处、优势来对渠道成员的职能进行合理的分工，并加强双方的沟通与合作，使之能避免因职能上的重复而造成资源浪费，从而保证渠道的畅通高效。

这种合理分工的价值主要表现在：①降低成本。通过合理分工，各自负责其擅长的渠道职能，可以促进渠道成员运用各自的核心能力，发挥各自的优势来降低成本。②共享信息。信息在创造并维持渠道的竞争优势方面起着重要的作用。通过合理分工形成一条无缝分销渠道，使成员之间能够通过相应机制，部分或全部地共享信息，使每个渠道成员都能获得更多的信息，更接近和了解消费者，从而更好地满足他们的需求。③分享对方的企业能力，实现企业能力的递增收益。合理地进行渠道成员的分工，是从团队成员的角度来理解彼此间关系，使成员之间可以彼此借用对方的企业能力，分享对方的企业能力，从而在一定程度上实现企业能力的递增收益。④维护成员利益，激发成员积极性。让中间商分装公司产品，一方面维护了中间商的业务利益，另一方面使分装公司把产品视为己出，即使中间商同时分销其他饮料，也把佩珀公司的产品看作最佳品牌的饮料，进而以各种手段积极促销、配发公司产品。

9-5　上海菊花集团公司改革分销渠道结构的尝试

本案例讲述的是上海菊花集团公司（以下简称"菊花"）分销渠道结构改革的故事。它告诉我们分销渠道设立和管理的操作。"菊花"的做法或许值得借鉴，或许还存在一些问题。

1996 年 5 月的一天。上海某大商厦三楼服饰城。

典雅明亮的大厅里，各色品牌的内衣专卖柜纷纷亮相。不同品牌的专卖柜，柜台的色调、样品的摆设各不相同，呈现着不同的风格，招揽来自全国各地的顾客。

与平日一样，店堂里的顾客络绎不绝。在柔和优雅的音乐声中，大家在不同的品牌柜台前转来转去，看来看去，比来比去。

此时，"菊花"内衣专卖柜前来了一位山东汉子，开口向"菊花"营业员说道："小姐，我需要买 100 件内衣。我知道你们'菊花'和对面的'三枪'都是内衣产品中两个有名的牌子，你自然会说你们的产品比'三枪'的好，那能不能请你说说你们的产品到底好在哪里？如果能说得让我心服，我就全部买你们'菊花'的内衣。"

"菊花"的营业员面对这样一位来势不凡的顾客，稍稍顿了顿，随即从容不迫地答道："'三枪'和'菊花'一样，都是全国著名的品牌，他们的产品也很不错。但是，我们'菊花'的产品有自己的特色，我们的针织品从 30 支到 120 支的都有，支数表示纱丝的细度，支数越高表明纱丝越细，只有我们'菊花'的针织品能达到 120 支的细度，因为我们是拥有棉纺、针织、漂染、成衣的全能针织厂，能对棉纺这道工序进行控制，从而控制纱丝的细度。而其他针织厂的生产工序只从纱到成品，对精品纱的要求不可控。虽然'菊花'现有产品已经具备支数高、纱丝细、透气性好等各项优良性能，但我们公司仍然很注重技术改造与新产品开发。目前已形成了棉毛、汗布、螺纹家居休闲服、沙滩装、T 恤衫、蒙泰丝、柔暖衫等系列产品……"这位"菊花"的营业员一边不厌其烦、有条不紊地向这位客人解说着"菊花"内衣的特色，一边从柜台里拿出各种规格、系列的样品向客人展示着，直说得这位客人由衷地连连点头，当即拍板道："中，我不用跑其他的店，也不用比较其他的牌子了，我就要你们'菊花'内衣了。回去后，我还要向同事、亲戚朋友宣传介绍你们的产品。"

这是一个关于"菊花"品牌和"菊花"人的真实的故事。像这样的"菊花"人使"菊花"产品在林立的内衣品牌中脱颖而出、绽放异彩的故事还有很多很多。这些故事就发生在"菊花"自 1996 年分销渠道结构改革后的几年里。在这些小故事背后隐藏着一个大故事。

"菊花"的核心企业——中华第一棉纺针织厂（中华一针）创建于 1914 年，是中国针织业历史悠久的国货制造厂，位于上海杨浦大桥内侧，占地 31 683 平方米，现有在岗职工 1 415 人，是一家拥有棉纺、针织、漂染、成衣的全能针织厂，列为上海市大型国有企业。它生产的"菊花"牌内衣是上海市优质产品和名牌产品。

"菊花"从作为一家民族资本企业被创立，到 20 世纪 50 年代经受国有化改造，随后又经历了 20 世纪 80 年代计划经济到市场经济转轨和 90 年代国有企业改革，虽然经过了多次重大转型，但它的生命力一直在顽强地延续。到 20 世纪 90 年代中期，它又面临着一场生与死的考验。进入 90 年代以来，纺织行业每况愈下，国有纺织企业更是举步维艰，"菊花"在市场上面临着两大挑战：一是随着生产规模的发展和市场供求关系的变化，总量过剩的特点日益显著，针织服装市场疲软，竞争日趋白热化，受到其他国有优势企业和合资企业产品、进口名牌产品及乡镇企业低价产品的多路夹击。二是随着市场体系的发育，原有商业业态发生了很大的变化，上海乃至全国的批发市场全面萎缩，中华一针以批发为主的分销渠道严重受阻。在以往的计划经济体制下，产品分销渠道以国有批发企业为主。由于一贯按照计划行事，"旱涝保收"，企业大多缺乏市场竞争意识与市场营销观念，而一旦经济转型，它们一时间就不能适应，导致分销渠道全面萎缩。此时，无数以批发为主要分销渠道的生产企业受到拖累，产品销售受到巨大的冲击。不仅如此，由于当时国有批发企业的竞争能力很差，大量商品销售不出去，拖欠生产企业货款的现象十分严重。这又使生产企业的大量资金不能回笼，流动资金短缺又不能开工生产，只得让机器设备闲置。在重重压力之下，"菊花"当时处于外忧内困的情形之中：生产没有方向，也没有资金，全厂 1 000 多名职工不得已赋闲在家、停工待产。一时间，士气涣散，员工怨声载道。"菊花"人感到无比困惑。现在回首那一段时期，"菊花"人不无感慨地说："当时，大家都感到很迷茫、很困惑，怨天尤人，其实主要是自己的观念没有立即跟上形势的变化。体制改革后，市场形势已逐步发生了很大的变化，从'商品订货会'的情形来看就能明显地感觉到这一点。"商品订货会是改革前计划销售的主渠道。以往前来看样订货的经销商约 90% 是批发商，零售商只占 10% 左右；到了 20 世纪 80 年代后期，订货会的性质慢慢发生了变化，名义上还叫做"订货会"，但其实更像是展览会。虽然也签订合同，但合同履约率很低，而且订货的主要是零售商，不再是批发商。所幸的是，"菊花"的领导层并没有长久地陷入困惑中，或等着别人来救自己，他们觉察到了市场形势的变化并调整思路以适应形势。

在生死攸关之际，企业领导对内部销售部门进行改革，提出"重组销售人员，重建销售网络"的营销策略。这是一次意义深远的改革。它使得"菊花"在针织品市场整体处于颓势时，仍呈现销售量持续增长、经济效益连续攀高的强劲态势：1995 年无税销售额为 1.86 亿元，利润为 1 016 万元；1997 年无税销售额为 2.62 亿元，利润为 1 097 万元；1998 年销售额达到 3 亿元，在消化各种成本增加因素后利润预计达 1 200 万元以上（见下表）。

菊花改革前后几年的效益指标（单位：万元）

年份	无税销售额	销售额增长率	利润	利润增长率
1995	18 600	（基年）	1 016	（基年）
1996		（改革年）		
1997	26 200	41%	1 097	8%
1998	30 000	61%	1 200	18%

分销渠道改革不仅使菊花的经济效益大幅度增长，而且也使市场份额有了明显的扩大：市百一店是上海著名的百货商场，在1996年"菊花"分销渠道改革前，"菊花"内衣在该店的冬季销售额仅为"三枪"的1/3；到1999年10月份为止，"菊花"内衣在该店的销售额已为"三枪"的85%~90%。另外，在市百一店、华联等几家有代表性的商场里，"菊花"、"三枪"与"宜而爽"这三个最知名的内衣品牌销售额的排名过去为："三枪"、"宜而爽"、"菊花"，目前的排名已变为："三枪"、"菊花"、"宜而爽"。

可见，这次改革改变了"菊花"的市场地位，也挽救了整个企业的命运。所以，"菊花"的这场改革及其绩效令人瞩目，值得探讨其做法与经验。

"菊花"的改革举措，按照企业当时的说法就是"重建销售网络，重组销售人员"。这两句话虽然语不惊人，貌似平淡，但其中的内涵是极其丰富的。"重建销售网络"是指改变企业原来的单一传统批发渠道模式，设立中华一针销售公司，下设各地的销售公司负责各地的区域批发和"直销"。各销售子公司经工商注册为独立法人的市场实体。除市内子公司负责上海及周边地区的"直销"外，五大城市的销售公司负责对重点地区的批发。

"菊花"的"中华一针销售组织网络"用营销学的术语讲即分销渠道结构，其蕴涵的变革主要有以下两点：

（1）废除原来的销售科，成立销售公司及下属公司。这不仅仅是做销售单位名称上的改变，前后两种销售单位的运作方式及激励、约束机制都发生了很大的变化。首先，这是由计划经济体制下的"坐商"到市场经济体制下的"行商"的转变。原来的销售科一个科室充其量不过十来个人，销售人员最多只是出差到外地接洽一下业务，不可能常年驻扎在外地，随时随地了解行情，也不可能为客户提供及时的服务。销售公司成立后，由于在各地设立了公司与办事处，公司可以及时掌握当地的销售动态与消费者的反馈信息，从而能够有针对性地进行生产，并且能够保证售后服务。简言之，它能做到向外出击、跟踪管理。销售公司独立进行核算，一切费用由自己承担，为了消化费用就不得不一方面节省费用，另一方面尽最大的努力来提高销售额。这样就克服了原来销售科对企业的依赖性与惰性。因此，不难看出，中华一针此举的立意是将原来的销售部门推向市场，启动市场经济体制的激励机制与约束机制，激发销售潜能，从而尽力将其产品推向市场。所以，首先是销售部门运作的市场化，进而达到企业的市场化。此举反映了在转轨背景下，中华一针市场意识的增强：一方面意识到"短缺经济"已经过去，买方市场逐渐形成，竞争日趋激烈。一个企业的产品能否占有市场对企业而言是至关重要的，所以，必须由以前的"坐商"改为"行商"，由"生产主导"观念转变为"市场主导"观念，将原来的销售部门分离出去，成立专门的销售公司，体现其开拓市场的决心；另一方面，将生产与营销这两大职能进一步分离，并分别按照市场机制运作，旨在明确分工、提高效率。

（2）销售渠道由原来单一的传统分销渠道变为双重分销渠道。原来单一的传统分销渠道是指产品从企业流向若干一级批发站，再由一级批发站流向若干二级批发站，再流向三级、四级批发站，再到各个零售点，最终到达消费者手中。改革后的分销渠道除了保留原来的批销渠道外，还增设了"直销"渠道。这里的"直销"，特指百货商场的专卖柜形式。此外，销售渠道结构中所保留的批销渠道，也不再局限于传统的批发，即不仅经由经销商批发，也可以经由代理商、超市等各种类型的中间商来批发。

"重建销售网络"，必然要"重组销售人员"。既然要重建销售网络，突出市场营销功能，加强市场营销的组织机构，就必须解决扩充营销人员的问题。这里特别值得一提的是，在解决营销人员的问题上，"菊花"不是从企业外部招聘营销人员，而是采用"一石二鸟"的做法，将生产线上的富余人员剥离出来，推向市场销售第一线，既解决了下岗、准下岗人员的再就业问题，丢掉了生产线上的包袱，又解决了营销人员不足的问题。从劳动力资源利用的角度讲，生产线上的冗员几乎是一种完全的资源浪费，而转岗到销售后，先前完全没有利用的能量现在可以不同程度地利用起来，为"菊花"分销渠道结构改革的成功提供了保证。因此，"菊花"实行这一企业内部劳动力结构的调整与转换，既是不得已而为之，又是主动适应市场化改革的积极步骤。

讨论分析题：

请对新分销渠道的结构进行分析及对其绩效进行评价。

案例解读

　　从本案例所讲述的故事和"菊花"1996年前后的历程看来，"菊花"从1996年以前面临市场困境到此后市场销售量和利润的节节攀升，不断赢得市场，证明重视市场营销和改革分销渠道是正确的，各项举措是有效的。下面列举分析。

　　（一）由单一批销渠道向双重分销渠道的转换

　　改革开放以来，中国企业营运的基本背景是计划经济体制向市场经济体制转轨。在这一背景中，企业的行政束缚在减少，但面临的市场风险在增长。从企业营销的角度看，采用单一的渠道不利于分散风险。所以要分散风险，如同投资多元化一样，销售渠道也要多元化，即采用多种类型的分销渠道。"菊花"在1996年以前一直沿袭计划经济体制下单一的传统批销渠道。在激烈的市场竞争中，单一渠道的缺陷日益显露：这种模式僵化，缺乏灵活性，不可能适应复杂多变的营销环境，一旦出现问题，就会使企业的整个销售陷于瘫痪，甚至出现失去整个市场的危险。"菊花"的分销渠道在1996年以前就出现过这类险情。20世纪90年代初，由于市场体系的发育，原有商业业态发生了很大的变化，上海乃至全国的批发市场全面萎缩，"菊花"传统的以批发为主的单一分销渠道严重受阻，产品销售告急。幸而"菊花"转换较快，在1996年的改革中增设了终端卖场——专卖柜这一"直销"渠道。用营销学的术语来讲，"菊花"此时的分销渠道结构属于"双重分销"。双重分销有两种类型。美国前商务部长助理查德·赫尔顿曾给两种类型的双重分销下过定义：第一种双重分销，是指生产商通过两条以上竞争的分销渠道销售一种商标的货物；第二种双重分销，是指生产商通过两种分销网销售两种商标的基本相同的产品。"菊花"的分销渠道结构属于第一种定义的双重分销：在全国各大中城市及上海市郊、沿海较发达农村销售时，采用的是专卖柜形式；将"菊花"产品渗透到全国各地中小城镇、农村时则采用批销渠道。

　　采用双重分销是"菊花"1996年分销渠道改革的核心所在。它使"菊花"整个分销渠道的灵活性、适应性大大增强，并取得不俗的绩效。若"菊花"采用单一的批销或单一的"直销"渠道，都将会使其市场绩效下降甚至全面败退，原因就在于批销渠道与"直销"渠道有各自的优缺点，也有各自的适应性。面对复杂多变的市场营销环境，特别是在中国的经济转轨时期，许多制度都不完善，许多因素都不确定，企业适宜采取双重分销渠道或多重分销渠道。

（二）品牌专卖柜——一种新的"直销"方式

"菊花"在原有的批发渠道基础上增设的"直销"渠道主要是指专卖柜的方式，即在各大商场设立品牌专卖柜。将这一分销渠道模式称为"直销"是有道理的，因为它符合营销学对"直销"的定义。首先，在这条渠道上没有经过任何中间环节，由"菊花"的销售公司自己在各大商场设立专卖柜台，其交易过程是"菊花"的销售人员与消费者直接面对面的交易；其次，"菊花"只是借用了零售商场的场地，企业与零售商之间不但没有发生货物所有权的转移，零售商甚至都不代理商品的销售，专卖柜台的硬件、销售人员都由企业自己配置，柜台的风格也由企业自己设计定夺，企业与零售商之间只存在场地租用的契约关系，以及在此基础上的利益分配关系。

品牌专卖柜最早在中国特大城市的大商厦亮相，大约是在 20 世纪 80 年代末 90 年代初，它也算得上是百货公司物品摆放、柜台布局的一次革命。它一改过去零售商场里不论厂家品牌，将所有牌子的同类商品统统摆放在同一个封闭的柜台里的情形，而是将同类商品的不同品牌区分开来，用单独的一个柜台专门摆放同一个品牌不同规格、系列的产品，甚至拿几个柜台展示同一个品牌的产品，组合成一个相对独立的品牌空间，商场的店堂则被分割成一个个风格不同的品牌空间。迄今为止，品牌专卖柜的形式在我国大中城市的大商场里已开始普及，服装、化妆品等商品的各大品牌也纷纷采用这种方式。

终端卖场专卖柜的出现，主要原因是消费者品牌意识的增强。与传统的批发经销相比，它具有以下五大优点：

（1）提高资金的时间价值，资金的风险较低。在销出产品的同时即回收资金，加快了资金周转。而在批发分销渠道中，铺底资金呆滞、资金回笼迟滞的风险难以回避。"菊花"在 1996 年增设专卖柜这一分销渠道后，1997 年资金回笼率即达 90%，1998 年达到 95%。上海纺织业 1997 年资金周转次数为 1.21，针织行业同期资金周转次数为 1.1，而中华一针的资金周转次数达 1.48。

（2）既是一种销售渠道，同时又伴生着巨大的广告效应。它是一种柜台广告，即营销学上的 POP 广告（Point porchase）。专卖柜成为"菊花"品牌形象的窗口，这种广告形式向消费者传递的信息最直接、最具体、最完整、最有拉动力，不像在间接分销渠道的中间商环节中那样多种品牌混杂在一起。因此，品牌专卖柜是投入产出较为有效的广告。

（3）最快获得消费者对产品的需求信息。在批发分销渠道的模式中，企业与消费者之间隔着中间商，信息在企业与消费者之间的传递难免失敏与失真。

（4）随着专卖柜增多、"直销"面铺大，形成了规模效应，在赢得良好的经济效益的同时又赢得了无形资产——产品品牌与企业形象。

（5）没有任何中间环节，这种销售渠道的长度比批销要短得多，同时，商品抵达消费者手中也要快得多，大大缩短了商品流程。

可见，与传统的批发渠道相比，品牌专卖柜模式在货物流、资金流、信息流上都能提高效率。它最大的优点在于，由于越过了中间商环节，节省了中间流通费用，从而能将更大的利益转让给最终消费者。

专卖柜模式是颇具生命力的。在 1996 年（"菊花"分销渠道改革的当年），市内销售分公司在主要商业街区就已有 32 个专卖柜。他们随即又看到了市区新兴大商厦和市郊商业中心的潜力，于 1997 年提出"立足市区，扩散市郊"的策略，选择、开拓新的零售网点，该年新增专卖柜 118 个。1998 年，分公司进一步提出"辐射江浙，面向华东"的市场拓展策略，于 1998 年头 8 个月在江、浙、鲁等地区又新设了 200 多个专卖柜。随着专卖柜的增加，由此获得的销售额也连年攀升：1996 年"直销"销售额为 580 万元，1997 年增为 1 300 万元，1998 年达到 2 000 万元。

专卖柜"直销"的业绩为中华一针实现 1998 年主营利润 1 200 万元的目标打下了坚实的基础。它实实在在地吸纳了中华一针近 10% 的产品，有效地降低了中华一针的经营风险和压力。"直销"为"菊花"赢得的利润，使"菊花"在未来一定的时期内更坚定地采用、增扩专卖柜这一渠道。据此预测，随着品牌竞争意识的日益增强，在未来一定的时期内，会有更多的企业更多地采用品牌专卖柜这一形式的分销渠道。

（三）传统的批销渠道仍具有生命力

在"菊花"调整、改革后的分销渠道结构中，专卖柜好比一支生力军，规模不大但短小精悍，犹如一把轻巧的钥匙，打开了"菊花"所面对的僵滞的市场，为"菊花"在纺织品市场上重振雄风立下了汗马功劳。但值得注意的是，专卖柜方式的"直销"渠道只是"菊花"双重分销渠道的一种，它的功劳并不能淹没批发分销渠道的业绩。用营销学原理来分析，专卖柜不可能完全替代批发分销的功能。作为一种传统的销售渠道，批销有很多"直销"不具备的优点。

（1）批发的基本功能是：减少交易次数，节约交易费用，提高交易效率。

（2）批发的渗透力强，能到达城市下面的县、区和乡镇。不断地铺设专卖柜，可以形成一定的规模，但它仍然只是局限于大中城市，仍然属于点上的操作，而无法渗透到大中城市以下的广大中小城镇与农村。因此，需要批发分销渠道一级批发、二级批发这样一级一级地渗透下去。

（3）企业再大，其资源也是有限的，只能借拳出击，凭借外部销售网络。铺设专卖柜需要铺底资金和营销人员的投入，而再大的企业，其资金、人力资源都是有限的。然而，潜在市场是巨大的，所以要想占据市场，需要借助中间商的销售资源与网络。

以上是批发分销渠道特有的典型功能，是直销渠道所不能具备的。不仅如此，随着经济的发展、时代的变迁，传统的批发渠道自身也在不断变化、革新。例如，批发渠道上的中间商出现了新的类型，除了原来的经销商外，又出现了代理商。目前，较为先进的中间商形式是总代理的形式。总代理与一般意义上的代理是有区别的。一般意义上的代理与生产企业之间的关系只是一种代理关系，是在商品售出后才将货款付给生产商；总代理则是一种完全意义上的代理形式，它是买断商品经营权的，商品包装、定价、分销等整套运作完全由总代理执行。对生产商来说，总代理买断商品后，就不存在资金占用问题了。许多大型的跨国企业在东道国开拓市场时都采用总代理的形式。目前在我国国内，总代理这一中间商形式总体上虽未形成规模，但也开始有了初步的发展。

此外，某些大型仓储式超市除了具备零售功能外，还兼具批发功能。这样，中间商类型的增多，扩大了企业对间接销售渠道上中间商的选择范围与灵活度。从"菊花"的分销渠道结构看，间接销售渠道仍占有相当大的比重。其销售额占整个销售额的 60% ~ 70%。在"菊花"开拓市场的策略中，仍将较多的人力与资金投放到建立新的间接销售渠道上，并开始较多地选择代理商、超市作为它的中间商。例如，"菊花"已开始在浙江义乌这一全国最活跃的商品集散市场物色代理。义乌市场大多为个体经济，要从中挑选出有实力的作为自己的代理并不难。"菊花"就在那些实力已得到政府认可的个体经济中挑选自己的合作伙伴。这些个体代理商在过去原始积累阶段大多经营劣质商品，如今有了市场，有了钱，开始讲求文明经商、改变自己的形象，手中只缺有信誉的品牌。依靠这些有实力的个体代理商，确实能促进产品在农村的批销。

从"菊花"的实例和以上分析可见，间接销售渠道仍具有强大的生命力，它将不断地自我完善与发展。

（四）营销人员是成功的分销渠道的最关键因素

如前所述，品牌专卖柜并非"菊花"专有，至今已为各大品牌仿效、采用。但为何"菊花"在各大商场同类产品专卖柜销量排行榜上却名列前茅呢？关键在于"人"的因素。营销人员是市场营销各种资源中最关键的因素，"菊花"营销人员上的差别优势是"菊花"决胜市场的关键。我们通过比较"菊花"与其竞争对手在"直销"渠道上的营销人员构成，会发现它们的人员在来源上有明显的不同："菊花"新建的专卖柜上，现有营销人员262人（包括业务员、柜台营业员），除了5人为中华一针在册职工，负责管理、统计工作外，有63人是中华一针的下岗、转岗职工，还有134人是业内、系统内下岗和提前退休的职工，即75%以上来自纺织企业剥离的冗员。三枪专卖柜上自己的营业员很少，只有50人左右；宜而爽的营业员则全是招聘的。那么，为什么营销人员的来源不同，会在市场绩效上产生巨大的差异呢？这是因为，营销人员的来源与营销人员的工作热情、积极性有很大的关系。如上所述，"菊花"专卖柜上的营销人员有75%是来自生产线上的冗员，由这部分特殊人员所构成的营销队伍，具有以下差别优势。

（1）从内心情感上讲，一方面职工对企业本来就有强烈的依附感、归属感和强大的向心力，他们热爱"菊花"，对企业有深厚感情，特别是专卖柜销售人员直接代表着企业形象，有着与"菊花""一荣俱荣、一损俱损"的强烈责任心与荣誉感。漂染车间的小魏，分配到市百一店当营业员后，刻苦钻研业务，工作勤勤恳恳，营业额不断创新高，连续四个月独占市百一店同类商品销售额第一。商店老总称她为"菊花"的象征。现在她已当上南京路、淮海路一带的业务员。另一方面，这部分人员若不是转岗到销售线上的话，十有八九已经下岗，因此他们格外珍惜企业提供的这样一个再就业的机会，甚至产生了"感恩戴德"的心理。他们绝对能吃苦耐劳，对工作孜孜以求，甚至愿意为集体的利益牺牲自己的利益。在宝钢百货商厦工作的两名营业员，为了顾客需要的一件产品，利用双休日专门回厂提货。为了满足客户的需要，骑着自行车跑遍整个宝钢地区补足货源。商厦老总们说："'菊花'专卖柜的营业员比个体户还卖力！"这种将自己的命运与企业的命运紧紧维系在一起的感情，是任何物质的手段也获取不到的。正是这样一种情感激励因素，形成了"菊花"与其他竞争品牌的营销人员在工作热情及工作绩效上的悬殊。

（2）从客观上讲，从生产线上转岗过来的营销人员要比外聘的营销人员更了解产品的技术、做工、质量、品种、规格，就像案例开头所讲的那个故事中的"菊花"柜台营业员，介绍"菊花"品牌的产品如数家珍。这一点也是"菊花"营销人员差别优势的体现。

当然，转换岗位绝非说起来那么简单。首先，来自生产线上的工人文化素质低，尤其是营销知识、业务能力欠缺，其间的转换过程对企业和职工来说都是艰难与痛苦的。这里有这样一个感人的故事。有一次，设在虹口商厦的专卖柜接到一笔较大的团体采购业务，客户付了订金后，讲好两天后取货。不料，取货前夕，业务员小杨发现商厦内商品的货号和颜色发生变化，这怎么办？小杨急得连忙打电话给吴经理。经理当时回答得很简单：自己想办法调剂解决。这天是休息天，小杨的丈夫正好出差在外，小杨带着女儿，从南京路走到四川路，一家家专卖柜联系仍无着落，累得腹饥腿软，筋疲力尽。她再次向吴经理诉苦求援。吴经理在电话里听着她的哭诉，也听到了她女儿的哭叫。当时，吴经理咬咬牙狠狠心命令她：这是业务员的职责，必须自己解决。同时他赶到厂里调兵遣将，把难得休息在家的其他业务员招来分头行动。经过多方努力，货终于配齐了，客户满意而归，但辛苦劳累了一天的小杨，却还是在工作例会上受到批评，因为作为业务员，自己的工作应该自己完成。从那以后，小杨工作格外仔细认真，她管辖的"菊花"专卖柜从原先的 5 个增加到 36 个，营业额名列前茅，被评为最佳业务员。同小杨一样，绝大部分转岗职工经过厉兵秣马之后，由不懂扣率、不会开单的"生手"，逐步学会了营销的"门道"，成为优秀营业员。有些电梯工、炊事员、托儿所阿姨成长为管理 30～40 个专卖柜或一个省区的业务员。

总之，"菊花"的这种重组销售队伍的做法，实际上是企业内部人力资源结构的调整与转换。它既解决了再就业问题，消化了生产线上的包袱，又解决了营销人员短缺的矛盾，更无意中形成了对营销人员最有效的激励，可以说收到了意想不到的效果。"菊花"这一举措堪称巧妙，有值得借鉴的地方。

案例的启示

"菊花"1996 年分销渠道改革留下了很多有趣的话题供我们讨论。若对此作进一步的思考，还可得到很多的启示。

（一）双重分销渠道的乘数效应

通过案例分析可见，"直销"与批销渠道具有不同的功能。但这两种渠道所发挥的功能并非单列、分离的，两者是功能互补的，不但互补，两者并用还会产生乘数效应。两者功能互补、乘数效应的机制可以这样来说明：一旦品牌专卖柜的铺设达到一定规模之后，就会伴生巨大的广告效应，在消费者心目中树立起良好的形象与地位，这实际上也是一种无形资产。企业拥有了这样的无形资产，就不难与具有良好经销能力的中间商建立合作关系，甚至许多中间商还会主动寻上门来，企业能够建立起更广阔的销售网络。这样，品牌专卖柜就如同一把金钥匙，每建立一个点，在取得直接经济效益的同时，还开启了当地更大一片市场。两种分销渠道之间作用的传递，直到销售额的增长，不妨称之为品牌专卖柜的"乘数效应"。简言之，这一效应是以"直销"启动市场，带动批销，再由批销扩散，直至获得更大的市场份额。

由此可见，在转轨经济背景下，企业采用双重分销渠道或多重分销渠道，不仅仅是出于分散风险的考虑，也不仅仅是因为不同的分销渠道有不同的功能，它还具有一个潜在的优势，即两种或多种分销渠道并用，能够功能互补，产生"1＋1＞2"的"乘数效应"。

当然，要获得不同渠道的乘数效应有一个前提——良好的渠道控制。因为受利益最大化的驱使，不同渠道上的主体可能会采用价格战等手段，致使不同渠道的功能不但不能互补、产生"乘数效应"，甚至还会相互抵消，产生负效应。要避免渠道之间的恶性竞争，生产企业需制定正确的价格策略。例如，产品"直销"的价格必须高于出售给批发商的价格，给批发商留下获利空间，批发商才有利可图。

要发挥两种分销渠道的乘数效应，还必须有效地设计渠道结构。设计渠道结构，不仅要合理地分配两种渠道的比重，更重要的是，要谨慎地考虑两种渠道各自适用的空间。适用空间是由商品、市场等多重因素决定的。

（二）两种分销渠道各自适用的空间

"菊花"生产销售的是针织内衣与服装，选用的是间接分销渠道与品牌专卖柜这一特殊形式的直接分销渠道。这两种渠道各自的适用空间受到以下环境因素的影响：

（1）社会文化环境。包括一个国家和地区的社会习俗、生活方式，消费者的思想意识、时尚爱好等。在消费者品牌意识强的地域，适宜用品牌专卖柜的分销渠道，而在品牌意识还很薄弱甚至尚无品牌意识的地区，则适宜批发。若在这种地区设立专卖柜，则投入产出比很低，收不到应有的效果。

（2）经济环境。主要是指一个地区的经济发展水平、人均收入水平和消费水平。品牌专卖柜适宜在经济发达和较发达地区，如大中城市及沿海较发达地区的城镇，而在经济欠发达地区还是采用批发渠道为宜。

（3）竞争环境。主要考虑竞争企业的分销渠道。企业在面临竞争时有两种基本选择：一是跟竞争对手采取一样的分销渠道，但必须比竞争对手做得更好；二是可以作出与竞争对手不同的业务行为。如日本的手表开始打入美国市场时，一反欧美手表通过百货商店、珠宝商店销售的传统渠道，而是采用由众多杂货店、折扣商店这种面向广大低收入阶层的分销渠道，从而取得了成功。

对"菊花"来说，在今天这个品牌消费时代，在品牌专卖柜越来越普及的情形下，它应该迅速采用这一形式的分销渠道，否则就会丧失大量的客户。

（三）重视营销渠道中"人"的因素，重视对营销人员的有效激励

这一问题包含两个要点：

（1）人力资源是成功的分销渠道乃至成功的市场营销最关键的因素，若营销人员对工作没有热情与积极性，再完美的分销渠道也不能发挥功能。

（2）既然"人"是最重要的因素，那么如何有效激发营销人员的主观能动性，也就显得至关重要。在"菊花"案例中，企业内部劳动力结构转换的做法，不管事先是否意识到，起码在客观上激起了员工发自内心的工作热情，取得了良好的市场绩效。当然，不可能所有的企业都生搬硬套地仿效"菊花"这一做法，但这一做法至少告诉我们，精神激励是一种更深层次的激励，其效果有时比物质激励更有效，仅有物质激励并不能达到预期的效果。为什么在个人收益与企业效益直接挂钩的激励制度下，表面上奉客户为"上帝"，但实际中怠慢、冷淡甚至侮辱客户的情形仍屡见不鲜呢？主要就是这个道理。

9-6　窜货事件的解决

接到山东分公司销售总监赵常打来的窜货投诉电话时，新月啤酒集团营销总经理李斌

正在办公室里处理另一起窜货事件。

电话里，山东分公司怒斥江苏分公司的跨区窜货行为，言语间几乎都是对方的过错。放下电话，李斌点燃了一支烟，他知道，一场很难扯清、很难决断的"多头官司"开始了。

山东分公司地处鲁中区域，由于受当地青岛啤酒及一些地产品牌的冲击，属于收购厂的山东分公司基本上局限在本地区销售，并且销售较好的，也就是该地区的几个县。前几天，该分公司的一个区域经理，还在电话里越级投诉该区域窜货处理不力的事情，没有想到，自己的窜货事件都没有得到完全解决的分公司，竟然又投诉兄弟公司。

对于屡见不鲜的窜货问题，李斌向来都是谨慎的。他知道，如果处理不好，事情将变得极为棘手而难缠，甚至还有可能导致事情恶化。于是，他决定先给江苏分公司的销售总监张伟打个电话。

电话那端，张伟好像知道窜货的事情，沟通当中，不仅没有一点犯错误的感觉，而且对于山东分公司的做法似乎还有一种揶揄的味道。

"李总，其实您也清楚，江苏分厂投产时间不长，正处在一种快速布局网络的时候，大家信心百倍，都想在最短的时间内开发更多的市场。其实呢，这次窜货也不是故意的，而是两省交界处的一个大客户经销商自然分销到山东地盘的。据我所知，所窜货的市场销量一般，品种也不一样，其实影响不大的，他们的地盘小，又不主动出击，不如让我们先期给他们铺铺路，开发一下，呵呵。"江苏的张伟不仅没有一丝"悔罪感"，相反，话语里还有一种"救世主"的自豪感。

"你这小子别得了便宜还卖乖啊，这件事集团会认真追究的，你别这么张狂啊。"李斌一边"打击"这位属下，一边还不忘让气氛别太压抑。

"好的，好的，愿意领罪，回集团时，我一定好好检讨啊。"张伟还挺"乖"。

"知道就好，等着集团通知吧。"李斌轻轻地放下了话筒。

……

"李总，武汉市区的分销商王六又窜货了，这个月，我们接到了其他分销商5次以上投诉了。如果不能解决好，恐怕市场要出乱子了，我们分公司老总总是一拖再拖，我们做片区经理的没有一点办法呀，可又不能眼睁睁地看着这么成熟的市场死掉。"李斌还没有松一口气，又一个投诉电话打过来了。

"你叫什么名字，负责哪个片区，窜了多少货？这件事情，你要先向你们总监陈总汇报，集团营销管理总部会派人去调查，并严肃处理的。眼下，你们要做好客户的安抚工作，听明白了吗？"李斌一面让其按照投诉流程先找当地分公司老总，一面要求这位经理继续做好市场安抚工作，避免由于窜货而导致市场混乱，甚至发生"多米诺骨牌效应"而一败涂地。

李斌重重地放下电话，露出了一丝苦笑：几乎年年到了旺季时，都会发生大量的窜货事件，看来不重点抓抓就不好办了，如果不能将窜货这种"恶习"消灭在萌芽状态、膨胀状态，防患于未然，那么接下来有关窜货扯皮的事情会越来越多。李斌决定采取一种新形式来处理窜货，顺便也开开"杀戒"，通过杀一儆百，不失威严地处理这些窜货行为。

……

李斌随后让销售内勤通知市场督察部部长来见他，在反复给这位部长一番细致的安排后，市场督察部的人员立即奔赴各窜货市场。其实，这是李斌处理市场窜货问题的第一步。任何市场问题的解决，都一定要建立在客观实际之上，否则就难以服众。

按照集团的《冲流货处理流程及规定》，市场督察部在3天时间内，就将这三起窜货事件摸得一清二楚，并拍了相关照片及对接货的二批商的录音进行了备存。除此之外，市场督察部还给出了具体的处理意见。对此，李斌感到很满意。于是，他让内勤通知这三位分公司的老总来集团总部开会，他要把这三件具有典型性的窜货案例，通过过程处理，来为以后相似的问题带来启发和借鉴。

……

内部协调会如期举行，会议开始后，令李斌想不到的是，电话里剑拔弩张的赵常和张伟谈笑风生，好像没有一点间隙，尽管在交流当中看得出来，两人仍然有些心照不宣。

"江苏的货窜到山东的地盘来了，张伟，这是怎么回事呢？"李斌开始装作不知道地发问。

"哦，李总，刚才我们两个已经沟通好了，哈哈，现在没事了，李总。"张伟一脸诡秘。

"那你俩谈谈，我听听。"李斌一头雾水，忙让他们说说怎么回事。

"是这样的，刚才跟赵总交流了一下，我们形成一个这样的意见：已经有客户的区域，我们严格约束客户及下属，保证不再窜货，否则，我们愿意受罚。没有客户的区域，允许他们战略性窜货，但只要有客户合作，他们立马终止，毕竟山东分公司销售区域以及人手有限，先让我们给他们耕耘一下也行，肉烂在锅里嘛，呵呵。"张伟边递给李斌一支烟，边坦白地跟李斌讲。

"那赵常你有意见吗？"李斌问。

"没意见，这是我们商量好了的，我们和平解决，呵呵。"赵常笑着说。

"这样吧，我再给你们提一个建议，你们可以成立一个'边界地区市场开发联合小组'，联合开发交界处的区域市场，具体从哪边发货，看距离哪个分厂更近些，具体到人员销量分配，你们可以五五开，也可以根据贡献度来分，这个具体你们拿意见，这样不仅可以解决窜货问题，而且还能够一盘棋运作，你们看怎么样？"李斌拿出了指导意见。

"好啊，很不错，我赞成。""可行，我们会后再商量一下具体实施措施。"两个人都没有意见。

"这件事情就这样定了，我们再说一说山东分公司一个销售经理越级上诉区域窜货的事情，销售旺季快要到了，打击窜货必须提上日程，否则将后患无穷。山东窜货影响很不好的，并且是越级，这反映出我们的工作还有一定的疏漏。赵常，你谈谈如何处理你们分公司临沂区域内部窜货的问题？"李斌开始"追究"山东分公司跨区窜货的事来。

"这个事情我知道，我是这样想的，准备回去后，重新跟这些区域的经销商一起好好交流一下，再重新划分一下区域，产品采取秘密打码，对于再敢窜货的经销商，一定严惩不贷，我们已经收了经销商的从1万到3万不等的市场保证金，就是为了能够控制市场窜货，只不过，以往我们的心太软了，没有真正地根据窜货规定处罚过，都是大差不差批评警告一下就过去了，还是我们认识不够。"赵常一口气说道。

"可以的，但也要跟你们提点建议，你们分公司运作时间才一年多，刚开始采取了厂家—经销商—分销商—批发商—终端商这种渠道模式，并且，各级渠道商什么客户都做，这就给窜货、倒货埋下了祸根。你们需要在销售较好的区域实施渠道扁平化，优化渠道结构，直接变为厂家—分销商—终端商，采取选择分销，也可以分产品、分渠道运作市场。不然，无法抗击青岛啤酒及一些地产品牌等竞品的打压。当然，刚才你说得对，一定要严格区域划分，同时，对于销量较大的产品品类，你们也可以采取不同的包装，来运作不同的渠道商。但前提是一定要达到一定的销量水准。"李斌谈了他的建议。

"好的，领导说的我记下来了，回去后，就着手安排。"赵常把笔记本又翻开一页后，当场表态。

"最后，我们再来讨论一下武汉市场窜货的事情。武汉市场是集团的重点市场、成熟市场，可现在非常麻烦，窜货问题严重，业务人员和经销商怨声载道，这些都是危险的信号。这个事情，一定要严管重罚，否则，祸害的不仅是渠道商及营销人员的销量，更重要的是会严重挫伤他们的积极性。陈总，你说是吗？"李斌严肃地把目光转向湖北分公司的陈总。

"李总，没有这么严重吧，我怎么没有听到这些？"陈总一脸茫然，好像还有一点不服气。

"督察部小张，把市场上窜货的投诉照片和录音放一下。"李斌安排人员把市场上收集到的照片通过幻灯片进行放映，同时，还把市场走访窜货的录音播放给大家听。

这下，湖北分公司的陈总无言以对了。

"湖北这次窜货的事情这样处理：武汉市区的经销商王六，我已经多次接到有关他的越级窜货的投诉，对于这种屡教不改的窜货者，建议湖北分公司作出解除其合作协议的处理，对于负责该片区的业务主管及当事业务员，给予一定的降级处分及相应的经济处罚。陈总，你管辖的分公司多次出现这种越级'上访'窜货的事情。对此，负有领导责任，经集团营销管理总部研究，给予警告一次的处分，罚款 1 000 元，窜货的事情限期整改。陈总，你有什么意见吗？"李斌问湖北的陈总。

"我接受集团的处理意见，也没什么说的了，回去后，我们好好整顿吧。"陈总一边把 1 000 元现金按要求当场交给集团营销财务人员，一边把李斌宣布的处理意见记在笔记本上。

"那就好，现在大家签一下限期整改通知单吧。"李斌招呼内勤拿来了相关文件。

"窜货是啤酒行业经常出现的老大难问题，不好根治，但一定要重视，我们不能怕出现问题，有了问题，关键是以什么样的态度来对待。回去之后如何去纠偏，只要我们上下一心，各部门齐抓共管，窜货问题就能够得到遏制，市场就会向良性方向发展，我们新月啤酒集团就一定能够在市场上站稳脚跟，就能够做大做强市场。你们有没有信心？"李斌作最后的总结，并大声问大家，这是他一贯的营造气势和气氛的方法。

"有信心，有信心，有信心！！！"大家整齐而排山倒海的声音让李斌很高兴。

"陈总，你呢？表表态。"李斌没有忘了提醒一下，也顺便缓和一下气氛。

"没问题，请集团看我们的表现。"陈总坚定地说。

"好，现在散会，中午我请大家吃顿便饭，你们平时难得回来一趟。今天中午我们好好谈谈心，顺便也品尝一下集团新推出的果啤产品。"于是，会议在轻松的氛围中结束了。

资料来源：

中国营销传播网

讨论分析题：

什么是窜货？窜货行为产生的原因是什么？

案例解读

窜货是商业行为，其目的是赢利。经销商跨过自身覆盖的销售区域而进行的有意识销售就是窜货。

具体来说，窜货是经销商网络中的公司分支机构或中间商受利益驱动，使所经销的产品跨区域销售，造成市场倾轧、价格混乱，严重影响厂商声誉的恶性营销现象。

一、窜货的类型

类型 I：

（1）恶性窜货：经销商为了牟取非正常利润，蓄意向非辖区倾销货物。

（2）自然性窜货：一般发生在辖区临界处或物流过程，非供销商恶意所为。

（3）良性窜货：经销商流通性很强，货物经常流向非目标市场。

类型 II：

（1）同一市场内部的窜货：甲乙互相倒货。

（2）不同市场之间的窜货：两个同一级别的总经销商之间相互倒货。

（3）交叉市场之间的窜货：经销区域重叠。

二、窜货的原因

（1）多拿回扣，抢占市场。

（2）供应商给予中间商的优惠政策不同。

（3）供应商对中间商的销货情况把握不准。

（4）辖区销货不畅，造成积压，厂家又不予退货，经销商只好拿到畅销市场销售。

（5）运输成本不同，自己提货，成本较低，有窜货空间。

（6）厂家规定的销售任务过高，迫使经销商去窜货。

（7）市场报复：目的是恶意破坏对方市场。

三、窜货的表现

（1）分公司为完成销售指标，取得业绩，往往把货销售给需求量大的兄弟分公司，造成分公司之间的窜货。

（2）中间商之间的窜货：甲乙两地供求关系不平衡，货物可能在两地低价抛售走量流转。

（3）为减少损失，经销商低价倾销过期或即将过期的产品。

（4）更为恶劣的窜货现象是经销商将假冒伪劣商品与正品混同销售，掠夺市场份额。

四、窜货的危害

（1）一旦价格混乱，将使中间商利润受损，导致中间商对厂家不信任，对经销其产品失去信心，直至拒售其商品。

（2）供应商对假货和窜货现象监控不力，地区差价悬殊，使消费者怕假货、怕吃亏上当而不敢问津。

（3）损害品牌形象，使先期投入无法得到合理的回报。

（4）竞争品牌会乘虚而入，取而代之。

第 10 章
促 销 策 略

本章提示

促销是企业营销的重要内容，促销策略主要包含人员推销、产品推广、广告、公关、整合营销传播与沟通等方法与手段。良好的促销是保证产品销量及提高产品知名度的重要手段，企业与企业之间的竞争，在产品促销环节往往表现得最为激烈。一般来说，有效的促销是在节约成本的基础上，要求企业尽量把各种促销手段结合起来，这样才能达到最好的效果。公关是企业处理危机事件的重要方法，企业越来越认识到公关的重要性，逐步建立了公关预防和处理机制，以应对公众对企业经营的不利影响。

整合营销传播与沟通（IMC）不等同于广告，它借助大众传媒等各种宣传手段，向外界传达关于企业和产品的一致的信息，使之在目标群体中树立一个深刻而鲜明的印象。IMC 更加确立了"以消费者为中心的市场导向"，这就要求企业的一切活动都必须以市场为中心、以顾客的需要和欲望为出发点，并通过对广告、公关、促销及媒介等各种营销传播载体及其手段进行有机的整合，最大限度地发现顾客需要并设法满足它们，从而实现企业的长期利益。

本章选取了五个案例。案例 1 讲述了香港银行信用卡业务的促销策略，使学生对促销的常用方法有所了解；案例 2 通过福寿仙公司的促销来说明活动促销也可以使默默无闻的品牌在特定的区域市场树立良好的品牌形象，该案例可以增强学生对活动促销、事件营销的了解；案例 3 通过可口可乐公司处理危机的事件说明及时有效的公关在处理危机事件中的作用；案例 4 通过雀巢公司婴儿奶粉危机的经验与教训来说明企业如何应付外部的突发事件；案例 5 通过番禺香江野生动物世界整合营销传播事件来说明整合营销传播与沟通在企业品牌宣传中的作用，增强学生对 IMC 的了解。

10 - 1　香港银行信用卡业务的促销策略

　　在香港有"银行多过米铺"的说法，这并不夸张。香港作为仅次于纽约和伦敦的国际金融中心，在不足1 100平方公里的弹丸之地，云集了来自世界40个国家的数百家银行，其中包括全世界100个最好的银行中的80个国际性大银行，368个授权机构和地方银行代表和近1 500家支行。香港11.6%的人口从事与金融有关的工作，每一个香港人的生活都与银行、金融密不可分。一张小小的信用卡就足以体现这种联系。信用卡为香港人普遍接受并广泛使用，在其生活中占有重要的地位，信用卡业务也自然成为商家必争之物。香港信用卡市场潜力大但竞争者众，为求得生存和发展，各银行积极展开促销手段，金融创新层出不穷。

　　汇丰银行是香港分支机构最多的银行之一，它拥有相当完善的硬件设施。持有汇丰银行的信用卡，可在遍布全球的420万家商户消费，在世界9 000部环球通自动柜员机及全球20万间特约服务机构提款。为了吸引更多的用户，汇丰银行的信用卡还附带了三种额外服务：第一，30天购物保障。使用信用卡所购之物如有损坏、失窃，可获高至3 000港元的赔偿。第二，全球旅游保险。持卡人在旅游期间享有高达200万港元的个人意外保险，包括行李遗失赔偿，法律支援、保障及意外医疗津贴。第三，全球紧急医疗支援。持卡人只要致电就近热线，就可获得医疗咨询和转介服务。同时，持有信用卡可享受租车与多家名店消费的折扣优惠，还可通过积分计划换取香港多家名店和餐馆的现金礼券。所谓"积分计划"，是指每签账或透支现金1港元，对应某一分值，在银行规定的时间段内，凭累积的分数，可免费或以优惠价换取礼品、旅游或奖金。另外，汇丰银行还针对不同的消费群体，以及各个时期的热点采取不同的策略和不同的卡种。例如，为了争取学生这一消费群体，汇丰银行对大学生信用卡采取的策略是免缴首年年费，申请时赠送小礼品。在1998年世界杯足球赛期间，汇丰银行利用这项全球瞩目的体坛盛事针对球迷推出了"世界杯万事达卡"。这张信用卡上印有1998年世界杯足球赛的标志，并邀请球王贝利为其做广告宣传。另外，申请该卡可享受三种优惠：得到现金100元的体育用品名店购物券3张；凭卡在3家特约体育名店消费，享受九折优惠；获取最新的体育资讯。同时也享有30天购物保障，可参与积分计划等。所以，该卡一推出，就受到广大球迷的欢迎。

　　东亚银行是汇丰的强劲对手。在香港地区，东亚推出"世界通"信用卡。持有"世界通"，可在全球有"Visa nterlink"标志的商户直接购物，手续费全免，还可方便地转账给海外的亲友。而在香港大学校园内，东亚银行采取了与汇丰不同的营销策略。东亚银行推出专门针对香港大学生及教职工的信用卡业务：港大智能卡和香港大学信用卡。港大智能卡（HKU Smart Card）最特别的功能是：兼作大学学生证和教职员证。在智能卡上，印有持卡人的照片，在港大校园内及所有 Visa Casb 商户付账时，持卡人无须签名和输入密码，在校外的自动柜员机上也可方便地进行各种操作。东亚银行还针对学生价格弹性大的特点，对学生卡实行在校期间年费全免及积分优惠计划等鼓励措施。另外，东亚银行还与港大合作，为持卡学生提供数项与在港大生活、学习密切相关的优惠。如持有东亚卡，可直接申请体育中心会员证，免缴大学学生会终身会籍会费 800 元；可在办理图书证时节省 500 元押金；申请港大某计算机中心的电脑网络服务年费可获折扣优惠等。为表明银行与港大的相互支持，他们还声明将香港大学信用卡每月签账额的 0.35% 转赠港大"教研发展基金"，以后每年年费 50% 亦拨入该基金。这样，东亚银行便树立起支持教育和与港大水乳交融的公众形象，赢得了港大师生员工的信赖。

香港的其他银行也采取各种措施来推销他们的信用卡。例如，花旗银行迎合香港人中"追星一族"对"四大天王"的崇拜心理，邀请郭富城推出系列广告。只要申请花旗信用卡，除免交首年年费外，持卡还可获赠"98 郭富城演唱会门票" 2 张及"郭富城"腕表一只。这一促销自然得到了"郭富城迷"的热烈欢迎。而大通曼哈顿银行的信用卡则以优先订票（演唱会、体坛盛会、舞台表演）和复式积分（积分采用复式计算）及长达 70 天的免息还款期来吸引客户。

总之，在信用卡促销大战中，消费者们看到的是精美的卡片、诱人的优惠条件、丰厚的礼品和动人的广告词，然而隐藏在其后的却是高超的促销策略和巧妙的金融创新。

资料来源：

中国营销传播网

讨论分析题：

1. 香港各大银行为扩大信用卡业务，常常采用哪些促销策略？
2. 香港各大银行信用卡促销的经验对内地银行具有哪些启示？

案例解读

　　首先，香港各大银行最常用的促销策略是通过降低信用卡这种商品的价格来吸引顾客。顾客用于购买信用卡服务的价格构成包括发卡费、信用卡年费、转账手续费、透支利息、资金沉淀及挂失补卡费等。在激烈的市场竞争中，各银行纷纷降低甚至免交各种手续费以争取客源，最典型的是免费办卡、豁免年费、免费转账等，因此，这部分收入在银行信用卡业务利润构成中的比例有减少的趋势。而降低价格的策略成为最基本的信用卡营销策略。为鼓励消费者的长期消费行为，各银行又推出低透支息和优惠积分计划等措施，以便获得长期稳定的利息收入。更重要的是，借此增加顾客在特约商户的消费，提高了商户佣金这部分收入。这样，商户的佣金在银行信用卡业务利润构成中的比重将会增大，成为银行信用卡业务的利润增长点。

　　其次，各大银行通过完善信用卡基本服务和增加信用卡附加服务来打动顾客。信用卡的基本服务有透支便利、存取便利等特点。在信用卡大战的初期，银行往往在提高基本服务质量上下工夫，如提高 ATM 通存通兑的便利性，增加商户 POS 联网的范围，完善开销户、授权、挂失、补卡服务。但当竞争发展到一定程度后，服务策略就转向增加信用卡附加服务上来，如信用卡附带购物保障、旅游保险、全球医疗紧急支援、优先订票及诸多商户的打折优惠。完善信用卡的各种服务，不仅能使持卡人体会到方便快捷的消费感受，还能使持卡人获得信用卡带来的诸多优惠和安全保障，体现了银行对持卡人的全面照顾。这种富有人情味的服务创新，更能引起顾客的好感，受到市场的青睐。

　　最后，各大银行通过开发针对细分市场的异样化产品，占领特定的细分市场。针对持卡人年龄、职业、收入、爱好等特点，可划分出不同的细分市场，推出具有特殊服务功能的卡种来赢得消费者。如为球迷推出世界杯足球卡，为某一大学的师生推出大学信用卡，为歌迷推出明星卡，这些产品创新都能更确实具体地满足细分市场中的消费者的特定需要，所以更能被这一市场的消费者接受。随着人们生活水平的提高，对商品的个性化要求会越来越高，因此，金融产品的设计也必须从面向诸多存在共性的消费者的大市场转而面向具有鲜明个性和特殊需要的少数甚至个别消费者的小市场，这是金融产品创新的必然趋势。

　　总之，香港银行推销信用卡的手段可谓五花八门，与内地相对沉寂的市场比较，实有天壤之别。有比较才能知道差距。香港社会的经济发达程度远高于内地平均的经济水平，其金融市场也因自由和法制的社会特质而得到充分竞争和全面发展，因此，香港的金融在世界上占据了一席之地。对内地而言，现在的商家应着力开发市场，只有使潜在市场变成现实的消费市场，才有利可图，且是大利。香港的回归带来了两地金融的交流与学习机会，借鉴香港银行业在金融创新上的成功经验显得更为现实和具有积极意义。

10－2　"福寿仙"促销起旋风

　　20 世纪 90 年代，中国市场上最为壮观的景象之一就是保健品的竞争及其广告大战。

众"大腕"动辄几千万，甚至上亿元地往广告上砸，直杀得神州大地硝烟滚滚，烽火连天。有人感叹，在这样激烈竞争的态势下，"每年，没有千儿八百万广告费，别想打响一个保健品的品牌"。

但是，近几年广东保健品市场上却迅速冒出个打得很响但广告却做得不太多的品牌，它就是广州市福寿仙保健品有限公司的"福寿仙天然口服液"和"小精灵菇王口服液"。

"福寿仙天然口服液"是以中老年人为目标市场的保健品，于 1991 年投产，当年销售额 110 万元；1992 年销售额 1 600 万元；1993 年、1994 年连年翻番，1995 年的销售额达到 1 亿元。尽管不断扩大生产，产品仍然年年供不应求。厂家为了保证产品质量，采取限产供应。

在销势劲健的同时，产品的美誉度亦迅速提升。1992 年以来，福寿仙保健品获得过全国消费者最喜爱的优质保健品、国际科学与和平周医疗保健品科技成果金奖、广东省食品行业新产品金奖、中国消费者基金会 1993 年推荐产品、1993 年十强品牌、广东十大名牌保健品等一系列荣誉称号。

1993 年 10 月，福寿仙公司又推出一个以儿童、少年为目标市场的新产品——"小精灵菇王口服液"。这一产品在 1994 年 4 月获得首届世界传统医学大会（美国拉斯维加斯城）颁发的"金杯一等奖"，也是获得这个奖项的唯一儿童保健品。同年 10 月还获得了联合国第四次世界妇女大会唯一指定的儿童专用保健品的荣誉。

广东新闻界人士把上述情形称作"福寿仙旋风"。从营销的角度探寻"旋风"的"风源"，人们将获得有益的启迪。

福寿仙公司在促销中，主要策划了以下三项活动：

第一，赞助科普刊物。几年来，在刊物上发表了数百篇科普文章。这一系列宣传，达到了两个目的：其一，普及了产品概念。福寿仙的两个品牌，都是依靠生物工程这一高新技术开发出来的"多糖"组合产品。"多糖"是一个崭新的概念，但又是消费者很陌生的概念。如果不通过高强度的传播，让广大消费者了解这一概念，市场将无法打开。当然，这一概念也可以通过影视广告方式来推广，但广告推广不仅花费巨大，可信性也会大为降低。其二，巧妙地宣传了产品的疗效。经动物试验与临床验证，"福寿仙天然口服液"有防衰老和抗乙型肝炎病毒的功能；"小精灵菇王口服液"有消食健胃、补脾益气、健脑益智的功能，还具有促进乙型肝炎康复及预防、治疗儿童呼吸道疾病的疗效。但是，按广告法的规定，只有产品批文为"药"字号的才准许宣传疗效，而福寿仙的两个品牌都是"食"字号的，是不允许在广告上宣传疗效的。通过科普文章的"举例式"叙述，则打出了一个又一个巧妙的"擦边球"。

第二，赞助文化活动。福寿仙公司除赞助过纪念何丽芬粤曲演唱会、祝贺粤乐名家何浪萍从艺 65 周年、北京人民艺术剧院赴穗演出话剧《阮玲玉》及 11 岁小女孩朱洁江个人画展等临时性的文化活动外，还长期赞助由北京老艺术家组成的"世纪艺术团"（后更名为福寿仙艺术团）的演出活动。

第三，开展"名人公关"、"高层公关"。福寿仙公司经理张友生有多种头衔，十分引人注目的有老艺术家委员会福寿仙艺术团名誉团长、广东省老干部福寿仙体育舞蹈艺术团名誉顾问、《广州文艺》杂志社理事等。这些团体都是名人云集之处。例如，老艺术家委员会福寿仙艺术团，就有大名鼎鼎的艺术家田华、赵子岳、赵丽蓉等；而"小精灵菇王口服液"的公关工作则做到了全国人大副委员长、中华医学会与世界传统医学会大会名誉主席吴阶平教授和卫生部副部长、世界传统医学大会顾问胡熙明教授的身边。张友生可谓目光远大,用心良苦。

福寿仙公司的活动促销有以下两个鲜明的特点:

第一,所赞助刊物的读者群及所赞助的文化活动的影响面与产品的目标市场高度重合。例如,《岭南松》、《秋光》杂志,老艺术家委员会福寿仙艺术团、广东省老干部福寿仙体育舞蹈艺术团等对中、老年人均有巨大的影响力,与"福寿仙天然口服液"的目标市场高度重合;中国关心下一代工作委员会、广州市小精灵少儿话剧团、广州市小精灵魔术团等对少年儿童有巨大的影响力,与"小精灵菇王口服液"的目标市场高度重合。

第二,福寿仙公司的活动不求表面轰动,而追求细腻的充满人情味的情感沟通。1993年,福寿仙公司与另外两家公司邀请北京"世纪艺术团"的老艺术家来广州演出,但开演前几日那两家公司突然变卦,张友生毫不犹豫地独家承担了全部费用。同年9月,该团在北京"老人节"演出时,又遇到赞助单位变卦的事,张友生又主动解决了燃眉之急。老艺术家们感动不已,赵子岳提议将"世纪艺术团"改名为"福寿仙艺术团"。从此,福寿仙公司沾享艺术明星殊荣,更加熠熠生辉。

目前,福寿仙公司的两个产品,无论其组织思路、生产工艺,还是市场占有状况,在全国同类产品中都是位居第一的。但也应看到,生物工程技术目前发展日新月异,技术的更新周期也在加快。"多糖"技术及其组配,已不是不传之秘。愿福寿仙公司抓住时机,充分发挥"第一"的优势,优化发展战略和传播战略,把区域品牌提升为国家品牌,最终成为国际品牌。

须知,机不可失,时不我待!

资料来源:

销售与市场

讨论分析题:

1. 分析福寿仙公司所进行的一系列促销的特色。
2. 分析福寿仙公司所进行的产品促销的成功与不足之处。

案例解读

在福寿仙的市场开拓中，摆脱了残酷而又昂贵的广告战，其做得最出色的是活动促销。所谓活动促销，英文简称为 EM（Event Promotion），又称为"事件促销"或"盛典促销"，是一种利用话题迅速造势以达到某种促销目的的有力武器。活动促销通常借助话题甚至制造话题，吸引众多的参与者，引发媒体的争相报道和大众的口耳相传，在短时间内炒热某一事件，实现较好的传播效果和迅速提升知名度。这一工具由以往单纯依赖广告的卓越创意而构筑的"单一诉求"，变为综合运用公关（PR）、销售促进（SP）、新闻等促销推广工具，形成"双向"的促销沟通。活动促销，是最贴近消费者的沟通方式，也是当今国际促销沟通的一种趋势。福寿仙公司通过赞助科普刊物、文化活动，开展"名人公关"、"高层公关"等活动，达到了良好的促销效果。这主要也是因为近年来，由于社会上消费意识高涨，消费者对商品的使用价值采取更务实的态度，使得品牌忠诚度变得不如以往那么高。这迫使厂商不得不更重视消费者的满意度及对品牌的态度。这种态势，迫使以广告为主的单向沟通的品牌形象诉求转为更重视品牌与消费者双向沟通的"活动促销"。而"信赖"与"满意"则是品牌与消费者建立友好关系的两大要素。

活动促销使福寿仙公司花钱不多，却取得了惊人的促销效果，使原本默默无闻的品牌以迅猛之势占领了可观的区域市场。当然，活动促销也有局限性，即其传播是区域性的，范围有限。这就造成了"福寿仙"市场的 95% 在广东省内，尽管"福寿仙"这一品牌具有发展成为国家品牌的内质，但从其销售量及覆盖地域来看，它仅仅处于区域品牌的地位，离国家品牌尚存在一些差距。

10 - 3　可口可乐在灭顶之灾中的危机公关

1999 年 6 月初，比利时和法国的一些中小学生饮用美国饮料可口可乐中毒。一周后，比利时政府颁布禁令，禁止本国销售可口可乐公司生产的各种品牌的饮料。

已经拥有 113 年历史的可口可乐公司，遭受了历史上鲜见的重大危机。

在现代传媒十分发达的今天，企业发生的危机可以在很短的时间内迅速而广泛地传播，其负面的作用是可想而知的。短时间内在全国甚至全球范围的影响，必将引起社会和公众的极大关注。稍有不慎，即对企业形象和品牌信誉造成毁灭性的打击，其无形资产将在顷刻之间贬值。这对企业的生存和发展而言都是致命的伤害。

1999 年 6 月 17 日，可口可乐公司首席执行官依维斯特专程从美国赶到比利时首都布鲁塞尔举行记者招待会。当日，会场上的每个座位上都摆放着一瓶可口可乐。在回答记者的提问时，依维斯特这位两年前上任的首席执行官反复强调，可口可乐公司尽管出现了眼下的事件，但仍然是世界上一流的公司，它还要继续为消费者生产一流的饮料。有趣的是，绝大多数记者没有饮用那瓶赠给与会人员的可乐。

后来的可口可乐公司的宣传攻势说明，记者招待会只是他们危机公关工作的一个序幕。

记者招待会的第二天，也就是 6 月 18 日，依维斯特便在比利时的各家报纸上出现——由他签名的致消费者的公开信中，详细解释了事故的原因，信中还作出种种保证，并提出要向比利时每户家庭赠送一瓶可乐，以表示可口可乐公司的歉意。

与此同时，可口可乐公司宣布，将比利时国内同期上市的可乐全部收回，尽快宣布调查化验结果，说明事故的影响范围，并向消费者退赔。可口可乐公司还表示要为所有中毒的顾客报销医疗费用。可口可乐其他地区的主管，如中国公司也宣布其产品与比利时事件无关，市场销售正常，从而稳定了事故地区外的人心，控制了危机的蔓延。

此外，可口可乐公司还设立了专线电话，并在因特网上为比利时的消费者开设了专门网页，回答消费者提出的各种问题。例如，事故影响的范围有多大，如何鉴别新出厂的可乐和受污染的可乐，如何获得退赔等。在整个事件的过程中，可口可乐公司都牢牢地把握住信息的发布源，防止危机信息的错误扩散，将企业品牌的损失降到最低限度。

随着这一公关宣传的深入和扩展，可口可乐的形象开始逐步地恢复。不久，比利时的一些居民陆续收到了可口可乐公司的赠券，上面写着："我们非常高兴地通知您，可口可乐又回到了市场。"孩子们拿着可口可乐公司发给每个家庭的赠券，高兴地从商场里领回免费的可乐："我又可以喝可乐了。"商场里，也可以见到人们在一箱箱地购买可乐。

中毒事件平息下来，可口可乐重新出现在比利时和法国商店的货架上。

从第一例事故发生到禁令的发布，仅 10 天时间，可口可乐公司的股票价格下跌了6%。据初步估计，可口可乐公司共收回了 14 亿瓶可乐，中毒事件造成的直接经济损失高达 6 000 多万美元。

比利时的一家报纸评价说，可口可乐虽然为此付出了代价，却赢得了消费者的信任。

可口可乐公司渡过了艰难的危机期，但是这次事件却远未从可口可乐这样的欧美大公司中消除影响。

前不久，可口可乐的主要竞争对手——百事可乐欧洲总公司的总裁迈洛克斯，给所有的职工发出一封电子信函。信中说："我想强调的是，我们不应将此次可口可乐事件视为一个可以利用的机会，我们必须引以为鉴，珍视企业与消费者之间的纽带。"

企业管理专家汤姆金认为，一般企业处理此类危机正确的做法大体有三步：一是收回有问题的产品；二是向消费者及时讲明事态发展情况；三是尽快地公开道歉。以此对照，可以看出可口可乐公司都做了，但却迟了一个星期，而且是在比利时政府作出停售可口可乐的决定之后。连比利时的卫生部长范登波什也抱怨说，像可口可乐这样在全球享有盛誉的大公司，面对危机的反应如此之慢，实在令人难以理解。

专家还引用了其他著名企业面对危机时的反应，说明及时处理危机的重要性。17 年前，有人想讹诈杨森制药公司，故意将杨森止痛片的标签贴在氰化物上，致使 7 人死亡。得此消息后，杨森公司当即决定，不惜损失 1 亿美元的代价，全部收回市场上所有的此种止痛片，使市场平息下来。另一个例子是烟草公司菲利普·莫里斯。数年前，因为少量香烟的过滤嘴在加工过程中受到污染，引起了吸烟者轻微的咳嗽，该公司立即决定全部收回美国市场上同样牌号的香烟。这两家公司虽然损失不少，但因为处理及时，很快就获得了消费者的理解，利用危机处理，重新树立了公司的企业形象。专家认为，相比这两个例子，可口可乐公司虽然此次处理危机的力度并不弱，但决策节奏显然慢了半拍。

资料来源：

中国营销传播网

讨论分析题：

1. 分析评论可口可乐公司处理在法国和比利时发生的可乐中毒事件的公关做法。

2. 根据可口可乐公司处理危机实践的经验，分析国内企业应如何建立危机预防和处理机制。

案例解读

经营管理不善、市场信息不灵、同行竞争甚至遭遇恶意破坏等，加之其他自然灾害、事故，使得现在大大小小的企业危机四伏。所有这些危机、事故和灾难作为一种公共事件，任何组织在危机中采取的行动，都会受到公众的审视。一个组织如果在危机处理方面采取的措施失当，将使企业的品牌形象和企业信誉受到致命打击，甚至危及生存。

可口可乐公司在中毒事件中表现出来的处理危机的方法，仍有不少可以借鉴的成功之处。例如，它并没有因为自己是全球最大的饮料公司就凌驾于消费者之上，置之不理，而是一直以一种富有人情味的态度来对待消费者，以积极主动的道歉而不是推脱责任的辩解和说明，体现了企业勇于承担责任，对消费者负责的企业文化精神，获得了消费者的理解和同情。联想到国内一些企业在发生危机时，往往是一张铁门把关，或者用两个保安人手封堵记者镜头，或者万般无奈之中虽然出面一两个说明情况的，却都是一律的"无可奉告"之类的不合作言辞。其公关意识和处理危机的能力令人不敢恭维。显然，企业首先必须要树立有关危机管理和危机公关的意识，并将其作为现代管理的重要组成部分来对待和借鉴。其次，为了应对各种突发的危机事件，西方现代企业一般都将其纳入管理的内容，形成了独特的危机管理机制。例如，伦敦证券交易所为避免企业危机对股市的冲击，就提出了新规定，要求上市公司必须建立危机管理体制，并对此定期提交报告。近年来，西方的一些企业开始将危机公关纳入企业公关系统，把危机管理列入管理体制之中。可口可乐公司对这次事件的处理，仁者见仁，智者见智，但有一点可以肯定，那就是反应速度应更快一些。商誉卓著的名牌企业，面对这种问题一定要慎重，有时候，作出有利于消费者的决定会使公司自身的损失很大，但这是非常必要的，因为如果处理失当，很有可能危及生存，这绝非危言耸听。须知，"千里之堤，溃于蚁穴"。

尽管可口可乐公司的危机公关处理遭到了专家们并非赞扬的评价，但作为一个危机公关的案例，对于相当多的中国企业来说，仍不乏警示和借鉴意义。一般而言，企业的危机处理机制由公司外部和内部两大部分组成：公司内部，在高层设立新闻发言人或危机管理经理，专门研究处理危机事件的策略和措施。公司的中级管理层尤其是各地区的分部经理，要有危机管理的素质，在遇到突发性事件时，一方面及时向企业高层报告，同时也要能够充分驾驭所在地的局面，例如积极地与媒体打交道，有效地引导舆论等。在企业的外部，企业一般要委托一些类似咨询公司公关部门的中介机构，与传媒维持良好的合作关系，一旦企业发生危机，可以迅速及时地组织和调动媒体，开展企业的宣传攻势，将可能蔓延的损失减至最小。

10 - 4　雀巢公司婴儿奶粉危机的经验与教训

20世纪70年代初，人们开始对在发展中国家推广并销售婴儿奶粉感到不安。因为有证据表明，西方跨国公司任意销售的奶粉导致婴儿营养不良。媒介对此已有报道，但那些西方公司却没有反应。

1977年，一场著名的"抵制雀巢产品"的运动在美国爆发了。美国婴儿奶制品行动联合会的会员到处劝说美国公民不要购买"雀巢"产品，批评这家瑞士公司在发展中国家有不道德的商业行为，对此，雀巢公司只是一味地为自己辩护，结果遭到了新闻媒介更猛烈的抨击。整个危机持续了10年之久，正如美国新闻记者米尔顿·莫斯科维兹所言，"抵制雀巢产品"运动是"有史以来人们向大型跨国公司发起的一场最为激烈和最动感情的战斗"。直到1984年1月，由于雀巢公司承认并实施世界卫生组织有关经销母乳替代品的国际法规，国际抵制雀巢产品运动委员会才宣布结束抵制运动。

当瑞士的一个不大的社会活动组织指责雀巢产品"杀婴"时，雀巢公司以"诽谤罪"起诉该组织且打赢了官司。但那份长长的公开判决书使得这场法律上的胜利变成了公司的一起危机公关事件，它直接导致了人们对其产品的抵制运动。当一些政治活动家号召大家抵制雀巢产品时，教会领袖和一些社会团体加入了进来。他们中的一些人把雀巢公司的问题看成是严重的社会政治问题，并认为以赢利为目的的企业只关心赚钱，而不管人们的死活。

雀巢公司作为第三世界婴儿奶制品的最大供应商，当时成了社会活动家批判商业社会的靶子，成了"以剥削来赚利润"的反面企业典型。

那些抵制运动的团体希望雀巢公司能在饱尝抵制运动给其带来的直接和间接后果后，最终了解企业应承担的社会责任。他们希望雀巢公司能改变其漠视社会的态度。随着对话的不断进行，情形确实发生了变化，相互的理解沟通对各跨国公司的行为都产生了积极的影响。

如同现代许多社会政治运动一样，抵制雀巢产品运动在美国开展得尤为轰轰烈烈。雀巢公司在美国既不生产也不销售婴儿奶制品，但其美国分公司却因抵制运动而蒙受了巨大损失。

直到1980年末，雀巢公司才意识到正统的法律手段并不能解决所有的问题，它需要一种能更好地协调各方关系的新颖的国际公共事务手段。于是，1981年初，公司在华盛顿成立了雀巢营养协调中心，这是一个公司而非一个事务性办事处。它的目的在于协调北美一系列营养研究活动，并从全球收集由公司指导或支持的所有改善第三世界母亲和儿童营养的研究项目信息，以在西半球进行传播。除此之外，它还负责处理抵制运动问题。

1980年末至1981年初，正当公司开始正确对待批评，建立雀巢营养协调中心，以便采取更为迅速、更加有效的措施来实施具有建设性意义的新的合作战略时，发生了这样两件事：第一件事是美国最大的、也是最受人尊敬的社会道德组织之一，美国卫理公会联合教会决定成立一个特别工作组，调查雀巢公司市场行为的真相，以决定在两年内卫理公会联合教会是否加入抵制运动。这个特别工作组的大多数成员由那些对雀巢公司行为持怀疑态度且公开倾向于抵制运动的教会人员和神学家组成，但是他们是一些有良知的宗教人员，他们确实关心穷人，而且愿意与雀巢公司对话，但前提是这种对话能对有关婴儿奶制品问题的争论产生积极的结果。

第二件事是总部设在日内瓦的世界卫生组织于 1981 年 5 月通过了对其成员国有指导性意义的"经销母乳替代品建议准则"。雀巢公司当即在瑞士发表声明，支持该准则的宗旨与原则，并且在一个月后的华盛顿美国国会听证会上再次重申了这一立场。卫理公会教会联合会和雀巢公司同时意识到：这一建议准则为他们提供了一个双方可以接受的原则框架，他们可以在这个框架内来讨论雀巢产品的问题。另外，雀巢公司又作出了一个反应性举动，它提供了一份详尽的参考报告，说明公司一系列业已采取的措施，如与有关国家合作，遵守这些国家的法规；在尊重国家主权的前提下履行世界卫生组织的"经销母乳替代品建议准则"。

1982 年 2 月 12 日，雀巢公司的两个重要人物，新任执行总裁赫尔穆特·莫切尔和执行副总裁卡尔·安斯特博士飞到夏威夷的代顿，与美国卫理公会教会联合会婴儿奶制品特别工作组进行会谈。会谈取得了成功，并在双方最高层建立了良好的个人关系，使卫理公会教会联合会确信雀巢公司的声明得到了公司最高层的支持。这次会谈成了双方对抗中的最重要的转折点。

随后不久，卫理公会教会联合会全国委员会新任主席（原美国卫理公会教会联合会婴儿奶制品特别工作组成员）飞到瑞士，与雀巢公司高层管理人员进行会谈，直接向公司说明了教会领袖们所关注的问题，并且得到了公司愿履行世界卫生组织"经销母乳替代品建议准则"的保证。这次访问同样十分成功，它最终消除了双方长期以来的误解，在彼此间架起了一座重要的、诚恳的、信任的桥梁。

1982 年 3 月，尽管只有少数几个国家采取具体行动来实施世界卫生组织的"经销母乳替代品建议准则"，但雀巢公司对该公司在第三世界国家的所有经理人员进行了细致的指导，要求他们在所在国单方面地履行"经销母乳替代品建议准则"，而不管这些国家是否已采纳这一准则。同时，雀巢公司给所有销售雀巢婴儿奶制品国家的卫生部长写信，保证尊重其国家主权，遵守这些国家的法规。公司还采纳了一种适合第三世界国家的政策，即如果这些准则比所在国的法规更严厉的话，也应严格履行世界卫生组织的准则。

同年 5 月，雀巢公司宣布成立一个独立的雀巢婴儿奶制品审查委员会，这个委员会由无争议的、独立的教会领袖、科学家和教育专家组成，委员会主席为美国前国务卿、参议员爱德蒙德·马斯基。委员会的主要任务是监督"经销母乳替代品建议准则"的实施情况；如果有需要的话，还可建议改变市场营销行为，以确保该准则的正确执行。

尽管雀巢公司已经公开承诺履行世界卫生组织的准则，并且建立了严格的内部审查制度来保证地区经理人员遵守公司的规定，雀巢营养协调中心还是认为有必要在公司外部有一个公正无私的、受人尊敬的社会监察机构来检查公司规定的执行情况。因为它知道，尽管公司在以前的争辩有其一定的道理，但公司在公众面前仍面临信任度的问题。

雀巢营养协调中心提出的这一无先例的管理建议，实际上面临着很大的风险，公司极有可能因委员会中个别人的不满而陷入一种尴尬的境地。但这一举动后被许多学者和记者描述为"企业历史中一个真正的、史无前例的行动"。

1983年1月，抵制运动中的最大组织——美国教师联合会决定撤销对雀巢产品的抵制决定。这个组织及最强力支持抵制运动的《华盛顿邮报》认为雀巢已克服它以前的问题，现在应该是谈论其他问题的时候了。根据这些情况，《天主教邮报》出版商蒙斯洛·彼得斯认为抵制者如果继续采取不妥协的态度，会很容易使人们认为抵制运动超出了它的最初目的。

资料来源：

中国营销传播网

讨论分析题：

1. 根据上述材料，分析美国等世界教会与卫生组织为什么会发起"抵制雀巢产品"运动。

2. 面对公众的"抵制雀巢产品"，雀巢公司采取了哪些正确的措施？

案例解读

美国等世界教会与卫生组织之所以会发起"抵制雀巢产品"运动，是因为那些抵制运动的团体希望雀巢公司能在饱尝抵制运动给其带来的直接和间接后果后，最终了解企业应承担的社会责任，他们希望雀巢公司能改变其漠视社会的态度。当时，雀巢公司已成为整个商业社会的模范，它创立了一种新的企业行为标准；而得到社会有关各方支持的产品抵制组织，作为国际社会上一支合法且非常有用的力量，它不仅对雀巢公司，而且对其他跨国企业的经营活动提出了新的问题。让我们回过头来看一下，其实这场产品抵制运动是完全可以避免的，问题出在这家大型的跨国公司未能及早地注意到社会公众的合法要求，社会上那些有影响的决策人物的传播沟通工作也做得不好。不幸的是，整个商业社会尤其是这家公司，往往不能正确地对待社会活动家的批评建议，该公司甚至对一些教会领袖所提出的严肃的道德问题采取了冷漠的态度，一味强调所谓的科学性和合法性，结果非但没令人感到公司关心社会公众提出的问题，相反，还给人留下了公司不肯让步的坏印象。当婴儿奶制品问题在1970年第一次被人们提出来时，雀巢公司试图把它作为营养健康问题予以处理，公司提供了不少科学和有关的数据分析，但问题并没得到解决，人们因感到雀巢公司忽视了他们合法和严肃的要求而对公司敌意倍增。显然，这样的传播沟通是失败的。

面对公众的"抵制雀巢产品"，1981年初，雀巢公司在华盛顿成立了雀巢营养协调中心，这是一个公司而非一个事务性办事处，目的在于协调北美一系列营养研究活动，并从全球收集由公司指导或支持的所有改善第三世界母亲和儿童营养的研究项目信息，以在西半球进行传播。1982年2月12日，雀巢公司的新任执行总裁赫尔穆特·莫切尔和执行副总裁卡尔·安斯特博士与美国卫理公会教会联合会婴儿奶制品特别工作组进行会谈。会谈取得了成功，并在双方最高层建立了良好的个人关系，使卫理公会教会联合会确信雀巢公司的声明得到了公司最高层的支持。1982年3月，雀巢公司实施世界卫生组织"经销母乳替代品建议准则"，对在第三世界国家的所有经理人员进行了细致的指导，要求他们在所在国单方面地履行"经销母乳替代品建议准则"。1982 年 5 月，雀巢公司宣布成立了一个独立的雀巢婴儿奶制品审查委员会，这个委员会由无争议的、独立的教会领袖、科学家和教育专家组成，委员会的主要任务是监督"经销母乳替代品建议准则"的实施情况；如果需要的话，还可建议改变市场营销行为，以确保该准则的正确执行。这些措施使产品抵制运动组织开始撤销对雀巢产品的抵制决定。

10 - 5　番禺香江野生动物世界整合营销传播

IMC 的奇迹

　　香江野生动物世界位于广州市番禺大石，是番禺香江实业有限公司为开发珠江三角洲旅游资源，发展"三高"农业经济，促进环保事业而投资经营的综合项目。它集动植物保护、研究、养殖、旅游观赏、科普教育为一体，是经林业部批准立项、中国唯一由私营企业投资管理的大型国家级野生动物园。首期开发面积 2 000 亩，总投资超过 3 亿元人民币。园区主要分为乘车游览区和步行游览区两大游览区域。目前动物种类达 300 多种，动物总数 15 000 多只。

　　香江野生动物世界于 1995 年底正式立项，首期项目 1996 年 8 月正式动工，开发土地面积 133 公顷。1997 年底正式对公众开放。

　　香江野生动物世界正式对公众开放之时，正值东南亚金融风暴对我国经济冲击影响加大之际，市场疲软，形势不容乐观。然而它却在开业的第一年创造了几项旅游界的奇迹：首创日接待游客 8 万人次和春游学生 3 万人次的两项中国同类旅游点第一；首次实现开业仅一年就接待游客超过 300 万人次的最高纪录。

"香江"为什么能取得如此巨大的成功？除广东省制定 1998 年把旅游列为增创广东发展新优势的支柱产业，重点加以扶持，特别是广东人游广东作为扩大内需激活市场的一项重要内容来抓的良好政策环境之外，"香江"最成功的地方在于其"整合营销传播"（IMC）策划。

"没有市场，就创造出一个市场来。"香江野生动物世界经营者语出惊人。基于此，番禺香江野生动物世界根据游客追求"新、奇、特、趣"的心理，建立了有别于其他动物园的"野趣"景观：

（1）高起点、高标准建设，以大规模鳄鱼养殖观赏为龙头，以动物大种群自然散放为特色，结合丰富多彩的动物表演及风味餐饮，形成有别于其他人造景点的独特风格。

（2）突出回归自然的主题，最大限度地缩短人与动物、人与自然的距离，以玻璃、壕沟取代传统笼舍的重重铁网，以"野"煽情。

（3）注意环境园林化，打造使动植物融为浑然一体的大自然景观。

（4）突破传统动物园单调的展览模式，充分发挥现代旅游景点的综合娱乐和服务功能。配套设置了鹦鹉、大象、猛兽表演场，以及世界上最大的鳄鱼表演场。

遵从"4C"（以消费者为中心、尊重消费者的期望成本和消费习惯、时刻注意与消费者达成有效沟通）原则，根据顾客的需要开发的游园特色，必须通过精心的策划和有效的媒介运作将其传播出去，专业公司的参与就显得尤为重要。香江野生动物世界成立之初，便聘请广东雨金广告有限公司进驻园区配合其市场部、公关部进行市场调查、环境设计的工作，并参与策划了一系列颇具轰动效应的整合营销传播活动。

由环境入手

野生动物园作为旅游景点来说，不单是人们观赏珍稀动物的场所，更应该成为人们放松、娱乐的休闲胜地。因此，包括园区规划、综合娱乐和服务设施在内的游园环境设计就显得至关重要，它既是一个景点的个性特点所在，又是向消费者传递营销信息的无处不在、影响深刻的传播媒介。

走进"香江"，你不但可以观赏到各种珍稀动物，还可见到花开满园、果满枝头、瓜挂棚架。让长年居住在钢筋混凝土中的都市人真正领略到大自然的"野趣"，这正是设计者在窥探了现代人的心理后想要达到的目的。每一处不经意的天然风情，都体现着设计者的匠心独具：游览区内均为原野风格的平房建筑，亭台水榭，抱拥泉林，草木扶疏，景色幽雅。园区内在保持果园风貌的同时，重点投资园林绿化，体现动物、树木、花果为一体的大自然景观。园区绿化面积超过 90%，当人们步入这绿树婆娑、田园瓜果、竹影兰香的世界，能不流连忘返吗？

"消费者需要什么，我们就提供什么。"根据这一思路，香江人还挖掘了消费者的潜在需求。在现代娱乐和服务上，充分发挥现代旅游景点的功能：园内五个动物表演场每天为游人轮番演出，鹦鹉、大象、白虎、鳄鱼，让人大开眼界，整个动物园又多了一项马戏团的功能；风格各异的快餐厅、风味食街、甜品廊，以及中国唯一的鳄鱼餐厅分布在园内各区；二十辆美国进口的电瓶车和三辆小火车穿梭园区，为游客提供便捷的交通服务，园内近 3 000 张桌椅可供游人随时随地驻足休息；由瑞典引进的全套儿童游乐设备和大型游艺机中心更增添了不少乐趣；园内设有派出所和医护室，全天候为有需要的游客服务。"香江"突出星级服务，对商业网点实行统一经营管理，杜绝盲目对外承包造成的服务质量参差问题。如此体贴周到的服务意识，让游客又平添了一份物超所值的欣喜。

锁定"白虎"焦点

营销研究表明，锁定焦点可以带来较高的广告效果。现代人处在一个瞬息万变的信息环境中，想要使消费者对所有信息都过目不忘是不可能的。因此，能否引起注意是广告营销成功与否的关键，也是广告创作的第一原则。作为野生动物园的营销策划者的雨金公司深知这一原则，提出"只说一件事"的营销主张。于是，引人注目的白虎成了香江野生动物世界的代言人。园内动物品种达 300 多个，而"国宝级"、"世界级"的珍禽异兽也有好几十种，甚至由日本引进的白狮的珍稀程度更胜于白虎。如果把所有信息都传达给消费者，诉求力就会大打折扣。选择白虎也是经过精心构思的，白虎珍稀自不用说，它在中国传统文化中，还是吉瑞的象征，在异国的宗教传统中，虎都被作为神圣和威武的象征。更令人称奇的是，繁殖能力低的白虎在香江动物园创下一年内生三胎，一次产六仔的世界纪录。从 1998 年 4 月 10 日到 1998 年底，白虎的每一次分娩都引来了人们热切的关注，小白虎的冠名活动，引起媒介争先报道。1999 年元旦前夕，从美国引进的白虎表演团更使得香江野生动物世界门庭若市，这其中更有多方的媒介参与，把信息传播得更广更远。至此，白虎形象已深入人心，让人们一说起白虎就想到香江野生动物世界。雨金公司为其度身制作的门票和全省最大的户外立柱广告牌都以白虎为主角，真可谓"借虎生辉亦风流"。

巧借传媒作公关

一个好东西诞生了，如何让大家知道并记住它呢？现代社会的广告手段日新月异：促销、公关、直销、CI、包装、媒体不一而足。无论何种广告手段，想要达到让消费者认可、接受的目的，都需要一笔巨大的投入。而精明的营销策划"自己不做广告，叫别人替我做"，他们善于捕捉广告的"黄金时机"，精心策划了一系列能够引起社会大众强烈关注和积极参与的公关活动，发挥舆论的强大影响力，借势生辉。在此过程中，处处体现了香江策划者们敏锐的洞察力和过人的胆识。地处番禺大石的香江野生动物世界何以有这样大的魅力、能够时时牵动大众的视线呢？对此，舆论起了不可估量的作用。

"香江"本身就是个惹人注目的焦点。它有很多个"第一"：中国唯一由私营企业投资管理的大型国家级野生动物园；中国唯一实行大规模动物种群自由放养的野生动物园；国内唯一的白虎、白狮展览场；世界最大的鳄鱼养殖场；拥有两条三人多长、世界最大的鳄鱼。如此众多的"第一"引起了媒介的广泛重视。开园之初，香江就有意识地加强媒体公关的力度，以策动广东三大报的报道为龙头，带动起一浪高过一浪的媒体热炒。

1997 年底"香江"即将正式开放之时，迎来了国际华裔小姐竞选，外景拍摄就选在园内。华裔小姐在动物世界的情趣表演通过亚视等多家电视台转播，给东南亚、港澳、广东地区观众留下了深刻印象。番禺香江野生动物世界也因此而一鸣惊人。

国际儿童节举办的"孩子们眼中的动物世界"绘画比赛和1998年初的摄影比赛，更是把教育、艺术完美地结合起来了，媒介对这些活动也是好评如潮，不由得人们不去关注它。绘画比赛培养了孩子这一消费群体的亲切感，同时把动物塑造成"孩子们的好朋友"这一可亲可爱的形象。摄影比赛更是具一石二鸟之功，既收"证人"、"证据"之效，又取得了一批精彩的作品，为日后的广告活动做好了照片储备。

热衷公益树形象

一个成功的企业，不仅要追求短期的效益，更要有长远的打算。番禺香江野生动物世界自创立之初，就把资助和举办各类社会公益活动放在经营决策的重要位置。香江身体力行，自开园以来，就一直实行对高龄人士、幼童和残疾人士免票进园的优惠措施，估计迄今得到免票优惠的人士已超过30万人，获得半价优惠来园参观的青少年学生也超过20万。

把野生动物园办成科普教育和环保教育基地，既是经营的需要，更是一项造福千秋的公益行为。香江野生动物世界把这作为动物园的一个极其重要的功能。绘声绘色的导游讲解、图文并茂的动物说明牌和科普宣传栏，以及聘请专家授课的动物学堂，使游园的客人切身感受到了保护动物、保护生态环境的重要性。

香江集"天然、野趣"为一体，突出"动物与环境"、"动物与人"的回归自然主题，以"保护野生动物，保护自然环境"为宗旨，充分体现了"绿色营销"的观念。园内集中了动物保护、研究、养殖、科普教育等项目。为此配备了许多科技人员，并邀请国内外专家、营建动物学堂，让来参观的人们在游乐之余对生态平衡多了一点了解，对生存环境多了一些思考。香江野生动物世界在高起点上树立自身长远形象、公众形象，通过关注公益赢得了消费者。

资料来源：
两岸整合营销传播资讯

讨论分析题：
1. 解析香江野生动物世界整合营销传播的成功之处。
2. 通过本案例说明现代市场营销观念演变的历程。

案例解读

　　香江野生动物世界整合营销传播成功的关键在于达成有效的整合传播。整合传播实质上是一种双向的沟通，只有建立在一种相互吸引、相互需求满足的心灵与情感沟通基础上的营销传播活动，才能使企业创造长盛不衰的营销业绩。现代营销观念已经由过去的"以产品、以推销为中心的生产导向"转向"以消费者为中心的市场导向"，这就要求企业的一切活动都必须以市场为中心、以顾客的需要和欲求为出发点，并通过对广告、公关、促销，以及媒介等各种营销传播载体及其手段进行有机的整合，最大限度地发现顾客需要并设法满足他们，从而实现企业的长期利益。基于此，番禺香江野生动物世界根据游客追求"新、奇、特、趣"的心理，建立了有别于其他动物园的"野趣"景观。现代社会的广告手段日新月异：促销、公关、直销、CI、包装、媒体不一而足。无论何种广告手段，想要达到让消费者认可、接受的目的，都需要一笔巨大的投入。香江野生动物世界善于捕捉广告的"黄金时机"，精心策划了一系列能够引起社会大众强烈关注和积极参与的公关活动，发挥舆论的强大影响力，借势生辉。在此过程中，香江野生动物世界的绿色营销也起了重要作用。人们日益重视生态环境平衡、环境保护等一系列社会环境问题，"绿色营销"意识越来越受到现代企业的重视。一个企业能在人类共同关心的问题上宣扬一种风气，树立一种意识，则必然能表达消费者的心声，引起消费者的共鸣，能在整个战略部署上胜人一筹。

　　香江的成功为我们提示了一种崭新的营销观念：追求"受众焦点"而非"产品焦点"，随着营销观念由生产观念—推销观念—市场营销观念—社会营销观念的一次次螺旋式的演进，带来了促销方式从推销—营销—整合营销传播的一次次革命。所以我们说，成功的营销策划创造成功的企业，香江野生动物世界就是一个生动的例证。它的一举一动都在向消费者传达一个信息：这里的表演永远精彩。

第 11 章
服务营销

本章提示

随着服务业的兴起，服务营销在整个营销理论体系中的地位日益重要。服务营销除了研究服务业的整体市场营销活动以外，还研究实物产品市场营销活动中的服务。由于服务具有无形性、不可分离性、差异性、不可储存性等特征，服务营销与传统有形产品的营销活动也存在一些不同之处，例如，研究的对象存在差别，服务营销学加强了顾客对生产过程参与状况的研究；服务营销学强调人是服务产品的构成因素，因此强调内部营销管理；服务营销学要突出解决服务的有形展示问题；在对待质量问题上有不同的着眼点；在关注分销渠道和时间因素上存在着差异等。

在服务营销中，传统的 4P 营销组合已经不能完全适应服务业的特征与状况，因此，在服务营销中，服务营销组合在传统 4P 营销组合的基础之上增添了人员（People）、过程（Process）与有形展示（Physical Evidence），成为 7P 营销组合。在服务营销管理中，不仅要强调外部营销，也需要内部营销以激励员工，而且还需要开展交互营销以强调服务中"高技术"和"高接触"的重要性。

服务组织在营销中要面临三个主要任务：第一，必须在产品和服务上提供差别化。第二，必须管理服务质量，以满足或超过顾客期望值。成功的服务企业必须有服务战略的观点、高层管理当局有负责质量管理的传统、高标准和服务绩效监督制度、满足顾客投诉的制度、使员工和顾客都满意的内部环境。第三，还必须管理它的工作效率，包括提高员工的工作技巧，通过放弃某些质量来增加服务数量，使服务产业化，增加新的解决方案，设计更为有效的服务，鼓励顾客用自己的劳动代替公司的劳动，或者利用技术以节约时间和金钱。

通过对众多成功服务企业的研究发现，它们的共同点在于开展服务利润链管理。服务利润链理论认为，在员工满意、忠诚、能力和服务效率，顾客价值、顾客满意、顾客忠诚，以及企业利润、成长能力之间存在着直接相关的关系。服务利润链的核心是顾客价值方程式。根据顾客价值方程式，服务企业提供给顾客的服务产品的价值等于结果与提供结果的过程质量之和同价格与顾客成本之和之比。服务利润链的基本逻辑是：企业获利能力的强弱主要是由顾客忠诚度决定的；顾客忠诚度是由顾客满意度决定的；顾客满意度是由顾客认为所获得的价值大小决定的；价值大小最终要由工作富有效率、对公司忠诚的员工来创造；而员工对公司的忠诚取决于其对公司是否满意；满意与否主要应视公司内部是否给予了高质量的内在服务。

本章选取了四个案例，案例 1 介绍了美国西南航空公司的服务营销与服务利润链管理，要求了解企业服务营销组合如何服务于企业的定位并强化这种定位，掌握有关服务利润链的有关知识。案例 2、案例 3 则分别详细介绍了联邦快递和迪斯尼的服务营销之道（故未作解读），通过两家公司的做法，使我们更清楚地了解服务企业如何实施服务营销策略。案例 4 则从宜家家居的经营做法为我们提供一个服务营销的典范。

11 – 1 美国西南航空公司的服务营销与服务利润链管理

在美国的航空旅行者印象里，西南航空公司是一家可靠便捷、充满愉悦、低价位和没有附加服务的航空公司。30 年来，它稳稳地保持着这个形象，而同时每年都赢利，西南航空公司也是唯一一家在"9·11"事件后一个月内保持赢利的航空公司，"9·11"灾难导致美国的许多家航空公司濒临崩溃。

西南航空公司的竞争战略与美洲航空公司和三角洲航空公司有些不同。西南航空公司主要服务于美国西南地区，提供频繁的低价、直达航班。西南航空公司的中心设在达拉斯的 Love Field 机场，离市区近，为乘客往返提供了便利。西南航空公司最初是作为"有趣航线"推出的，乘务员穿着沙滩短裤的电视广告很有朝气。然而，后来该公司通过提供频繁的低价航线和平易近人的服务获得了竞争优势。该公司的机票价格分为两档，高峰价和非高峰价。可以电话预订机票，但必须通过旅行社或机场服务台付款。不事先指定座位，乘客将按登机顺序选择座位。西南航空公司机票售价只要 60~80 美元，大大低于其他航空公司的 180~200 美元。

成功来自于各种原因。一是西南航空公司的低成本结构。它们只运营一种飞机（波音 737），从而由于飞机本身的燃油效益和维护、运作程序的标准化而降低了成本。另外，西南航空公司通过不提供食物、不预先指定座位并保持较低的员工流动率，也降低了成本。西南航空公司的总裁 Herb Kelleher 相信：员工第一，而不是顾客第一。他因这一信念而闻名。这家位于达拉斯的航空公司在享有很高的顾客满意度和顾客忠诚度的同时，已经成为一个低成本服务提供商和一家受欢迎的雇主。西南航空公司在航空业界有最佳的顾客服务纪录，并连续几年因在行李处理、准点操作和最佳的顾客投诉统计方面的卓越成就而获得三项桂冠，这是其他任何一家航空公司都望尘莫及的荣誉。西南航空公司也是第一家通过互联网销售机票的公司。

西南航空公司非常有效地利用员工与顾客沟通稳固其市场定位。员工很团结，公司为使员工愉悦而进行了培训，让他们明确"愉悦"的含义，让他们使航班轻松和舒适。西南航空公司根据应聘者的态度来招聘员工，技术技能是可以培训的并且公司对员工进行了培训，培训出来的员工是美国航空业中劳动生产率最高的劳动力。顾客也被纳入到愉悦的气氛中，而且许多顾客通过和机组人员开玩笑或相互之间开玩笑，通过向航空公司发送表达他们满意的大量信件来创造愉悦的环境气氛。

　　西南航空公司的服务提供过程也同样强化了它的定位。飞机上不指定座位，所以顾客可以按排队顺序进入飞机并找到想要的座位，它也不向其他航空公司的转乘航班交移行李，航班上不提供食物。总之，过程是很有效率、标准化和低成本的，可以迅速地周转，而且费用低廉。顾客是服务过程的很大一部分，并积极地发挥他们的作用。

　　西南航空公司的飞机为橘黄色或深棕色，突出他们的独特性和低成本导向。员工着装随意，在炎热的夏季穿短裤，以增强"乐趣"并突出了公司对其员工履行舒适的承诺。公司使用可重复使用的塑料登机卡以显示其低成本的导向。航班上不提供餐饮服务，这样进一步强化了低价格的形象。由于很多人都拿航班的食物开玩笑，所以大多数人并未把缺乏食物当作一个价值减损因素。西南航空公司方便快捷的网站服务则是另一形式的支持航空公司强有力的定位的因素。

　　应用服务营销组合的一致的市场定位强化了公司在顾客心目中的独特形象，给予西南航空公司一个高价值的定位，从而吸引了一大批忠诚满意的顾客。

资料来源：

Zeithaml & Bitner，服务营销．北京：机械工业出版社，2005

朱国秋．西南航空——比长途车便宜．国际广告，2002（10）

万后芬等．市场营销教学案例．北京：高等教育出版社，2003

讨论分析题：

1. 分析西南航空公司的市场定位。
2. 利用服务利润链理论分析西南航空公司的运营管理。
3. 分析并归纳西南航空公司的服务营销组合。
4. 利用顾客价值等式分析西南航空公司是如何创造和提高顾客价值的。

案例解读

　　美国的民用航空市场竞争非常激烈，美国西南航空公司规模虽然比较小，但是其赢利能力却一直在美国各航空公司中名列前茅，这一切与西南航空公司的定位密切相关。西南航空公司定位于可靠便捷、充满愉悦、低价位和没有附加服务的航空公司，其定位被形象地以"无论何时，我们提供飞机的速度和汽车的价格"传递给消费者。美国西南航空公司运用所有服务营销组合的因素来不断强化这种定位，30 多年来，一直稳稳地保持着这个形象。

服务利润链理论认为：利润、增长、顾客忠诚度、顾客满意度、顾客获得的产品及服务的价值、员工的能力、员工满意度、员工忠诚度及员工的劳动生产率之间存在着直接、牢固的关系，如下图所示。

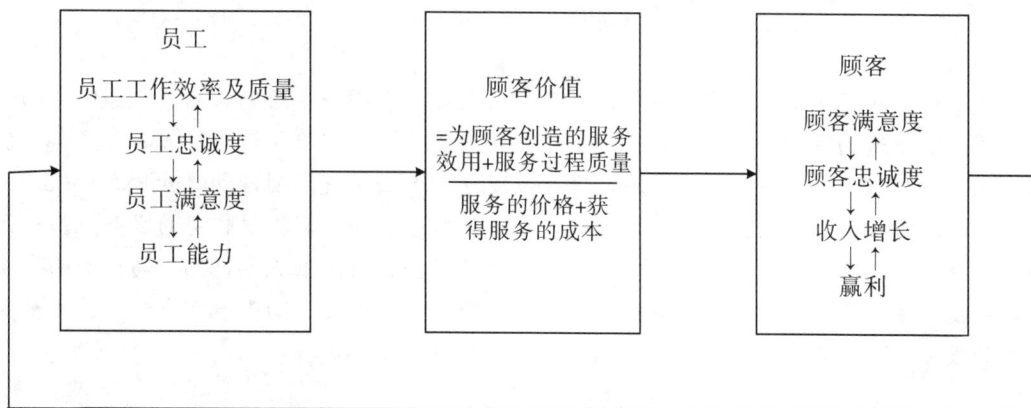

服务利润链分成三个部分，员工能力循环、顾客价值等式及顾客忠诚循环。西南航空公司的服务利润链管理正是紧密围绕这三个部分而展开的。西南航空公司非常重视企业内部员工，为一线工作人员提供良好的培训与充分的授权。例如，西南航空公司的员工们在公司工作一年之后，就可以通过利润分享计划成为公司真正的所有者。因此，只有当前台员工觉得自己单独处理顾客意见不太合适时，他们才会请求管理人员的帮助。从而，他们可以为顾客提供不可思议的服务，并进而影响公司的赢利能力；在西南航空公司的上岗培训中，特别强调团队合作。员工会在别人需要时提供帮助，而不论对方的具体工作是什么。西南航空公司通过提高员工内在工作质量而提高员工的满意度，其员工的忠诚度在航空业界是非常高的。高度的员工满意度与忠诚度带来了高质量的服务与工作效率。在顾客价值方面，西南航空公司通过为顾客提供低价格、快捷而高质量的航空服务为顾客创造更高价值。由于能够为顾客创造更高的价值，西南航空公司能够享有很高的顾客满意度和顾客忠诚度。西南航空公司不仅仅是一家低成本的服务提供商，而且还是一家受欢迎的雇主，更是一家在航空业界有最佳顾客服务纪录的公司。西南航空公司连续几年在行李处理、准点操作和最佳的顾客投诉统计方面取得卓越成就。

布恩斯和比特纳在分析服务营销活动时，在传统的 4P 营销组合的基础上增加了 3 个 P：人（People）、过程（Process）和有形展示（Physical Evidence），这就形成了服务营销的 7P 组合。西南航空公司在产品策略方面，提供便捷的、短途、直达、无附加服务的航空服务；在定价策略方面，提供低价航空服务；在渠道策略方面，通过电话订票，通过旅行社或机场服务台付款，最早开展互联网订票；在促销策略方面，采用高峰价和非高峰价；在人员策略方面，团结的员工，良好的培训和态度，创造了愉悦的环境气氛；在过程策略方面，过程是很有效率、标准化和低成本的，可以迅速地周转，而且费用低廉。例如，飞机上不指定座位，航班上不提供食物等；在有形展示策略方面，飞机为橘黄色或深棕色，员工着装随意，可重复使用的塑料登机卡，航班上不提供餐饮服务，方便使用的网站等。西南航空公司成功地运用服务营销组合中的所有因素与其市场定位紧密结合起来。这种服务营销组合一致的市场定位强化了公司在顾客心目中的独特形象，给予西南航空公司一个高价值的定位，从而吸引了一大批忠诚满意的顾客。

$$顾客价值 = \frac{为顾客创造的服务效用 + 服务过程质量}{服务的价格 + 获得服务的成本}$$

服务利润链的中心是顾客价值等式。顾客价值等式表明提供给顾客的产品和服务的价值与为顾客创造的服务效用以及服务过程质量同等重要。顾客价值还与顾客购买服务的价格及购买过程中的其他成本相互关联。通过改变这四个因素可以创造和提升顾客价值。

西南航空公司为顾客提供高效、便捷、快速的服务，为顾客提供较高的服务效用；西南航空公司注重服务过程质量，为顾客提供愉悦的服务，航班准点率也比较高；西南航空公司所提供的服务是低价格的，票价远远低于竞争对手。总之，西南航空公司正是通过高效用的服务、高质量和低价格来提高顾客价值，保持顾客忠诚度。

11 - 2 联邦快递

总部位于美国田纳西州孟菲斯市的联邦快递公司成立于 1973 年，在此之前，还没有一家公司对包裹、货物和重要文件提供门对门翌日送达服务。经过 30 多年的发展，联邦快递的业务现在遍布世界 211 个国家，这些国家的国内生产总值占全球国内生产总值的 90%。2001 年，联邦快递总收入达到 196 亿美元。

联邦快递的创始者佛莱德·史密斯有一句名言："想称霸市场，首先要让客户的心跟着你走，然后让客户的腰包跟着你走。"由于竞争者很容易采用降价策略参与竞争，联邦快递认为提高服务水平才是长久维持客户关系的关键。长期以来，联邦快递以其可靠的服务，在客户中赢得了良好的声誉。世界因为它的存在，变得更小、更舒适。

联邦快递可向客户提供 24～48 小时内完成清关的门对门服务。快速、准时、可靠是这家著名的速递公司的特色。该公司在全世界设有 43 000 个收件中心，聘用员工约 14 万人。每个工作日，它都在全球的 211 个国家运送近 300 万个快件。为了保证名副其实的"快递"，该公司拥有一个庞大的机队，总共 615 架货机。其中包括 26 架 MD－11、25 架 A300、39 架 A310、69 架 DC－10、163 架 B727、261 架 Cessna208、32 架 Fokker F－27，此外还订购了 50 架 Ayres LM200，它们服务于全世界 325 个机场。

联邦快递非常注重利用科技进行开发与创新。早在 1978 年，当联邦快递每日的货件处理量尚不足 4 万件时，他们就购买了两部 IBM 大型主机电脑，其资料处理容量是当时业务需求量的几倍。1980 年，联邦快递又引进了数码支援分发系统，为车队的每部汽车配备了小型终端机，这样，可以用数码技术将资料传到每辆车的终端机上，使速递员迅速赶到下一个目的地取邮件。从 1986 年开始，联邦快递采用条码技术，以电子信号追踪处理中的货物状况，每个速递员都配有条码扫描器。这样，他们可同时肩负起分发处理员和资料收集员的任务，提高了工作效率。而且，一旦有邮件被运送到错误的地方，联邦快递能在几分钟内查出货件位置，改正运送途径。此外，联邦快递首创了轮辐式包裹传输系统，并利用它将货物汇集运送到位于美国、欧洲和亚洲的分拣中心。在那里，货物被快速搬卸和分拣，再被转运到飞机上，以便在第二个工作日的早上 8 点之前送到。每天晚上 11 点到第二天凌晨 3 点，约有 180 架飞机在这里起降，相当于平均每 1.5 分钟 1 架次。中心的包裹分拣能力和文件处理能力分别为每小时 16 万件和 32.5 万件。

互联网的发展推动了货运技术的变革。联邦快递及时运用这一资讯科技的最新成果，与自己已建立的全球速递服务网络结合，推出了一系列方便客户的软件和服务，为客户打开了通往电子商务世界的大门。联邦快递于 1998 年推出电子商务业务。通过网络，联邦快递与世界各地建立了更加广泛的联系，从而令其业务更快更新。在现今这个技术高速发展的时代，一家公司要想更加富有创造力、具有更好的灵活应变能力，就必须严格控制订货，对所订产品进行跟踪，加快其运输速度。联邦快递的电子商务就是要帮助客户缩短产品投入市场的循环时间，不仅要为客户运送货物，还要向他们传送信息，帮助客户进行原材料的购买、产品的分销并尽量减少库存，从而降低成本。例如，一家半导体公司分别在不同的地方进行制造、测试、组装及分销，过去产品从制造到运抵分销中心需要经过 60～120 天，而到达分销中心以后还要等待顾客的订货，如果有订单则还需要 45 天才能到达客户的手中。现在通过联邦快递则大大缩短了从一个地点到另一个地点的运送时间，即从制造、测试、组装到运抵分销中心只需不到 30 天的时间。由于顾客可以通过联邦快递公司网页看到产品的情况，因此产品到达后无须等待订货，这就有效减少了库存。而且，公司还可以通过这一系统跟踪查询货物状况和运输情况并处理包裹，要求信使上门取件和提醒收件人接收货物，从而保证货物能按时到达客户手中。目前，有近 100 万人在使用这一系统。

1999 年 10 月，联邦快递在中国推出了业内首个简体中文网站。2002 年，他们在上海研发了全新通关处理系统，大大缩减了货物处理时间。客户可上网随时查询自己的货物情况。目前，由联邦快递运送的货物，使用电子清关系统的已占 80%，每个工作日都有成千上万批货件抵达孟菲斯、安克雷奇和巴黎，其中绝大多数的清关都是在同一天完成的。

联邦快递每年投资 16 亿美元用于信息技术基础建设，并使之成为主要竞争优势之一。

2003 年，联邦快递在亚洲推出汇聚崭新功能的"数码笔"（AnotoPen），当中采用了瑞典高科技公司 Anoto 的精湛技术，成为首家为亚洲客户提供该项崭新技术的航空速递运输公司。联邦快递全球服务中心的速递人员在收取和运送包裹时，均会使用数码笔，从而为客户提供更方便快捷的服务。

联邦快递亚太区首席信息总监 Linda Brigance 指出："虽然在亚洲以至全球各地，已有很多客户采用联邦快递的电子工具安排速递服务，但仍有不少客户选择或需要手写空运提单或其他文件。全新的数码笔是一项重要的发明，让联邦快递的速递人员将手写资料实时转化成数码数据，过程非常简单，协助客户延续沿用已久的书写习惯。收集到的数据可实时传送到联邦快递的转运中心，无须以人手再行复制，因此能够精简信息流程、大幅减少废纸，并为员工和客户提高服务效率。"

除了数码笔外，联邦快递同时在亚洲推出 FedEx Power Pad。FedEx Power Pad 为一部采用微软系统的袋装型计算机，能在包裹经过扫描后，实时将资料上传至联邦快递的网络。通过 FedEx Power Pad 的触控屏幕上的签署扫描功能，可以将客户收到快件后签署的签名也上传到网络内，让联邦快递人员确认货件已被签收。FedEx Power Pad 可担当个人网络门户的角色，能在数分钟内直接在联邦快递的内部网络上存取资料。速递人员无须回到货车上或查阅服务手册，就能将包裹的资料上传，充分提高了速递人员的工作效率及包裹的透明度。

2004 年 6 月，联邦快递宣布即将推出全新网上全球货运时测（GTT）系统，协助客户查询货件的运送时间，以选择最合适的货运方式。客户只需登录联邦快递网站即可运用 GTT 系统计算出货件来往联邦快递网络内两个或两个以上地点所需的运送时间。

新的 GTT 系统联通互联网，使用方便，能协助客户确定货件的类别，并就运送时间作出估计。GTT 系统会根据所输入的资料，并考虑所有可能导致货件延误的因素，计算出货件的运送时间。

2004 年 7 月，联邦快递又全面启动全球性服务提升计划，推出"掌上宝"——无线掌上快件信息处理系统，用于追踪包裹递送状态，以缩短取件时间。中国是联邦快递公司内部首个运用此项先进技术的国家。

联邦快递"掌上宝"集成了安全控制、将信息上传下载至联邦快递信息库的多项功能，该信息中心实时监控每一件快件的处理过程。通过无线传输，"掌上宝"可保证实时扫描并上传信息，可取代车载电台、寻呼和手机短信。"掌上宝"还能够加强联邦快递快件取送及查询的服务。通过升级，联邦快递有望将目前 1.5 个小时的取件时间缩短为 1 个小时，将业界标准提升到一个新的高度。"掌上宝"的使用令联邦快递成为业内首家可以满足客户实时运送信息需求的公司。

除了重视科研的投入外，联邦快递还非常重视客户关系的管理，它称之为 ECRM。作为一个服务性的企业，客户服务管理体现在客户和联邦快递接触的每时每刻。

当客户打电话给联邦快递的时候，只要报出发件人的姓名和公司的名称，该客户的一些基本资料和以往的交易记录就会显示出来。当客户提出寄送某种类型的物品时，联邦快递会根据物品性质提醒客户寄达地海关的一些规定和要求，并提醒客户准备必要的文件。在售前阶段联邦快递就已经为客户提供了一些必要的支持，以减少服务过程中的障碍。

联邦快递的速递员上门收货时，采用手提追踪器（Super Tracker）扫描货件上的条形码，而这些条形码是由 FedEx Power Ship 自动付运系统或 FedEx Ship 软件编制的，说明服务类别、送货时间及地点。所有包裹在物流管理的周期内，至少在货件分类点扫描 6 次，而每次扫描后的资料将传送到孟菲斯总部的中央主机系统。客户或客户服务人员可利用 Power Ship 自动化系统及 FedEx Ship 软件发出电子邮件或查看互联网上联邦快递的网站，即时得到有关货件的行踪资料。这项技术不仅方便了公司的内部管理，而且大大提升了客户满意度和忠诚度。

联邦快递还拥有良好的客户服务信息系统：首先是一系列的自动运送软件。为了协助顾客上网，联邦快递向顾客提供了自动运送软件，该软件有三个版本：DOS 版的 Power Ship、视窗版的 FedEx Ship 和网络版的 Fedinter NetShip。利用这套系统，客户可以方便地安排取货日程、追踪和确认运送路线、列印条码、建立并维护寄送清单、追踪寄送记录。而联邦快递则通过这套系统了解顾客打算寄送的货物，预先得到的信息有助于运送流程的整合、货舱机位、航班的调派等。其次是客户服务线上作业系统（Customer Operations Service Master On-line System，COSMOS）。这个系统可追溯到 20 世纪 60 年代，当时航空业所用的电脑定位系统备受瞩目，联邦快递受到启发，从 IBM、Avis 租车公司和美国航空等处组织了专家，成立了自动化研发小组，建起了 COSMOS。在 1980 年，系统增加了主动跟踪、状态信息显示等重要功能。1997 年又推出了网络业务系统 Virtual Order。

联邦快递通过这些信息系统的运作，建立起全球的电子化服务网络，目前有 2/3 的货物量是通过 Power Ship、FedEx Ship 和 Fed ExinterNetShip 进行的，主要是利用它们的订单处理、包裹追踪、信息储存和账单寄送等功能。

资料来源：

曾晓洋，胡维平. 市场营销学案例集（第 2 辑）. 上海：上海财经大学出版社，2005

11 - 3　迪斯尼乐园

作为世界最大的传媒和娱乐巨头之一，迪斯尼是一个魅力无穷的商业品牌。迪斯尼在

全球十大国际品牌中排名第五，品牌价值超过600亿美元，它的形象涉及影视、旅游、网络、服装、玩具等众多领域。目前在全球有5个迪斯尼乐园，分别位于加利福尼亚州、佛罗里达州、日本东京、法国巴黎及中国香港。

迪斯尼乐园含魔术王国、迪斯尼影城和伊波科中心等若干主题公园。整个乐园拥有大量娱乐设施、32 000余名员工、1 400多种工作。通过主题公园的形式，迪斯尼致力于提供高品质、高标准和高质量的娱乐服务。迪斯尼乐园的生命力在于能否使游客欢乐，因此，给游客以欢乐成为迪斯尼乐园始终如一的经营理念和服务承诺。

迪斯尼乐园每年接待着数百万计慕名而来的游客。人们来到这里，仿佛到了童话般的世界，令人流连忘返。然而，人们更为称赞的是它高品质的服务质量，清新洁净的环境，高雅欢乐的氛围及它热情友好的员工。

1. 迪斯尼乐园的魅力在于它为顾客所创造的独特体验

游人中的大多数人来自美国和其他国家发达的大都市，人们对城市的高楼大厦和现代化的一切感到厌倦。而在迪斯尼乐园里，人们则会产生一种回归大自然的满足感。如仿亚马孙河的冒险乐园令人置身于原始的大自然中，使人感到清新、忘我。那些18世纪或19世纪的欧美街景，如美国西部的板房、路边的小铺和仿煤气点燃的街灯，都会给人们罩上一种往日的色彩，使人们脱离现实，追寻回忆昔日的岁月和社会的更迭。

迪斯尼乐园还拥有许多独具特色的娱乐性建筑。如天鹅宾馆棚顶的一对29吨重的天鹅雕塑、海豚旅馆栩栩如生的海豚塑像，为迪斯尼的景观增添了不少特色。这两家旅馆由著名的后现代派建筑师麦考尔·格然吾斯设计，充满了创造性的富丽堂皇和诙谐生动的视觉感受，扩展了主题公园的梦幻感觉。

迪斯尼乐园不仅是大人们娱乐休息的地方，更是儿童游乐的世界。景区里不仅有各种用金鱼、火箭、大象等形状制作的游艺车，还有米老鼠童话世界的小房屋、小宫殿、小风车，这一切使孩子们产生了平时在学校里和大城市生活中难以激发的美好神奇的幻想。乐园环形火车站台的工作人员整齐的着装，一丝不苟的工作作风都给这些幼小的心灵留下了无须言传的深刻印象，而这一切都将会在他们的脑海中留下美好的回忆。此外，迪斯尼还时时刻刻为儿童设想。以喝水池为例，都是一大一小两个。垃圾桶的高度也让孩子们伸手可及。更有动听的音乐随时陪伴，还有专供小朋友们照相的卡通人物，连公园里的食品都是孩子们喜欢吃的，孩子们到了这里就如同爱丽丝漫游仙境一般。并且，乐园里专为小朋友们准备了安全的刺激性较小的游玩项目，指定必须有大人陪同参加，像旋转木马、小飞象、小人国等。

在各种游乐节目中，迪斯尼都十分注意培养顾客的参与性，总是创造机会让人们发挥自己的主观能动性，让孩子们从小培养自立的能力。迪斯尼认为，乐园主要是孩子们的，当然要让孩子们在这里成长。乐园里设有沿着"道路"行驶的小型汽车，这种车比内玩具车要大得多，两个大人可以轻松入座，一个家长可以带一个孩子，由孩子驾驶汽车绕过各种复杂的弯道，进行比较漫长的"实习"。这种游戏往往是所有游艺活动中排队最长的，可见其颇受家长与孩子们的喜爱。

2. 迪斯尼提供周到的服务和良好的卫生环境

在乐园大门口有旅客接待站，对带孩子的旅客可以免费提供童车和婴儿车；门口还有狗舍，狗不得入园，但可以寄养；进入大门后还有轮椅供残疾人使用。在园内许多景区也有许多的童车、婴儿车及轮椅供人使用。

整个乐园分成"美国主街"、"梦幻世界"、"未来世界"、"美国河"、"动物树"、"冒险乐园"、"米老鼠童话世界"等景区，在其中可以参加所有的游艺活动，使游人们能全身心地投入到娱乐之中，忘却疲劳与烦恼。所有的小卖部、饮食店、表演场所、街景区都设有大量的形状整洁、与景观相协调、清扫方便的大容量垃圾箱。公共场所的椅、桌、窗台、玻璃等都显得干净、利落；草地、花卉、树木修饰整齐；娱乐设施几乎都保持良好状态。

3. 迪斯尼善于营造欢乐的氛围

迪斯尼乐园不只是游乐场，更是现实的"乌托邦"。通过一系列游戏设施和表演，游客在早已预设的轨迹和效果中，与各种人物一同历险。最后，在迪斯尼世界固有而唯一的规律下，游客所感受到的是一段既惊险又安全、却又充满快乐的旅程，这种旅程的欢乐氛围是由员工与游客一起创造的。其中，员工起着主导作用。主导作用具体表现在对游客的服务行为上。这种行为包括微笑、眼神交流、令人愉悦的行为、特定角色的表演及与顾客接触的每一个细节。

引导游客参与是营造欢乐氛围的另一重要方式。游客们能同艺术家同台舞蹈，参与电影配音、制作小型电视片，通过计算机影像合成成为动画片中的主角，亲身参与升空、跳楼、攀登绝壁等各种绝技的拍摄制作等。

在迪斯尼乐园中，员工得到的不仅是一项工作，而且还是一种角色。员工们身着的不是制服，而是演出服装。他们仿佛不是为顾客表演，而是在热情招待自己家庭的客人。他们根据特定角色的要求，扮演真诚友善的家庭主人或主妇。

4. 迪斯尼研究顾客，了解顾客

迪斯尼致力于研究"游客学"，了解谁是游客、他们的起码需求是什么。在这一理念指导下，迪斯尼站在游客的角度，审视自身每一项经营决策。为了准确把握游客的需求动态，公司设立调查统计部、信访部、营销部、工程部、财务部和信息中心等部门分工合作。

调查统计部每年要开展 200 余项市场调查和咨询项目。财务部根据调查中发现的问题和可供选择的方案，找出结论性意见，以确定新的预算和投资。

营销部重点研究游客们对未来娱乐项目的期望、游玩热点和兴趣转移。

信息中心存贮了大量关于游客需求和偏好的信息，具体有人口统计、当前市场策略评估、乐园引力分析、游客支付偏好、价格敏感分析和宏观经济走势等。其中，最重要的信息是游客离园时进行的"价格/价值"随机调查。正如华特·迪斯尼先生所强调的：游园时光绝不能虚度，游园必须物有所值，因为游客只愿为高质量的服务而付钱。

信访部每年会收到数以万计的游客来信。信访部的工作是尽快把有关信件送到责任人手中；此外，把游客意见每周汇总，及时报告管理层，保证顾客投诉得到及时处理。

工程部的责任是设计和开发新的游玩项目，并确保园区的技术服务质量。例如，顾客等待游乐节目的排队长度、设施质量状况、维修记录、设备使用率和新型娱乐项目的安装，其核心问题是游客的安全性和效率。

现场走访是了解游客需求最重要的工作。管理层经常到各娱乐项目点上直接同游客和员工交谈，以期获取第一手资料，体验游客的真实需求。同时，一旦发现系统运作有误，就及时加以纠正。

5. 迪斯尼致力于提高员工的素质，培养热情友好的员工

许多游客慕名远道而来，在乐园中花费了时间和金钱。迪斯尼懂得：不能让游客失望，哪怕只有一次。如果游客感到欢乐，他们会再次光顾。吸引游客重复游玩，恰是娱乐业经营兴旺的奥秘和魅力所在。为了实现服务承诺，迪斯尼公司将"给游客以欢乐"的经营理念落实到每一位员工的具体工作中，对员工进行评估和奖励，凡员工工作表现欠佳者，将重新培训，或将受到纪律处罚。

为了明确岗位职责，迪斯尼乐园中的每一个工作岗位都有详尽的书面职务说明。工作要求明白无误、细致具体、环环紧扣、有规律可循，同时强调纪律、认真和努力工作。每隔一个周期，就严格进行工作考评。

公司要求 32 000 名员工都能学会正确地与游客沟通和处事，因而制定了统一服务的处事原则，其原则的要素构成和重要顺序依次为安全、礼貌、演技、效率。公司以此原则来考查员工们的工作表现。

同时，迪斯尼还十分注重对全体服务人员的外貌管理。所有迎接顾客的公园职员（"舞台成员"）每天都穿着洁净的戏服，通过地下阶梯（"地下舞台"）进入自己的活动地点。他们从不离开自己表演的主题。对于服务员工，迪斯尼乐园制定了严格的个人着装标准。员工的头发长度、首饰、化妆和其他个人修饰因素都有严格的规定，且要严格地执行。迪斯尼的大量着装整洁、神采奕奕、训练有素的"舞台成员"对于创造这个梦幻王国至关重要。

此外，公司还经常对员工开展传统教育和荣誉教育，告诫员工：迪斯尼数十年辉煌的历程、商誉和形象都具体体现在员工们每日对游客的服务之中。创誉难，守誉更难。员工们日常的服务工作都将起到增强或削弱迪斯尼商誉的作用。公司还指出，游客掌握着服务质量优劣的最终评价权。他们常常通过事先的期望和服务后的实际体验的比较评价来确定服务质量的优劣。因此，迪斯尼教育员工：一线员工所提供的服务水平必须努力超过游客的期望值，从而使迪斯尼乐园真正成为创造奇迹和梦幻的乐园。同时，为了调动员工的积极性，迪斯尼要求管理者勤奋、正直、积极地推进工作。在游园旺季，管理人员常常放下手中的书面文件，到餐饮部门、演出后台、游乐服务点等处加班加点。这样，加强了一线岗位管理，保证了游客服务质量，而管理者也得到了一线员工一份新的友谊和尊重。

当然，所有的服务运作都离不开迪斯尼完善的服务系统，小至一部电话、一台计算机，大到电力系统、交通运输系统、园艺保养、中心售货商场、人力调配、技术维修系统等，这些部门的正常运行，均是迪斯尼乐园高效运行的重要保障。

资料来源：

曾晓洋，胡维平. 市场营销学案例集（第 2 辑）. 上海：上海财经大学出版社，2005

11 – 4　服务营销的典范——宜家家居

忽如一夜春风来，从 1996 年开始，京、津、沪、穗等城市，一种定位独特的商场——家居主题商场如随风潜入夜般，悄悄地诞生于这些大都市的街头。它们不温不火，不媚不俗，虽然没有重型广告的狂炸，却以家园、温情打动人心，并迅速被广大消费者所接纳，俨然成为商界新宠。

家居主题商场走俏与建材、房地产的升温密不可分。传统的商场经营内容无非是日用百货、服装、食品、家用电器等，而其中尤以家电、服装、食品为龙头。如今，大凡城市都会有一至多个建材市场，而其中又多以业主出租店铺、店主批发经营为主。在百货公司与建材市场间，无疑存在着市场缺口，因为百货公司一般不经营建材用品，而建材市场一般也不经营家用电器等家居用品，这种泾渭分明的格局害苦了为购置新房、装修新家的消费者，他们往往得在这两类市场间奔忙。但如果集中解决这两类市场的缺憾，形成一个独特的家居商场，应该会满足这类需求，会受到消费者青睐。家居主题商场的推出即基于上述思路，在零售商业大环境不太景气的情况下，犹如商界一朵奇葩，其特色的商品定位切合了市场需求，吸引了众多消费者，销售额节节上升。家居主题商场作为一种商业发展趋势，在全国各大城市，在几年的时间内便迅速发展，其中，瑞典的宜家家居可以说是较为成功的一个案例。

一、宜家让你领略北欧风情

提起北欧，人们就会想到地处北极圈附近的瑞典、挪威、丹麦、芬兰、冰岛这几个国家。它们的地理位置极为特殊，有着漫长的冬季，气候反差大，但森林茂密、水域辽阔的自然环境又为他们提供了丰富的资源。北欧的社会文化发展虽也受到欧洲大环境的影响，但因坚实的农业和手工业传统，使北欧的设计风格不但具有明显的欧洲特点——注重功能，追求理性，而且又不同于其他的欧洲国家。例如个性突出、造型简洁、做工精致、节省材料。正是这种既怀旧又创新的鲜明特点符合了当今人们崇尚自然、平易简洁的生活概念，使得北欧家居风格和室内装潢的样式受到世界的瞩目。宜家家居正是代表着典型的北欧设计风格。大量使用原木、设计简洁而又个性突出的家具用品使得宜家在国内刚一露面就风靡了都市现代家庭。

宜家家居，这个已有 56 年历史的瑞典家居用品零售集团，在全世界 29 个国家的各大城市——如纽约、巴黎、悉尼、斯德哥尔摩等拥有 150 个商场。1998 年，宜家落户于中国上海，1999 年初又在北京开了分店。如今，宜家已成为世界上最大的家居用品公司，商品品种多达 11 000 种，几乎涉及日常起居的方方面面。宜家的所有产品都在瑞典开发、设计，以美观、优质、实用而闻名于世。

二、宜家让你买得放心

每个顾客在作出购物决定之前，如果对所购商品的特性一无所知，那么他肯定会感到手足无措；反之，他所掌握的商品信息越全面，越真实，他就越容易作出购买决定。宜家的做法，与戴尔计算机公司可谓异曲同工。戴尔将触角直接伸到了电脑最终用户那里，使用户能根据自己的需求配置自己的计算机，然后直接从厂家订购，因此它出售的几乎都是定做的、完全符合用户要求的产品。

宜家总是提醒顾客"多看一眼标签：在标签上您会看到购买指南、保养方法、价格"。如宜家出售的"四季被"的标签上，就这样写着："四季被，三被合一，一层是温凉舒适的夏季被，一层是中暖度的春秋被，你也可以把两层放在一起，那就是温暖的冬季被。被芯填料：65％鸭绒，35％鸭毛，被芯外套为100％棉。四季被可在60度温水中清洗，也可以用干衣机甩干。"

"你知道为什么要选择购买和使用节能灯泡吗？答案是这样的：①一只节能灯泡的寿命相当于8只普通灯泡，您可以少换几次灯泡；②节能灯泡可为一个家庭一年节省电费约400元；③11瓦节能灯泡相当于60瓦普通灯泡的亮度；④节能灯泡是环境的保护者"。更有趣的是，在这则说明的下面安装了两排闪闪发亮的灯泡，一排是6只11瓦的节能灯泡，另一排是6只60瓦的普通灯泡。两排灯泡对应着两个电表，电表的启动时间是1999年5月7日9：30，到2000年的8月25日，6只11瓦的节能灯泡共用电420度；6只60瓦的普通灯泡已用了2 237.5度，而且有一只灯已经不亮了。一个箭头指着两个电表："请看这两种灯泡巨大的区别。"这正是"事实胜于雄辩"！

一般人购买家具前都会有忐忑不安的心理，毕竟是大件商品，而且要长期在家中使用，买了，用一段时间，小毛病不断，大毛病又犯，扔了可惜，继续用着又堵心，要求退换货更没把握……因此，买一件能使人放心的好家具，是每位消费者最初的心愿。而在宜家，这些担心都是多余的。以沙发为例，为什么要买宜家的沙发？因为大部分宜家沙发具有如下特点：①可拆换沙发套（为了一个崭新的面貌）；②便于清洗；③可以延长沙发的寿命；④孩子们可以在周围尽情地玩耍；⑤表面经过防污渍处理；⑥经过褪色测试（当然，还是应该避免阳光直射）。此外，宜家沙发都拥有结实的框架，都经过每日耐磨度测试，而且不管是扶手椅、两座沙发、三座沙发还是沙发床，均有多种尺寸可供选择，因此适合各种体型。

看了以上的介绍，再坐上去亲身感受一番，你还会担心自己购买后上当吗？可能你仍不放心，那也不要紧，宜家的《商场指南》里写着："请放心，您有14天的时间可以考虑是否退换。"14天以内，如果你对已购物品不满意，还可以到宜家办理更换等值货品或退款手续。

再如，如果你不懂怎样挑选地毯，宜家会用漫画的形式告诉你："用这样简单的方法来挑选我们的地毯：一是把地毯翻开来看它的背面；二是把地毯展开来看它的里面；三是把地毯折起看它鼓起来的样子；四是把地毯卷起看它团起来的样子。"

在这样的商场里购物，还有什么不放心的呢？

三、宜家让你轻松购物

轻松、自在的购物氛围是全球 150 家宜家商场的共同特征。宜家鼓励顾客在卖场"拉开抽屉，打开柜门，在地毯上走走，或者试一试床和沙发是否坚固。这样，你会发现在宜家沙发上休息有多么舒服"。如果你需要帮助，可以向店员说一声，但除非你要求店员帮助，否则宜家店员不会打扰你，以便让你静心浏览，轻松、自在地逛商场和作出购物决定。

进了宜家，一切都是自己的事了。从门口取一个特大的包装袋，需要什么，尽可以往袋子里装，如果累了，随处都有存放袋子的地方，放在那里，走时回来取。商场里还备有尺子和铅笔，量量尺寸、记记价格都很方便。宜家提倡一切自己动手，因为宜家的物品全部是单板包装，哪怕是家具也是一块块分开包装，拿起就走，回到家里一组合就完事，安装起来也很方便，不用专人上门安装。如果是大件东西，顾客从二楼、三楼看好后，到一楼拿一片一片包装好的货品，然后在门口付账将货提走，在出口处还设有包装处，有各种方便包装的捆扎绳、剪刀等工具。宜家的单板式包装，方便购买、方便安装。简单是宜家用品的一大特点，但也正是这"简单"正在改变着中国人一种长久不变的追求"家具耐用"的消费观。

此外，经常有人带孩子来逛宜家，但时间一长，孩子对大人枯燥的购物感到厌烦时，会大哭大闹。为了让人们能安心购物，宜家在进门处特设有儿童娱乐区，在这里有各种各样的玩具供孩子们玩耍，还有专人负责看管小孩，顾客可以安心购物。

四、宜家让你感受人性化设计

宜家组织生产已设计好的产品时，会首先考虑一个合理的价格，然后选用优质原材料，并且在全球范围内挑选技术熟练的供应商与宜家设计师合作，按照这个价格或低于这个价格组织生产。这种"价廉物美"的思想和方法包含在宜家商场的每件家具和产品设计之中。宜家总是大批量采购，因此享受到优惠的采购价格，从而降低销售价格。另外，宜家的产品采用平板式包装，节省了运输空间，大大降低了开支，同时又不影响商品质量。在宜家家具店，顾客所购的家具都会附有一张装嵌图。只要按照包装图示，就可按部就班地把家具装嵌妥当，可帮助节省不少装嵌费用。

现代人不再像过去那样只偏爱一成不变的东西，也不再固执地守着某种旧有的模式。经常地打破格局和灵活地改变居室的空间也许正成为现代人的一个嗜好。不管怎么说，现代人更看重家居的实用与灵活。宜家家居推出的每一款家具都是在原有的简洁实用风格的基础上，多了几分灵活。如一款看似普通的沙发或者坐椅，就因为设计师的巧妙设计而让它在任何家中都有了可以随意匹配的灵活性。

总的说来，宜家产品的特点就是简洁、灵活。任意一件家具都能随意拆卸下来，搬动起来毫不费力，且具有多功能性。产品大都造型简洁、方便生活、使用舒适，但质地不一定很讲究。宜家产品统一色彩、统一款式，搭配起来非常协调，且款式、颜色都是最时尚的。其他家居商场的物品一般都是从不同地方、由不同品牌组织在一起的，不易搭配。而在宜家则可以设置一个非常统一协调的家居环境。这种特点非常适合于易接受外来文化、追求新奇变化的现代年轻人。家具在一个位置呆久了，看着会觉得腻，总想调换位置，有种新感觉。而宜家的家具便于经常移动，每个人都可以做到对其拆卸自如。宜家产品尤其适合只愿在一起同居的新生代家庭，所有简洁的家具搬家时都不会成为累赘。

另外，在宜家买家具，每一块板都有明码标价：书柜不想买门，可以把门除去；小孩的双层床缺个楼梯，没关系，小楼梯板也可以单卖。宜家的家具都可以拆开卖，看好哪样家具中的其中一块板你就可以拿走。在宜家你可以买走家具的某一个细节，把这个细节买回家或许就是一个很好的装饰。

正是宜家所倡导的"宜家做一部分（大批量采购以降低价格、平板式包装以降低开支）、你自己做一部分（自己选购、自己运送回家和自己组装家具）"的购物方式，使顾客找到了自己需要的一切，布置一个真正属于自己的舒适、雅致的家。

五、宜家让自己做得最好

宜家很少有孤零零的商品展示。在宜家家居商场产品展示区内，你会看到：一张餐桌，几把竹椅，餐桌上摆放着高脚玻璃杯、咖啡壶、闪闪发亮的刀叉、精美的瓷盘，以及鲜花和果蔬；被子、床单、枕头和抱枕总是在各式大床上展示它们的效果；更别说那些厨房、书房、客厅、卧室、浴室和"家居办公室"的示范室了——它们往往集中了宜家家居所贩卖的大部分商品品种，摆放有序，像一个真"家"那样设施齐全，风情万种。

商品的交叉展示，既是宜家卖场的展示风格，又是宜家家居的经营风格。目前在国内，除了大型的百货公司和购物中心，家具一般只在家具店里卖，而锅碗瓢盆、玩具灯具等往往是超级市场货架上的商品。但在宜家家居，你可以买到几乎所有的家居用品——其实仔细想一想，它们本来就都是配合使用，不可或缺的，干吗要把它们人为地分开呢？

在宜家，用于对商品进行检测的测试器总是非常引人注目。在厨房用品区，宜家出售的橱柜从摆进卖场的第一天就开始接受测试器的测试，橱柜的柜门和抽屉不停地开、关着，数码计数器显示了门及抽屉可承受开关的次数：至今已有 209 440 次。你相信吗？即使它经过了 35 年、26 万次的开和关，橱柜门仍能像今天一样正常地工作！

与国内家具店动辄在沙发、席梦思床上标出"样品勿坐"的警告相反，在宜家，所有能坐的商品，顾客都可坐上去试试感觉。周末客流量大的时候，宜家沙发区的长沙发上几乎坐满了人。宜家出售的"桑德伯"沙发、"高利可斯达"餐椅的展示处还特意提示顾客："请坐上去！感觉一下它是多么舒服！"在沙发区，一架沙发测试器正不停地向被测试的沙发施加压力，以测试沙发承受压力的次数。计数器上的数字显示：至 2000 年 8 月 25 日 15：53，这里受过 582 449 次压力。由此看来，那些向顾客发出"样品勿坐"警告的国内家具店，除了对顾客惯有的冷漠之外，是否还有一种对自己的产品缺乏信心的心态在作祟？

讨论分析题：

谈谈宜家家居案例给你的启示。

案例解读

　　目前，有些生产者及销售商往往不能或不愿向顾客提供关于产品的全部真实信息，或弄虚作假，把关于本产品的真实信息掩藏起来，却提供一些精心编造的虚假信息来糊弄、坑骗消费者；或避重就轻，避实就虚，隐瞒产品的重大缺陷，也不讲产品有限的实际功能，却大肆宣扬消费者无法检测、难以验证的"特殊功能"；再不就是概而括之、大而化之，几句话敷衍了事，不痛不痒，无关紧要。如此一来，顾客购物只好完全凭自己的感觉、经验和运气辨别选择，吃亏上当也在所难免，这无形中损害了潜在市场的培育工作。

　　现在是信息社会，是市场经济迅猛发展及"消费过剩"的时期。生产厂家和商家要想稳固地立足市场，并得到长远的可持续发展，其经营上就应尽量向消费者提供关于产品、价格、功能等方面的全部真实信息，丰富而透明，以使顾客在充分掌握这些信息的前提下，作出完全自主的购物选择。在这方面，在全国所有的大小商场，包括所有进入中国的国际零售集团中，宜家家居堪称典范。

　　宜家告诉你，如果你是最好的，就不要害怕让顾客知道。顾客知道得越多，就只会更加信赖和喜爱你。但如果你做得还不够好，那么你仍有两条路可走：一是努力做得更好，并让顾客知道这一点；二是从顾客面前消失，或者坐等他们全部从你面前消失。这就是宜家家居的经营理念：让顾客越明白越好！

第 12 章
国际营销

本章提示

国际市场营销与普通市场营销的营销环境有较大区别，国际市场营销的环境更为复杂和多变，因而国际营销的策略也在普通市场营销策略的基础上有所发展。

本章选取了三个案例。案例1列举了海尔、格兰仕等企业的国际营销方式，介绍了国际市场的进入方法，以及怎样根据内外部条件选择最适合自己的路径。案例2介绍了温州打火机如何实施"反倾销"。案例3介绍了TCL在国际营销中是如何采取相应策略获得成功的。

12 - 1 扫描国内企业的国际营销方式

企业走出去，包括到国外办销售网络、在国外建工厂、在国外开矿等。走出去也应当包括产品走出去，虽然企业没有出去，但产品大部分或全部都销到国外，甚至产品和原材料两头在外。这样的企业与在国外办厂的企业本质基本相同，因此也在走出去的企业之列。按照这样的概念，目前中国走出去的企业大致有以下五种模式：

模式一：海外建（买）厂

海尔、TCL等企业基本上都属于这种模式。海尔将全球分为11个经济区，目前已在其中8个经济区建立了13个生产基地；在美国、巴基斯坦两国分别设立了工业园。在进入顺序上，海尔奉行"先难后易"的策略。为了降低国外建厂的风险，海尔坚持"先有市场、然后建厂，建厂时必须达到盈亏平衡点"的原则。

其实，中国企业早在20世纪80年代就开始在国外买厂或建厂。1988年，首钢在美国购买了麦斯塔工程设计公司70%的股权。1992年，首钢在秘鲁铁矿投标竞争中获胜，以1.2亿美元的价格购买了秘鲁铁矿公司，使其成为首钢在境外最大的独资企业。

模式二：海外买（借）店

所谓买店，不是买一两个零售商场，而是控股若干个拥有庞大销售网络的大型企业。中国生产的电动工具数量已占全球的 70%，销售收入却只有 10%，利润不到 1%。之所以出现这种状况，就是因为品牌、销售渠道和售后服务网络这三样最关键的东西掌握在别人手里。

万向集团收购美国舍勒公司也是一种买店行为。舍勒公司是一家主要在美国市场销售汽车零部件的经销商。早在 1984 年，舍勒公司给了万向一笔 3 万套的万向节订单，万向由此开始了汽车零部件生产之路。万向的产品在美国市场销售都冠以"舍勒"商标。后来，舍勒主动提出请万向并购的要求。结果，万向花了 42 万美元收购了舍勒公司的品牌、技术专利、专用设备及市场网络，而厂房、设备等由另一家公司买走。由于买下了此"店"，万向在美国市场每年增加了 500 万美元的销售额。

模式三：国内生产，大进大出

格兰仕的战略是做全球名牌家电的制造中心，并且把这种制造中心放在中国。为实现这一战略目标，格兰仕的主要做法是：通过受让国际知名品牌生产线的方式实现扩张。简单说来，将国际知名品牌的生产线搬到中国来，交由格兰仕组织生产，其所生产的产品再按照比这些名牌企业自己在本国生产的成本价更低的售价卖给对方，由对方利用自己的品牌、销售网络在国外销售。目前，格兰仕已经同 200 多家跨国公司建立了合作关系，这 200 多家国际知名品牌的企业不少已将自己的生产线转移到了格兰仕。格兰仕用自有品牌生产的产品也主要是外销。2002 年，微波炉外销的比例占总产量的 70% 以上，占全球 40% 左右的市场份额；空调外销占总产量的 60% 以上。

我国出口贸易中工业制成品已取代初级产品，占据 80% 以上的比重。在工业制成品中，加工贸易已占到整个出口贸易的 40% 以上。这些出口产品虽然打上了"made in China"的标记，但品牌、设计基本都是别人的，原材料也有不少是别人提供的。这也是中国企业走出去的方法，而且还是目前最主要的方法。

模式四：国内生产，外商采购

中国小商品城（浙江义乌小商品市场）是这方面的表率。国外公司常驻中国小商品城的采购机构有 160 多个，每天有 3 800 ~ 4 500 名外国商人在这里采购商品。自 1997 年以来，中国小商品城的年出口额每年翻一番。中国小商品城的商品 60% 以上为出口。现在，年出口额 300 多亿元人民币。

中国小商品城这种走出去的模式是：不仅企业不出去，连人也不出去，仅仅是产品走出去。中国企业在中国进行生产，在中国摆摊设点，由外国商人到中国来采购。中国小商品城的基本功能已经变为中国小商品"展示—洽谈—接单"的场所，已经成了一个真正的国际市场。国内所有企业的产品只要往这里一摆，也就进入了国际市场，用不着到国外建立销售体系，更用不着把工厂也建到国外。

模式五：反向OEM

这种模式是万向集团首创的。其主要做法是，收购一家国外公司，然后为这家国外公司做OEM。

例如，在美国纳斯达克上市的UAI公司是一家成名已久的汽车零部件制造商。由于经营不善，2000年这家公司净资产降到70万美元，不符合纳市200万美元净资产的最低要求，同年7月被美国证监会威胁除牌。这时，万向集团以战略投资者的身份介入UAI，以280万美元的价格，收购了UAI 21%的股权，成为其第一大股东。而这宗交易的一项重要内容是"强制性采购条款"，即UAI每年必须向万向购买2 500万美元的产品（制动器），这是静态数据；从动态看，因为UAI从万向采购的产品，其采购成本比以前自己的生产成本低30%~40%，所以会促使UAI进一步扩大销量，这样，万向以后每年拿到的订单就不止这2 500万美元了。

背景一：优势在哪儿？

加入WTO之后，中国作为整个国家的核心竞争力是什么？与发达国家相比，中国的主要优势是劳动力便宜。与某些发展中国家相比，中国的一个主要优势是政治稳定，有较好的工业基础。德隆、格兰仕等企业正是充分发挥中国劳动力成本低这一优势，并通过国际的商业运作，把上述优势转化为产业优势，转化为整个国家的竞争优势。

中国的企业到国外大量办厂，就不能充分利用中国的劳动力优势，更不能将这种优势转化为本国的产业优势。特别是到美国、德国等发达国家去办厂，一般说来，只要你用美国、德国的工人，你的生产成本就不会比别的企业低。在德国，就是必要的裁员，也会遭到当地工会的抵制。此前，有一家中国陶瓷厂收购了一家德国企业后开始裁员，因当地工会的抵制，裁员计划未能实现，最后不但未能搞活这家被收购的企业，连自己在国内的主业也受到连累。

背景二：壁垒在哪儿？

有的国家设置了较高的贸易壁垒，为了避免壁垒，不得不在这些国家设厂。最典型的是力帆进入越南。2000年，中国摩托车大量涌入越南，这时力帆的"走出去"主要是产品走出去。2001年起，越南政府为了国产化，开始提高关税。到2003年，摩托车的整车进口关税从原来的60%提高到100%，还规定国外企业如果不去越南投资建厂，其产品就禁止在越南销售。越南摩托车的年销量为160万到180万台，除中国外，再也找不到这么大的市场，因此为把摩托车的销量扩大，不得不去越南建厂。此外，1995年越南加入东盟后，力帆在越南的企业也享有了与东盟各成员国自由贸易的权利，这又使力帆能获得整个东盟市场。力帆在越南建厂，还可以绕过越南的进口配额许可政策与国内出口招标政策，绕过这两关，可使出口利润增加近3倍。力帆正是在这样的背景下去越南办厂的。

海尔、TCL等企业到国外办厂，也或多或少地有这方面的原因。但是，仅仅考虑这一条，也不一定必须到国外建厂。格兰仕采取贴牌（OEM）的办法，同样可以避开对方的封锁。格兰仕在阿根廷的自有品牌占有率突破70%，遇到了反垄断，为了避开这一问题，格兰仕决定降低自有品牌在国外的占有率，而通过OEM提高产品的占有率。

福耀玻璃之所以要加大国外 OEM 市场开发力度，除了充分利用中国的廉价劳动力优势外，一个重要的原因就是部分国家的"反倾销"。福耀 2002 年在加拿大和美国都碰上了反倾销案。美国以"反倾销"为名，对福耀的产品加征了 11.8% 的关税，使福耀集团 2002 年的净利润减少 2 298.27 万元。而 OEM 产品不受反倾销法限制，不存在征税风险。

背景三：利润在哪儿?

中国的产品由于没有品牌，利润的大头被拥有品牌的外国公司赚走，因此，中国的企业要走出去，首先应将自己的品牌尽快在国外打响，这一点正是海尔模式的一个主要背景。海尔认为，如果不在海外树立海尔自己的品牌，海尔最终只能停留在替国外品牌做 OEM 阶段，替国外品牌打工，只能维持生存。张瑞敏认为，海尔走出去的目的，就是为了创世界名牌。

归根到底，中国企业走出去，是在以下三对关系中作选择：一是国内办厂与国外办厂的选择；二是自己营销与他人营销的选择；三是自创品牌与贴牌生产的选择。

是自创品牌还是贴牌生产，这是两种经营战略。所有知名品牌都不是一夜之间形成的，而是经过几十年甚至上百年的积累而形成的。它不仅要以产品质量的不断完善为基础，其间还要进行大量的品牌投入。这种品牌投入是个漫长的过程，而且具有较大的风险。品牌的价值实际上也就是这种品牌投入的回报。自创品牌，企业既要生产投入，又要进行品牌投入，即双重投入。贴牌生产，企业只进行生产投入，而不进行品牌投入，因而只获得生产投入的回报，其所得自然就比较微薄。因此，是自创品牌还是贴牌生产，不是哪个高尚哪个低贱的问题。如果对所有的资金算总账，贴牌生产比自创品牌更有效益。而我们的企业如硬要花巨额资金去创造所谓的民族品牌，不仅在经济上不合算，甚至要招致巨大的投资风险，对企业、对国家都是不利的。

由贴牌到创牌是必经之路。

中国企业为国外名牌企业贴牌生产，也就是为名牌打工。专家认为，在国际市场上，一个企业的竞争优势表现为三个方面：成本优势、产品优势和品牌优势。中国企业能尽快获得的最大优势是成本优势，最大劣势是品牌劣势。因此，中国企业应该把我们的成本优势与国外企业的品牌优势结合起来，而不应只凭豪言壮语去跟人家竞争。应当看到，在贴牌生产过程中，虽然使用的是别人的商标，但毕竟这些产品上印有"made in China"。"made in China"的产品质量越好，就会有越多的世界名牌与"made in China"联系在一起。久而久之，中国自然就成了名牌产品的生产大国。

资料来源：

钟朋荣. 走出去，学海尔还是格兰仕. 中外管理，2003（7）

讨论分析题：

1. 请讲讲格兰仕国际营销模式的优点与不足。
2. 海尔作为迄今为止国内企业中国际化最成功的典范，哪些经验值得借鉴?

案例解读

国际市场进入的模式有三种：出口进入模式、投资进入模式和合同进入模式。

（1）出口进入模式是企业进入国际市场的重要模式，大多数生产性企业是作为出口商开始它们的国际市场扩展的，只是到了后来才转向其他进入方式。格兰仕奉行出口进入模式，将世界的生产线都搬到中国，然后将制成品销往全世界，充分发挥了中国内地劳动力成本低的优势。

出口作为企业进入国际市场最基本的进入方式，其优点主要表现在以下三点：①出口可以免除企业在东道国建造生产设施的高额成本。②通过在一个地点集中生产产品并随后把产品出口到其他国家，企业能够从全球销售额中实现较大的规模经济。③目标市场的政治、经济状况恶化时，可以以较低的成本终止业务。

从另一方面来讲，出口也有许多不足之处：①从价值创造的角度来看，如果在国外某个地点生产某种产品的成本更低的话，那么从企业所在的国家出口这种产品就不如在这个地点生产产品，然后把产品从该地点出口到世界其他地区。例如，很多美国电子企业把它们的部分生产活动转移到远东地区，因为那里有低成本、高素质的劳动力，然后再把产品从该地点出口到包括美国在内的世界其他地方。②高额运输成本可能会使出口变得不经济，对于大宗产品而言，尤其如此。解决这个问题的方法是在某个东道国生产大宗产品。这个战略一方面使企业能够实现大规模生产的经济效益，与此同时，该战略还降低了运输成本。例如，许多跨国化学企业在当地生产产品，然后用一个地区的生产设施所生产的产品满足其他国家的需要。③东道国各种贸易壁垒的威胁有可能使出口变得极具风险。④对国外市场的营销活动控制程度较低。

（2）投资进入模式可以分为两种基本形式——合资经营与独资经营，海尔在国外设厂就是一种投资进入模式。合资经营是指本企业与目标国家的企业联合投资，共同经营，共同分享股权和管理权，共担风险。其优点有：①企业可以得益于当地伙伴对东道国竞争状态、文化、语言、政治体制和商业体制的了解。②当打开外国市场的成本和风险很高时，企业可以与当地伙伴分摊这些成本和风险。③在很多国家，政治因素使合资企业成为唯一可行的进入市场的方式。

尽管合资企业有这些优点，但是它也有三个主要的缺陷：①合资可能会使本企业失去对技术的控制权。②不利于企业执行全球统一协调战略，也不能够使企业获得为协调全球竞争所需要的对外国子公司的控制。③合资双方常会因投资决策、市场营销、财务控制等问题发生争端。

独资经营是指企业独自到目标国家去投资建厂，进行产销活动。独资公司有三个明显的优点：①独资公司可以降低对技术失去控制的风险。②独资公司可以使企业严密地控制它在各个国家的生产经营活动，这种控制对于企业协调全球战略是必要的。③有利于企业对它的价值链进行合理安排，从而使每一个阶段的价值增加值最大化。

（3）合同进入模式包括许可协定、特许专营和交钥匙工程等。其优点主要表现在：①可以绕过贸易壁垒，如超越输入方对进口的关税或数量限制。②有利于降低成本。③当企业不愿意在不熟悉或者政治不稳定的外国市场投入大量资源时，合同进入也是一个很好的选择。

合同进入模式的不利方面是：①运用范围受限制。②在许可协议下，被许可人通常各自建造自己的生产设施，这将严重地限制企业对输入方生产、营销和战略的严密控制。③与出口和直接投资相比，从许可中获得的收益一般较低，在许可期满后也不能再获益。④通过许可协议，企业可能会迅速失去对技术的控制，并且有可能培养出有力的竞争对手。

　　企业在实施国际营销时，进入国际市场有多种方式可供选择，每个企业的内外条件不同、企业战略不同，就可以选择适合自己的方式，而且选定的方式并不是一成不变的，应该随着企业国际营销的不同阶段而调整。案例中，国内企业多样化的选择有不少取得了良好的效果，留给我们很多的思考与启示。

12 - 2　反倾销背后的较量

　　2004 年 4 月 14 日 23 时，美国商务部最终裁定中国彩电倾销成立。被提及倾销调查的 4 家彩电企业倾销税率分别是：厦华 4.35%，长虹 24.48%、TCL 22.36%、康佳 11.36%。其他 9 家家电企业海尔、海信、苏州飞利浦、创维、上海广电集团等税率为 21.49%。未应诉的中国彩电企业税率为 78.45%。事实上，美国国内不存在本土彩电制造商，此次对中国进行倾销调查的发起者是日本企业，这使问题变得更加复杂。

　　专家认为，中国彩电行业是市场化程度很高的产业，企业完全自主生产和自由竞争，以"替代国"价值判断中国彩电业的倾销幅度是不公平的，这种不公平待遇使中国彩电企业在反倾销应诉中从一开始就陷入困顿。据不完全统计，2003 年 12 月至 2004 年 3 月，中国彩电整体出口已经下降 40%，在未来的几个月中，中国彩电业出口情况将可能更加恶化。

"替代"之苦

　　"市场导向行业申请"被美国商务部驳回，意味着中国彩电企业只能接受按"替代国"制度计算的产品价值。在对中国彩电倾销案的初步裁决阶段，美国商务部选取了印度作为中国彩电倾销的"替代国"。这比正常价值高出近一倍，显然是不合理的。

　　如前所述，反倾销遭遇"替代国"政策的背后，是美国给中国界定的所谓"非市场经济国家"的贸易地位。2004 年 1 月，中国商务部世界贸易组织司委托中国社会科学院美国研究所专家组所作的《美国贸易政策评估报告》指出，美国还像以前那样继续将中国视为所谓"非市场经济国家"，这不仅与客观事实不符，而且会使中国在对美经济关系中与其他国家相比处于受歧视的地位，造成中美双边经济关系中对中国的不公正行为。

反倾销缘何成了"政治问题"

　　美国商务部公布中国彩电倾销幅度后的第三天，美国两家最大的家电连锁销售商——沃尔玛和 Best buy 公开发表声明，敦促美国国际贸易委员会阻止布什政府拟在 2004 年 6

月对中国彩电征收反倾销税的计划，它们称，占美国市场总额不足 1/5 的中国彩电不仅没有损害市场，反而为经销商提供了赢得利润的空间。

这无疑是中国企业企盼的消息，但这两家零售企业的声音能否起到作用却难以令人乐观。事实上，2000—2003 年，美国一些企业曾多次作出类似的表态，但美国商界的态度并不能代表其政府的利益。美国国内的现实问题是高失业率、超过 5 000 亿美元财政赤字预算，以及高通胀率的风险。而中国作为美国最大的贸易逆差来源地及美国重要的海外投资地，自然成为再合适不过的美国国内政治牺牲品。从半导体到无线计算技术，从纺织品到中国木制家具，中国商品在美国市场的生存状态无一不向政治风向标看齐。

链接：2003 年中国遭遇反倾销调查一览

日期	国家	反倾销的商品	结果
2003 年 11 月 25 日	美国	彩电	四川长虹被认定的倾销幅度为 45.87%，TCL 和康佳分别为 31.35% 和 27.94%，厦华为 31.70%
2003 年 11 月初	美国	家具	包括床、梳妆台等卧室家具
2003 年 10 月 29 日	印度	帘子	调查期为 2002 年 4 月 1 日至 2003 年 6 月 30 日。据统计，调查期内，中国对印度出口该产品累计 1 861 万美元
2003 年 8 月 20 日	澳大利亚	热轧板材	据统计，2002 年 7 月 1 日至 2003 年 6 月 30 日，中国对澳热轧板材出口金额共计 52.61 万美元
2003 年 8 月 11 日	澳大利亚	A4 复印纸	据统计，2002 年中国对澳大利亚 A4 复印纸出口金额累计 1 348 万美元
2003 年 7 月 24 日	墨西哥	钢铁钉	中国商务部已经将有关情况通知中国五矿化工进出口商会，该商会将就此案开展企业应诉的协调工作
2003 年 2 月	埃及	瓷器餐具	开始征收高达 305% 的关税
2003 年 1 月 31 日	南非	铝制餐具	征收 15.84 兰特/公斤的反倾销税。该案 1995 年 9 月 15 日立案调查，我国企业无应诉

温州打火机胜诉欧盟反倾销

2001 年 9 月间，欧盟根据欧洲一些打火机制造商提出的要求，制定了针对抵制中国打火机的贸易技术壁垒 CR 法规，即防止儿童开启装置。温州打火机协会获悉后奋起应对。他们联合集资，并组织"中国民间第一团"，前往欧洲各国当面陈述抵制。

2002 年 5 月，欧盟作出决议，通过了这项 CR 法规。根据欧盟有关规定，这项贸易技术壁垒法规要 2004 年方能正式生效。对此，欧洲一些打火机制造商急不可耐，便鼓动欧盟启动反倾销程序，以期在短时间内挤走中国的打火机。由此，2002 年 6 月 28 日，欧盟宣布对中国（主要来自温州）等东南亚国家的可充气打火机实施反倾销调查。

2002 年 6 月 28 日，欧盟决定对产自中国的打火机（包括一次性打火机、金属外壳打火机和汽油打火机）进行反倾销立案。温州是中国打火机的主要生产基地，每年向欧盟出口金属外壳打火机 5 亿只。打火机行业的一大特点是生产商为"清一色"民营企业，大部分企业不懂 WTO 规则。面对这一局势，温州打火机协会采取共同聘请律师、联合应诉的决策，抓住关键性材料，据理力争。2002 年 9 月至 11 月，欧盟反倾销委员会的几位官员多次来温州进行实地抽查。

2003 年 7 月 17 日，温州打火机协会和东方打火机厂同时接到欧盟委员会贸易总司的决定书，决定书明确指出，代表欧盟一次性可充气打火机行业的欧洲打火机制造商联合会，已经于 2003 年 7 月 14 日撤回其有关上述反倾销诉讼的申诉，并告知温州打火机协会及东方打火机厂等企业，可在 10 天内对申诉方的撤诉递交意见。

根据欧盟的有关条例，申诉方撤诉及应诉方无异议，这表明此案现已无诉讼主体，视同撤案。据律师介绍，如果在这 10 天内没有其他意见的话，那么这个案子就自动终结，中国企业就获得了最终胜诉。这意味着，中国打火机出口欧盟将不再受到反倾销的困扰。

温州打火机应诉欧盟反倾销日前已取得实质性胜诉，这是中国加入世贸组织后中国企业取得欧盟反倾销诉讼的首起胜案。

资料来源：

刘丽娟. 政治"反倾销"背后是政府在掰手腕. 商务周刊，2004 – 05 – 26

讨论分析题：

1. 一家企业应该怎样避免遭遇反倾销？
2. 对反倾销的应诉工作应遵循什么样的程序？

案例解读

中国在 2001 年加入 WTO 后，便和所有的 WTO 成员国一样充分享受相同的待遇，各 WTO 成员国都给予我国最惠国待遇，对我国出口产品只能征收最惠国税，而不能征收普通税。中国出口产品在国际市场上享受"国民待遇"，加之劳动力资源丰富和低廉的明显优势，中国许多产品在国际市场上具有明显的价格优势。

由于中国入世后，各种关税或非关税贸易壁垒的作用完全消失或被大大减弱，为了阻止物美价廉的中国产品占领他们的本土市场，保护本国产业，针对中国的国际贸易保护主义现象愈演愈烈，我国的出口产品越来越多地遭遇反倾销。截至 2001 年底，共有 30 个国家对华提起反倾销和保障措施案件 480 起，累计涉及出口金额超过百亿美元。

资料显示，在 2000 年以前，在针对我国出口商品的反倾销案中，大约有 1/3 的诉讼没有中国企业参与应诉，白白放弃了这些市场，我国为此遭受的损失约 100 多亿美元。

反倾销被公认为"富人官司"。很多国内企业往往没有吃透国际贸易规则，或者缺乏团结合作意识与抗争精神，或者自身实力偏弱，无法忍受国际反倾销给企业经营管理所带来的压力，消极抵抗甚至自动放弃应诉，这种"鸵鸟主义"往往招致更大的经济损失。

反倾销应该成为国内企业国际营销的一门"必修课"，逃避只会伤害到自己。业内人士指出，随着中国经济的发展，企业开始走出国门，走向世界，但由于产品结构等原因，中国70%的出口产品很容易受到反倾销指控，或者面临非市场待遇，在这种情况下，企业必须学会遵守游戏规则，提升自己的能力，学会怎样才能不会任人宰割，甚至利用规则来保护自己、反击对手，引导打开对方市场的大门。

在这种国际反倾销的连续遭遇战中，中国企业从不知所措、无人应诉，到被动应诉乃至积极应诉，从预防不足、损失惨重，到建立完善的反倾销诉讼机制，甚至主动地研究反倾销以进行自我保护，它们对反倾销这门"必修课"重要性的认识越来越深刻，最终在抗争国际反倾销的磨砺中逐步走向成熟。

反倾销调查的基本程序有这样五个步骤：提出投诉、立案、初裁前的调查、终裁前的调查、终裁。企业一旦涉及反倾销，必须要思路清晰，找准方向，制定好应诉对策。如果没有搞清事情的来龙去脉便匆匆应对，对企业应诉将十分不利。企业在制定应诉对策时，存在三个核心问题：第一，是否是涉诉企业；第二，应诉的方向，是打单独税率，还是打全胜；第三，是否应诉。

反倾销应诉的重点是倾销、损坏和因果关系，打掉一个，官司就赢了。倾销的核心是价格比较，如果出口价格比国内价格低，就是"倾销"。

倾销方面，应诉的重点在于努力将出口价格提高，正常价值降低，以降低倾销幅度。这是一个专业性很强的问题，要有会计、公司的经营管理资料等作为后盾，还要有经验丰富的律师做指导。

损坏首先要弄清楚被损害的主体。如果不存在被损坏的主体，或者说起诉国不存在同类产业，也就谈不上损坏问题了。损坏分为三个层次：实质性损坏、实质性损坏的威胁及给进口国建立同类产业带来实质性阻碍。调查的内容包括进口数量（绝对数量和相对趋势）及对进口国同类产品的冲击（不仅包括价格下降，还包括压制价格上涨）。

损坏成立需要综合进口国同类产品的销售情况、利润情况、市场份额、产能利用率、投资收益下降或变化、失业增加、库存上升、工资水平下降甚至工厂倒闭等指标，并在各项指标上具备明显证据。而损坏的威胁要看今后产品的变化趋势、看数量上（绝对或相对）的市场变化（出口国国内市场需求减少、库存上升）。对于损坏的威胁方面，应诉企业可以到起诉国或者专家处做一些游说工作，表明企业不会通过盲目扩张、降低价格等不正当竞争方法挤占市场。

倾销与损坏的因果关系可以从经济角度、市场角度及时间的变化趋势上来进行分析。例如，我们可以通过分析得出结论：虽然从市场上反映起诉国企业产品受到冲击了，但这个冲击不是我造成的。

认真答卷是应诉的核心工作，答卷需要与应诉努力方向一致，思路要清晰。更为重要的一点是，企业需要按对方法律、程序要求办事，不要自作主张。任何法律问题，都是由人设立游戏规则，在游戏规则下做事的，反倾销也不例外。

另外，答卷材料必须有依据，做好备份，所以提交的材料必须经得起对方的彻底核查，如果核查有问题，对应诉企业将非常不利。

反倾销应诉的最大障碍是"市场经济问题"。在市场经济问题不能完全解决之前，"替代国"的选择十分重要，倾销幅度的高低取决于"替代国"的选择。我们应根据替代国选择的方法，提供给调查机关合适的"替代国"选择意向，并对不合适的选择及时作出抗辩。各有关企业应建立有关数据库和档案，行业之间要建立相应的价格信息系统，同时，要积极研究有关国家同类产品的生产和销售情况，必要时及时提供可信的数据，在"替代国"上尽量减少误差。

12 - 3　重组汤姆逊　TCL 绕道国际市场

案例背景

近几年，具有规模、制造成本优势的国内彩电业，在进军国际市场时，面临研发力量薄弱、贸易壁垒、在目标市场的品牌知名度低、营销渠道不健全等问题，特别是研发力量薄弱、贸易壁垒两大问题，有可能让国内彩电企业在彩电技术升级浪潮和国际市场中遭遇重大挫折。

2003 年 11 月 4 日，TCL 集团与法国汤姆逊达成彩电业务合并重组协议；而美国当地时间 11 月 24 日，美国商务部初步裁定中国一些电视机生产商向美国市场倾销其产品，已圈定的长虹、TCL、康佳、厦华四家强制调查对象都被认定存在倾销，倾销价差为 27.94% ~45.87%。这个裁定，对除 TCL 之外的其他几家的打击是致命的，特别是长虹，它占据了国内出口到美国份额的半数以上。但正因为 TCL 的兼并，TCL 不仅不会受损，反而是最大的受益者，填补了其他企业留下的市场空白。

TCL 重组汤姆逊事件回放

2003 年 11 月，TCL 集团与汤姆逊集团签署合作备忘录，拟由双方共同投入电视机和 DVD 资产，设立一合资公司，TCL 集团持有其 67% 的股份。该合资公司将被打造成为全球最大的彩电厂商。TCL 集团将会把其在中国内地、越南及德国的所有彩电及 DVD 生产厂房、研发机构、销售网络等业务投入新公司；而汤姆逊则会将所有位于墨西哥、波兰及泰国的彩电生产厂房、所有 DVD 的销售业务及所有彩电及 DVD 的研发中心投入新公司。TCL - 汤姆逊公司成立后，其全球彩电销量将达 1 800 万台，而 2002 年全球彩电冠军——三星的业绩是 1 300 万台。

讨论分析题：

分析 TCL 的做法给我们的启示。

案例解读

突破专利与研发实力薄弱的技术天花板

目前，我国的彩电企业在核心技术方面，基本上没有专利权。在以往，核心零部件虽然需向外资企业采购，但国内企业依靠整机成本优势，在市场上还是有一定的话语权。但2002年底，汤姆逊公司向我国彩电企业提出索要专利费的通牒，提出的专利共达20项，范围从小于20英寸的小彩电到25英寸的大彩电，平均每台要价1美元。作为老牌彩电企业，汤姆逊在传统彩电领域拥有34 000多项专利，中国彩电产品只要出口，就很可能落入专利的陷阱。而联姻汤姆逊，TCL就轻易化解了专利危机。

从全球范围来看，电视技术发展的速度越来越快，电视更新换代的周期越来越短。中国企业从零开始搞研发，能否在短期内取得突破，是一个很大的疑问。

TCL通过与汤姆逊的合资，很好地解决了研发环节薄弱的问题。根据协议，汤姆逊全球所有的电视和DVD研发中心都归合资公司所有。汤姆逊拥有传统电视机的所有主要专利和大部分数字电视与DVD专利。合资公司成立以后，TCL虽然仍会按照市场规则支付专利费用，但李东生表示，合资公司有能力产生新专利。很快，TCL就以实质行动证明了李东生的话。2003年底，TCL与汤姆逊研制生产的85 HZ背投电视，通过国家广播电视产品质量监督检验中心的验证。85 HZ背投电视是"第五代背投"，TCL此举，使得它在背投领域超越了长期领先的长虹。而且，这一突破也将为TCL带来丰厚的利润，据悉，已有多家国外背投品牌向TCL购买此项专利技术。

绕开贸易壁垒

从1988年开始，欧洲市场就对我国和韩国彩电实施反倾销调查，并于1991年对我国彩电征收15.3%的最终反倾销税；中国彩电被阻隔在欧盟市场之外长达10年之久。2003年5月，美国也开始对我国彩电实施反倾销调查。2003年11月24日，美国商务部初步裁定我国出口到美国的彩色电视机存在倾销行为。

如果裁决结果依然是肯定的，那么今后五年内，美国进口我国彩电的税率将提高30%以上。这对我国彩电生产企业来说将是毁灭性的打击。据统计，目前我国彩电出口到美国市场已经超过400万台，如果征收高额关税，我国彩电将只剩下本土、东南亚、中东、南美等局部市场，我国彩电业超过1 500万台的生产能力将被闲置。

如果不想坐以待毙，国内彩电企业必须想办法突破越来越严重的贸易壁垒。

2002年9月，TCL成功收购了德国老牌电视生产企业施耐德，通过建立欧洲生产基地，绕开了欧盟的贸易壁垒。但施耐德存在其局限性：它的市场主要集中在德国、英国和西班牙三国；生产所在地的劳动力成本高昂；原有重要客户在破产前已流失不少。

而汤姆逊则不同，在欧洲和北美均拥有当地的强势品牌，而且在欧美已经建立了相对完善的营销网络；其生产基地也在劳动力相对低廉的墨西哥、波兰等国，虽然这些国家劳动力成本相对中国要高，但与日、韩等地相比，依然有较强的优势。而且，TCL - 汤姆逊如果采用的是主要零部件在国内生产，墨西哥、波兰等地整机装配的办法，将可以继续发挥国内劳动力成本低廉的优势。2004年，TCL - 汤姆逊将通过其原先设在墨西哥的彩电制造厂出口北美地区，从而重新迈进美国市场的大门。

节约品牌推广成本

在进入国际市场时，由于品牌推广成本的高昂，国内企业除了海尔等少数企业外，大多采用的都是与外资品牌合作，为其贴牌生产的方式。这样便使得国内企业仅能获得微薄的加工利润。

海尔早在 1998 年就开始实施国际化战略，但直到 2003 年，其冰箱才在美国市场取得一定的成绩。为此，在进入日本市场时，海尔调整了策略，虽然还继续坚持采用自有品牌，但销售网络借助当时家电生产商——三洋的帮忙。

海尔能够在海外市场取得成绩，一定程度上还与其生产的产品没有面临更新换代的问题有关。而电视则不同，据已公布的信息显示，美国计划在 2006 年关闭模拟电视；欧洲各国计划在 2010 年关闭模拟电视。与之相对应的是，这几年美国、欧洲市场数字彩电的销量大增。而另一方面，数字电视领域蕴藏的巨大商机，已经引起各大企业的重视，连惠普、摩托罗拉等 IT 企业都先后宣布将生产数字彩电。

如果 TCL 采用在欧美推广自有品牌的方式，就算扣除反倾销的影响，它也需要时间建设销售网络，让当地消费者接受 TCL 品牌。但风云变幻的市场能给 TCL 留出时间吗？

与汤姆逊的合作，使 TCL 面临的难题迎刃而解。百年品牌——汤姆逊目前为全球四大消费电子类生产商之一，是全球第一台互动电视专利技术的拥有者，在数字电视、解码器、调制解调器、DVD 机、MP3 播放器、电子图书和家用数字网络等方面均处于世界领先地位，是欧美消费者认可的数字巨人。旗下的 THOMSON 品牌和 RCA 品牌分别在欧洲与北美市场上拥有良好的品牌形象。经过多年经营，在欧美已有庞大的销售网络。利用这些有利条件，可以大大节约 TCL 进入欧洲数字彩电市场的品牌推广成本。

第 13 章
网络营销

本章提示

当今世界经济正以势不可挡的趋势朝着全球市场一体化、商业竞争国际化的方向发展，以互联网、知识经济、高新技术为代表，以满足消费者的需求为核心的新经济迅速发展。新经济的发展要求营销手段必须满足市场发展的新需要，市场营销需要识别顾客的需求和欲望，确定某个组织所能提供的最佳服务的目标市场，设计适当的产品、服务和计划方案以满足这些市场的需要，其目的是通过与重要的客户建立有特定价值倾向的关系，令顾客满意并获取利润。网络营销是借助联机网络、计算机通信和数字交互式媒体来实现营销目标的一系列市场行为，它的本质是排除或减少障碍，通过网络引导商品或服务从生产者转移到消费者的过程，它是新经济的必然产物。

具体而言，网络营销（On-line Marketing 或 E-Marketing）就是以国际互联网为基础，利用数字化的信息和网络媒体的交互性来辅助营销目标实现的一种新型的市场营销方式。简单来说，网络营销就是以互联网为主要手段进行的，为达到一定营销目的的营销活动。

随着互联网技术发展的成熟及联网成本的低廉，互联网好比是一种"万能胶"，将企业、团体、组织及个人跨时空联结在一起，使得他们之间信息的交换变得"唾手可得"。市场营销中最重要也最本质的是组织和个人之间进行信息传播和交换。如果没有信息交换，那么交易也就是无本之源。正因如此，互联网具有营销所要求的某些特性，使得网络营销呈现出以下一些特点：

（1）时域性。营销的最终目的是占有市场份额，由于互联网能够超越时间约束和空间限制进行信息交换，使得营销脱离时空限制进行交易变成可能，企业有了更多时间和更大的空间进行营销，可每周 7 天、每天 24 小时随时随地地提供全球性营销服务。

（2）富媒体。互联网被设计成可以传输多种媒体的信息，如文字、声音、图像等信息，使得为达成交易进行的信息交换能以多种形式存在和交换，可以充分发挥营销人员的创造性和能动性。

（3）交互式。互联网通过展示商品图像、商品信息资料库提供有关的查询，来实现供需互动与双向沟通，还可以进行产品测试与消费者满意调查等活动。互联网为产品联合设计、商品信息发布及各项技术服务提供最佳工具。

（4）个性化。互联网上的促销是一对一的、理性的、消费者主导的、非强迫性的、循序渐进式的，而且是一种低成本与人性化的促销，避免了推销员强势推销的干扰，并通过信息提供与交互式交谈，与消费者建立长期良好的关系。

（5）成长性。互联网使用者数量快速成长并遍及全球，使用者多属年轻、中产阶级、高教育水准，由于这部分群体购买力强而且具有很强的市场影响力，因此是一种极具开发潜力的市场渠道。

（6）整合性。互联网上的营销可由商品信息至收款、售后服务一气呵成，因此也是一种全程的营销渠道。另一方面，企业可以借助互联网将不同的传播营销活动进行统一设计规划和协调实施，以统一的资讯传播向消费者传达信息，避免不同传播中信息的不一致性产生消极影响。

（7）超前性。互联网是一种功能最强大的营销工具，它同时兼具渠道、促销、电子交易、互动顾客服务，以及市场信息分析与提供的多种功能。它所具备的一对一营销能力，正是符合定制营销与直复营销的未来趋势。

（8）高效性。计算机可储存大量的信息，代消费者查询，可传送的信息数量与精确度远超过其他媒体，并能因应市场需求，及时更新产品或调整价格，因此能及时有效地了解并满足顾客的需求。

（9）经济性。通过互联网进行信息交换，代替以前的实物交换，一方面可以减少印刷与邮递成本，可以无店面销售，免交租金，节约水电与人工成本；另一方面还可以减少由于迂回多次交换带来的损耗。

（10）技术性。网络营销是建立在高技术作为支撑的互联网的基础上的，企业实施网络营销必须有一定的技术投入和技术支持，改变传统的组织形态，提升信息管理部门的功能，引进懂营销与计算机技术的复合型人才，未来才能具备市场的竞争优势。

《网络营销基础与实践》（冯英健著）中第一次提出网络营销职能的概念，并且将网络营销的职能归纳为八个方面：网站推广、网络品牌、信息发布、在线调研、顾客关系、顾客服务、销售渠道、销售促进。襟抱堂网络策划机构认为，网络营销的职能不仅表明了网络营销的作用和网络营销工作的主要内容，同时也说明了网络营销所应该可以实现的效果，对网络营销职能的认识有助于全面理解网络营销的价值和网络营销的内容体系，因此，网络营销的职能是网络营销的理论基础之一。

（1）网络品牌。网络营销的重要任务之一就是在互联网上建立并推广企业的品牌，知名企业的网下品牌可以在网上得以延伸，一般企业则可以通过互联网快速树立品牌形象，并提升企业整体形象。网络品牌建设是以企业网站建设为基础，通过一系列的推广措施，达到顾客和公众对企业的认知和认可。在一定程度上说，网络品牌的价值甚至高于通过网络获得的直接收益。

（2）网址推广。这是网络营销最基本的职能之一，在几年前，人们甚至认为网络营销就是网址推广。相对于其他功能来说，网址推广显得更为迫切和重要，网站所有功能的发挥都要以一定的访问量为基础，所以，网址推广是网络营销的核心工作。

（3）信息发布。网站是一种信息载体，通过网站发布信息是网络营销的主要方法之一。同时，信息发布也是网络营销的基本职能，所以也可以这样理解，无论哪种网络营销方式，结果都是将一定的信息传递给目标人群，包括顾客/潜在顾客、媒体、合作伙伴、竞争者等。

（4）销售促进。营销的基本目的是为增加销售提供帮助，网络营销也不例外，大部分网络营销方法都与直接或间接促进销售有关，但促进销售并不限于促进网上销售，事实上，网络营销在很多情况下对于促进网下销售十分有价值。

（5）销售渠道。一个具备网上交易功能的企业网站本身就是一个网上交易场所，网上销售是企业销售渠道在网上的延伸，网上销售渠道建设也不限于网站本身，还包括建立在综合电子商务平台上的网上商店及与其他电子商务网站不同形式的合作等。

（6）顾客服务。互联网提供了更加方便的在线顾客服务手段，从形式最简单的 FAQ（常见问题解答），到邮件列表，以及 BBS、MSN、聊天室等各种即时信息服务，顾客服务质量对于网络营销效果具有重要影响。

（7）顾客关系。良好的顾客关系是网络营销取得成效的必要条件，通过网站的交互性、顾客参与等方式，在开展顾客服务的同时，也增进了顾客关系。

（8）网上调研。通过在线调查表或电子邮件等方式，可以完成网上市场调研，相对传统市场调研，网上调研具有高效率、低成本的特点，因此，网上调研成为网络营销的主要职能之一。开展网络营销的意义就在于充分发挥各种职能，让网上经营的整体效益最大化，因此，仅仅由于某些方面效果欠佳就否认网络营销的作用是不合适的。网络营销的职能是通过各种网络营销方法来实现的，网络营销的各个职能之间并非相互独立的，同一个职能可能需要多种网络营销方法的共同作用，而同一种网络营销方法也可能适用于多个网络营销职能。

巨大的消费群体与企业习惯的变化，给网络营销提供了空间。首先看下面的调查结果：美国 IDC 于美国时间 2002 年 2 月 12 日公布的全球因特网普及情况调查结果显示，"虽然全球经济正在衰退，但是因特网人口还是在稳步增加。2002 年底全球因特网人口将超过 6 亿人"。其中，每天上网的人数将近 2 亿，这个数字每年还在以 30% 的速度增长。2009 年，中国网民超过 3 亿，并且正在快速地增长。巨大的上网人数带来了巨大的商机。在欧美国家，90% 以上的企业都建立了自己的网站。通过网络寻找自己的客户、寻找需要的产品，这已经成为了习惯。如果企业想购买些什么，特别是首次购买时，会先在网上进行初步的查找和选择，再进一步与供应者取得联系。网上巨大的消费群体特别是企业的商务习惯变化，给网络营销提供了广阔的空间。网络营销的跨时空性无疑是一"重型炮弹"，将对整个营销产生巨大的冲击。

13 – 1 通用汽车公司的 B2B 电子商务改革——传统的制造商如何应对？

通用汽车曾经是世界上最大的交通工具制造商。该公司在 190 多个国家销售汽车，并在 50 多个国家有飞机制造厂。汽车制造行业是一个竞争激烈的行业，通用在不断寻找途径以提高自己的效率。在 1999 年和 2000 年，通用开始了几项电子商务的改革，其中最有名的就是将来根据客户要求定制汽车的计划。通用希望到 2005 年，大部分汽车都以定制方式生产。通过这种方式，公司可以从库存减少中节省数十亿美元的费用。下面介绍的是通用汽车在 1999 年着手推行的两项非常有意思的改革。

出售资本资产

通用拥有大量的资本资产，如用于生产的机器设备。这些资本资产随着时间的推移而贬值，而且当它们的效率达不到要求时必须进行更换。通用过去经常将这些过时的资本资产通过中介拍卖的方式卖掉。问题是这种拍卖的过程通常长达几个星期甚至几个月，而且拍卖的价格看起来也太低了，还要向中介支付 20% 的佣金。

为了解决这个问题，通用建立了自己称为 TradeXchange 的电子市场来进行正向拍卖（forward auctions）。在正向拍卖方式下，标底以在线的方式出售，购买者通过自己的电脑来竞价，直到出价最高的人获得标底。2000 年初，在 TradeXchange. com 竞拍的第一批物品是 8 个 75 吨冲压印刷机。通用邀请了 140 多位预先审批过的竞标者在线浏览了这批物品的图片和服务记录，经过 1 个星期的准备，1 月 27 日在线拍卖正式开始。在 89 分钟内，这些物品以 180 万美元的价格售出。如果以离线方式进行拍卖的话，类似物品的价格可能还不到在线拍卖价格的一半，而且处理周期将达到 4 ~ 6 周。在 2000 年，通用公司在 TradeXchange 上进行了 150 多场拍卖活动。其他卖家也被鼓励将物品放在网上拍卖，条件是将最终销售价格的一部分作为佣金支付给通用。

购买普通商品

通用每年在普通商品上的花费达 1 000 亿美元。这些商品包括装入汽车的直接物料及非直接物料，如灯泡和办公用品。通用从 2 万家供应商处购买 20 万种普通商品。因为通用公司的购买数量巨大，所以采用招标的方式和供应商议价。在过去，该过程是人工进行的。对所需的物料的说明以信件的形式寄给供应商，该过程被称为要约（RFQ）。供应商将提交报价，报价足够低的供应商，将被通用公司选为胜出者。如果所有的报价都太高，则可能需要进行第二轮或第三轮投标。在某些情况下，在通用公司对价格和质量都满意之前，这个过程要花几周甚至几个月时间。该过程高昂的准备成本限制了一些竞标者，因此缺少足够数量的供应商参与。

为了改进这一过程，通用公司将竞标自动化，在 TradeXchange 网站上开展在线反向拍卖（reverse auctions）。在反向拍卖中，所有合格的供应商都通过因特网对通用公司购买的每一种商品进行投标。这是一种"公开竞标"，因为所有的投标者都可以看到竞争对手的报价。

在反向拍卖中，购买者可以接受多个竞标者同时给出的报价。根据预先确定的标准（价格、交货日期和支付方式等），最合适的供应商将赢得订单。在 TradeXchange 举行的第一次反向拍卖中，通用公司购买了一大批用于汽车制造的橡胶密封袋，最终支付的价格远远低于以前用人工报价方法购买相同产品的价格。现在，TradeXchange 市场每周都会进行许多类似的竞标，每笔订单的管理成本下降了 40% 甚至更多。

讨论分析题：

1. 在传统制造商向电子商务转型过程中，会碰上哪些障碍？

2. 传统制造商主要可以在哪些方面进行电子商务改造?

案例解读

在 Internet 深深渗透商务活动的时候,传统的制造商由于制度定型,以及以往的成功,往往会在电子商务伤筋动骨的改革面前犹豫不决,而被新兴的竞争对手超越。然而一些眼光超前的厂商却保持着敏感的神经。

通用公司的案例描述了大型公司如何参与良性电子商务活动——拍卖和招标,这两种活动都是 B2B 电子商务的一部分。它们属于以企业为中心的电子商务,可以是一名卖家对多名买家,也可以是一名买家对多名卖家。当进行这种方式的交易时,可以向通用汽车一样采用拍卖的方式。

13 - 2 真维斯网络营销

曾有媒体撰文,题为"真维斯,追着流行向前跑"。确实,追赶流行,是对真维斯市场定位的准确描述。

如今,追赶流行的真维斯已经占据了国内休闲服装市场的龙头地位,成为最受 18 ~ 40 岁中高收入阶层喜爱的休闲品牌。

值得一提的是,在网络新媒体的浪潮中,真维斯是国内最早应用网络营销的一个服装品牌。现在,更是通过与网易独家合作建立网上"休闲王国",把休闲服装的领导品牌形象成功地铺向了互联网。

1. "紧跟流行"的成功品牌定位

真维斯(JEANSWEST)原本是澳洲的一个服装品牌,1990 年被香港旭日集团与当地进口商合作收购,并经过不断的努力,成功地把产品分销网络伸展到了新西兰等其他地区。1993 年,真维斯进军中国内地市场,第一间真维斯店在上海开业。此时,市场上还没有休闲服饰的概念,真维斯以其大气而又不乏时尚的休闲服装设计风格,一下子博得了年轻人的喜爱。

经过十多年的发展,目前真维斯已在国内 20 多个省市开设了近 1 000 间专卖店,拥有现时中国最大的休闲服饰销售网络,当年的播种者已开始进入市场的收获期。

真维斯品牌的成功,归功于卓越的产品质量和优秀的产品设计,得益于 10 余年来建立的品牌形象和销售网络。更为关键的是,真维斯有着独到的品牌发展理念:紧跟流行而不引导流行,做到"名牌的大众化"。

真维斯董事长杨勋先生对此的解释是:"如果真维斯的市场定位是去引导流行或是去创造流行,真维斯可能走不了这么长的路。我们将真维斯定位在紧跟流行,就是要及时将世界上最新的、正在流行的东西拿过来,加入自己的设计风格,放到中国市场上。最广大的休闲服消费群就在中档服装的这 70% ~ 75% 消费者中,如果放弃了这个市场而去做高端市场,胜算就会低很多。"

2. 网易独家缔造真维斯线上"休闲王国"

真维斯在与客户的沟通交流方面也走了与众不同的道路。真维斯没有找明星代言品牌，也鲜有电视广告的投放，却通过组织一系列倡导自由、休闲的活动来影响更多年轻、时尚的消费者。

早在 2002 年，网易就已经成为真维斯系列营销活动的独家网络合作媒体。作为国内最活跃的门户网站，网易连续多年帮助真维斯进行了成功的营销传播。近年来，真维斯连续举办了"真维斯杯校园服装设计大赛"，挖掘极具潜力的学生市场；举办了"真维斯休闲服装设计大赛"、"真维斯全国极限运动大师赛"、"真维斯中国模特大赛"及"真维斯超级新秀评选"等一系列大型营销活动，来影响年轻消费人群。

另外，真维斯也非常注重利用网络这一以年轻人为主力受众的媒体来开展广告营销活动。时下，以网络媒体为平台的真维斯"休闲王国"活动正开展得如火如荼。

真维斯"休闲王国"，是一个大型消费者互动网络社区。在这个社区中，喜爱真维斯的消费者可以了解品牌的市场动态，参与一些饶有兴趣的互动活动和回馈客户的抽奖活动。

真维斯"休闲王国"为品牌与最忠实的消费者建立了更活跃的沟通渠道。消费者只要注册、登录真维斯"休闲王国"，就可以发现当今流行的休闲时尚是什么，真维斯最近又有哪些新品促销推广活动。

对于那些持有 VIP 卡的忠实消费者，真维斯在这里也为其提供了更多获取回报的机会。例如，真维斯每年会举办"激赏之旅"会员活动，组成声势浩大的北京免费观光团，饱览北京名胜，参观每年一度的中国真维斯杯休闲装设计大赛总决赛等。这些活动的告知、参与都在社区中进行。

真维斯目前拥有数十万的 VIP 会员，其中，18～25 岁的消费者占到了多数，这些年轻的消费者喜爱时尚且已经习惯了与网络为伴的生活，他们通过网络形成共同的"兴趣团体"，每天都在进行与真维斯品牌形象、应季新品有关的信息传播和互动交流。

真维斯"休闲王国"创造了一个完全属于"休闲"的话语环境，成为无数喜爱休闲服装、休闲生活的消费者聚会的天堂。

"休闲王国"的网络合作伙伴，真维斯选择了最受年轻人喜爱的门户网站网易，分别在网易体育频道、论坛首页、娱乐频道这些年轻用户集中、用户活跃度高的频道设置了"休闲王国"的入口。

对于双方的合作，网易结合真维斯的消费者状况，提出了"真我阵营"的大论坛营销概念。真维斯认为，借助论坛的形式与消费者沟通能够有效地达成营销目标，于是在此基础上，最终推出了"休闲王国"这样一个更具广度的消费者互动社区。

资料来源：

世界经理人

讨论分析题：

真维斯的做法有何借鉴意义？

案例解读

服装品牌如何在网络上进行推广，真维斯的做法很具有借鉴价值。

真维斯"休闲王国"的策略定位，契合了真维斯"领先休闲品牌"的市场地位，能充分体现真维斯在休闲服装领域的专业性和权威性。现在，作为一个行业领导品牌，在通过电视媒体树立品牌的同时，同样需要在网络上确立品牌地位。"休闲王国"作为一个立体的网络营销概念，能够迅速被网络用户接受，使品牌独占用户的大脑。

"休闲王国"为消费者与真维斯之间提供了一个即时互动的平台。在"休闲王国"中，消费者能体验真维斯的品牌理念和服装文化，了解真维斯最新推出的产品。还可以互相交流最新的休闲流行趋势，针对服装的设计、做工等提出自己的意见，这些信息会及时反馈到真维斯的产品生产与设计环节中。当消费者再去购买真维斯的产品，看到根据自己的意见设计的服装时，会获得更大的认同感和满足感。

服装品牌营销很大程度上需要依靠口碑传播，网络媒体创造了一个口碑传播的理想环境。用户可以通过网络形成不同的"团体"，这些团体中的意见可以影响周围人的购买行为。只要对真维斯产品有好的体验，消费者就可以将使用感受发到网上与大家分享，通过这种口碑效应，能带动某款服装产品快速流行起来。

目前，国内已经拥有超过3亿的网民，但与此同时，网站的数量也数以万计，该如何选择合作网站？这取决于它对网民的影响程度，门户网站是服装品牌的首要选择。以网易来说，作为领先的门户网站，不但拥有庞大的用户群体，网易首页、电子邮箱更是在国内领先的高价值营销资源，同时，网易还是大学生的首选门户网站，在青年用户中具有突出影响力。这些优势，都能帮助服装品牌有效实现网络推广目标。

真维斯以紧跟时代潮流的营销理念，在网上建立了一个"休闲王国"。借助网络营销的推动力，越来越多的消费者追赶着休闲潮流，进入了这个属于自己的"休闲王国"。

13－3　7－Eleven 便利店的网络营销战略

1927 年创立于美国得克萨斯州达拉斯的 7－Eleven，初名为南方公司，主要业务是零售冰品、牛奶、鸡蛋。到了 1964 年，推出了当时便利服务的"创举"，将营业时间延长为早上 7 点至晚上 11 点，自此，"7－Eleven"传奇性的名字诞生。

1972 年 5 月，日本 7－Eleven 的第一家门店在东京开业。从此，日本的 7－Eleven 便进入了高速成长期，当年就开设了 15 家门店，而与此同时的美国 7－Eleven 却处在命运的十字路口，首先是在都市市场开发的失败，接着失去理性地参与投机浪潮，最为关键的是 20 世纪 80 年代便利店竞争的白热化和郊外大型购物中心和折扣店的涌现，使之错误地采取价格折扣的形式仓促应战，结果必然是使便利店的竞争优势丧失殆尽。作为"儿子"的日本 7－Eleven 则在很短时间内，迅速变得强大起来，1987 年，生命垂危的美国 7－Eleven 为了走出困境，将特许契约抵押给租赁公司，1989 年又不得不恳请有偿转让夏威夷和加拿大的美国 7－Eleven 店铺给这个曾经不屑一顾的日本 7－Eleven 公司。1992 年，作为加盟者的日本 7－Eleven 正式当家做主，完全接手了其总部的一切工作。现在，它的业务遍及四大洲二十多个国家及地区，共设立 23 000 多个零售点，每天为接近 3 000 万名顾客服务，稳居全球最大连锁便利店的宝座。

讨论分析题：

是什么原因使得日本 7－Eleven 公司取得如此骄人的成绩呢？

案例解读

其主要原因是 7－Eleven 能与客户进行电子沟通的 e 战略的应用。

一、迅捷易用的计算机网络

20 世纪 80 年代中期，7 - Eleven 已经使用能够监控顾客购买行为的 POS 系统，取代了老式的现金出纳机。7 - Eleven 自己开始建立这样一个系统时，硬件设备由 NEC 公司生产，由于创建这样一套复杂的软件系统是如此困难，最后，它求助于美国软件巨头微软公司，帮助它建立了一个基于 Windows 的定制系统。1996 年，该软件安装到大约 6.1 万台计算机上，这些计算机分散在 7 - Eleven 公司的商店、总部和供应商那里。1998 年，耗资 600 亿日元（当时约 4.9 亿美元）的系统更新工作完成，一条直通微软公司西雅图办公室的专线为新系统提供实时技术支持，软件支持情况处于不间断的监控状况下，如果系统瘫痪就会自动修复，如果发生超过两次瘫痪状况就会及时通知当地的维修企业。若干年后实践证明，把软件开发交给微软来做，是一个英明之举，因为随着微软在全球 PC 机上成为必备之品，使得 7 - Eleven 的网络系统和顾客之间的联系变得轻而易举。7 - Eleven 的网络平台充分地发挥了它的功能。

现在每一家 7 - Eleven 商店都安装了一个卫星接收器，使用卫星接收不仅比使用地面光缆成本更便宜，而且对于郊区商店来说，这是唯一可行的选择，处于地震高发地带的日本，卫星接收器还为商店提供了两套有保障的电话线路，其主机分别在东京和大阪。

这种能密切联系供应商、商店、员工和银行的内部网络系统，对许多零售企业来说，甚至在互联网技术已经降低了系统建设成本和复杂程度的今天仍然是个梦想，这一新技术系统与日本其他连锁零售商相比有着四大优势：

第一，可以监控顾客的需求情况。"我们认为，竞争的本质就是变化。企业要做的不是将商品推销给顾客，而是要让顾客的需求推动企业的发展。"7 - Eleven 公司信息系统部门总监 Makoto Usui 如是说。

第二，7 - Eleven 公司可以使用销售数据和软件改善企业的质量控制、产品定价和产品开发等工作。有了这个系统，7 - Eleven 公司可以一天三次收集所有商店的销售信息，并在 20 分钟内分析完毕。这就使 7 - Eleven 公司更快地分辨出哪些商品或包装吸引顾客。"7 - Eleven 的销售和产品开发的能力是令人生畏的。它感受新趋势并研制出高质量产品的能力远远高出其他的制造商。"现在 7 - Eleven 公司正利用这些技能来增加有更高利润的自有品牌产品的开发。

第三，通过新系统可以帮助预测每年的市场趋势。顾客越来越善变，产品生命周期普遍缩短成为新的发展潮流。盒装午饭、饭团和三明治几乎构成了一家便利店一日销售额的一半曾是一种普遍的现象，但这种潮流持续的时间却非常短。7 - Eleven 公司宣称它可以与潮流保持同步的部分原因在于它一直关心天气的变化。来自数百个私人气象中心的报告，每天 5 次到达所有的商店，每一个中心覆盖 20 公里半径内的地区，这在日本是非常有用的，因为相距 40 公里远的小镇，气温能够相差 5 度。每份报告都会将今天与昨天的气温进行比较。

第四，7 - Eleven 公司的电子投资提高了公司供应链的效率。订单流动加快了，早上 10 点钟订货，下午 4 点取货，订单的电子处理过程不超过 7 分钟。这些货物被送往专为 7 - Eleven 公司服务的 230 家配送中心。运货的卡车司机都携带着有条形码的卡片，当他们到达运货点就可以将卡放在商店的计算机上扫描。如果某位司机总是迟到，调度员就会考察其行走的路线或者增加其他的卡车以减轻其运载数量。同样，7 - Eleven 公司还帮助供应商和制造商控制他们的补货。

7 – Eleven 不满足于这套基于企业网技术的系统，基于互联网技术的发展计划已在进行中，它正计划安装一个 Ariba 日本公司提供的电子商务软件用来进行办公用品等的大宗采购，以降低费用。这方面它已尝到甜头，过去 10 年中，7 – Eleven 致力于成为一家"无纸"公司，现在每年减少 700 亿日元的管理费用，互联网技术的应用将使公司能节省更多。此外，在其庞大的连锁便利店基础上，7 – Eleven 要把自己变成在线交易的支付点和提货点。E – shop! books（一家在线售书公司）的许多顾客就选择在 7 – Eleven 提货和支付。这些应用还帮助吸引了客流，使得 7 – Eleven 平均每天的销售额是对手的 1.5 倍。

二、利用切合实际的支付方式，不断扩展自己的业务范围

1987 年安装了条形码识别系统后，7 – Eleven 公司把它的商店变成了支付公用品（水、电、煤气等）账单的地方。差不多 15 年后，这一改变（只需要在软件系统方面增加很少的投资）使 7 – Eleven 公司在这个巨大的市场上占有 3% 的份额，而在这个市场的竞争对手中包括银行和邮局。

现在，公司正通过将商店改造为网络购买、取货付账点来增加其客流量。在一个消费者对在互联网上使用信用卡心存疑虑、更愿意在商店支付现金的国家来说，这是一个聪明的举动。确实，就像 7 – Eleven 公司所说，大约 75% 的网上购物者，是从现实的由砖瓦构成的商店里提货付款的。7 – Eleven 商店每日销售额大约比它最大的竞争对手要高出50%。它的网站 7Dream.com 在 2001 年 7 月开通，网站的合作企业有另外 7 家，其中包括NEC 公司和 Nomura 研究所，该网站提供范围极为广泛的商品和服务，包括书籍、CD、音乐会门票和旅游服务。

7 – Eleven 南中国区总经理马世豪先生在总结这方面的管理经验时也谈到：在广州，7 – Eleven 成为首家设立"好易"自助缴费终端的 24 小时零售店铺，该终端除了提供缴纳各种费用的功能以外，还可以为顾客购买保险及订购机票。而在深圳，7 – Eleven 则通过一系列的市场调查，发现深圳顾客比较喜欢以现金缴付手机话费，鉴于此，7 – Eleven 开辟另类缴费途径，积极在深圳拓展手机现金缴费服务平台，成为首家 24 小时"实时"代收中国移动话费的零售网络。顾客只需到深圳全线 7 – Eleven 分店的收银台前说出所需缴费的电话号码，付款后即完成整个缴费手续。

为满足广大网民的需要，7 – Eleven 利用现在的账单缴费服务平台，扩大了应用范围，为网站提供"e – currency"网点预付服务。而首个利用这项服务的是拥有庞大浏览量和注册会员的新浪网（sina.com）。新浪网自推出网上收费平台"sinaplay（新浪乐元）"后，广受网民欢迎，注册用户不断提升，为使这项服务更为普及，新浪网透过 7 – Eleven 的零售网络，整合这项崭新的网点预付服务，让用户更容易购买到"sinaplay"；与商务网上书店 CP1897.com 合作中学教科书订购及提取服务，目的主要是为家长及中学生提供一站式书店的购物便利；与吉仕科技 gipex.com 组成策略联盟，为 7 – Eleven 提供全新冲晒及数码影像服务。

近年来，7 – Eleven 根据顾客要求，不断补充服务内容，更利用 7 – Eleven 店铺网络之便，扩展八大项 24 小时便民服务，包括：电信有关服务：各类电话卡、手机充值卡、补换 SIM 卡及提供手机充电等；互联网相关服务：上网卡、游戏点数卡及网站点数卡等；票务服务：体育彩票、彩票投注卡、各类演唱会、展览会及讲座门票，以及泊车卡等；代

收报名服务：代办各类培训的报名手续；订购服务：代订考试教材、潮流用品、礼品等；送货上门服务：根据不同区域的顾客需要，提供送货上门服务；传统便民服务：出售邮票、复印、传真等。除了利用店铺网络优势之外，7 - Eleven 还利用柜台处理交易的特点，成为首家在市场提供另类缴费途径的网络，发展缴费服务。

13 - 4　DELL 电脑网络营销

DELL 是国际个人电脑销售排名第一的公司，DELL 公司除了门店直接销售 PC 外，最主要的营销方式就是网络营销，据了解，DELL 公司每年的营业额中 40% ~ 50% 来自于网络营销。

DELL 公司是由年仅 19 岁的企业家迈克尔·戴尔创立的，他是计算机业内任期最长的首席执行官，他的销售理念非常简单，那就是：按照客户要求制造计算机，并且向客户直接发货，使公司能更明确地了解客户要求，然后以最快的速度作出回应。这个直接的商业模式消除了中间商，这样就减少了不必要的成本和时间。

直销的另一个好处就是能充分了解到客户的需求并对其作出快速响应。通过网络营销，商家的产品从定位、设计、生产等阶段就能充分吸纳用户的要求和观点，而用户的使用心得也能通过网络很快地在产品的定位、设计、生产中反映出来。DELL 公司的设计、开发、生产、营销、维修和支持一系列从笔记本电脑到工作站的个人计算机显示，每一个系统都是根据客户的个别要求而量身定做的。因此在美国，DELL 公司是商业用户、政府部门、教育机构个人消费者市场名列第一的主要个人计算机供应商。

电脑软硬件产品十分适用于网络直销。首先，网络用户大多数是电脑发烧友，对于这类信息最为热衷，再加上电脑产品的升级换代快，使得这一市场有着永不衰退的增长点。戴尔充分利用这点，利用互联网推广其直销订购模式，凭借着出色的网络营销发展模式，一举超越所有竞争对手，成为全球销售第一的计算机公司。进入中国市场之后，戴尔以

"直效营销 Be Direct" 的网络营销模式为基础，加以强大的营销推广，在中国市场上取得了迅猛的发展，仅次联想、方正之后，成为中国 PC 市场第三大巨头。

网络整合营销 4I 原则是指：

Interests 利益原则

当戴尔接触网络时，凭着对新技术的敏锐感，戴尔率先搭上了最新的因特网班车。"我们就应该扩大网站的功能，做到在线销售"，戴尔在出席董事会时，坚定地表示："网络可以进行低成本、一对一而且高品质的顾客互动，在线销售最终会彻底改变戴尔公司做生意的基本方式。" 1996 年 8 月，戴尔公司的在线销售开通，6 个月后，网上销售每天达 100 万美元；1997 年高峰期，已突破 600 万美元。Internet 商务给戴尔的直销模式带来了新的动力，并把这一商业模式推向海外。在头 6 个月的时间里，戴尔电脑的在线国际销售额从零增加到了占总体销售额的 17%。到 2000 年，公司收入已经有 40% ~ 50% 来自网上销售。网络是一个信息与服务泛滥的江湖，营销活动不能为目标受众提供利益，但是可以设身处地地思考消费者的需要，为消费者提供更多的资讯，面对这样的免费利益，消费者接受度也自然会大增。

Interaction 互动原则

网络媒体区别于传统媒体的另一个重要特征是其互动性。如果不能充分地挖掘运用这个 usp，新瓶装旧酒，直接沿用传统广告的手法，无异于买椟还珠。再加上网络媒体在传播层面上失去了传统媒体的"强制性"，如此的"扬短避长"，单向布告式的营销，肯定不是网络营销的前途所在，只有充分挖掘网络的交互性，充分地利用网络的特性与消费者交流，才能扬长避短，让网络营销的功能发挥至极致。不要再让消费者仅仅单纯地接受信息，数字媒体技术的进步，已经允许我们能以极低的成本与极大的便捷性，让互动在营销平台上大展拳脚。而消费者们完全可以参与到网络营销的互动与创造中来。

DELL 为消费者提供了互动交流的平台，为消费者提供售后的技术支持。DELL 以博客的形式为消费者提供资讯、产品介绍及发布新品。

另外，这里还设置了视频区，你可以看到设计师及工程师设计研发的过程。把消费者作为一个主体，发起其与品牌之间的平等互动交流，可以为营销带来独特的竞争优势。未来的品牌将是半成品，一半由消费者体验、参与来确定。当然，营销人员找到能够引领和主导两者之间互动的方法很重要，他们会逐一做着介绍，让大家看到自己的研发过程，给予消费者对产品质量的信赖感，这也满足了部分消费者对产品制造研发的好奇心理。

开设网上在线论坛。不仅是大客户，那些小型企业、大批的居家办公者也被吸引在DELL 品牌的周围。从 1998 年秋季开始，DELL 设立的高层主管与客户的在线论坛"与DELL 共进早餐"，扩大到小型的商业用户，这种现场聊天的话题不仅包括 2000 年的问题、服务器市场走势等大题目，而且还设法让一般用户有机会提出各种各样的问题，然后通过 DELL 的在线知识库，在人工智能软件帮助下给予自动回答。

提供搜索服务。DELL 也提供了全方位的搜索服务。设置搜索服务可以方便用户查找自己所想要的产品和技术支持。搜索的范围很宽，既有对硬件的搜索，也有对软件的搜索；既有对各种组装好的整机的搜索，也有对各种零配件的搜索等。

Individuality 个性原则

进入 DELL 主页，给人一目了然、井井有条的感觉。DELL 计算机公司将其产品分别按照产品种类或应用领域进行分类。例如，按产品种类可以分为：台式机、便携机、服务器和工作站等。按应用领域可以分为：家庭用、小型商业用、大型商业用、教育用和政府用。不同的产品面向不同的市场，因而实行不同的策略，这实际上也是一种市场策略。

DELL 根据顾客需要，为顾客量身定做电脑，正所谓"量体裁衣"。

每一位顾客对电脑的要求是不一样的，所以 DELL 公司为消费者"分门别类"：针对不同人群，提供不同的资讯；也对不同国家的人群，提供不同语言的服务，还添加了友情链接。让更多的人了解 DELL，走向国际化。

用户可以根据显示内容和提示，很快地找到符合其要求的产品，并且了解到产品的价格和各项功能。

DELL 一直坚持"以客户为中心组织企业内部的架构，忠诚地执行最好的客户体验"的企业口号，从市场、销售到后勤、客户服务部门都以统一的面貌出现在客户面前，客户找到任何一个部门，都能得到统一的答复。在提高客户体验的同时，DELL 的市场、销售成本却大量缩减，这就是 DELL 公开的秘密。

针对不同类型的客户，DELL 在安排内、外销售人员方面的资源分配也不同，可能是以外部销售为主，内部销售为辅；也可能是以内部销售为主，外部销售为辅，甚至不安排外部销售人员。

Interesting 趣味原则

在互联网这个"娱乐圈"中混，广告、营销也必须是娱乐化、趣味性的。当我们失去权力对消费者说"你们是愿意听啊，是愿意听啊，还是愿意听啊，绝不强求"之时，显然，制造一些趣味、娱乐的"糖衣"的香饵，将营销信息的渔钩巧妙地包裹在趣味的情节当中，是吸引鱼儿们上钩的有效方式。"伟大的网络营销，他身上流淌着趣味的血液！他不是一则生硬的广告！娱乐因子在他身上灵魂附体。"

这款笔记本针对的是教育市场，这可不是 DELL 随口说的。从设计之初，DELL 就与数百名学生、教师、家长和管理人员紧密合作，把他们的需求考虑在内！

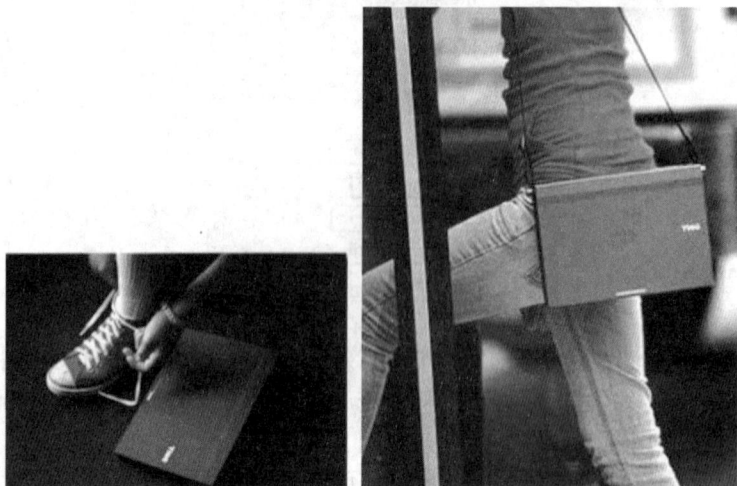

Latitude 2100 的外壳和常见的金属或者塑料笔记本外壳不同，采用的是橡胶质地，具有防滑功能。柔软的外壳起到缓冲作用，有效避免学生因为拥挤或者碰撞而造成的意外伤害。但是 Latitude 2100 又很坚固，你会发现它比家用上网本 Mini 10 稍微厚重了一点，这是考虑到要适合学生使用，一定的厚度可以让笔记本更加结实。笔记本底部防水，可以避免液体的意外溅入。还有可选便携式肩带，方便学生随身携带。

当今社会的互联网让营销力量得到了极大的释放，网络营销如此深刻地融入企业的运营模式之中。DELL 公司的网络营销策略迎合了时代的潮流，利用了先进科技发展其网络销售，可谓是开直销之先河，抓住了商机。

13 – 5　巴诺书店与 Amazon 的竞争
——当传统商业直面电子商务

在开业的最初 3 年，亚马逊书店的销售额增长非常迅速，老牌商家并没有引起重视。

例如美国最大的，当然也是全球最大的连锁书店巴诺公司（Barnes & Noble）甚至不屑一顾。大约一年半后，巴诺书店才对亚马逊书店作出回击，建立了一个网上业务分部，与其争夺美国在线网站上的图书专卖权。老牌商家经营在线业务有许多优势：知名的品牌、营销队伍和成熟的供货渠道等，这些因素整合后可以很快变成网络零售的优势，但网络企业的运作方式、融资方式、网上经营毕竟不同于传统零售业。那时亚马逊已经完全控制了市场，建立起稳固的领导地位。尽管亚马逊 2000 年仍然亏损，但它控制了 60% 以上的在线书籍销售，并与 40 多万家公司建立了业务伙伴关系。今天，在全球范围内，亚马逊的品牌知名度比巴诺书店要高得多。

巴诺书店的回击是在亚马逊已经控制的 B2C 市场加入 B2B 业务。为增强自己的竞争优势，巴诺书店建立了一家完全独立的公司，专门处理它所有的在线活动，包括 B2B 业务。作为反击，亚马逊收购了其他国家的几家在线公司，并将产品线扩展到 CD 和其他商品。

讨论分析题：

1. 网络购物有什么优势和劣势？
2. 亚马逊为什么能取得巨大成功？
3. 如果你是亚马逊的竞争对手，请设计你的营销方案。
4. 亚马逊为什么要跟玩具商合作而不是完全替代？
5. 巴诺书店在战略上出现哪些失误导致竞争失败？有何补救之法？

案例解读

借上述案例我们先了解一下网络购物的优势和劣势。

1. 网络购物和网络商店的优势

网络购物作为一种新兴的商业模式，与传统购物模式有很大差别。而每一种新的商业模式，在其出现和发展过程中，都需要具备相应的环境，网络购物也不例外。近年来，网络快速发展，人们对网络更多的需求，为网络购物提供了发展的环境和空间。网络购物和传统商业模式的差别也十分明显，二者各有自己的优缺点。

（1）网络商店中的商品种类多，没有商店营业面积限制。

它可以包含国内外的各种产品，充分体现了网络无地域的优势。在传统商店中，无论其店铺空间有多大，它所能容纳的商品都是有限的；而对于网络来说，它是商品的展示平台，是一种虚拟的空间，只要有商品，就可以通过网络平台进行展示，可以把世界的各类知名品牌全部放在上面，展示在上面。

（2）网络购物没有任何时间限制。

作为网络商店，它可以24小时对客户开放，只要用户在需要的时间登录网站，就可以挑选自己需要的商品；而在传统商店中，消费者大多要受到营业时间的限制。

（3）购物成本低。

对于网络商品购买者，他们挑选、对比各家的商品，只需要登录不同的网站，或是选择不同的频道就可以在很短时间内完成，而且可以直接由商家负责送达，免去了传统购物中舟车劳顿的辛苦，时间和费用成本大幅降低；而对于传统购物来讲，这一点是无法达到的。

（4）网上商品价格相对较低。

网上的商品与传统商场相比相对便宜，因为网络可以省去很多传统商场无法省去的相关费用，所以商品的附加费用很低，商品的价格也就低了。而对C2C购物网站来说，用户通过竞价的方式，很有可能买到更便宜的商品。另外，在传统商场，一般利润率要达到20%以上，商场才可能赢利，而对于网络店铺，它的利润率在10%就可以赢利了。当然，网络商品价格的优势也有它的局限性，它的价格优势更多的是和较大规模的商场比较，和超市的商品价格是不能进行比较的。

（5）网络商店库存小，资金积压少。

网络商店中很多商品一般是在客户下订单后再进行商品调配，不需要很多库存，从而减少了资金的积压。因为网络购物中，商家可以利用消费者下订单和配送商品的时间差进行商品的调配，而传统商店就需要在顾客选购商品的同时提供商品。当然，不同的商品，具有不同的库存需求，比如对于价格、样式、功能等方面变化不大的商品，可以有适量的库存。而市场需求、价格变化大的商品，一般都是在接到订单后，再进行商品调配。这样，一方面可以减少不必要的损失，另外也会减少资金的积压。

（6）商品信息更新快，而且容易。

只要将新商品的图片、介绍资料上传到网上，或者对商品信息、价格进行修改，购买者就可以看到最新的商品信息了，而且立刻在全球范围内统一更新；而在传统商业中，购买者要看到新的商品，就要等到商家拿到商品，放置到货架后才能够看到。在修改商品信息或调整价格，特别是要在较大地域范围内统一修改时，传统商店在时效性上就处于劣势了。

（7）商品容易查找。

网络商店中基本都具有店内商品的分类、搜索功能，通过搜索，购买者可以很方便地找到需要的商品；而在传统商店中，购买者寻找商品就需要用更多的时间和精力。

（8）网络商店服务的范围广。

网络的无地域、无国界的特点，使网络商店的服务范围不仅仅限定在某个固定的区域内，购买者可以通过网络商店买到世界各地的商品。

（9）网络商店成本相对较低。

目前专门有公司为企业提供搭建网络购物平台的服务，他们的目标是帮助企业以最快的速度、最低的成本、最少的技术投入开展网上交易。因此，企业启动网络购物服务的成本很低，有的甚至为零。这对于传统商业是无论如何也无法想象和达到的。

提起网络购物与传统购物相比的优势，很自然让人想到最主要的优势是价格，但是有些业内专家认为，价格虽然是一个重要的因素，但不是最主要的因素，或者说随着网络购物的发展，价格因素将不再会成为人们选择网络购物的首要原因，而便利这一因素将会成为更主要的原因。网络购物主要有两种情况：一种是自己购买，直接送到购货者手中。在这部分用户中，有些希望可以得到送货上门的服务，有些希望得到本地没有的商品，网络购物在一定程度上解决了这个问题。另一种是为他人购买礼品，需要送到第三方手中，那么便利对于购买者来说就很重要，如果自己购买后，再包装、送达，需要一个十分烦琐的过程，但是如果通过网络购物网站的一站式服务直接送到朋友手上，就十分方便了。另外，网络产品的丰富性也是一个比较重要的因素，现在更多的用户可以通过网络商店找到自己想要购买而传统商店中不容易找到的产品，从而起到补充传统商店地域不同或产品短缺的弱点。

2. 网络购物相对传统购物模式的劣势

与传统购物相比，网络购物具有很多优势，但是，这种新兴的商业模式，同样也存在不容忽视的不足之处。

（1）信誉度问题。

信誉度问题是网络购物中最突出的问题。无论是买家还是卖家，信誉度都被看成是交易过程中最大的问题。作为买家，商家提供的商品信息、商品质量保证、商品售后服务是否和传统商场一样；购买商品后，是否能够如期拿到商品等，都是购买者所担忧的问题。

（2）银行卡网上支付问题。

我国网上支付服务目前已得到较大改善，并为网络购物提供了极大便利。但业内专家认为，目前银行卡支付仍在一定程度上制约着网络购物的发展。这主要体现在商家和网上支付者两个方面：一方面，通过网络进行购物的网民中，很多人看中它的便利，愿意选择银行卡支付的方式。但由于提供银行卡支付的商家要向银行支付一定的费用，所以对于利润很低的商品，商家就有可能无利可图，而目前网络购物已经不再是以前无利也经营的状态，因此，商家就不愿意或者禁止让客户在网上通过银行卡支付方式来购买这些商品。另一方面，网上消费者在初次开通网上支付业务时，有些银行要求必须本人亲自到银行营业场所凭相关证件开通这项业务，这在无形中就增加了一道网上交易的手续。这在一定程度上阻碍了网络购物的进一步发展。但是，随着网络购物的发展和银行在服务体系上的竞争，银行卡网上支付必将进一步改进、完善，以适应网络经济的发展。

（3）网络安全问题。

从网络进入人们的生活开始，网络安全问题就一直存在。在网络购物中，网民对网络安全也有很大担忧，例如用户的个人信息、交易过程中银行账户密码、转账过程中资金的安全等问题。这些顾虑无疑给网络购物蒙上了一层阴影。

（4）商品信息虽然发布快，但商品不能及时到位。

互联网信息是无国界的，但是很多商品信息上网后，购买者能够看到，却无法立刻购买到，主要是因为信息在网上发布，而供货商仍然是传统企业。传统企业的商品配送无法和互联网信息同步，所以会产生信息快于商品的现象。

（5）配送问题。

传统购物一般是在选好后，就可以直接付费拿走；而网络购物就需要一个订货后的等待过程。目前出现了很多物流公司，他们在为网络购物者送货上起到了很大的作用。在目前的商品配送上，就同城配送而言，最快的一般需要1个小时，最长的则需要2天时间。如果购买者需要的东西很急，网络购物一般就不适合。

（6）商品信息描述不清。

由于购买者对网络上的商品的了解只能通过图片和文字描述来完成，而有些商品的描述语言模棱两可，容易使人对商品的认识产生歧义。当购买者根据自己的理解完成网络购物交易，拿到商品后，会投诉商品与自己订购的不一致。通常商家的做法是收回所卖商品。相对于传统购物，网络购物退还商品是一件相对麻烦和有成本风险的事情。因此，网络购物的商家在进行商品描述时，都会尽量做到描述语言准确，减少购买者对商品的误解，但是，这还是很难避免双方理解差异的产生。这也就是为什么规格、标准统一的商品更适宜作为网络商品进行销售的另一个重要原因。

（7）网络购物者的数量远远低于传统购买者数量。

对于网络购物来说，其主要的客户是上网的网民，而网民仅仅占到中国人口总数的6%，在数量上明显少于传统商店的购物客户。目前网络购物占整个购物的比例很低，只有1%左右。因此网络购物的发展还依赖于网民的发展与普及。

网上商店比传统商店数量少。虽然网络购物的消费者比传统购物的群体少，但是相比之下，在数量上网络商店与传统商店的差距更大。这将减少人们购物时比较和选择的余地，网络购物需要更多的网络商店来丰富商品的种类。

网络购物者缺少直接购物体验。从商品交换开始，人们就一直体验着交易完成后获得商品的满足感。但是在网络购物上，购买者却不能体验到在网络交易完成后，立刻拿到商品的满足感，这种满足感的到来往往要滞后1~2天。

在某种程度上，网络购物在方便的同时，也减少了购物带来的快乐。

总体而言，由于网络购物服务有其不可感知性，网络购物的特质及组成该服务的元素让人不能触摸或凭视觉感到其存在，因此，用户在进行网络购物时对一些有形的方式的服务表现更加敏感。另外，与传统购物有较大差异的是网络购物的可分离性：基于互联网的远程服务可以突破服务的时空限制，如现在的远程医疗、远程教育、远程培训、远程订票等，这些服务通过互联网都可以实现消费方式与供给方的空间分离。

B2C电子商务最重要的特点是能够绕过中介（如销售商、批发商、经销商等）建立与客户的直接关系。已经建立了自有品牌的生产商，如戴尔，如果注意成功之效的基本规律并能有效地向顾客提供优质商品，就能成功执行直销战略。我们可以看到，亚马逊凭借其覆盖全球的电子商务平台，在客户关系管理、供应链管理及供应方的砍价能力上非常卓越。亚马逊是一个成功的虚拟商店，但并未排斥传统销售渠道。

13-6 "正广和"搭上网络快车

提起"正广和",老上海们总是倍感亲切。毫不夸张地说,上海有几代人都是喝"正广和"汽水长大的。正广和汽水是由租界时代的英国商人创建的。在日军占领上海期间更名为"日本军管理正广和汽水"。新中国成立后,作为民族工业中的一个佼佼者,正广和被改为"国营上海汽水厂",20世纪90年代又恢复了"正广和汽水厂"的旧称。

经历了百年风雨,正广和有过历史的辉煌,也有过低落不振的时期。改革开放后,两大国际著名饮料品牌——可口可乐和百事可乐进入中国市场,将我国一些传统的饮料品牌冲得七零八落,这当中就有正广和。由于在市场营销、产品创新乃至企业管理等方面都落后于实力雄厚的跨国公司,正广和的市场份额不断被掠夺,到20世纪90年代初,正广和这个百年老厂已到了行将破产的地步。

然而,正当人们哀叹洋可乐又要吞掉一个土汽水时,正广和竟又站了起来。并且在人们还担心它的寿命还有多久时,出人意料地搭上了网络快车,轰轰烈烈地"走进新时代"。

在为正广和感叹之际,让我们看一看,电子商务这块魔毯,是如何将一脚已经踏进坟墓的老品牌又拉了回来,并走上新的发展之途的。

一、开通85818购物电话

20世纪90年代初,在严峻的竞争形势下,正广和认识到与其坐以待毙,不如重整旗鼓,寻找新的市场契机。1994年,纯净水在国内渐渐兴起,正广和抓住这一良机,开始上马大桶纯净水项目,老字号的品牌魅力加上新产品过硬的质量与品质,正广和大桶纯净水在上海市场占有率不断上升,正广和开始了复兴之路。

随着上海市民对纯净水的依赖度提高,正广和电话所提供的配套送水服务也不断扩大。自1995年开始,正广和逐步在全市划分出不同区域,在各区布置送水点,由这些点完成各自区域内的送水任务。在公司规划下,这些点又逐渐发展成正广和的配送站,直至后来建立配送中心。

1996年,正广和引进计算机管理系统,由电脑自动排单,与配送中心定时交换信息,这一系统较过去人工接单明显提高了效率。

1997年,正广和初步建立起了无店铺销售模式,并拥有了40万用户,完善了供应链,在上海市区的配送网络也基本成型。

此时,发展中的正广和找到了一个资金雄厚的战略伙伴——上市公司"梅林"公司(原上海市食品进出口公司),获得了资金支持。1997年12月,正广和与梅林重组为梅林正广和集团。

1998年6月12日,集团将正广和饮用水的配送网络剥离出来单独成立公司,上海正广和网上购物有限公司宣告成立("网"指的是电话网),原正广和饮用水公司是其母公司。网上销售公司接手了饮用水公司的电话订购中心、配送体系和运输体系，开始了其无店铺经营销售。

1999 年 1 月 1 日，购物电话特别号码"85818"开通，正广和的电话商务正式开始运作。购物电话开通后，上海的街道又多了一道风景。标有"梅林正广和"和"85818"字样的"黄鱼车"不断出现在街头巷尾，无形中为正广和纯净水打了广告。

网上销售公司（85818）除了销售大桶纯净水之外也经营其他食品，后来又增加了日用消费品销售，公司的业务也蒸蒸日上。从 1998 年底到 1999 年底，85818 的会员增加了1/3，从 45 万户发展到 60 万户，而且新增用户中有 2/3 的人同时购买了 85818 提供的其他食品。随着正广和网上销售商品种类的增加、用户数量的扩大，它的配送网络也不断扩展完善，逐渐摆脱了当初作为配套服务的附属物形象，形成了一种独立的存在。经过一年的时间，梅林正广和的配送网络就达到了覆盖上海各区"无盲点"的水平，这一体系包括了 3 个配送中心、100 个配送站、200 辆小货车和 1 000 辆"黄鱼车"。各配送站每天分3 次接收总部的送货指令，据此安排当天下午、晚上及次日上午的送货计划。市民电话订货一般都能在当天或第二天上午收到。这样的高效率在全国都首屈一指，可称为当时国内最完善和最有效率的物流配送系统。

电话商务不仅使正广和纯净水的销售不断增加，也带动了其他商品的销售。到 1999年底，正广和经由这个网络为 60 万上海市民送出了价值近 3 亿元的商品。网上销售公司的佳绩引来许多企业争相要求搭网，甚至包括联合利华、百事可乐这样的跨国公司都要求加入进来。这从一个侧面反映了电话商务的魔力。

二、从电话商务到电子商务

从最广泛的角度来看，电话商务也是电子商务的一种，但它与真正意义上的电子商务，即互联网电子商务还是有着一定的区别。由于操作平台有所不同，电话商务较狭义的电子商务有一些局限。比如商品增加、用户增加带来商品目录印刷和更新的成本大幅上升；又如订单商品组合复杂化导致接线员工作难度加大、出错率提高；此外，电话商务在提供个性化服务方面的能力也相对较弱。凡此种种，都限制了电话商务经营内容的多元化和向纵深扩展。

当时，电子商务在我国才刚刚兴起，对很多人来说，它是知识经济时代的一个象征。但由于电子商务对相关服务的要求相当高，例如，在网上零售过程中就需要处理商品选择、包装、发送及处理投诉等工作，因此，对一般的网络公司而言，由于缺乏相关经验，这些问题成为他们发展电子商务的瓶颈。

比较之下，梅林正广和这几年的积累已为电子商务创造了不少优势：由于较早发展了电话商务，其成熟的配送网络是其他企业所不能及的；在销售模式上，梅林正广和一开始就是无店铺销售，其已有的订单管理系统、电话订购系统，虽不能直接移植到电子商务上，但也提供了一定的基础。当然，从电话商务到电子商务的转变不可能一步到位，考虑到我国网络环境的实际情况及其他限制条件，正广和选择了电话商务与电子商务并行，以电子商务促进电话商务的策略——"上网浏览、电话订购"。

2000 年 1 月 1 日，梅林正广和与中公网合作的购物网站（www.85818.com.cn）正式开通，由梅林正广和提供经营理念和商业模式，合作伙伴中公网提供技术平台。网站设计简洁、实用。网站提供按产品分类及按品牌等四种查询功能；销售商品涉及食品饮料、图书音像、日用百货、保健用品、鲜花礼品、家用电器、体育用品、办公用品、通信产品、儿童用品、服装服饰11大类；在货款结算方面，接受招商银行"一网通"在线支付和现金/水票离线支付两种方式。网站开通50天，点击数就达到42 000次，注册用户近万名，完全通过网络完成的销售额达60万元，网上销售一炮打响。

梅林正广和不满足于在上海一地的发展，它一边探索着"电话商务＋电子商务"的成功模式，一边悄悄地在全国进行着扩张，北京、广州、成都、西安、武汉……梅林正广和以通俗的"鼠标＋自行车"方式在上海之外的地方普及其"电话商务＋电子商务"的模式。通过不断扩张，85818已初步建成了以上海为中心、覆盖全国主要大中城市的网络体系，并能支持当地订货、异地送货。至2000年7月，其网络用户已发展至77万，网络商品达2万余种，同时还增加了文化休闲、娱乐游戏等项内容。2000年上半年，85818网络销售额达到1亿元。但是，万里长征才走了第一步。目前，85818电话订购的增长快于网络订购增长，网上订购业务占销售总额的比例还比较低，网上商品种类也还不够丰富，联网城市还比较少，这些都是85818有待完善和改进的，是他们努力的方向。不过，最重要的是，他们已经在做了，并且希望能做得更好。

讨论分析题：

分析正广和的做法给我们的启示。

案例解读

梅林正广和希望做成中国电子商务的第一。这个历经百年沧桑的老品牌，顺应着互联网时代的发展趋势，选择了正确的发展之路，老品牌由此走进了新时代。虽然，没有人能知道明天将会发生什么，但至少我们知道，梅林正广和今天的发展是值得我们深思并获得启发的。

1. 企业在面对生存威胁时，必须"穷则思变"，而非坐以待毙

面对可口可乐和百事可乐带来的巨大挑战，正广和选择全面调整经营方向和经营策略，奋力走出困境。然而，我国还有一些曾经具有很高知名度的饮料品牌，没能适时进行自我调整，只能眼睁睁地看着自己的市场份额被逐步蚕食，最终被挤出了市场。其实，尽管在实力方面与国际跨国公司存在差距，但我国的很多饮料品牌都具有较高的品牌认知度和美誉度，加上地利人和的优势，完全可以与洋品牌一较高低。打败我们的其实不是别人，正是我国企业在长期计划经济体制下形成的消极保守的经营理念。在我们已与国际市场逐步接轨的今天，我们的企业（尤其是国有企业）必须尽快走出"以不变应万变"的经营误区，尽快跟上国际市场飞速变幻的脚步。

2. 在互联网时代，电子商务是企业的必然选择

网络和电子商务正在成为企业新的"竞技场"。传统企业不可避免地要在"传统"和"网上"两个竞技场同时竞争。电子商务这一新的竞争课题，正在一天紧似一天地逼近传统企业。一些传统企业视之为畏途，也有传统企业将其视为又一个巨大的发展机会，已经或者随时准备进入这块领域。在我国，持有前种态度的企业不在少数。然而，不管是否情愿，我们外面的世界已经步入了电子商务时代。如果我们选择忽视这一现实，就无异于又一次地选择闭关自守。然而，在这个对外开放度不断加大的今天，举世皆"E"我独清是不可能的，我们将被世界甩在身后。

3. 电子商务的开展要脚踏实地

目前，在我国具有战略眼光的企业并不在少数。一批国有企业已认识到了电子商务的重要性，也开始了电子商务之路。但是，开展电子商务对企业而言不仅需要面对一项新技术，更要面对庞杂的企业体制，以至传统社会的法律规范。因此，开展电子商务绝非是一蹴而就，也不仅仅是企业自身的一个决策。在我国，由于法规制度、相关人才及设施的缺位，加之观念的转变非一朝一夕之功，电子商务的开展面临不少问题。很多企业虽然设立了自己的网站，但其网上交易量却只占总交易量的微乎其微的比例。究其原因，除了电子货币和网上支付的解决方案尚未出台，交易认证等司法、信用方面的建设也只是在起步阶段等外部因素外，企业缺乏成熟的物流配送体系、传统销售渠道尚未转型等内部存在的问题也是电子商务雷声大雨点小的原因之一。

由一家濒临破产的企业发展为电子商务的先行者，正广和的成功告诉我们，没有神仙救世主，企业必须脚踏实地、勤修内功，才能搭上网络快车，走进新时代。

相关链接

"正广和"建立营销网络的探索

当今，营销网络在现代市场营销中的作用日显重要，许多大企业的成功都归功于其完善的营销网络，这令无数商家都开始对网络瞩目并探寻它的魅力所在。

正广和网上购物公司就是一家靠网络经营成功的企业。本案例将介绍正广和网上购物公司营销网络的由来及构成，在此基础上分析正广和网上购物公司如何利用网络为其赢得令人瞩目的市场绩效，最后结合本案例，分析网络的潜能和社会价值。

一、新鲜神奇的 ASN 网

1998 年 6 月，上海正广和网上购物有限公司成立了。它是由上海梅林正广和（集团）有限公司、正广和饮用水公司与海南海虹股份有限公司共同投资兴建的（上海正广和网上购物有限公司的标志为 A，以下均以 ASN 表示该公司）。

某退休教师，过去每天晚上必做的"功课"是泡黄豆，为的是第二天一早将其磨成豆浆。自从在 ASN 的网上订购豆浆后，就再也用不着泡黄豆磨豆浆了。她觉得 ASN 营销网络送货上门的新鲜纯豆浆口味不错，老两口天天喝，一个月才 100 多元，不仅省事，价格上也承受得起。

另一户住 10 楼的人家，平时买米，一家非得去两个人，妻子决定了买什么牌子的米，再让丈夫扛回来。现在好了，一个电话，送米上门，米价比有的超市还便宜点，又不收送货费。

原来，这"网上购物"就是这么简单。凡是 ASN 网上提供的商品，只要打一个电话就可送货上门。几百年来出门购物的购物方式被打破了，老百姓终于实现了足不出户就能买到自己所需要的商品的梦想，同时还省却了买到商品（特别是大宗、沉重的商品）后自己怎样弄回家里的烦恼。不光如此，ASN 营销网络在电话订购、送货上门的基础上进一步改进服务：方便，即开通了专门的"85818"电话订货热线，方便客户拨打；全天候服务，即 365 天无节假日，每天 24 小时；快捷，即上午订货下午送，下午订货晚上送，晚上订货明天送；优惠，即不收取送货上门服务费，且大部分商品价格低于商店。

随着现代生活节奏的加快，人们越来越忙；而且在人口的年龄结构中，老年人所占的比重也越来越大。人们为省时省力，希望足不出户就能购买商品的消费需求越来越强烈，ASN 就在此时应运而生。它的营销网络满足了人们的这一需求，为消费者提供了很大的便利，引发了消费者购物观念和方式的改变。

ASN 成立至今，其在营销网络上提供的商品种类日益丰富，不仅包括梅林正广和集团生产的梅林食品系列、正广和饮用水等商品，还包括啤酒、饮料、大米、食用油、香烟、饼干、卷纸、护肤品等商品。网上的商品已从原来单一的正广和饮用水扩展到食品系列，并继续向日用消费品延伸。而这些网上商品的生产商们也从 ASN 的这张"网"里分享到了巨大的利润。他们的产品一经上网便销量大增，有的产品甚至热销、脱销。ASN

的这张"网"首先使得自己的正广和桶装饮用水获得了57%的市场占有率，拔得桶装饮用水市场的头筹；此外，网上经销的第一个他人生产的产品——维他奶，上网后销售量从1 000箱/天的销售量猛增到2 000箱/天；上海本地产的"乐惠"牌大米，原来由粮店经销，由于国营粮店经营体制落后等原因而销不动，只能眼看着上海市的大米市场被外来米纷纷占据瓜分，但自从上了ASN网后，日销量达1 000袋（10千克装）；以生产"嘉兴肉粽"闻名海内外的中华老字号——浙江五芳斋实业股份有限公司，赶在端午节来临之前和梅林正广和集团签约拍板，将其最新开发投产的10多个品种且保存期可达半年的"嘉兴五芳斋粽子"悉数上网，借助ASN快捷便利的网络系统，夺取了2000年"粽子大战"的市场营销之冠。ASN的网络系统日益成为精明的企业家们争夺上海大市场的好帮手，它为生产商的产品拓展了市场、增加了销量，但并不向厂商收取上网费，而生产商的产品进超市等卖场时还得付进场费，相比之下，厂商若能与ASN合作，使其产品上网，便能获得更大的收益。

由此可见，ASN的这张网一端连着消费者，一端连着厂商。它一方面以其方便快捷、优质价廉的独到服务使得消费者不断地向这张网聚拢；另一方面，以低进网成本、高利润回报吸引着越来越多的厂商将其产品上网销售，并且形成了一种良性循环：上网购买商品的消费者越多，说明这张网延伸的触角越细密，渗透的市场越广、越深，就会吸引更多的厂商想让其产品上网；而上网销售的商品越多，消费者所选择的范围越广，也就越能满足消费者的多样性需求，吸引更多的消费者上网购买产品。在这样一种良性循环之下，这张"网"迅速地扩张，ASN也迅速地发展壮大。从1996年6月网络系统的形成到1998年ASN正式成立，网上购物的客户数量已从6万户迅猛增长到44万户；成立后仅1年，客户数量又发展到50万户，而引进网上销售的商品也已多达100余种。网络的扩张情况如下表所示。

年份	网络客户数量（万户）	上网商品种类（种）
1996	6	1（正广和饮用水）
1998	44	1（正广和饮用水）
1999	50	100多

1999年5月29日，时任上海市副市长的蒋以任在视察ASN时，问："你们有多少客户？"吕永杰董事长伸出五个手指，自豪地答道："我们已拥有50万客户。"现在，按照ASN的发展战略，这张"网"还要铺向全国，即到上海市以外的省市去建"网"。目前，北京的网络系统已建成，绵阳、宁波两地正在建。此后北京、重庆等地的网络将与上海合并建成大联网。

时任上海市经委主任的黄奇帆曾对ASN的这张"网"大加赞赏："梅林正广和销售网络很好，是一笔巨大的无形资产……要使其成为继上海有线电视台、通信网络、因特网之后的第四大网络。"

二、ASN 的由来及其构成

ASN 的这张在上海市迅速铺开并向全国蔓延的"网",这张使消费者、厂商、ASN 自身三方均赢利的"网"究竟是怎样的一张网呢?要原原本本弄清楚这张"网",须先了解 ASN 的前身和由来。

ASN 是从正广和饮用水有限公司这一母体中脱胎而出的。"正广和"是一块具有 130 多年悠久历史的老牌子,从 19 世纪 60 年代创立之初到 20 世纪 80 年代,正广和一直是国内最大、最知名的汽水品牌。提起正广和,人们便会联想起奔驰在十里洋场的正广和送货汽车,戏场影院里处处可见的正广和广告招贴。在老上海人的心目中,正广和 = 汽水,汽水 = 正广和。到了 20 世纪 80 年代,我国实行对外开放、引进外资的政策,外资纷纷涌入,抢占中国这一巨大的市场。在软饮料行业,可口可乐、百事可乐这两家国际软饮料巨头相继在中国开办合资企业,来势凶猛,对国内软饮料生产企业构成了巨大的威胁。起初,可口可乐曾有意愿与正广和合作,但当时正广和对刚进入中国的外资品牌没有足够重视,因而拒绝与可口可乐合作。正广和人没想到,自己的轻敌思想险些把自己置于死地。可口可乐在进入中国的两三年内,凭借其雄厚的资金优势及税收优惠政策带来的成本优势,不计利润地打广告,攻占了上海市大大小小的经销网点。一时间,可口可乐的广告铺天盖地,不论走到哪里都能看见可口可乐醒目的商标,不论走进哪一家店铺都有可口可乐出售,可口可乐的红色商标已深入人心。正广和这时才醒悟过来,但已经措手不及,就这样一下子失去了大片的市场,陷入了困境,亏损累计(包括明亏与暗亏)达 2 000 多万元。而且人才流失相当严重,特别是销售与技术人才,而且多半是流失到可口可乐公司。正广和的辉煌眼看就要成为历史。正广和人在痛苦与忧患中一边总结教训,开始重视市场研究与市场营销,一边寻找新的市场。

在上海一间美国独资的某大集团总裁办公室隔壁的会议厅内,美方代表正兴致盎然地向与会者演讲着什么。一位中国青年端坐在宽敞的会议厅一边,似乎在倾听美方代表的演讲,可眼睛却出神地盯着墙角边那台长方流线型饮水机上安放的一个透明纯净的圆水桶。他,就是后来继任正广和总公司总经理的吕永杰。此时此刻,他正在为企业寻找一条新的发展之路。一位热心的美籍华人告诉吕永杰:这饮水机上的桶装纯净水是总裁每月专程从美国空运而来的。他还告诉吕永杰:桶装水在东西方发达国家都很流行,即便在美国,也还有许多城市的管道水不能直接饮用。这纯净水的创始者为美国发明家,它采用美国先进的反渗透水处理技术制造而成,不含任何有害物质,却保留了人体所需的部分微量元素。"采用美国反渗透水处理技术?我们公司生产的饮料不就是用美国杜邦进口的反渗透设备吗?"吕永杰心头一亮,回去后马上组织大量的市场调研工作,随后发现:由于日益严重的城市污染,饮水问题一直困扰着上海市民,市民对洁净方便的饮用水的潜在需求是巨大的,而国内饮用水市场在当时尚是空白。于是,"正广和"凭着它的知名品牌,凭着它 130 多年锤炼铸就的科学、精湛和成熟的水处理技术,凭着它从美国杜邦进口的先进的反渗透设备,决意开拓中国饮用水市场,重振昔日辉煌,并于 1995 年 5 月成立了正广和饮用水有限公司。一扇通向中国"饮用水大王"的门向正广和敞开了。

公司成立后,首先面临的一个难题就是送水问题。因为桶装饮用水体积大、分量重,若让消费者到商店购买后再自己扛回家，消费者一定会望而却步，只有提供送水上门的服务才能赢得消费者。然而，偌大的一个上海市，要把桶装水送到分散在各个角落的千家万户手中，如何实现呢？当时，正广和的决策者面临两种选择：一是自己建立诸多的小厂，分散在各个区，各小厂负责各自所在区域水的运送；二是只建一个大厂，集中生产，同时与各个小区的居委会签订合同，建立各个分散的"供水站"，利用各居委会组织的人力、物力资源，送水上门给附近的居民。正广和的决策者权衡利弊后最终选择了第二种方案。他们主要出于以下考虑：若分散建小厂，则须在各个小厂都设置相同的生产设备，不仅耗资巨大，而且是一种效率低下的重复投资。建立大厂、集中生产能获得规模效应，投入产出比要大得多。但是，按当时客户量增长的趋势，即使以当时的 20 辆送水车翻三番，也不能满足日送水 1.7 万桶的需要，况且送水员工也必须配备 500 名以上。若仅仅依靠自己的资源是无论如何也做不到的，只有寻找社会力量，借助社会资源，在各个小区建立供水站才能解决送水的问题。

然而，第一批供水站的建立是相当不容易的。因为在当时，饮用水还是新鲜事物，绝大多数居民连什么是饮用水都不知道，因而各小区负责人都担心供水站建起来后饮用水却卖不出去。为寻找到合作伙伴，吕总亲自跑到各小区的办事处，找负责人谈话，条分缕析地为他们展望市场前景。吕总对他们说："头几个月可能会亏本，但我保证，3 个月后一定会开始赢利！"1995 年 11 月 13 日，正广和与曹杨五村第一居委会签下了第一张供水站合同。随后，又在其他几个小区先后建立了供水站。第一批供水站在运营的头几个月虽有亏损，但 3 个月后果然开始赢利，且获利不断增加，各供水站平均年利润十几万。丰厚的利润吸引着其他小区纷纷找上门来，希望加盟正广和，一张张记录了供水站地理位置、仓库面积、运输设备、人员配备等情况的档案材料在正广和市场部的档案柜里迅速叠加。半年后，一大批供水站遍及申城。至今，正广和在全上海已有近 100 家供水站，送水网络初具规模，它为日后 ASN 网络系统中的送货网络，即物流网络的建立奠定了基础。

送水上门的问题解决了，紧接着另外一个问题又出现了。既然是送水上门，不是放在店铺里代售，那么消费者将通过何种渠道发出购买诉求呢？当时，ASN 的总经理认为，客观环境不适合搞电子商务。按照当时的通信条件来看，个人电脑远没有现在这么普及，而当时国内的国际互联网、电子商务技术更是不成熟，若想在当时就实行互联网网上交易显然是不现实的。另外，消费者若通过上网购物，单单开机、上网、等待接通直至完成交易，所花时间就要 15 分钟左右，真可谓费时费事。而在当时的中国，广为普及的通信手段是电话，特别是在上海这样的特大城市，电话是重要的通信手段。在这一特定的外部条件下，正广和迅速开通了电话订购桶装饮用水的专线（当时的号码为 65350482），它使不经店铺、送水上门这一销售方式变得可行。就这样，ASN 网络系统的又一构成要素——电话订购网形成了。

电话订购网和送水物流网分别建成后，两相结合，正广和不经店铺、送水上门的饮用水购销系统就开始运转起来了。正广和饮用水公司利用电话订购网收集售前消费者订购信息，然后利用送水物流网将集中生产的桶装饮用水疏散到各个小区的供水站，再由供水站将一桶桶水送到各家各户，最后再利用电话网收集售后的客户反馈信息。这就是正广和饮用水购销系统大致的运作机制，也是日后 ASN 网络系统的雏形。

当正广和送水网络系统的运作日趋成熟，当送水网络系统把饮用水送至千家万户

（客户数量达 40 万户）时，正广和人隐隐约约感觉到了他们独特的送水网络隐含着某种他们尚未发掘出的能量。他们开始思考：逢年过节，人们可以预订鲜花，请邮政快递把鲜花送到指定的亲人、朋友处；电视导购，人们通过电话就能把电视广告里的商品请到家中。能不能进一步开发送水网络的功能呢？

就在此时，香港的维他奶先其他厂商一步，看到了 ASN 的利用价值，主动上门协商合作事宜。双方一拍即合，维他奶进入正广和送水网络。短短一个月，维他奶在正广和网络里的销售额急剧上升并一时间脱销。这一尝试的成功使正广和人实实在在地感受到了他们的送水网络所蕴涵的巨大潜能，促成了由送水网络到送货网络的转变。为了实现这一转变，梅林正广和集团公司将送水网络视为整个集团一笔无形而丰厚的资源，于 1998 年 6 月组建了一个专门的销售公司，即 ASN，集中精力开发这一资源的潜力。

ASN 成立后，正广和人就致力于网络系统的改进完善与产品的引进。如前所述，正广和的送水网络系统是由电话网和送水网组合而成的，即一张是信息网，另一张是物流网。但仅仅这两张网的组合其实是存在漏洞与缺陷的。

其一，在硬件设施上，只是在信息的传递这一环节上启用了较为现代的通信手段——电话，而在信息的储存环节上利用的还是原始的手工操作方法：将各供水站的有关信息及客户信息整理、归集成手抄或打印的档案材料，然后储存在档案柜里。

其二，由于当时电脑普及率低、电子商务技术不成熟等外部因素，公司与客户之间信息的传递依靠电话，这是无可非议的，但公司管理部门、工厂、发货中心与各供水站之间信息的传递也只是依赖电话。

当客户量规模极小、货物输送周转量不是很大时，信息的储存与公司内部信息传递这两个环节上运用落后的技术手段尚能应付，但是当客户量与货物输送量都达到一定规模时，落后的技术手段的弊端就日益显露出来：一是靠纸张文件、手工操作的方法储存信息，存与取的效率都十分低下；二是电话这一较为现代的通信手段有其缺陷，其同一时间传递的信息是双向的而非多向的。这样的话，一次电话仅仅只能了解到一方而非多方情况，而在呈网络状的公司管理部门、发货中心与诸多供水站之间，要想掌握各方的情况须拨打若干次电话。要想在瞬间内就尽知各方的动态，依靠电话是根本办不到的。ASN 成立后，若在上述两个环节上继续沿用落后的技术手段，则必将制约整个网络系统的发展。鉴于此，ASN 成立后的第一个大动作就是斥巨资配置先进的技术装备——计算机并实行联网。公司下设专门的电脑技术部负责数据库及内部网络的建立和维护。这样，客户的信息及各供水站的信息都被储存在数据库里，存取十分方便；同时，公司内部实行计算机联网后，公司管理部门对各供货站的物流动态一目了然。

公司各部门与发货中心、各供货站通过计算机联网，可以更合理、更科学地运筹规划物流的库存、周转、流向与流量，使物流送货网络紧张有序、有条不紊。

当客户拨打电话订购商品时，若是新客户，则计算机处理中心会自动为其编制一个代码，并记录下该客户的相关信息，如家庭住址、第一次上网购买时间、购买的商品种类等，随后，计算机处理中心将这些信息作为一条新的数据存进客户数据库里。若是老客户，则只要输入客户的编码，计算机信息网立即会将该客户的有关信息从数据库里调到前台，电话接线员可针对该客户的具体情况作出准确、清晰、合理的应答。另一方面，物流送货网络可根据数据库里储存的各客户的订购信息及其他相关信息如家庭住址、送货时间等，合理配置各送货站、各趟送货车的货物量。

可见，新建的计算机信息网使原来的电话订购网与送货物流网各自所发挥的功能更加完善、强大。三张网叠加在一起就构成本案例开头所描述的 ASN 的营销网络系统。

ASN 的营销网络系统是 ASN 整个市场运作的核心。围绕这一核心的，还有其他一些营销环节与网络系统相配套。

不经店铺、电话订购、送货上门这一新兴的购销模式决定了 ASN 的经营理念与全套市场运作都是全新的、具有创意的，具体体现在以下四个方面：

1. 网上商品信息的公告方式

由于引进网上销售的产品都是消费者所熟知的，那么就无须投入广告费在各大媒体上刊登广告，只需告知公众网上已有商品的种类、规格。为此 ASN 采取的方式有：

（1）在《新民晚报》的行情专递版开辟了"正广和购物网络周六行情"，及时介绍公司的送货品种。

（2）制作印刷产品信息单，上面印有已上网的各种产品的相关信息，包括产品的外包装、货号、品名、品牌及规格，形象具体，一目了然，然而制作并不十分复杂，制作成本低，只需随商品顺便送到消费者手中，分发成本几乎为零。因此，这种商品信息公告方式比媒体广告要经济得多。

（3）在配送中心的外面设立了上网产品展示专卖店，与配送中心仓库相通。其主要功能不在售卖，而是将各种有形的产品陈列在货柜上，向公众展示。电话订购、送货上门的购销方式，在消费者拿到商品前，买方与卖方的交往都是远距离的、非面对面的，消费者对商品的感知也是纸面上（商品信息单）和印象中的。而在这座设计风格典雅温馨的展示店里，各色各样包装的商品被精心布置在精致的货柜上，让走进去或路过的人都觉得：无店铺销售的公司不是虚的，而是实实在在的，其销售的商品是可触摸的、信得过的。

2. 开设特殊的订购电话专线

在 ASN 成立前，消费者订购饮用水的订购电话专线是普通电话线，电话号码是 8 位数；ASN 成立后，对电话网络进行改善，经市经委批准，斥巨资买下了"85818"这一特殊的电话专线。很显然，"85818"这一新的电话号码由原来的 8 位缩至 5 位后，拨打起来更方便，记起来也容易。由于它"拨我发一发"的谐音，甚至能让人牢记不忘。这样一来，在消费者购买行为模式中，从购买意愿的产生到购买行为的实施之间的障碍就减少了，消费者再也不会因为电话号码记不住而无法订购甚至打消购买的念头。

3. 订购信息的接受与处理

消费者一旦拨通订购电话，其需求信息就进入了 ASN 的网络运作程序。电话接线员将顾客的需求信息输入计算机，然后计算机中心将信息归集、整理，再向各供货站发出指令信息。

4. 发货与送货

此为购销程序的最后一环。ASN 已具有现代物流与配送的观念，它运用规范的物流作业及计算机网络，运用路径规划、最优库存控制、物流成本控制决策系统，能做到及时送货，时差仅为半天，其速度之快、效率之高，令人咋舌。

讲到这里，我们应该对 ASN 的"网络"比较清楚了。它虽非国际互联网上的电子商务，但也绝非一般意义上的网络。它是由三张网——电话网、送货网、电脑网叠加而成的一个营销网络系统。

三、ASN 的性质及其成功因素的思考

ASN 营销网络系统这种全新的营销网络，其性质究竟是什么？它为何能在短短一年里取得如此显著的市场绩效呢？

有专家认为，正广和网上购物公司是一家销售公司，不仅销售自己集团的饮用水，还经销别的厂商的很多种商品。因此，它是一家专业性的经销商。又由于它将商品直接出售给消费者，因此它是一家零售商，但它订购、送货上门的购销方式又有别于一般的零售商。它代表了零售业中的一种新型业态——无店铺销售。

无店铺销售近年来在国外发展十分迅速。其主要形式有：上门销售、电话销售、自动售货、邮售、电视购物等。随着国际互联网通信技术的成熟，又出现了最新的一种无店铺销售的形式——电子商务。

最近几年，自动售货、邮售、电视购物等无店铺销售方式也开始出现在中国消费者的日常生活中，但像 ASN 这样做到如此大的规模，市场反应如此强烈的，实属罕见。ASN 成立仅一年，经销的商品已达上百种，仅上海市拥有的客户就达 50 万户，而且它的规模还在迅速扩张，将成为全国性的无店铺销售公司。这不能不引起我们对它的关注与思考，探寻其成功的因素。

（一）巧妙利用其网络资源，顺应消费潮流，形成特色经营

正如本案例开始部分的介绍，ASN 的前身是正广和饮用水营销网络系统。ASN 的送货网络是由先前的送水网络转变而来的，这一转变是正广和人思维的一次跳跃。随着现代生活节奏的加快、收入水平的提高，人们的消费水平也随着提高，人们愿意花钱买"方便"，也具有一定的支付能力。因此，人们对"方便购物、送货上门"这项服务的有效需求也不断得到强化，不仅仅是像桶装饮用水这样大而沉的商品需要送货上门，就连牙刷、毛巾之类的日用品也希望能满足不时之需，特别是居住在高层建筑里的住户需求更加强烈。

一边是日益强烈的"送货上门"的需求，一边是现成的送水网络资源，正广和人的思维在两者间架通后，就产生了把送水网变成送货网的意向，促成了日后以"电话订购、送货上门"为特色经营的 ASN。

随着竞争白热化，许多大商厦和超市纷纷倒闭，但 ASN 一成立却能获得强烈的市场反应，其原因从客观上分析，它的做法实际上是以一种新型的零售业态、一种特色经营来参与竞争，夺得市场。而许多大商厦、超市倒闭的主要原因并不在于资金不足或规模不够，关键在于它们缺少求新求异思维，一味仿效、一哄而上，见别的商家修建超大豪华型商厦，自己也跟着上，看到别人搞的连锁超市热，自己也跟着搞，结果形成重复建设、雷同经营，最终被淘汰的局面。

当然，并非一味地求新就能保证在市场竞争中获胜，不切实际的求新必定会导致失

败。因此，在求新求异时须事先衡量自己的资源与需求特点。正广和人当初在创立"电话订购、送货上门"的 ASN 时，也许并没想到自己是要以一种新的零售业态、新的经营方式来赢得竞争，但他们能把握住新的消费潮流兴起的信息，能够发觉并知道如何利用他们特有的资源价值，并用其去满足特殊的消费需求，从而在客观上形成了一种特色经营并获得成功。

（二）正确的营销策略，与其营销网络相辅相成

如同计算机网络在运行过程中须有一定的支持系统一样，新的营销网络也需要较强的支持系统提供工作平台，否则网络就会失去依托，成为无源之水、无本之木。ASN 的案例告诉我们，这个支持系统由市场进入时机、目标市场定位、商品定位等一系列正确的营销策略构成。

1. 正确把握市场进入时机

要把握好市场进入时机，须充分考虑营销环境中的诸因素，如消费需求时代特征、技术条件等。正广和人作出将送水网络变成送货网络的决策，是因为他们意识到：现代社会中的消费者对省时省力的购买方式的需求正日益强烈，但大多数厂商、零售商没有提供这种服务，因而消费者的这种需求得不到满足。此时，ASN 以无店铺销售的业态进入市场正合时宜，有市场且竞争者少，因而它能迅速、轻而易举地打开市场。

正广和人在创建网络、完善网络时都充分考虑到了营销环境中的技术发展水平。当他们建立送水网络时，考虑到当时上海市区电话网线已铺开，电话已在普通消费者家庭中普及，"电话订购、送水上门"的营销方式是切实可行的，于是才开始筹建送水网络。在 ASN 成立之初，他们就曾经考虑过是否采用更先进的营销方式即电子商务，让消费者通过更先进的通信手段——互联网来发出购买诉求和支付货款。但由于当时个人电脑在普通消费者家庭并不普及，而且上网费用高，消费者就是有电脑也会因为购买成本过高而不愿上网购买。另外，电子货币结算的技术还不成熟，达不到网上结算的安全性要求，因而 ASN 在当时否决了这一设想。经过一年时间，ASN 又重新考虑这个问题。

2. 正确的目标市场定位

按照菲利普·科特勒的观点，为了正确确定目标市场，必须事先评价每个细分市场的赢利潜量。另外，还要求明确公司的竞争对手，公司应调查研究竞争对手的地位，并决定是否将其产品定位在某一竞争对手的比邻，或者是追求市场上还没有被顾及的空白领地。ASN 确定目标市场的实际操作与此观点是吻合的。首先，ASN 对无店铺销售这一服务领域内的同行竞争者各自的目标市场及其产品特点作了分析。

（1）通过电视直销的商品大多为刚上市的新品，而且这些商品大多有比较复杂的制造工艺和机制，不少都是专利产品，因此使用方法也要讲究得当。正因为如此，这些产品才需要通过电视直销，在广告播放时加以详细的解释说明与使用演示。这些商品的价值含量高，价格都是成百上千元的，因此电视直销面向的消费者群体是高收入、喜欢也敢于尝试新产品的用户家庭。

（2）通过邮购的商品大多是价值含量偏高或重复购买频率小的商品，如服装、书籍等。目标市场也只是面向一小部分特殊的消费者群体（白领阶层及知识分子家庭）。

　　可见，无店铺销售的其他形式都只是面向部分特殊的消费群体，其销售的商品也是非经常性购买、价格较高的商品，而大量的、需经常性购买、人人都离不开的日用消费品是这一服务领域的市场空白。这一类商品的单价不高，大到几百元，小到几元十来元，扣除进货成本与服务成本，从每一件商品上所得利润很低。但由于这类商品面对的是一个大众化的市场，商品销量很大，所以尽管单位商品的利润很低，但乘以大的市场基数后，总利润还是十分丰厚的。不仅如此，由于这类商品消耗量大，消费者往往批量购买；而且随着引进上网的商品品种门类增多，入网购买的消费者数量还会继续扩大，每个消费者所购买的商品范围也会增加，从而每个消费者购买的总的商品数量会更大。这样的话，服务成本会越摊越薄，直至边际成本为零，获得了消费者数量和商品销量上的规模效应，利润与销量呈一个较大的正比例关系。因此，这一目标市场的赢利潜力是巨大的。于是，ASN 抓住这一市场机会，将其目标市场定位在普通消费者家庭，贴近市民、面向大众，经营的商品以食品为基础，向酒、米、油、烟、洗涤用品等消耗量大、重复购买频率高的消费品发展。

　　在确立目标市场时，除了要估测赢利潜量与分析竞争对手的目标市场外，ASN 在决策过程中还注意了一点，那就是衡量自身条件是否能满足特定的目标市场的需要，衡量所拥有资源的特点。ASN 所特有的资源即先前的送水网络，这一网络的触角已伸向千千万万户市民家庭。因此，在此基础上，定位于大众消费者也是自然而然的，为这一目标市场服务就可直接利用其网络资源。

　　ASN 定位于大众消费者这一目标市场使其获得了规模效应，从而也使其获得了成本优势。其后它将成本优势转化为价格优势，即向顾客免收"送货上门"服务费，而且上网价格比同类商品在商店出售的价格要便宜。ASN 的价格优势使其独特的服务更具吸引力。

　　3. 商品定位

　　商家所经营的商品种类直接决定于市场定位。ASN 在决定是否引进某一商品上网销售时，首先考虑该商品是否贴近市民，面向大众消费者。如 ASN 在引进大米上网时，备选的大米品种有三种："瀛洲"米、"乐惠"米与黑龙江产的珍珠米。前两种大米的单价是每斤 1 元多，而珍珠米属高档米，其价格为每斤 2 元多，远远超出了一般消费者的心理价位与承受能力，再加上这几年下岗人数增多，一般消费者对每天都要消耗的大米更加倾向于选择价格比较便宜的。经过比较分析，ASN 最终选择了"瀛洲"米与"乐惠"米，而没有引进珍珠米上网。除了考虑消费者的承受能力，还须考虑商品本身的使用方法。ASN 曾销售过一种东北产大米，怎知消费者一经品尝后就投诉该大米米质硬，难以下咽，后来发现该原来种米需泡 1 小时才能煮软。公司经理说，若公司当时发现泡煮费时，根本就不会销售此种米。因为多数消费者都不愿意花较多时间去烧饭。

　　商家所经营的商品除了要符合其目标市场需求特点外，还应保证质量，因为质量是商品的生命，而商品质量是 ASN 所提供的服务质量的前提。ASN 引进的商品都是名牌产品，因为名牌产品的质量基本都能保证。进货时，ASN 的采购人员会对产品进行严格的抽查，严防假冒伪劣产品混进 ASN 网中而砸了他们的牌子。

　　虽然 ASN 网上销售的商品都是大众消费品，既非奢侈品，也非耐用消费品，其单位价格区间仅为几元到几十元，但从公司的收益角度看，并非所有的消费品都是值得上网销售的。例如针头线脑、打火机这一类廉价物品，单价不到 1 元，只略高于进货成本。在当时的技术条件下，不能将零碎的商品进行组合，因此这一类商品的服务成本打不下来，公司引进这一类商品的意义不大。因此，ASN 在引进商品时设立了一个商品单价下限，单价低于这个下限的商品不予考虑上网。当然，等到日后引进了电子商务，顾客可以随意地"点菜打包"，届时所有的商品都能上网销售，消费者可得到更多的便利。

四、有趣的探讨

综上所述，ASN 整个运作最核心的部分是它的网络，最富魅力的也是它的网络。ASN 网络的非同一般、其所蕴涵的潜能实在值得我们对它作进一步的考察与探讨。

（一）网络资源的潜能及其利用

在市场营销的成败教训中，市场参与者越来越体会到营销网络的重要性。一时间，网络制胜、无"网"而不胜等被奉为商家格言。其道理在于：营销网络的核心是分销渠道网络。分销渠道的功能是将商品从商家转移到消费者手里，弥合产品、服务与其使用者之间时间、地点上的缺口，使消费者能方便地购买到所需要的商品。因此，商家是通过分销渠道铺货，来达到广度拓展、深度渗透、抢占市场的目的的。其分销渠道网络铺设得越密，市场覆盖面越广，消费者购买商品越方便，其商品售出的概率也就越大。若是网络的触角能延伸到竞争产品还未到达的地方，就更容易抢先赢得市场；不仅如此，细密的分销渠道网络会产生售点广告效应，消费者知悉与了解该种商品的概率就高。因此分销渠道网络还会提高商品的知名度。如今，连锁超市、连锁快餐店等连锁形式如此兴盛，除了出于在统一进货上所取得的成本优势外，很大程度上还在于如上所述的网络的强大功能。

ASN 的网络不是一般的分销渠道网络，而是一种新的营销网络。它的"新"就在于延伸了分销渠道，丰富了分销内容。首先，它将一般的分销渠道的终点延伸到消费者的住所，而一般的分销渠道的终端是各种零售店，因此商品与消费者之间仍存在一定的空间距离。ASN 网络终端延伸至消费者住所，其实质是在一般的分销渠道的功能上增加了一个环节——送货上门服务，使消费者购买商品更方便、更省时省力，因而 ASN 的网络对消费者更具有吸引力。另外，ASN 的网络也不像一般的分销渠道那样，仅指物流意义上的网络。ASN 的网络是由送货物流网、电话订购网、电脑信息网构成的网络系统，因此，它比一般的营销网络的意义更丰富，不仅指物流的运作，还涵盖了信息流、资金流。而在一般的分销渠道中，环节众多，信息的传递不顺畅，资金的回收也不一定有保障。

网络的功能是强大的，但创建一个完整的营销网络绝非易事，须投入巨大的资金、人力和物力。但一旦建成，网络所有者就拥有了一项潜能巨大的网络资源。这一资源优势使网络所有者的市场竞争力大大增强：网络上承载的商品更能吸引消费者，而且网络的承载能力也是非常大的，所以拥有网络的商家须好好利用其网络资源。在如何利用网络资源问题上，ASN 至少给了我们两点启示。

1. 要善于发掘网络资源的潜能

把送水网络变为送货网络，并非说起来那么简单，单就这一想法的产生就不十分容易。它是正广和人的一项创意，它是一个意义重大的转折，它表明正广和人已发觉了网络所蕴涵的潜能，并找到了如何挖掘这一潜能的突破口。正广和人的思维从饮用水中跳了出来，不断地将合适的商品引入其网络运作中，从而网络的功能与性质都发生了改变。它从提供一种商品（饮用水）的分销渠道转变成提供一种服务（送货上门）的载体与工具；而先前的饮用水营销系统仅仅是饮用水的销售组织，从它转变过来的 ASN 却成为一个提供社会化服务的零售商，用自己的网络资源代别人售出产品。送水网变成送货网，成本并没有增加多少，但消费者从 ASN 的服务中所获得的便利大大增加了。毋庸置疑，网络资源给 ASN 带来的收益也大大增加了。

2. 要为网络的运行提供良好的工作平台，维护与完善其网络资源

联网的电脑等现代化的配套设施、正确的目标市场定位、合理的产品引进都是对 ASN 网络的完善与支持。不良的工作平台会使网络资源荒废，甚至使其遭到毁灭性的破坏。例如，对于上网产品的质量须有十足的保证，一旦商品质量出现问题，消费者就会对网络中所有商品的质量、对 ASN 整体的服务产生怀疑，ASN 服务的信誉度就会骤减。因此，ASN 引进产品时特别注重产品质量，上网的商品都是名优商品，与厂商签订合作协议时，要求厂商对其产品、服务的质量有担保，要求与厂商共建商品质量保证体系。

我们可以预测，ASN 网络营销方式运作的成功，必将引发其他商家纷纷仿效，纷纷建立网络，形成网络竞争，这就越发要求网络资源所有者为网络运作提供良好的工作平台，维护与完善网络资源，进一步改进服务质量，培育知名的网络服务品牌。

（二）网络资源的社会价值

网络资源的潜能是巨大的，它不仅能给其所有者带来可观的收益，而且它的能量还能向外部扩散，使非网络所有者也能从中分享利益。

虽然 ASN 网络是属于 ASN 的私有资源，但它却具有公共品的部分性质，即它虽然具有可排他性（网络属于 ASN，ASN 有允许和禁止他人产品上网销售的权力，而且也有办法做到，如收取上网费），但在某种程度上具有非竞争性。因为当上网销售的商品种类数量达到一定规模时，其网络运作的边际成本几近为零。当然，网络承载能力虽然很大，但毕竟有其限度。当上网销售的商品种类数量超过一定规模时，网络的负荷过载（如仓库容量、车辆人工的运输能力），这时边际成本不再为零，而是随商品种类数量的增加而上升。因此，当网上销售的商品的种类数量置于一定区间时，网络资源就具有非竞争性。纯粹的私有品具有完全的竞争性与可排他性，而纯粹的公共品具有完全的非竞争性与不可排他性。在私有品到公共品的连续序列中，ASN 的网络是偏向私有品的准公共品。由于 ASN 网络在某种程度上具有非竞争性，如果 ASN 有条件、有限度地允许其他产品上网销售，其他商家就能从中受益，而 ASN 自身的收益不但不会受损，由于其能对上网产品征收上网费，从而还会增加自身的收益；若 ASN 完全排除他人产品上网，则其他厂商本可分享的那一块利益就会流失，ASN 自身的收益也不能达到最大化，因而从社会整体的角度看，就会造成极大的效率损失。

正广和将送水网络变成送货网络是满足效率原则的，从某种意义上来讲，是帕累托改进。它形成了 ASN 和与其有合作关系的厂商之间的双赢局面。

可见，网络所有者应该积极地当然也是有条件、有限度地引进他人的产品上网，共享网络资源；从另一个角度看，外部厂商更应该积极地争取利用网络所有者的网络资源。道理在于：像 ASN 这样的营销网络基础上的无店铺销售方式是一种新型的零售业态，而零售是流通格局、分销渠道上的一个重要环节，厂商必须对流通格局中每一个环节的每一个细微的变化都予以高度重视，并迅速地自我调整。在 ASN 案例中，大多数厂商对于 ASN 网络资源的形成，其反应是灵敏而积极的，包括像百事可乐这样知名的外资商品也主动来与 ASN 接洽，也将百事可乐上网销售。上网后，百事可乐的销量又迈上了一个新台阶。但也有一些厂商起先并没有对无店铺销售这一新的零售业态给予应有的重视。"乐惠"米就是一例。"乐惠"米是主要由市粮食局经销的上海本地产大米，由于受计划经济思维的惯性影响，市场竞争意识与市场营销的观念都比较落后。ASN 在开始引进商品时，确定大米为其最初引进的一批产品项目之一。由于"乐惠"米是本市销售的大米中唯一有品牌的，就想选择"乐惠"米上网，但"乐惠"米当时对刚成立的 ASN 及无店铺销售这一新的零售模式有几分不屑，不愿上网。于是，ASN 就引进了崇明的"瀛洲"米。"瀛洲"米早就想打开上海市场，只是苦于找不到有影响力的分销渠道，这样一拍即合。"瀛洲"米上网后，销量大增，迅速抢走了很大的市场份额。"乐惠"米这才认识到 ASN 营销网络的威力，主动上门与 ASN 协商并签订了上网销售合约。"乐惠"米现已上网，且日销量达 1 000 袋（10 千克装）。"乐惠"米的事例清楚地说明，外部厂商应注意到营销网络的社会价值并积极参与进去。

13 – 7　TCL 的成功之道——网络营销模式

TCL 是中国家电行业一大品牌企业。TCL 的快速发展积累过程，推动企业最大限度地解放生产力的机制，以及从市场中寻找最佳效益的生产经营战略，被人们称之为"TCL 模式"。TCL 在建设自身营销网络时遇到的问题，至今仍是很多著名家电企业倍感困扰的问题。了解 TCL、了解 TCL 的营销网络的建立过程，或许能给人深刻的启发。

一、TCL 的创业史

1981 年，TTK 家用电器有限公司在珠江三角洲东江岸边的惠州诞生了，该公司属于全国最早的 12 家中外合资企业之一，主要生产西方国家夕阳工业产品的录音磁带。"TTK"录音磁带因较早进入国内市场而受到了消费者的欢迎。录音磁带的成功，使 TTK 在积累资本的同时，也造就了一批适应市场规律、懂得企业管理的开拓型人才，这都为创造今日 TCL 的辉煌打下了坚实基础。

20 世纪 80 年代初，对国际市场一向敏感的日本人在考察刚刚开放的大亚湾时，在惠阳地区要求把行署办公室桌上的一台黑色摇把子电话机作为他们此次惠州之行的纪念品。

这部电话是 20 世纪 40 年代活跃在惠州及粤东地区的东江抗日支队抗日时缴获的战利品。半个世纪后,这部陈旧的电话机还在为一个 20 世纪 80 年代的地方政府服务。共产党打败日本侵略者几十年,经济发展却远远落后于世界,这一事件深深刺痛了当时在场的所有惠州人,时代拓荒者的责任感和使命感,使得 TTK 人下决心改变中国通信设备制造业的落后面貌。1985 年 5 月,他们和香港一家外资公司合资兴办了 TCL 通信设备有限公司,在国内最早研制了按键电话机。1986 年 8 月,TCL 人开发的第一代优质按键电话机,通过省级鉴定正式面世,由此撼动了由摇把子和拨号盘电话机长期盘踞国内电话机市场的地位。

对国际市场摸索数年之后,凭借积累的经验,1987 年 TCL 毅然中止了与港商的合作,开始由自己控制国际市场的采购权和销售权,从而打破了长期以来过于依赖港商的不利局面,掌握了主动权。1989 年,TCL 电话机实现了惠州市电子产品获国家级质量奖零的突破,成为国优产品,此时公司已成为全国最大的电话机生产基地,年产销电话机达 800 多万台。

当时,TCL 电话机已经拥有了 60% 的国内市场份额,并且进入了美、英、德、荷、瑞、比等 30 多个国家和地区。在 1993 年的秋季全国通信产品订货会上,TCL 电话机订单总量达 500 万台,成交额 7 亿多元,占据了订货会的大半江山。1993 年底,TCL 通信设备股份有限公司 A 股正式挂牌上市,吸纳社会资金 1.2 亿元。至此,TCL 已经获得了初步的成功。

然而,在单一领域的成功并不能使 TCL 人满足。1992 年,我国的彩电市场虽然在总量上已经达到饱和,但在大屏幕彩电领域进口货却占据了超过 80% 的市场份额。TCL 根据国内大众消费者要求价廉质优的心理特点,结合国外信息的启示,开始推出适应中国广大消费者需求的大屏幕彩电。由于其新颖的国际流行款式、稳定可靠的质量和较高的性价比,通过国家有关权威部门认证的 TCL 王牌 28、29 英寸大屏幕彩电一经推出,就受到消费者的普遍欢迎。

在介入家电行业之后,TCL 认识到,只有减少产品的流通环节,才能掌握市场的主动权,也才能做到从质量和价格上使消费者获得直接的实惠。为此,TCL 在国内各大省、市先后组建了直属的 28 家销售分公司和 128 个经营部,全面负责市场推广和售后服务工作。这些工作取得了明显成效。1994 年,TCL 彩电销售 55 万台,1995 年则跃升至 86 万台,其中,25 英寸以上的大屏幕彩电销售更是名列国内同行业榜首。TCL 的彩电产销能力在 3 年时间里上升了 6 个名次,排名第三。

虽然 TCL 在家电领域取得了巨大的成功,但并非不存在问题。随着销售的日益增长,生产能力明显力不从心。自 1993 年进入市场以来,TCL 王牌彩电一直没有自己的生产基地,而是依赖香港彩电企业长城电子集团的代工,故而无法进军海外市场。于是,TCL 开始考虑资本运营,试图通过并购或控股,建立自己的彩电生产基地。

1996 年 6 月,TCL 与香港陆氏集团进行商谈,最终由 TCL 控股陆氏在蛇口的彩电基地。由此,TCL 成为第一个国有企业兼并港资企业并保留国内品牌的企业。

在这一谈判过程中,TCL 认识到,要想快速发展,必须从单一的产品经营转向资本经营。而在资本经营的过程中,只有遵照"双赢"的模式,才能促成各方的顺利合作。

1997 年初,TCL 集团推出"南下北上"策略。"南下"即积极筹备在香港上市,充分利用香港这一国际金融市场的融资功能，加快企业与国际资本市场接轨；"北上"就是积极开拓国内中西部市场。

网络营销正是 TCL 集团实施"北上"计划的一个重要的营销策略，其意义不仅在于当时开拓和稳固了中西部市场，更重要的是为其后 TCL 在全国的发展提供了重要的保障。

二、天女织绫——TCL 的营销网络

"现在所有的市场说到底就是一个弹性的网络"，这是营销专家科特勒的结论。"网络"即传统意义上的"渠道"，或者称"通路"。这个"通路"是指企业的产品从工厂流向消费者，资金从消费者流向工厂的道路，是由公司与其所有利益攸关者——顾客、员工、供应商、分销商、零售商及广告代理人等所建立的互利的业务关系。

但当时中国企业所拥有的营销网络与传统意义上的"通路"或"渠道"又有一些区别。

首先，流通体系在内部结构上存在很多问题。在家电业，传统的国营商业、五金交化等商业销售主渠道日渐没落，而新兴的民营流通渠道在规模和营销上都处于极端的弱势，这就使得工厂企业不得不在建立销售渠道时考虑得更加周到，从而大大延伸了渠道的功能与价值，赋予其更多的营销内涵。因此，中国的渠道建设更多地被赋予厂商的意志，尤其是营销推广方面的意志。

其次，国内的整个社会分工体系还处于发育期，社会信用体系也有待完善。因此，企业在信息收集、信用评价、市场研究和服务等方面往往更多地依赖企业自身的力量，这就使得企业渠道的功能被大大强化。

最后，企业正处在成长初期，渠道建设是必须首先考虑的环节，也是企业生存和发展的关键环节。而且随着市场竞争的日趋激烈和速度经济的到来，对于渠道的争夺将成为大多数中国企业重要的市场攻略手段。

事实上，TCL 全国营销网络的组建极大地增强了其竞争力，同时，这一营销网络也成为 TCL 所拥有的最大财富。

1. TCL 的网络建设理念

TCL 注重自身营销网络的建设是从开发彩电产品时开始的。在市场经济初期，市场尚处于无序状态，缺乏相应规则的约束，也没有相应的法律体系保护，这就决定了必须要有自己的网络，TCL 把网络的建设当作关系生存和发展的重大战略问题来抓，目的便是牢牢掌握市场的主动权。因为营销网络的建立必然会增强对市场的调控能力，TCL 不是通过代理商来调控市场，而是自己直接调控。确保了这一点，也就确保了旺盛的生命力，并随着网络的发展与进步，创造新的机会，实现 TCL 集团公司可持续发展的战略目标。

不按常理出牌的 TCL "借鸡下蛋"生产彩电，推出了自己的品牌——TCL 大屏幕王牌彩电，并一举成功，建立了全国性的市场营销网络，大大增强了 TCL 把握市场、驾驭市场的能力，摆脱了市场失控的危险，掌握了市场主动权。

网络的存在就意味着成功，这个网络是生存在动态的历史进程中的，所以这个网络本身也应该是动态的。这就要求网络必须通过自己延伸的触须细致地了解市场的脉搏。假如没有自己的网络触须，就只能通过代理商去感知市场。

　　置身当代白热化的市场竞争中，薄利已经成为企业无可回避的选择。在这种情况下，只有加强大区域建设的推进和完善网络组织的系统性，同时把网络更深更广地伸展到市场上去，才能使产品顺畅地占领市场。

　　通常人们有一种错误的理解，小企业有随时可能被大企业吃掉或挤垮的危险；反之，企业越大越安全。其实在现代商业社会里，无论生意规模大小，就本质而言生存危机是一样的。美国的王安电脑公司年销售额在鼎盛时期达 35 亿美元，现在不也同样消失在市场的大潮里了吗？因此，营销网络在发展壮大之后，经营者应更加清醒：只要竞争存在，生存危机就不会消失。必须时刻绷紧危机意识，并不断把生存压力转变成生存智慧，以此保证营销网络的最佳状态。同时，只有把压力自上而下地依次传递到网络的每个环节，让每一个企业成员感受到压力，才能激发其原始动力，并最终作用到网络的进取与发展上来，为网络增加张力，加大柔韧性。

　　从法律地位上讲，营销网络要对经营的一切后果负法律责任，因为它是一个完全独立的企业实体，是一个直接面对顾客、面对市场的经营者。不过从其实际的运作程序和运作性质来看，因为工厂提供了工厂所需要的流动资金，同时，生产的决定权也在工厂，所以网络并不完全独立。另一方面，什么款式、什么功能的彩电产品才能满足消费者的需要，这中间的信息收集和传递只能通过网络来输送给工厂。由此，网络与企业的关系是一对矛盾统一体，如果不能妥善处理二者之间的矛盾，必然会严重影响公司的整体运作。为此，必须把市场调研、产品开发、投入生产、销售推广、跟踪服务、信息处理等环节进行有机而系统的整合，使网络中的各个连接主体能够密切协作，建立起有效的信息联络及反馈程序。

　　TCL 的成功是因为 TCL 大屏幕彩电在当时具有一定的垄断性质，然而，这种产品硬件的单一优势是不可能长久的。为了巩固产品的市场地位，必须不断优化网络的组织架构，以保证产品畅通无阻地走向市场。这就要求必须合理配置资源，完善运作机制，以取得规模效益。同时拓展产品的生存空间，提升服务质量。除此之外，还要充分输出 TCL 企业文化，以加固经销商联盟；并继续扩大网络组织的兼容性，提高空间利用率，从而创造出更多的产品和服务；同时，用网络组织培养更多的精英，以人才优势实现部分价值垄断。

　　TCL 的营销网络建设是成功的。它已成为支撑 TCL 的庞大根基，其战略价值之高在国内企业乃至整个中国市场都是少见的。正是因为拥有这一强大的营销网络，方引得日本健伍、JVC 等跨国公司纷纷与 TCL 洽谈合作事宜。实际上，日本东芝公司、中国台湾 AC-ER 公司和致富电脑公司等世界知名企业，在各个项目上都与 TCL 有了不同程度的合作。TCL 通过自身的优势，吸引了大批合作者，因为通过这一网络，不但可以迅速地推广电脑产品，更可以提供最快捷、最真实的优质服务。

　　TCL 在网络建设与合作的过程中，非常注重合作者的双赢共存。事实上，TCL 王牌的品牌优势和庞大的营销网络所展现的巨大潜力，也增加了其他企业对 TCL 的信心。1996年 5 月与香港陆氏集团谈判兼并陆氏蛇口彩电基地，成为国有企业兼并港资公司并使用本企业品牌的先例；1997 年初，与新乡的美乐合作，河南 TCL—美乐电子有限公司于该年 8月正式挂牌运营。从谈判到合同签字再到运营，仅用了两个月时间，业内人士评价为"速度开国内先河"。同时，T—美公司也是国内企业兼并重组中唯一一家保留原企业品牌的企业，TCL、美乐两大品牌的双双胜出被推崇为TCL创造的"双赢模式"。

2. 河南市场开发与"豆腐分割理论"

在TCL网络创建的过程中，河南市场的开发是不容忽视的一环。

1994年底，TCL集团除去中原空白地带，在武汉、南京、西安、北京、淄博等地都设立了营销机构，这是因为TCL集团很清楚河南市场开拓的重要性、复杂性和艰巨性。

首先，河南地处我国中心位置，京广、陇海和京九三大铁路干线在此纵横交汇，其对周边省乃至全国都具有强大的辐射作用，一旦市场开拓失败或在营销管理上失去控制，必然引发全局性反应。同时，在城市彩电市场日趋饱和的形势下，农村市场逐渐成为各家电厂家竞争的战场。因此，作为农业大省的河南，不但对提高TCL王牌的市场占有率至关重要，而且可以获取农村市场推广的宝贵经验，对TCL集团下一步农村市场的战略拓展将产生重要影响。由此可见，河南市场的网络建设对TCL集团来说具有全局性、复杂性和典型性的特征。

其次，郑州商业气氛自1991年郑州亚细亚商场引发商战后异常活跃，零售业间竞争激烈。

再次，郑州的分销市场在我国中部地区最为活跃，市场价格弹性大，营销手段层出不穷，这种急剧动荡的市场情势无疑会给企业带来更多的挑战和压力。

面对这一系列的难题，TCL首先抓住要害，本着全方位为顾客服务、把消费者切切实实当作"上帝"的原则，在郑州率先建立起完善的售后服务体系。同时，注重和社会各界及政府的关系，并结合自己特有的广告策略，积极地进入了这个市场。

首先，通过庆祝"五一劳动节"的契机，TCL在《郑州晚报》刊发了《TCL宣言》广告。该广告的主题词是："劳动者最光荣，劳动者最幸福！"广告词中说："我们愿意永远给消费者提供质优价惠的产品，我们愿意用自己诚实和辛勤的劳动，为社会广大劳动者提供完善的服务。"

该广告的实质是突出对消费者的尊重，对劳动者的关怀，并对产品及服务作出了保证。"质优"是展示给消费者的事实，而"价惠"则通过优惠展销活动具体地体现出来。他们还相应地确立了中原市场彩电零售价格的定位，步步为营、层层递进。结果，1个月不到，消费者已经从充满特色的广告中认识了TCL王牌彩电。随后，《郑州晚报》又刊发出"TCL王牌彩电为何魅力无穷"的广告。为了给人以深刻的印象，他们用较大的字号列出了一个公式：TCL＝质优＋价惠＋服务。然后用小字号分别加以解释，其中最为关键的是描述了质优的铁证："现售开箱合格率99.8%，现售换机返修率0.8%。"真实的数据必然使消费者怦然心动，而让消费者动心就达到了广告所要的效果。虽然看似平淡，但实际上已经突破了销售淡季的封锁。

之后，TCL又在《郑州晚报》刊登了一个通栏广告，标题是"热烈祝贺郑州市金水区技术监督局质量保证中心暨TCL集团郑州售后服务中心隆重成立"。毫无疑问，质量的保证是"定军"的必要条件，而对后续服务的承诺则有利于稳固已有阵地并扩大战果。在广告之前，TCL征求了广大消费者对产品的意见，对如质量、外观、性价比、售前服务和售后服务等问题进行了调查。其实质在于让人们对其产品的质量和服务给出一个定性评价。这次广告公布了具体调查的结果，将TCL产品的一切都展示给消费者，以至于被人称为"穿着短裤跳舞"。但正是这种没有掩饰的"跳舞"让消费者感受到了TCL产品

"肌肉的力量"和"青春的活力"。

不仅如此，所有刊登的广告都必不可少地附注了维修站的电话号码及售后服务的传呼号码，从而向消费者表明，TCL 的服务是实在的，态度是真诚的。TCL 郑州公司正是凭借着强烈的自信心和过人的勇气做好了这些小事，因而胜人一筹。

此外，在销售点散发宣传品，是 TCL 郑州家电市场的首创。它可以对消费者的购买欲望形成有力的刺激。现场的宣传品包括产品介绍和广告缩印件。TCL 产品的质量如何，售后服务如何，消费者从中可以一目了然。

在开拓市场的过程中，秉持总公司"创新"的理念，郑州分公司提出了被称作"豆腐分割理论"的崭新营销观念。

该理论认为，单个市场对一种产品的消费总量有一个标准基数，如果基数相当于 7.5 公斤豆腐，那么，其中 5 公斤将属于旺季，而 2.5 公斤属于淡季。TCL 人看好的正是后面的 2.5 公斤。春季，是其他竞争者处于休整期的时候，也是最为放松的时候，TCL 人认为充分利用这一时机，可以花费较少的财力和人力即达到较为轰动的效应。如果把这个财力和人力的花费假定为 C 级，那么，TCL 王牌彩电刚一上市几个月就销出了几千台，大致占了 2.5 公斤豆腐的两公斤。而其他几家共切去了约 0.5 公斤，每家不过几市两。通过春季营销，可以使 TCL 王牌彩电的印象在消费者心目中达到 A 级水平，并将一直延续到旺季的到来和结束。其他厂家如果想在旺季夺回市场，那就必须花费远大于 A 级的财力和人力。而 TCL 王牌彩电却只需用 B 级或 C 级的财力和人力便可保持优势，再稳稳地切到两公斤以上的豆腐。这样，7.5 公斤豆腐就被他们巧妙地切去 4 公斤左右。"豆腐分割理论"充分显示了 TCL 营销理论的成熟性。

3. 开拓农村市场与"100 - 1 = 0"

中国的农村人口占绝对优势，随着经济的发展，广大农村的消费水平也不断提高，对彩电等大件耐用商品的消费能力日益增长。就河南而言，既然重视河南市场，那么就不能不重视河南的农村市场。在清楚地认识到这一点之后，TCL 瞄准了农村这个巨大市场。1997 年，TCL 集团郑州分公司在平顶山市推出了轰动一时的"TCL 王牌 97 巡回服务春雷大行动"。在该活动中，他们先后下开封，转商丘……向全省 17 个地市及各地市重点县展开营销攻势。在具体操作上，他们首先在当地媒体上打广告，做好前期铺垫工作，然后以点带面，以线带面，利用现场咨询服务和游行车队实施立体轰炸。

在所有这些营销活动中，TCL 走的是一条以售后服务为主攻重心的情感路线，这意味着中国彩电行业的营销主题开始由简单的价格战转向更高层次的服务战。它也标志着以后几年中国彩电业的市场竞争主题转向了人心和品牌的竞争。

这一战略最有代表性的描述是 TCL "100 - 1 = 0" 的观念。

TCL 总裁李东生先生有句座右铭："100 - 1 = 0"。它的意思是说，消费者对公司产品99% 的满意是不完整的，很可能会因剩下的 1% 的不满而使企业的信誉毁于一旦。TCL 郑州分公司认真地领会了这一公式的含义，不断通过售后服务去抢救剩下的 1%。在一篇广告中，他们说："世上做事就怕'认真'二字，TCL 人最讲认真。""认真"的具体体现是他们与《质量时报》社、郑州市消费者协会和金水区技术监督局合作，做了一次详细的用户情况调查，并把调查结果公之于众。售后服务是这次调查中的重要内容。调查表明：90% 的用户认为他们的服务时间"快"，92% 的人承认他们上门服务，95% 的人认为他们的服务态度很好，90%的用户认为他们的服务技术"高"。通过挽救1%的漏洞，保证了消费者对 TCL 王牌彩电 100% 的满意度。

TCL 所做的努力是物超所值的。在短时间内，TCL 王牌大屏幕彩电就先后被河南省工商局、省技术监督局、省消费者协会推荐为"消费者信得过产品"，被郑州市消费者协会评为"商品质量、售后服务双佳企业"。

TCL 彩电能够在河南一炮打响，并获得成功，归根结底在于 TCL 敏锐地洞察到当时竞争的重点将是品牌形象，而树立品牌知名度和美誉度的最佳途径便是搞好售后服务。况且先前的彩电价格战已使许多消费者超前购买，因此服务工作就显得更加重要。通过服务，可以充分赢得人心，从而在营销中较容易打动消费者。

4. 郑州分公司网络营销创新

由于我国正处于市场经济的初级阶段，在区域市场开拓和推广方面没有现成的经验和理论可以借鉴，因此，郑州分公司把总公司企业精神中的"创新"作为市场推广的基础性工作。

（1）郑州分公司成立后，确立了中心城市引爆，然后辐射农村市场，以零售带动批发的有计划的市场推广策略。在具体实践上，首倡"名品进名店"，以抢占零售市场的制高点。根据这一原则，该公司在郑州的几大商场设立了 TCL 展品岛，推出立体展示。同时也设立专职促销员，有针对性地向顾客宣传 TCL 的产品。

（2）郑州分公司提出了人才本土化观念，并对集团决策产生了一定影响。

（3）郑州分公司提出了独具特色的"豆腐分割理论"。

（4）开展极具个性化的广告运动。注重和当地的区域文化优势相结合，从而创造出许多富有个性和内涵的广告创意。

（5）重视在农村市场推广工作。

（6）充分解决营销网络的自给、自养，掌握市场主动权。郑州分公司在网络内部最早设立了专卖商场，其下属各经营部也都设立了自己的专卖商场，并较早建立起独立于公司的郑州文化路专卖店。在综合业务方面也积极探索经营模式，努力开拓新的经济增长点。

讨论分析题：

TCL 的网络营销有何优点和不足？

案例解读

可以看出，营销网络已成为 TCL 巨大的财富优势。在近 30 个省、市、自治区，TCL 都建有自己的分公司、售后服务机构和经营部，并因此获得丰厚的市场回报。

TCL 网络营销的先进性主要表现在：

首先，具有强烈的市场导向。TCL 营销网络从诞生之日起就具备强烈的市场观念，这是目前许多企业仍未能解决的问题。

其次，直接面向终端商。自 1997 年构建营销网络开始，TCL 就砍掉了大批批发商，解决了厂家追求高市场占有率与商家追求高利润之间的矛盾，使得 TCL 的销售规模不断攀升。

　　再次，具有速度意识。"以速度打击规模"是 TCL 的名言。TCL 分公司在各个区域灵活机动地应对市场，常常令对手措手不及。这架高速运转的机器，曾被誉为"超级游击队"。

　　当然，TCL 网络营销的模式也并非十全十美，其中最惹人关注的就是成本问题。另外，TCL 过多的授权也导致企业战略上的缺陷，制约着企业的进一步发展。所以，进入 21 世纪以后，TCL 为适应市场状况与企业发展的要求，开始进行主动调整，将营销网络适当收缩，并裁减冗余人员。有人因此认为，TCL 过去的成功是个特殊的例子，而现在将不再拥有原先的那种机会。但事实上，很多企业仍然在为自身营销网络所存在的问题而倍感困扰，即使在国内最市场化的家电业，尤其白色家电和小家电也是如此。实际上，TCL 当年所遇到的或解决过的问题，至今仍然是许多著名家电企业的心头大患。

第 14 章
客户关系管理

本章提示

科学技术的飞速发展和日益激烈的市场竞争，使得客户资源成为决定企业胜负的法宝，客户的忠诚度直接关系到企业的赢利能力。客户关系管理（CRM）正是顺应了这种市场需要和企业赢利目标而诞生的。

客户关系管理是什么？早期大多数人认为主要是一种技术。而更为全面的认识是：CRM 首先是企业的一项商业策略，它按照客户的细分情况有效地组织企业资源，培养以客户为中心的经营行为及实施以客户为中心的业务流程，并通过一定的手段和技术来提高企业的获利能力、收入及客户满意度。

客户关系管理的产生不仅仅得益于信息技术的发展，也同样建立在一些营销理论，如关系营销、数据库营销、一对一营销等基础之上。这些营销理论同样是分析有关客户关系管理问题的重要基础。

作为一种管理实践，客户关系管理的实施是一个复杂、长期的过程，往往需要企业在资金和人力上的大量投入。一些领先企业在实施过程中通过周详的客户关系战略、高层的决心和参与、流程的调整、分步实施与循序渐进、使用恰当的技术等而获得成功。

本章选取了四个案例。案例 1 讲述了某宾馆开展客户关系管理的过程。通过案例阅读，需要了解和掌握企业为什么要开展客户关系管理，以及开展客户关系管理的步骤。案例 2 介绍了联想的客户关系营销及对客户关系管理的认识。通过案例阅读，要求了解并掌握关系营销的基本概念、关系营销的三个层次、关系营销的市场结构等概念。另外，本案例中联想对客户关系管理的理解也是值得借鉴和学习的。案例 3 讲述了上海通用开展客户关系管理实践的过程与效果。通过案例阅读，要求掌握通过背景分析把握客户关系管理需求的方法，理解在客户关系管理中独立咨询商的重要性，分析企业成功开展客户关系管理的成功要素。案例 4 介绍了日本某化妆品公司独特的客户关系开拓和维持之道，以及提高客户忠诚度的做法。

14－1　X 宾馆的客户关系管理

　　X 宾馆是一家坐落于国内某省会城市的四星级宾馆。在当地的宾馆业中，X 宾馆属于经营业绩比较好的宾馆，入住率在同行中一直保持着较高的水平。

　　X 宾馆的总经理王刚是国内知名高校毕业的 MBA，在当地同行中向来以勇于革新而闻名。尽管 X 宾馆在当地相当成功，但是王刚的心里却并不踏实：宾馆的销售额并不稳定，而且面临利润率萎缩的威胁。如何才能增加、保持宾馆良好的销售额是近期一直困扰王刚的问题。虽然目前宾馆的经营状况是良好的，但是消费者的需求变化非常快，而且宾馆行业的市场竞争也愈加激烈。在宾馆行业，以前生意很好的宾馆如今生意萧条，甚至关门大吉的例子也比比皆是。

　　那么如何增加、保持宾馆的销售额呢？是不是只要有可口的菜肴、良好的就餐、住宿环境就可以了呢？

　　王刚一直跟踪分析国外一些成功宾馆的事例。他通过阅读国外宾馆的成功案例发现：把握客户消费心理，重视培养忠实的客户，提供满足客户个性化需求的服务，已经成为很多宾馆提高客户回头率、增加宾馆销售额的法宝。而要做到这些，很多宾馆开展了客户关系管理（Customer Relationship Management，CRM）。

　　CRM 是一种旨在改善企业与客户之间关系的新型管理机制，目标是通过提供快速和周到的优质服务吸引和保持更多的客户，提高客户忠诚度，以使这些客户在任何时候、任何地方都会选择在同一家宾馆进行消费，最终为宾馆带来利润增长。这一策略的执行涉及关系营销、CRM 信息技术的创新性使用以及经营运作上的卓越表现。

　　王刚通过分析一些成功企业的例子，发现宾馆业对以下三个问题较为关心。

一、以客户为中心的经营行为

宾馆行业作为服务业的典型，每天要接待来自四面八方的顾客，发现并留住具有消费能力的回头客，就能为宾馆创造稳定收入。这种行业的固有特性决定了在宾馆业实施CRM 有别于其他行业，对顾客服务的关注比起市场营销更为重要。因此，宾馆的一切经营行为都需要以客户为中心，通过多渠道了解顾客需求并提供量身定做的服务。

卓越的客户服务联系建立在对客户认知的基础上。作为宾馆一线员工，通过 CRM 系统提供的资料，可以使顾客觉得被厚待。作为宾馆管理者，从宏观角度对顾客的认知可以使管理者对宾馆经营方针作出更好的决策。

国际知名的希尔顿酒店具有丰富的定制顾客体验，通过建立顾客档案，记录顾客的偏好，使得饭店能够为顾客提供量身定做的服务。例如，考虑一个总是预订拥有双人床的无烟房间的顾客。这些信息会被存储在顾客记录里，当该顾客下次预订房间时，不管他身处何处，即使他不提出相关要求，他也能得到他想要的房间。用希尔顿的话说，只要每年有1/10 的老顾客光顾，饭店就会永远客满。

为了建立完善的客户信息数据库，宾馆需要对信息技术进行必要的投资。目的是要从不同的信息渠道中搜集客户数据资料，对数据进行综合，并存储起来留作以后分析之用。其中，部分的数据来源可以来自中央预订系统和宾馆信息管理系统，但更多的要依靠宾馆员工关注顾客的需求而获得。客户数据库里面的资料包括顾客的基本资料、联络途径、过往的消费记录、每次入住离店的日期时间、宾馆名称、房间类型、订房渠道、特别服务、个人喜好和取消预订的记录、投诉和处理记录、累积消费积分、奖励记录、忠诚度评估，等等。

二、多层次的客户智能分析

许多人都知晓"巧妇难为无米之炊"的道理，却又可能忽视了即使有米，也未必人人都能煮出好吃的饭。CRM 也是如此，宾馆在收集顾客的消费习惯时，不能只限于简单的资料堆积，而忽视了对已有的顾客信息进行细分及客户生命周期管理。

宾馆需要关注客户，但同时更要清楚地知道，各个客户的价值贡献率是不一样的，根据对客户特征、购买行为和价值取向实现对客户的分层管理，就是要分离出那些对于宾馆具有高价值贡献率的客户，使宾馆能集中精力于大客户和有潜力的客户，提高客户价值贡献率和公司收益，为宾馆增加潜在的机会。

根据"客户分层"的策略和方法，分析已有的客户资源，制定相应措施对 CRM 系统存储的客户信息进行分析。这要遵循帕累托 80/20 规律，把精力放在对宾馆贡献最大的20% 的客户上。根据客户在宾馆的消费金额，用"客户金字塔"法来分类，将客户群分为 VIP 客户、主要客户、普通客户与小客户。

CRM 系统充分考虑到了宾馆营销的需求及特点，为宾馆销售人员，特别是宾馆营销管理人员的管理及决策提供了强有力的工具。通过系统自动生成的经营统计分析、趋势预测、客源结构分析、竞争对手分析、销售费用分析、客户及销售人员业绩分析等各种数据，为管理者进行市场定位、制定销售预算及营销策略、掌控核心客户并进行内部管理等方面提供了有利的依据。

三、一对一的营销与服务

宾馆业是与"情感"有密切联系的行业，实施 CRM 的意义更加深远。被誉为"美国酒店大王"的斯坦特就说过"酒店业就是凭借酒店来出售服务的行业"，这是颇有见地的见解。优质服务是酒店生存的基础，CRM 系统就是提供这种服务的有力的竞争武器。通俗地说，CRM 系统让企业知道目标顾客最主要的需求是什么，然后针对顾客差异制订出和顾客需求相一致的营销与服务计划。客人感到自己不再是千人一面的无名氏，而是有价值的顾客。顾客的满意和忠诚，带来了消费额和消费次数的增长，酒店是最终最大的得益者。

用上述的客户智能分析方法掌握了客户层级的分布之后，宾馆营销部门就可认真规划，根据客户不同的价值制定相应的关怀和优惠措施，一方面可留住有价值的老客户；另一方面可提高这些客户对宾馆的满意度和忠诚度，吸引他们多来消费，保持或升级成为金字塔的上层客户。

资料来源：

朱海斌．酒店行业如何用"CRM"拢住客户．支点网，http：//www. topoint. com. cn/hyeh/view. asp？id = 5566&cc = 2&pg = 2

汤兵勇，王素芬等．客户关系管理．北京：高等教育出版社，2003

Jill Dyche. 客户关系管理手册．北京：中国人民大学出版社，2004

路小北．用 IT 的发展战略服务于酒店业的发展战略．赛迪网，http：//industry. ccidnet. com/art/12/20050425/243215_1. html

讨论分析题：

1. 分析酒店行业开展客户关系管理的意义。
2. 市场细分的层次有哪几个？CRM 以哪个市场细分的层次为主要目标？
3. 如果你是总经理王刚，你如何开展客户关系管理？

案例解读

如同其他行业一样，酒店行业面临着激烈的市场竞争。如何在激烈竞争的环境下赢得客户忠诚是大多数企业所面临的一个共同问题。客户关系管理在了解并把握消费者的需求，并对消费者需求进行分析的基础之上，为不同消费者提供个性化的服务而提高顾客忠诚度。在营销理论中，有一个一般性的结论：开发新客户要比留住老客户难 5 倍，也就是说，开发新客户的成本比挽留老客户要高很多。企业可以通过客户关系管理而提高顾客忠诚度，并进而降低企业的运营成本。不仅如此，顾客忠诚还可以为企业带来保留效应（顾客保留）、关联效应（购买更多该企业产品）、推荐效应（向亲朋好友推荐）、排他效应（抵抗竞争对手的诱惑）及溢价效应（愿意支付更高的价格购买产品）等。因此，顾客忠诚不仅可以降低企业成本，而且可以创造更高的价值。在理论学界，Reichheld 和 Sasser 两位学者曾经对许多行业进行了长时间的观察分析。他们发现客户忠诚度在决定利润方面比市场份额更加重要。在他们所分析的服务行业中，当客户忠诚度上升 5 个百分点时，利润上升的幅度将达到 25% 到 85%。忠诚客户的数量决定与保证了企业的生存与发展。总之，客户关系管理可以通过满足顾客个性化的需求而取得客户满意与忠诚、提高企业收入与利润这种双赢的结果。

在营销理论中，从不细分市场到将每一个个体视为一个细分市场，市场细分可以划分为大众化营销、细分营销、补缺营销（或者利基市场营销）、本地化营销及个别化营销。在客户关系管理中，强调通过满足顾客个性化需求而提高顾客忠诚度。因此，从这种意义上来看，客户关系管理是强调个别化营销。当然，实现满足用户个性化需求，并非一定需要通过不同的产品来实现，更多是通过产品与不同服务（例如，送货、付款方式、服务流程等）的搭配而实现的。在酒店行业中，甚至是个性化的称呼都可以使客人感到自己不再是千人一面的无名氏，而是有价值的、得到区别对待的顾客。

对于企业而言，应该如何开展客户关系管理？通过阅读案例，理解案例中各部分的逻辑关系，可以了解开展客户关系管理的一般顺序。客户关系管理的基本思路是通过收集和了解客户需求，并在分析客户需求的基础上，针对不同客户采用个性化的营销方案。案例中，酒店行业所关心的三个问题的逻辑正是开展客户关系管理的基本思路。首先，企业需要建立以客户为中心的经营行为，从多种渠道收集客户的信息；其次，企业需要从多角度分析客户的需求；最后，在分析的基础上为不同客户提供个性化的建议与服务。

接下来，了解一下其他企业所提出的 CRM 的步骤。麦肯锡提出 CRM 的步骤主要包括以下五个方面：第一，多渠道搜集资料；第二，客户分类与建立每一类客户的行为模式；第三，规划与设计市场营销活动，也就是根据客户行为模式，设计适合客户的服务与市场营销活动，实现一对一营销；第四，进行活动测试、执行与整合；第五，进行绩效的分析与考核。麦肯锡所提出的步骤与案例中的步骤大体相同，加入了反馈和绩效考核的内容。

而 GCCRM 认为 CRM 的步骤应该从理解你的客户开始，在客户需求的基础上阐明你的客户策略，而这也将大大支持你的客户关系管理策略。然后招募你所需要的员工，培训、激励和保持员工以符合公司的总体策略。再按照以客户为中心的方法，设计合理并实用的流程。最后选择合适的软件或者工具进行技术支持以确保能够实现以上需求（步骤参见下图）。正确的实施顺序是 CRM 成功的基础。

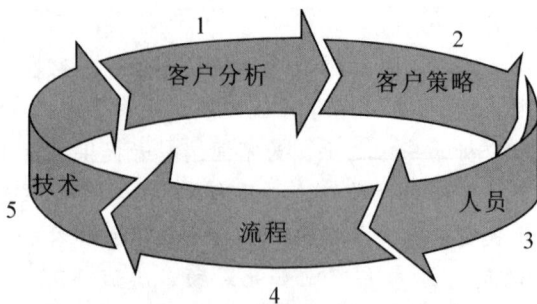

CRM 的操作步骤图

14 - 2　联想的客户关系营销及客户关系管理

联想迅猛发展的势头令世人瞩目。联想成功的王牌之一是坚实的关系网——由一批忠诚的顾客与合作者构成。这张关系网不仅给联想带来丰厚的利润，更是联想构建国际企业大厦的基石。那么，联想这张关系网是如何结成的？那是因为其成功地推行了关系营销与客户关系管理的策略。

关系营销观念的引进

所谓关系营销，是指买卖双方之间创造更亲密的工作关系和相互依赖的艺术。它在以市场为导向的基础上，通过满足顾客全方位的需求，与顾客和其他的合作者建立、保持和发展长期互惠关系，创造忠诚的顾客和合作伙伴，取得稳定的竞争优势。用美国学者理查德·古德曼的话说，关系营销"不是创造购买"，而是"建立各种关系"。具体来说，这有三方面的含义：建立关系是指企业向顾客作出各种许诺；保持关系的前提是企业履行诺言；发展关系是指企业履行以前的诺言之后，向顾客作出一系列新的许诺。

传统的营销是创造购买，是产品、价格、销售渠道和促销等营销因素的简单组合。而在当前激烈竞争的市场环境下，"建立各种关系"比"创造购买"更重要，因为企业追求的是长期赢利，要保持长期赢利能力就要与顾客保持长期的关系。因此，买卖双方的关系不应该是交战双方的关系，而应是长期合作的关系。此外，企业还应与供应商、分销商及其他的合作者保持长期密切的关系。

联想在营销工作中引进了关系营销这个新策略，改变了原来的思维方法，从简单营销因素组合思维法转变为真正营销导向的思维方法深入分析当前的营销环境，明确本企业的优势和劣势，采取相应的策略，与目标市场的顾客和其他的合作者建立、保持并发展相互之间的关系。

联想关系营销的定位是根据马斯洛的需求层次理论：顾客的需求是不断发展的，随着较低层次的需求得到满足，就会追求更高层次的需求。关系营销有三个层次，企业选择的关系营销层次越高，其获得潜在的收益和提高竞争力的可能性越大。联想紧跟客户需求的变化，不断提升关系层次。

（1）财务层次。这是最低的一层，往往通过价格的优惠或免费奖品等来刺激顾客购买更多的产品和服务。1996 年，联想针对国际品牌微机的价格太高而国内普通消费者的消费能力较低的现状，率先将联想品牌机大幅度地调低了价格，创造了一大批的顾客。但这些举措竞争者很容易模仿，往往很难保持公司产品的差别优势，也无法创造忠诚的顾客。

（2）社交层次。这类关系营销并不忽视价格的重要性，但更重视企业与顾客（或合作者等）之间的社交联系，要求企业强调定制化的服务，尽力将顾客转化为常客。在这个层次，联想不仅重视传统的营销工作，更重视交往营销工作，以提高关系质量。如主动与顾客保持联系，了解顾客的需求和愿望，想方设法满足顾客的需求。这样的社交联系竞争者不容易模仿，顾客与企业容易保持合作的关系，这样，企业可以及时发现服务差错，了解竞争对手的动向，防止顾客"跳槽"。

（3）结构层次。这是最高的层次，可通过结构性联系，与顾客（或合作者等）增强联系。结构性联系是指企业增加技术投资，利用高科技成果，及时收集顾客需求信息，精心设计服务体系，按顾客的特殊需求，为顾客提供个性化服务，使顾客得到更多的消费利益和更大的使用价值，从而与企业保持亲密的关系。与顾客建立起结构性关系有两个好处：一是大大提高了顾客的满意度；二是设置高的转换壁垒。当顾客改变供应商将造成资金成本的提高、优质售后服务的丧失、老主顾折扣的丧失等时，顾客就不会愿意更换供应商。

联想的关系营销策略重点放在这个层次上，公司除了根据行业用户的特点，提供全系列的满足不同需求的产品外，还建立起"大客户市场部—地方专员—行业代理"这样一个三级销售服务结构。最上层是大客户市场部，这个部门根据全国不同行业的特点，分别组织了由精通相应行业领域的技术、市场、服务等专门人员组成的小分队，负责为不同行业用户提供全面的、完善的、集软硬服务于一体的一揽子解决方案。同时发展一批专门的行业代理队伍，努力和各行业建立深层次的合作关系，为用户提供"专家式"的服务。这样的"量身定做"服务不仅使顾客满意，也加大了他们对联想的依赖性，从而双方的关系更加密切了。

联想关系营销的策略

1. 联想与顾客的关系：心连心

为了提高顾客的满意度，联想推行"五心"服务的承诺："买得放心，用得开心，咨询后舒心，服务到家省心，联想与用户心连心"，大大拉近了顾客与公司的关系。

（1）满足营销顾客在各个阶段的需求。不少企业对关系营销缺乏重视，只重视顾客购前和购买阶段的营销工作，却忽视了售后阶段的营销工作。他们不断地花大量的人力、物力和财力去吸引新顾客，却不想方设法去提高服务质量，满足顾客的需要，导致老顾客不断流失，因为竞争对手能提供更优质的服务。企业里出现了严重的恶性循环，不断吸引新顾客，不断失去老顾客。尽管企业花费了大量的销售费用，但效果甚微。

而联想却非常注意在各个环节都与顾客保持联系，最大限度地满足顾客的需要。在购前阶段，联想不仅采取广告、营业推广和公关等传统的营销手段，而且通过新产品发布会、展示会、巡展等形式来介绍公司的产品，提供咨询服务。在顾客购买阶段，联想不仅提供各种优质售中服务（接受订单、确认订单、处理凭证、提供信息、安排送货、组装配件等），而且帮助零售商店营业人员掌握必要的产品知识，使他们能更好地为顾客提供售中服务。另外还推出家用电脑送货上门服务，帮助用户安装、调试、培训等。在售后阶段，联想设立投诉信箱，认真处理消费者的投诉，虚心征求消费者的意见，并采取一系列补救性措施，努力消除消费者的不满情绪。另外，联想还加强咨询、培训、用户协会及"1＋1"俱乐部刊物等工作，经常性地举办各种活动，如"电脑乐园"、"温馨周末"等，向消费者传授计算机知识、提供信息、解答疑问。这样，联想创造和保持了一批忠诚的顾客。此外，忠诚的顾客的口头宣传可起到很好的蚁群效应，增强企业的广告影响，也大大减低了企业的广告费用。

（2）建立健全的服务网络，提供优质的服务。联想把帮助顾客使用好购买的电脑看做是自己神圣的职责，在"龙腾计划"中提出了全面服务的策略：一切为了用户，为了用户的一切，为了一切的用户。联想在全国 104 家城市设有 140 多家联想电脑服务站，保证遍布全国的联想电脑用户都能接受到完善、周到、快捷的服务。为提高服务人员的服务质量，联想制定了持证上岗制度，公司的维修人员上岗都必须经过考试，拿到上岗证方可上岗，这对提高维修水平起到很好的保障作用。

2. 联想与代理商的伙伴关系

1993 年以前，联想的销售模式为直销。1994 年，联想开始建立安全的代理体制。联想的代理队伍日益壮大，到 1996 年代理商和经销商就达到 500 多家。在个人电脑市场上，由于竞争激烈，商家的利润越来越薄，经销商们很容易唯利是图，"跳槽"现象时有发生。然而，联想的队伍不但稳定，而且越来越多的经销商加入了联想的代理队伍。那么，联想是靠什么来发展与代理商的合作关系的呢？首先是信誉保证。联想对代理伙伴承诺了许多优惠的条件：向代理商提供质量可靠、技术领先、品种齐全的产品；建立合理的价格体系和强有力的市场监督体制；通过强大的市场宣传攻势来营造更好的电脑销售氛围；向代理商提供良好的售后服务保障，等等。联想以实实在在的行动实现自己的承诺，取得了很好的口碑。其次，保障代理商的利益。许多电脑厂商迫于竞争的压力，逐渐压缩流通环节的利润，而联想却在考虑如何保障代理商的利益；通过加强内部管理和运筹能力来降低成本，向市场提供极具竞争力的价格；通过对市场进行强有力的控制和监督，防止代理商违规操作，进行恶性的削价竞争，只要代理商坚决地执行联想制定的价格，就可以获得较好的利润。再次，与代理商共同发展。将代理商纳入联想的销售、服务体系，也纳入分配、培训体系，大家荣辱与共，一同成长。

3. 联想与合作伙伴的结盟关系

1988 年联想公司进军海外市场的第一步，并不是贸然在海外设立子公司，而是在香港寻找合作伙伴——香港导远公司和中国技术转让公司。因为联想公司深知本身虽然以中国科学院为后盾，有雄厚的技术开发能力，但缺乏海外营销的经验和渠道，所以必须与合作伙伴结盟，以扬"技术"之长、避"国际营销"之短。事实证明，联想走出的关系营销的这一步是十分正确的。三方合资经营的香港电脑公司取得了极大的成功，在开办当年，公司营业额达到 1.2 亿港元，不仅收回全部的投资，还拿出 100 万港元购买了香港一家有生产能力的 Quantum 公司，为香港联想自行研制开发产品建立了一个基地。

现在，联想在研究开发上采用"内联外合"策略："内联"是指联想加强与国内厂商的联合，真正做到资源共享，优势互补。如联想与全国最大的财务管理软件厂商用友公司实行战略性合作，以应用为本，软硬一体，共同开发与销售；与实达等公司签订了战略合作协议，这两家公司将在他们的家用电脑中全面预装联想开发的"幸福之家"软件。"外合"是指进一步加强与国际著名厂商的合作，包括技术、产品还有销售的合作。如联想与英特尔（Intel）、微软（Microsoft）的战略合作伙伴关系，有力地加强了联想电脑在技术上的领先地位。同时，联想也努力和国际厂商展开更深层次的合作，例如，联合开发、联合定义未来产品等。如 1998 年初，联想与液晶显示的领先厂商日立公司合作开发出了有别于传统台式电脑的新一代电脑——联想"问天"系列。

联想在与盟友的合作中，不仅在贸易、资金积累和技术应用方面取得非常显著的业绩，更重要的是联想从这些国际高科技企业中学到了成熟的管理经验、市场经营理念和严谨科学的生产运作体系。

联想对客户关系管理的理解

在联想开展关系营销的基础之上，从 2000 年 4 月起，联想开始实施客户关系管理系统，历时一年应用开发，2001 年 5 月成功上线。初步建成了呼叫中心系统，实现了对客户的统一信息咨询服务界面；成功应用实施了 CRM 系统中的市场活动管理、渠道协同、销售管理（包括客户信息管理和销售机会管理等）、Web 界面、现场服务管理、备件管理等模块，是国内较早成功实施应用 CRM 系统的中国企业。

联想是如何认识 CRM 的呢？

联想对 CRM 的理解有两个方面，第一是客户关系管理（Customer Relationship Management）；第二是持续关系营销（Continuous Relationship Marketing）。对于客户关系管理，联想认为，CRM 首先是一种管理理念，是一种强调客户导向的管理思想，对企业与客户发生的各种关系进行全方位管理，并实现客户导向的业务运作模式，强调过程控制，可追溯，不仅仅是结果控制；其次，CRM 还是一套 IT 系统解决方案，它将管理思想与业务流程通过软件系统固化下来，并通过 IT 技术实现，从而提高了工作效率和质量。

总之，联想认为开展客户关系管理就是需要在持续积累、分析并利用客户全面信息的基础上，按照客户导向的工作模式合理配置企业资源，通过系统进行运作支持和规范管理，全方位满足客户要求，从而提高客户满意度及忠诚度，获取企业最大利润。

资料来源：

戚闽粤．联想的关系营销策略．经济管理，1999（2）

叶开．中国 CRM 最佳实务．北京：电子工业出版社，2005

《哈佛商业评论》精粹译丛——客户关系管理．北京：中国人民大学出版社，2005

讨论分析题：

1. 联想是如何理解关系营销的？
2. 联想如何运用关系营销的三个层次开展营销活动？
3. 从关系营销的市场结构上来看，联想在哪些市场上开展关系营销策略？
4. 联想对 CRM 的理解对正确理解 CRM 的概念有何启示？

案例解读

联想在其发展的过程中运用关系营销的理念来指导营销活动，取得了卓越的成就。联想将关系营销理解为买卖双方之间创造更亲密的工作关系和相互依赖的艺术。认为在以市场为导向的基础上，不仅仅需要满足顾客全方位的需求，而且需要与顾客和其他的合作者建立、保持和发展长期互惠关系，创造忠诚的顾客和合作伙伴，取得稳定的竞争优势。

关系营销分成财务利益、社交利益与结构性联系三个层次。联想正是通过这三个层次来开展关系营销活动的。首先，在财务利益层次上通过价格的优惠或免费奖品刺激消费者的购买，激发消费者的兴趣与需求；其次，在社交利益层次上通过各种社交活动来密切与消费者的联系，了解消费者的个性化需求；最重要的是在结构性联系层次上，通过提供个性化的服务及产品与客户建立结构性的联系。联想的关系营销的重点也是放在结构性联系上。

从关系营销的市场结构上来看，关系营销存在六个主要市场：供应商市场、内部市场、竞争者市场、分销商市场、顾客市场与影响者市场。联想非常重视顾客市场上的关系营销，与顾客建立心连心的关系，推行"五心"服务的承诺："买得放心，用得开心，咨询后舒心，服务到家省心，联想与用户心连心"，大大拉近了顾客与公司的关系；在分销商市场上，与代理商建立双赢的关系；在国际化的进程中，也通过与分销商的合作快速拓展海外市场。另外，在供应商市场和竞争者市场上，联想也通过与供应商和竞争对手建立长期稳定的战略伙伴关系实现优势互补。

联想对 CRM 的理解也是比较独到的，认为 CRM 存在两层含义，一是客户关系；二是持续关系营销。从这个方面来看，联想在营销与客户管理方面具有长期战略发展规划，非常注重关系营销的持续发展。一个企业不仅要全面对客户关系进行管理，而且要追求这种关系的持续发展，这样才能保持活力，成为百年常青。联想作为一家 IT 企业，对客户关系管理的认识也没有局限于技术上，其认为客户关系管理首先是一种管理理念，然后才是 IT 系统解决方案。这种认识为偏重于从技术上来理解客户关系的大多数企业树立了良好的典范。

14 - 3　上海通用的客户关系管理实践

别克有几种买法？现在，每一个注册过的准车主都可以尝试通过上海通用汽车公司的中文网站 www. shanghaigm. com，订制自己中意的别克——配置、颜色及供货的地点都可以一一标明。不仅如此，如果您是一个爱操心的人，还可以通过这套系统查看所订购车辆的状态——是尚在生产线上，还是已经在喷漆，或是进入仓库，或者已经在运输途中，一直到这辆个性化汽车送到面前。

信息技术使得上面的一切都不再是痴人说梦，而为这所有一切提供支持的，就是上海通用汽车公司的 CRM（客户关系管理）系统和柔性制造系统。前者更是被称为中国第一套企业级的 CRM 系统。

1. 项目背景

上海通用是上海汽车工业（集团）总公司和美国通用汽车公司各投资 50% 组建而成的、迄今为止我国最大的中美合资企业，总投资为 15. 2 亿美元。上海通用已经在国内建立了完善的生产、销售和服务体系，是目前国内最具竞争力的轿车生产和销售商，所生产车型主要有别克和雪佛兰等系列。

汽车行业是竞争最为激烈的行业之一，越来越多的生产厂商意识到必须加快从生产型企业向服务型企业转变，以客户的最新要求来指导生产，而不是要求客户的要求符合企业的产品，这也是通用汽车所进行的"柔性化生产"的根本意义。不过，生产要做到柔性，准确地把握客户的真实需求就是一个根本，那种在实验室里就可以想象出一个产品的时代已经一去不复返了，紧紧地跟随客户的需求是像汽车业这些行业生存制胜的根本所在。

通用汽车公司是一个国际大型企业，信息化程度高，在这样的企业里可以发现不同时代的 IT 产品印迹，通常都有上千个业务系统在运转。不过，像所有信息化程度高的企业那样，信息的整合是一个难点。企业不是没有系统，而是有太多系统，所拥有的信息多，但是数据没有集中和整理。由于企业行业的特有销售、服务体制，最终客户信息往往分散于销售商、维修服务站和本企业的各个部门，难以切实了解客户的需求信息，进而提供系统一致的服务。

在上海通用，原来已经有一个呼叫中心系统，但是运行了 1 年多以后，就已经成为实施新战略、推进新业务的瓶颈。其中固然有随着别克汽车销售业务的突飞猛进，再加上赛欧汽车销售的日益火爆，原本薄弱的性能不堪重负的原因，也有系统自身设计的问题。例如，客户打 800 电话，得到的回答是咨询汽车需要拨一个号码；如果买车的话又需要打零售商的号码；如果是修车还必须再拨维修服务站的号码，客户要面对很多接口，感到非常不方便。同时，由于客户信息既有放在上海通用工厂的，也有放在各地零售商那里的，甚至有的信息还在维修服务站，而所有这些地方互不相联，实际上形成了几个相互隔离的客户信息孤岛。信息不能够共享，客户资源严重浪费。由于汽车的销售工作都是由零售商来直接完成的，上海通用需要从整体上突显自己的品牌优势，全面树立公司整体形象。而这一想法，正好与美国通用的战略不谋而合。

几年以前，美国通用汽车公司曾经邀请国际知名的战略咨询公司到该公司进行深入的研究，研究通用公司在未来的环境中如何运作才能够生存下去，研究通用汽车的产品应该如何发展。研究结论显示，如果通用汽车公司想在未来的环境中生存下去的话，必须要有自己的核心竞争力。这个能力就是满足客户需求的能力，赢得客户的能力。通用公司采纳了报告提出的建议，开始从赢得客户能力的角度进行战略性的调整。

通用公司认为通过在全球范围内实施 CRM（客户关系管理）系统，能够有效地管理客户信息，并且赢得更多的客户，使得客户价值最大化。实施 CRM 系统是保证通用公司在 50 年后还能够生存的重要战略之一，同时在全球范围内部署了实施 CRM 系统的时间表。上海通用 CRM 项目目前已经投资 250 万美元。在亚太地区的泰国、印度尼西亚及韩国等地也都在实施 CRM 项目。

2. 项目确立

上海通用实施 CRM 系统是在总公司的统一部署下进行的，这是大多数跨国企业的共同做法。因为这些企业规模大，在如 CRM 等管理实践上的投入也很大，风险也相应较大。对于这些大型企业，如果中途更换管理软件供应商简直就是"地震"。在考虑了产品功能、软件结构、厂商自身的管理水平与维护能力、实施能力、全球化的支持能力、厂商自身的生存能力及产品的灵活性等因素后，通用汽车总公司选择全球最大的 CRM 厂商 Siebel 的产品。上海通用选用的模块包括了 Siebel 的呼叫中心产品以及销售、服务和营销模块。

值得一提的是，通用公司很注重考察提供 CRM 产品的厂商的管理状况及管理水准。如果这家企业自身的管理能力没有达到一定水准的话，就不会考虑他的产品。通用认为，CRM 是一种管理软件解决方案，如果研发生产 CRM 软件的公司，自己的管理不规范、不科学的话，它所提供的管理软件的效果就要大打折扣。另外一点就是要考察 CRM 软件厂商的生存与发展能力，要把厂商放在一定的时间跨度里考察。如果其生存能力不强，在经济不景气时就没有对策，从而有倒闭的可能，或者被别的企业并购，或者是发生产品转型。如果购买了这种企业的 CRM 产品，无异于让自己抱上一颗定时炸弹，软件实施后的服务、版本的升级、模块的扩充及进一步的客户化都将成为未知数。因此，存在这样潜在问题的 CRM 厂商，也就早早被淘汰了。

3. 项目实施

上海通用按照美国通用公司全球战略的部署及在中国的具体情况，请在实施 CRM 方面非常有经验的 IBM 公司提出解决方案并负责项目的整体实施。IBM 公司大中华区咨询与集成服务部具体负责实施这个项目。通过对上海通用的调研，他们提出了实施 CRM 的解决方案的要点：统一规划、分步实施。实施方针则是 CRM 策略方案的制订，始终结合"以客户为中心"这个根本点来展开。

上海通用 CRM 项目的实施分成四步：

第一步，集中管理客户信息。虽然上海通用在过去也积累了很多的客户数据，但是站在 CRM 的角度来分析，就会发现有些数据是残缺的，而有些数据是完全没有用的。例如，原来的系统中只有客户购买汽车时的数据，包括客户的姓名、地址、电话、邮政编码、所购汽车的型号、车辆的发动机号码及机架号码。但是，从客户购车开始，至今这辆车的状况如何，汽车有没有进行过修理，如果进行过修理，在哪个维修站修理了哪些内容、更换了什么零部件，甚至具体到是哪个工人来操作的等数据就没有。缺乏这些汽车动态过程的数据，就无法对车辆进行完整的了解，也无法向客户提供更有针对性的服务。汽车是一种高价值的产品，上海通用生产的汽车，最便宜的赛欧也要 10 万元一辆，而别克轿车和商务车则都在 20 万 ~40 万元之间。汽车同时也是耐用商品，它的使用寿命一般都在 10 年甚至更长的时间。对厂商而言，汽车处于动态过程中的信息比购买信息更为重要，因为这种信息是提供服务的基础。再就是客户数据记录不科学，例如，在客户生日到来时寄个贺卡表示关怀有记录，但是客户对产品或者是服务进行的投诉却没有记录。除此而外，有很多数据是分布在上海通用内部各部门之间的，还有很多数据目前没有，是需要由全国各地的上海通用汽车零售商及维修站来提供的。

第二步，提高机构内部协同工作的效率。主要是针对上海通用公司客户服务中心、大客户销售代表及零售商、市场活动和售后服务站这样 4 个部分，使他们能够既协同工作，又能提高效率。

第三步，开拓新的客户接触渠道。例如，开通了"8008202020"免费咨询电话呼叫中心和全新的中文网站 www. shanghaigm. com"百车通"在线导购栏目，为客户提供新的个性化的接触渠道。

现在，上海通用的呼叫中心由三个部分构成：①客户支持中心。这个中心设在上海，对所有的人开放，通过"8008202020"免费咨询电话来实现这种功能。客户支持中心每天提供从早上 8 时至晚上 8 时的 12 小时服务。坐席服务人员都有着丰富的从业经验，并经常接受相关的培训，他们的任务主要是解答客户的咨询，处理客户的投诉问题。②技术支持中心。这个中心只对上海通用的维修站开放。技术支持中心专门配备了汽车维修经验丰富的工程师，负责解答来自全国各地通用维修站的各类问题，以帮助维修站的工程师及时有效地解决客户的汽车维修问题。这个用于内部技术支持的中心，同样是通过 CRM 软件平台来完成工作的。上海通用将很多年积累起来的各种型号汽车维修问题解决方案放置在数据库之中，中心的工程师在接到维修站的问题时，就可以将数据库里的解决方案调出来，工程师就根据系统的提示来处理提问。例如，维修站提出客户的一部别克车刹车系统不是很好，中心的工程师就把别克车刹车系统的问题调出来，系统会自动提示工程师还应该问维修站几个问题，以便将问题进一步确认，根据结果系统还会给出已经设定好的处理方法及步骤。③操作平台。这个平台只对上海通用的零售商开放，是为零售商下汽车订单而设置的，按照区域来进行管理。通过这个平台，可以掌握零售商所订购汽车的动态情况。零售商只要在系统中输入所订购汽车的号码，就清楚地知道这部汽车目前的状况，信息可以具体到装配流水线的每个部分。

第四步，对客户信息进行挖掘阶段，对采集的丰富的客户信息进行分析，将客户分类，并据此实现个性化营销。

4. 项目实施中的难点

在整个项目实施过程中，鼓励用户（销售代表，零售商，维修商）使用这个系统是一个最大的挑战。从宏观的角度来看，上海通用实施 CRM 的项目符合美国通用的全球战略，领导高度重视；又选择了市场占有率最高的 Siebel 的产品和 IBM 的实施队伍；再加上自身良好的管理和信息化基础，可以说占尽天时地利人和，应当是顺水推舟的事情。但是在具体项目实施和应用过程中并不是一帆风顺，企业中仍然有很多阻碍成功的因素，最重要的因素都是可以想象的，例如，不想改变现状、缺乏一把手的支持、脱离实际的期望、项目管理能力的欠缺等。但是与来自企业以外的困难相比，这些企业内的难题又似乎好处理一些。

合作伙伴是实施 CRM 系统过程中非常重要的部分。上海通用的销售体系是通过零售商直接面对客户，CRM 系统的终端需要安装在国内所有通用汽车的零售商那里，并且实现全国联网。上海通用希望能够找到应用 CRM 系统比较好的零售商，并帮助他们总结应用 CRM 的经验，作为标杆来带动其他的零售商，进而使得所有的零售商提高 CRM 系统的应用水平。

从零售商的角度来看，往往感到应用 CRM 系统是被动的，他们认为汽车生产厂家让他们收集客户信息资料，对厂商是有益的，但是对零售商而言，好处还看不到，他们希望得到经济利益的刺激。而对零售商无法通过行政手段来制约，因为他们与上海通用没有行政隶属关系，只能通过经济手段来调动他们应用 CRM 的积极性。

但是使用经济手段又会使企业内部的利益分配出现问题，卖得很火的汽车问题不太大，但是对销售不是太好的车子，可能会有问题。是对不同汽车采取不同的激励办法，还是同样的激励办法用于所有的汽车，都需要进一步的研究。在上海通用，负责 CRM 实施和应用的部门自己无法制定和实施经济激励手段，还需要通过上级来与有关部门进行协商。

而且，由于零售商多年来已经形成了一套销售汽车的习惯，现在要求采用 CRM 系统来管理客户、管理销售，他们感到非常不习惯。遍布在国内的 60 多家零售商，管理信息化程度不高，销售人员文化背景也相差很大，在很短的时间内很难统一到一个水平。上海通用的 CRM 系统于 2000 年 9 月 9 日完成后，用了半年左右的时间进行各种应用 CRM 的培训，包括将各地的零售商统统集中在上海进行培训。但是，仅仅依靠集中短期的培训是难以取得效果的，再加上后来有很多特殊的情况发生，例如，调整工作或人员的流动，也使得培训的效果打了不少折扣。

以往，零售商并没有将会使用电脑作为选择销售人员的先决条件来考虑。但在实施了 CRM 之后，会不会操作电脑应该作为选择销售人员的首要条件。

在实施结束后，上海通用也发现现实与最初的设想有着很大的差距。原来设想零售商每两个工作人员有一台联网的终端，这样每天都可以通过网络将各种信息传递给上海通用。部门的主管只要打开系统就会一目了然——今天有多少新的客户，有多少客户到了要买车的程度，客户在销售漏斗中处于什么样的位置。

但是现在的情况是，由于系统对客户信息有要求，零售商不做不行，为了对付系统，零售商专门招了一个会电脑操作的人员，他每天的工作就是往电脑里面录入各种信息。这个工作本来应该是销售人员自己主动来做的，录入的过程同时也是对信息进行筛选分析的过程。现在的结果违背了系统规划的初衷，本来使用 CRM 系统是为了提高销售人员的效率，现在反而成了销售人员及零售商的累赘。

上海通用正在考虑是否应该采取更加灵活的做法，例如，让销售人员使用掌上电脑。由于目前电脑在国内并没有成为人们生活或工作的一个不可分离的部分，所以还必须借助电话和面对面的谈话来进行沟通，这是中国当前的特点，对上海通用来讲也是文化上的一个挑战。

5. 实施效果

经过一段时间的实施，基于呼叫中心应用的信息采集和发布机制已经相当成熟，客户信息量日益丰富；在汽车销售、汽车服务方面整个销售体系已经可以协调运行，尤其是"百车通"及客户呼叫中心这两个客户接触渠道，让广大的潜在客户和现实客户同公司打交道时非常直接和方便，客户请求信息也可以及时传达到本地的零售代理和维修单位。有了丰富的客户信息，就可以对它们进行挖掘，上海通用利用所获得的各种信息，已经分析发现很多意义重大的客户行为模式。例如，经过对以往数据的挖掘，上海通用发现汽车展览会是吸引潜在客户的重要手段，有 30% 以上的客户通过这种途径了解了通用汽车，并且成为购买通用汽车的客户，于是他们就在汽车展示过程中进行汽车的预订。通过对潜在客户的研究他们还发现，喜欢听歌剧的人对通用的汽车有兴趣，于是就在上海大剧院做促销活动，效果很好。

总之，这个以客户信息为核心的 CRM 系统已经成为上海通用的关键 IT 资源，为通用汽车在中国汽车事业的不断发展铺平了道路。

资料来源：

何荣勤. CRM 原理、设计、实践. 北京：电子工业出版社，2003
田同生. CRM 在通用. IT 经理世界，2001（8）
王广宇. 客户关系管理方法论. 北京：清华大学出版社，2004

讨论分析题：

1. 通过分析上海通用 CRM 项目的实施背景，说出其 CRM 项目的需求是什么。
2. 上海通用在项目的实施过程中，为什么采用系统实施商与系统提供商分离的做法？
3. 上海通用实施 CRM 系统是在总公司的统一部署下进行的，简要分析这种方式的优缺点。
4. 简要归纳上海通用实施 CRM 的成功要素。

案例解读

汽车行业的企业面临着从生产型企业向服务型企业的转型，企业需要准确把握客户的真实需求，通用作为汽车行业的一员也不例外，它必须以客户需求来指导企业的生产。通用汽车的信息化程度高，而且汽车行业所需要的客户信息不仅来源于制造企业内部，同样来源于销售商、维修商等合作伙伴，因此信息来源于不同的渠道，需要对不同渠道的信息进行整合。汽车作为耐用消费品，客户的购买和使用是一个相对长期的周期，所需服务涉及不同企业，因此，从客户角度来看，需要统一一致和方便的服务。因此，上海通用实施CRM的背景可以概括为：准确把握客户需求；整合不同来源的信息；给客户提供统一一致和方便的服务。在这种背景下，通用CRM项目的需求是：建立一个有效的机制进行客户信息采集和管理；对广大的客户群体进行系统一致的服务；切实了解客户的需求信息。上海通用正是围绕着这种需求开展CRM项目，做到有的放矢的。

上海通用在项目的实施过程中采用了系统实施商与系统提供商分离的做法，这种做法也是一些大型企业在CRM项目实施过程中的常用做法。首先，专业的CRM项目实施商具有丰富的项目管理和实施经验，具备充足的CRM软件技术应用和实施能力，对项目过程中可能发生的情况可以很好地处理。软件商虽然拥有众多的技术开发人才，产品也是他们开发的，但是也许他们执行某个项目时缺乏具备"圆滑"的办事能力及对实施过程有较强控制能力的人。其次，软件商的咨询部门的实施经验集中于本企业产品的实施，而中立的实施商则可能具有多个产品的实施经验，这种交叉参考（Cross Reference）的实施经历是一个优势。再次，这种做法有一定的制衡作用，避免受制于软件商或项目实施商。最后，有利于发现软件和流程的问题等。可以检验产品可靠性，从理论上来说，一个好的软件系统，不论选择哪一个实施商，都可以实施。系统实施商与系统提供商分离的做法是很多国内企业在实施CRM项目时值得借鉴的地方。

上海通用实施CRM系统是在总公司的统一部署下进行的，这是典型的中外合资实施CRM系统的情况，很多此类企业都在外国总公司的统一部署下实施CRM系统。跨国企业的这种方式可以集中整合全球客户资源，降低未来对系统进行全球整合的难度。但是统一部署在一定程度上也会忽视各国商业文化的区别，可能导致"一刀切"的状况发生。

上海通用实施CRM项目的经验，有很多地方值得国内企业借鉴。首先，上海通用根据自身的需求确定清晰的目标，并制定了客户关系战略，实施CRM在总公司统一部署下进行；其次，公司非常重视流程的调整，鼓励销售商、零售商调整其流程并使用系统，而且，公司分步实施客户关系管理，做到循序渐进；再次，在实施过程中也非常重视咨询公司的作用，采取了系统实施商与系统提供商分离的做法；最后，在实施中运用恰当的技术与系统以提高效率和保证CRM的顺利实施。通用具有资金和技术上的优势，在选择系统供应商时，注重软件提供商自身未来发展能力及管理水平，而不是只看眼前的做法同样值得国内企业借鉴。

14-4　日本某化妆品公司

日本的一家化妆品公司设在人口百万的大都市里，而这座城市每年的高中毕业生相当多，该公司的老板灵机一动，想出了一个好点子。从此，他们的生意蒸蒸日上，成功地掌握了事业的命脉。

这座城市中的学校，每年都会有许多即将步入黄金时代的少女由此毕业。这些刚毕业的女学生，无论是就业或深造，都将开始一种崭新的生活，她们脱掉学生制服，开始学习修饰和装扮自己，这家公司的老板了解了这个情况后，每年都为女学生们举办一次服装表演会，聘请知名度较高的明星或模特儿现身说法，教她们一些美容的技巧。在招待她们欣赏、学习的同时，老板自己也利用这一机会宣传自己的产品，表演会结束后他还不失时机地向女学生们赠送一些精美的礼物。这些应邀参加的少女，除了可以观赏到精彩的服装表演之外，还可以学到不少美容的知识，又能个个中奖，人人有份，满载而归，真是皆大欢喜。因此，许多人都对这家化妆品公司颇有好感。

这些女学生事先都收到公司寄来的请柬，这请柬也设计得相当精巧有趣，令人一看卡片就目眩神迷，哪有不去的道理？因而大部分人都会寄回报名单，公司根据这些报名单准备一切事物。据说每年参加的人数，约占全市女性应届毕业生的90%以上。在她们所得的纪念品中，附有一张申请表。上面写着：如果您愿意成为本公司产品的使用者，请填好申请表，亲自交回本公司的服务台，你就可以享受到公司的许多优待，其中包括各种表演会和联欢会，以及购买产品时的优惠价等。

大部分女学生都会响应这个活动，纷纷填表交回，该公司就把这些申请表一一加以登记装订，以便事后联系或提供服务。事实上，她们在交回申请表时，或多或少都会买些化妆品回去。如此一来，对该公司而言，真是一举多得，不仅吸收了新顾客，也实现了把顾客忠诚化的理想。

案例解读

国外的一项调查研究表明，一个企业总销售额的80%来自占企业顾客总数20%的忠诚顾客。因此，企业拥有忠诚的顾客对企业的发展是十分关键的。但是，企业获得忠诚顾客并非是一朝一夕的事。近年来，我国许多企业都已经意识到忠诚顾客与企业的经济效益有直接联系，但是大多数却并不清楚怎样才能获得忠诚顾客。从本案例中，或许我们可以得到一些启示：

启示一："攻心为上，攻城为下"

孙子兵法说："上兵伐谋。""善用兵者，屈人之兵而非战也，拔人之城而非攻也。"未战而屈人之兵，未战而拔人之城，正是"攻心为上"的形象说明。

日本这家公司的老板正是一位高明的"攻心"术的使用者。他牢牢抓住了那些即将毕业的女学生们的心理：脱掉学生制服之后，希望通过装扮和修饰自己能创造一个不同于以往的形象，能更漂亮、更出众，却不会装扮又不知该向哪儿咨询。公司老板的服装展示会和美容教学进一步激发了这些少女爱美的欲望，并使她们摆脱了"弄巧成拙"的忧虑，让她们在学习的同时，也熟悉并接受本公司的产品。

启示二：优秀的策划可以事半功倍

一流策划创造潮流，二流策划领导潮流，三流策划顺应潮流。企业如果通过一流策划创造出使用本企业产品和服务的潮流，这样做的结果必然事半功倍。日本的这家化妆品公司将即将毕业的少女受邀参加服装展示会变成一种少女们趋之若鹜的潮流，使得"每个人都认为不应邀参加展示会的人，是天大的傻瓜"。于是，公司的服装展示会不但得到大多数应届毕业女生的青睐，还影响到了以后的每一届毕业生们。

当然，只有优秀的策划是不够的，要真正形成潮流，要使新顾客成为企业的忠诚顾客，企业所提供的产品和服务必须要能给顾客带来实际的价值，否则就会像当年的"呼啦圈热"一样，热一阵马上就销声匿迹了。

启示三：企业要想更高效地获得忠诚顾客，应改被动"等待"为主动"培养"

为获得忠诚顾客，企业大多通过广告等手段将自己的产品及服务特点宣传给广大消费者，然后就是静等新顾客的上门，若新顾客在使用了企业的产品和服务之后感到满意，他就会一次又一次地购买，最终成为企业的忠诚顾客。显然，这是一种被动"等待"过程。由于企业并没有对新顾客进行选择，也没有采取什么主动措施将新顾客牢牢"锁住"，因此，新顾客中可成长为忠诚顾客者的比例极低。为了能够更高效地获得忠诚顾客，企业应将传统的被动"吸引"及"等待"改为主动"拉拢"和"培养"。

正如这家日本公司所做的，它先是针对即将毕业的少女这个目标顾客群，通过服装展示会及美容教学等方法主动将其拉向自己，然后利用申请表收集新顾客的信息以便提供更优质的产品及服务，通过公司的各种优待将顾客牢牢"锁住"，耐心将其培养成为企业的忠诚顾客。

第 15 章
市场营销策划实例

本章提示

营销策划需要组织支撑，它可能是策划小组或策划委员会，一般包括策划总监、主策划人、文案、美工、高级电脑人员等。科学规范的策划要求有完整、有序的程序来保证。

营销活动策划的关键往往在于细节和执行，如何加强执行？可从制订详细的执行方案，用流程控制行销，建立策划的执行组织，重视财务支持与控制，重视人力资源激励，全面评估营销策划等方面着手，加强执行解决现实问题，很重要的是活动组织者应注意躬身入局，亲自参与。

营销策划文案结构一般包括：封面：题目、策划者、日期、编号；序：意义、内容概要、目录；前言：宗旨、背景、必要性、组织；主体内容：目的、方式、原因、活动、方法、相关人员；预算费用；策划实施进度表；有关人员职务分配表；所需物品及场地；附加说明及相关资料等。策划文案的表现手法有：文字表现、框图表现、数据表现、图片表现。

本章选取了三个营销策划实例。案例 1 是 2006 年暨南大学市场学系组织的一次非常成功的"营销之星"大赛活动策划书，希望学生透过本案例的讨论学习能够了解到营销活动策划的关键往往在于细节和执行。如何加强执行，"营销之星"大赛策划书给出了很好的注释。案例 2 是本届"营销之星"大赛活动中的获奖作品，希望学生透过本案例的讨论学习能够了解到营销策划文案的一般结构和具体表现手法，明确科学规范的策划要求有完整、有序的程序来保证。案例 3 详细介绍了美的电暖器全国市场整合营销策划的实战过程。本章三个案例已是解决方案，所以未作解读，体现的营销知识见本章提示

15－1　市场学系第三届"营销之星"大赛策划书

封面

名称：市场学系第三届"营销之星"大赛策划书
策划单位：市场学系、管理学院团委和学生会

完成日期：二零零六年三月二十日

目录

正文

一、管理学院及市场学系简介（略）

二、活动总体方案

（一）活动简介

本次"营销之星"大赛由管理学院市场学系和管理学院团委、学生会主办，本次比赛是就主办方提供的产品进行营销设计比赛，要求参赛者以组队的形式参加。比赛共分为三个阶段：初赛、复赛、决赛。初赛于 4 月中旬举行，采用提交营销方案的形式，在经过专家评委的评定后，选出十支参赛队晋级复赛；经过复赛的角逐，选出四支参赛队进入决赛。在决赛的所有环节结束之后，评出"营销之星"大赛的冠军、亚军、季军、殿军。另外，在复赛的参赛队中，除了晋级决赛的四支队伍之外，还评出若干奖项。

（二）活动目的

在竞争日趋激烈的今天，走出一条通向梦想的奋斗之路，勾勒一幅属于自己的事业蓝图，是每一个大学生的梦想！为了激发同学们的营销潜力，给广大渴望成就梦想的同学提供一个展现才华的舞台，我们特举办本次活动，为我校学生提供一个展示自我、检验自我、锻炼自我的平台。通过本次实践性很强的活动，给同学们提供一个理论与实践结合的机会，为同学们日后的发展打下基础。让大家在营销实践中体验团队精神、学习风险决策、分析消费心理……成就我们今日的"营销之星"！

（三）活动主题

今日营销之星，明日营销精英！
"营销之星"大赛——享受梦想之火与实践之光碰撞的激情！
体验创造机遇，机遇成就梦想，梦想见证辉煌！

（四）活动主办方

管理学院市场学系，管理学院团委、学生会

（五）面向对象

暨南大学在校的研究生、本科生

（六）组织架构

组委会：
主　任：卫海英
副主任：企业代表
委　员：杨建华　张计划　罗立新
总策划：叶生洪　胡矗明
专家组：
执行委员会：
秘书处：岳海燕　萧展航　钱芳
财务组：组长：胡矗明　组员：张学敏　李燕娜
赛事组：组长：李晓静　组员：邓笑祯　陈淑仪
宣传组：组长：胡矗明　组员：柯超航　何峻贤　陈建翔
后勤组：组长：杨世俊　组员：张月珍

三、赛事方案

大赛说明（见附录三）
赛程安排

（一）比赛内容

方案一：独家赞助——营销赞助商提供的产品
方案二：多家赞助商——所有赞助商均提供产品，参赛者可从多个产品中自主选择营销产品
方案三：参赛者自己设计参赛作品
方案四：由组委会提供试题（包括产品），参赛者提交营销方案

（二）参赛者

参赛者以组队的方式参赛，五人以下、二人以上

（三）比赛过程

第一阶段（初赛）
参赛者提交营销方案
专家评定进入复赛的参赛队
第二阶段（复赛）
参赛队伍数量：10~12 支队伍
采用答辩形式。参赛队伍轮流上场，由评委提问，参赛队伍回答问题，评委根据回答打分，评出四支队伍，进入决赛。（详见附录四）
第三阶段（决赛）
参赛队伍数量：四支队伍
采取 PK 晚会形式。（详见附录五）
依据以上比赛的总分数，在决赛的所有环节结束之后，评出"营销之星"大赛的冠军、亚军、季军、殿军。另外，在复赛的参赛队中，除了晋级决赛的四支队伍之外，评出若干奖项。

四、宣传方案

（一）宣传对象

暨南大学在校的全体学生、教职工等

（二）宣传地点

暨南大学本部校园

（三）宣传目的

本次活动是管理学院准备在管理节推出的品牌活动之一，宣传意在扩大声势，把活动的理念深入人心，争取更多的参与者投入到本次赛事中来。

（四）具体宣传计划

前期宣传（3 月 27 日—4 月 2 日）

A. 网站宣传：

市场学系网站：http：//ms. jnu. edu. cn/Intro/list_ 49. html

管理学院团委、学生会网站：http：//ms. jnu. edu. cn/stu/

营销之星专题网站：http：//com. jnu. edu. cn/mkt – star/

B. 海报（1.5m×1m）3 张，金三楼下，经院一楼，真如 24

海报（A4）各宿舍楼宣传栏一张，共 22 张

宣传海报内容：

方案一：是金子就会闪光！

（放大镜、一颗星星）

寻找营销精英战队，报名中……

方案二：1781 年，一位天文爱好者威廉·赫歇尔发现天王星

1846 年，德国天文学家 J. G. 伽勒发现海王星

1930 年，美国天文学家汤博发现冥王星

……

2005 年 5 月 13 日，我们发现"营销之星"——旅游村队

2006 年 3 月，我们寻找下一颗"营销之星"

（背景——银河系）

方案三：期待……UFO？侦察机？陨石？外星人？ ⇨ 光芒的出现，营销之星闪过

方案四：质检流水线上 3 颗星星，前后两个印上［合格］，中间（放大）印上［优秀］

方案五：人正前方连灰色星星军队，中间一颗黄色营销之星

C. X 展架摆放：6 个（时间同上）

地点：建阳 16 栋，建阳 19 栋，饭堂二楼电梯口，真如 B 北，成教楼一楼电梯旁，金陵一与金陵四间通道处

D. 宣传横幅：2 张（7m×0.6m）（时间同上）

内容：市场学系第三届"营销之星"大赛

落款：管理学院市场学系，管理学院团委、学生会

将横幅悬挂于：真如 24 周围；饭堂和金陵三栋之间

E. 宣传单：内容（见附录一）1 000 张

F. 报名表：300 张

报名表派发期间举行一个有关市场营销的讲座并做好讲座宣传。

报名表样例（见附录二）

1. 初赛宣传（4 月 2 日—4 月 10 日）

A. 校园网站

在以下网站进行舆论宣传，引起各界关注。

暨南大学学生网 http：//jnustu. net

暨南大学红网 http：//redjnu. net

暨南大学管理学院网 http：//mc. jnu. edu. cn

营销之星的网站 http：//com. jnu. edu. cn/MKT – Star

管理学院团委、学生会的网站 http：//ms. jnu. edu. cn/stu/

市场学系的网站（待定）

赞助商网站（待定）

B. 海报（1.5m×1m）3 张，金三楼下，经院一楼，真如 24

C. 海报（A4）各宿舍楼宣传栏一张，共 22 张

宣传海报内容：（略）

D. X 展架摆放：6 个（时间同上）

地点：建阳 16 栋，建阳 19 栋，饭堂二楼电梯口，真如 B 北，成教楼一楼电梯旁，金陵一与金陵四间通道处

E. 宣传横幅：2 张（7m×0.6m）（时间同上）

内容：市场学系第三届"营销之星"大赛

落款：管理学院市场学系，管理学院团委、学生会

将横幅悬挂于：真如 24 周围；饭堂和金陵三栋之间

F. 宣传单：内容（见附录一）1 000 张

进行大规模的活动宣传，报道活动动态和相关资讯。

G. 报名表：300 张

报名表派发期间举行一个有关市场营销的讲座并做好讲座宣传。

报名表样例（见附录二）

参赛队准备并提交作品（4 月 11 日— 4 月 24 日）

初赛评审阶段（4 月 25 日— 4 月 30 日）

2. 复赛宣传（5 月 1 日—5 月 14 日）

本部：大展板（地点：书报亭隔壁草丛前面）

（介绍复赛队伍风采和比赛时间地点）

珠海：A. 海报（教学楼下通道报告栏 1.5m×1m 共 2 张，各宿舍楼下 A4 海报 1 张，共 9 张）

内容沿用初赛宣传中部分主题鲜明的海报及加入复赛信息。

B. 横幅（小罗马广场，内容：今日营销之星，明日营销精英）

C. 宣传单：介绍活动内容，复赛时间地点

D. 展板：饭堂门口（介绍复赛队伍风采和比赛时间地点）

3. 决赛宣传（5 月 15 日—5 月 21 日）

A. 海报（1.5m×1m）3 张，金三楼下，经院一楼，真如 24

B. 海报（A4）各宿舍楼宣传栏一张，共 22 张

宣传海报内容：加入决赛队伍信息

C. X 展架摆放：6 个（时间同上）

地点：建阳 16 栋，建阳 19 栋，饭堂二楼电梯口，真如 B 北，成教楼一楼电梯旁，金陵一与金陵四间通道处

D. 宣传横幅：2 张（7m×0.6m）（时间同上）

内容：市场学系第三届"营销之星"大赛

落款：管理学院市场学系，管理学院团委、学生会

将横幅悬挂于：真如 24 周围；饭堂和金陵三栋之间

E. 宣传单：1 000 张

内容：视比赛情况设计

F. 展板（地点：书报亭隔壁草丛前）

内容：介绍决赛队伍风采和决赛时间地点

G. 校园网站

在校内网站进行舆论宣传，引起各界关注。

分别在暨南大学学生网 http：//jnustu. net

暨南大学红网 http：//redjnu. net

暨南大学管理学院网 http：//mc. jnu. edu. cn

营销之星的网站 http：//com. jnu. edu. cn/MKT－Star

管理学院团委、学生会的网站 http：//ms. jnu. edu. cn/stu/

市场学系的网站（待定）

赞助商网站（待定）

进行大规模的活动宣传，报道活动动态和相关资讯。

H. 珠海校区部分：A. 横幅宣传（小罗马广场）

　　　　　　　　　　B. 展板（同本部展板）

4. 决赛晚会的宣传（特色宣传）

进行现场布置。

视觉上：悬挂大型的背景图，设立大、小型的海报，场地布置等

听觉上：灯光、音响

人员上：届时将派出足够的工作人员维持现场的秩序、分派宣传单

5. 后期宣传

（1）电视台报道（备选）。

（2）在校园广播站报道此次活动。

（3）提供超级链接服务，链接赞助商的网站。

（4）网上报道。

营销之星的网站是 http：//com. jnu. edu. cn/MKT－Star

管理学院团委、学生会的网站是 http：//ms. jnu. edu. cn/stu/

市场学系的网站（待定）

赞助商网站（待定）

（5）展板公布比赛结果（本部、珠院各 1 块）。

五、赞助方案（略）

六、经费预算方案（略）

七、附录

附录一：宣传单（初稿）

今日营销之星，明日营销精英

市场学系第三届"营销之星"大赛

在竞争日趋激烈的今天，走出一条通向梦想的奋斗之路，勾勒一幅属于自己的事业蓝图，是每一个大学生的梦想！为了激发同学们的营销潜力，给广大渴望成就梦想的同学提供一个展现才华的舞台，市场学系特举办本次活动，为我校学生提供一个展示自我、检验自我、锻炼自我的平台。通过本次实践性很强的活动，给同学们提供一个理论与实践结合的机会，为同学们日后的发展打下基础。让大家在营销实践中体验团队精神、学习风险决策、分析消费心理……成就我们今日的"营销之星"！

不管你是本科生，还是研究生，不管你是否学习过市场营销，只要你有兴趣，只要你有创意，赶快来报名，我们正在寻找你这颗"星"。赶快来享受梦想之火与实践之光碰撞的激情吧！今日营销之星，明日营销精英！

本次活动将分初赛、复赛、决赛，大赛设立的奖项及奖金为：

冠军：2 000 元

亚军：1 600 元

季军：1 200 元

殿军：1 000 元

在进入复赛的参赛队中，除了晋级决赛的参赛队之外，还将设立若干奖项，将有丰厚的奖品或奖金！

我们将在 4 月 3 日—10 日派发报名表，领取地点：

1. 金陵三栋宿管处；金陵四栋宿管处；真如 A 北宿管处；真如 B 北宿管处；建阳一栋宿管处；真如 25 栋宿管处。

2. 市场学系办公室（经济学院四楼，工作日的工作时段）。

3. 网上下载（http：//ms. jnu. edu. cn/），可以提交电子版到邮箱（yingxiaozhixing@126. com）。

注：1. 递交报名表后，你将有充裕的时间准备参赛方案。

2. 报名表派发期间我们会举办有关本次大赛的讲座，以助你一臂之力！具体时间请关注我们的通知。

主办：管理学院市场学系
管理学院团委、学生会

协办：（赞助商）

附录二：报名表样例

市场学系第三届"营销之星"大赛报名表

队名	资料		
姓名（队长）	院系专业	住址	联系方式（舍电、手机）

为什么这次大赛吸引了你们参与？

对本次大赛有什么建议？

备注：

1. 递交报名表地点：市场学系办公室（经济学院四楼），联系电话：××××××××

2. 递交报名表时段：4月3日—4月7日，4月10日，每天上午11：00—12：00；下午4：30—5：30（如有问题可以在这些时段咨询）

3. 方案准备期：4月10日—4月24日

4. 参加人数为2～5人（包括队长在内）；每个人只能参加一支队伍，每支队伍只能交一张报名表。如发现有重复报名的，取消其个人或团队的比赛资格

5. 进入复赛的参赛方案，其知识产权归大赛组委会所有

6. 对本次大赛如有任何疑问，请于递交报名表的时段到市场学系办公室咨询

7. 请递交了报名表的队伍留意递交参赛方案的截止日期和递交方式（随后会进行公布）

8. 本次大赛的最终解释权归大赛组委会所有

附录三：大赛说明

封面：

名称：市场学系第三届"营销之星"大赛说明
举办单位：市场学系管理学院团委、学生会

目录：

一、"营销之星"竞赛简介（略）

二、"营销之星"竞赛章程

总则

第一条　"营销之星"大赛是由管理学院市场学系和管理学院团委、学生会主办的竞赛活动，每年举办一次。

第二条　竞赛的宗旨：敏锐创新，迎接挑战。（待定）

第三条　竞赛目的：为了激发同学们的营销潜力，为了给广大渴望成就梦想的同学提供一个展现才华的舞台，我们特举办本次活动，为我校学生提供一个展示自我、检验自我、锻炼自我的平台。通过本次实践性很强的活动，给同学们提供一个理论与实践结合的机会，为同学们日后的发展打下基础。让大家在营销实践中体验团队精神、学习风险决策、分析消费心理……成就我们今日的"营销之星"！

第四条　竞赛的基本方式：对主办方提供的产品或项目进行营销方案设计，要求参赛者以组队的形式参加。

组织架构及职责

第五条　竞赛设立大赛组委会，由主办单位、协办单位的有关负责人组成。主办单位和协办单位分别委派有关负责人作为组委会成员。

第六条　大赛组委会的职责如下：

1. 设定竞赛的章程和评审规则。

2. 筹集竞赛组织、评审、奖励所需的经费。

3. 议决其他应由组委会议决的事项。

第七条　大赛组委会下设主任、副主任、委员和总策划。

第八条　竞赛设立专家组，由主办单位、协办单位的有关负责人邀请的营销专家组成。

第九条　专家组的职责：

1. 在评审规则基础上制定评审实施细则。

2. 审看参赛作品及其演示，对参赛选手进行问辩。

3. 确定参赛作品获奖等次。

第十条　竞赛设立执行委员会，负责策划整个活动，具体实施各项工作。

第十一条　执行委员会下设秘书处、财务组、赛事组、宣传组和后勤组。

参赛资格

第十二条　暨南大学的本科生、研究生和博士生都可报名组队参加，每队人数为 2～5 人，每人只能参加一支团队，每组只能提交一个方案。

第十三条　参赛作品的内容必须是对主办方提供的产品或项目进行营销设计，字数在一万字以上。

奖励

第十四条　由专家组对参赛作品进行评审，评出冠军一名、季军三名、优胜奖六名；并设立了专项奖，个人设有最佳口才奖，团队设有最佳协作奖、最佳方案制作奖、最佳展示奖和最佳广告设计奖。

第十五条　组委会向参赛获奖团队和个人颁发证书及奖金，并向全校公布。

三、"营销之星"参赛流程图

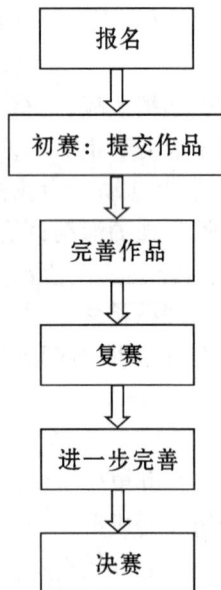

四、作品要求

基本要求：

1. 合理运用营销知识。

2. 方案有创意，构思合理新颖。

3. 营销策略方法要具体详细。

4. 方案必须具有可行性。

5. 方案要严密周详。

具体要求：

（1）背景资料，定位策略，目标市场，可行性分析，产品定位及形象，广告（flash、小品等形式均可），具体的销售推广方案在 10 000 字以上。

（2）复赛阶段。完善方案，设计各种营销手段以及做好营销方案的展示（flash，ppt，等等）；A4 纸打印版 5 份。

（3）决赛阶段。在复赛作品的基础上进一步完善、提高，形成决赛作品并做好决赛准备。

五、"营销之星"评审标准

（一）初赛评审标准

1. 市场分析（15%）

2. 产品把握（15%）

3. 营销理论的运用（25%）

4. 方案的可行性（25%）

5. 策划书的整体内容（20%）

具体要求：方案有创意，构思合理新颖，营销策略方法具体详细，方案严密周详，具体的销售推广方案在 10 000 字以上，产品的广告以 flash、小品等形式均可。

（二）复赛和决赛

1. 市场分析（15%）

2. 产品把握（15%）

3. 营销理论的运用（15%）

4. 方案的可行性（25%）

5. 策划书的整体内容（20%）

6. 观众评审（10%）

（三）参赛注意事项

1. 问答时间控制（待定）

2. 书面方案：格式规范，论述严谨，说服力强，文字通畅

3. 团队合作：分工，协调，组织，领导

4. 陈述报告：思路清晰，表达流利

5. 回答问题：针对性，及时性，准确性，逻辑性，流畅性

6. 分数结构：（待定）

7. 专家组成：（待定）

8. 奖励产生规则：在所有参赛作品中选出"最佳风采奖"、"最佳合作奖"、"最佳创意奖"，并选出十个作品进入复赛，在复赛队伍中选出四支队伍进入决赛

六、大赛纪律

1. 报名、构思文稿等一切要求上交的资料都要在规定时间内上交，否则取消比赛资格。

2. 作品内容要通过发挥自己的创造力完成，严禁从报刊、杂志、网络等传媒中抄袭他人的创意作品。

3. 不得更换参赛选手名单。

4. 各队选手应配合工作人员的指示，以维持好秩序。

5. 选手在比赛的过程中必须自觉维护比赛公平原则，不得有任何作弊、冒名顶替、重复报名等行为，如发现将立刻取消比赛资格。

6. 选手在比赛中应本着友谊第一的原则，注意文明，在比赛时不得有侮辱其他选手或评委的行为，否则将会给予警告处分直至取消比赛资格。

7. 每一部分每队的答辩时间不能超过指定时间，否则一律强制停止。

8. 各队在非答题时间不可扰乱其他队的答题，违规者先给予警告，再犯则扣 5 分。

七、赛程安排

4 月 11 日——4 月 17 日，接受报名。

4 月 18 日——4 月 30 日，接受参赛方案。

5 月 1 日—5 月 7 日，评委对参赛作品进行评审，评出进入复赛的十支队伍，以及评出最佳口才奖、最佳协作奖、最佳方案制作奖、最佳展示奖和最佳广告设计奖。

5 月 8 日—5 月 14 日，对进入复赛的队伍及获奖的个人与团队进行公示。

5 月中旬，进行复赛，决出进入决赛的四支队伍。

5 月底，对进入决赛的队伍进行公示。

6 月初，进行决赛。

附录四："营销之星"复赛计划

复赛说明

"营销之星"大赛自推出以来，得到了广大师生的普遍关注。在老师、同学的大力支持下，"营销之星"大赛初赛顺利结束。经过专家组严格的审查评定，十支参赛队的作品脱颖而出，即将晋级复赛的角逐。另外，在 60 余份初赛作品中，还产生了 5 支最佳奖。

复赛时间

2006 年 5 月 27 日 13：00 — 18：00

复赛地点

校本部校友楼四楼 MBA 第一案例室

比赛流程

12：30 — 12：45　签到

12：45 — 12：50　抽签

13：00 — 18：00　正式答辩

参赛队伍

四支（overtrue，kakula matata，新翼联盟，刘云宋）

组织安排

赛事组负责人：叶生洪　李晓静；组员：邓笑祯　陈淑仪

宣传组负责人：胡矗明；组员：杨世俊　柯超航　何峻贤

财务组负责人：岳海燕；组员：李燕娜

物资安排

项目	数量 × 单价（元）	价格（元）	备注
签到台	1 张		
签到表	4 张		
评委桌	5 张		
评委座位	10 张		
评委名牌座	5 个		借用秘书部
评委名牌内卡	5 张 × 0.5	5	
评分表	10 张 × 0.1	1	各评分评委一张
计分表	10 张 × 0.1	1	
计时器	2 个		借用体育部
提示牌	2 张 × 5	10	
观众座位	200		
水	8 箱 × 24	192	
工作餐	10 × 5	50	
红绒桌布	4 块		评委桌（借用勤助、秘书处）
电脑	1 台		
布景费用		待定	
投影屏幕	1 个		
车费	70 × 25	1 750	

（续上表）

项目	数量×单价（元）	价格（元）	备注
横幅	待定		用宣传时的，2 张用于本部，2 张用于珠海校区
海报	待定	待定	3 张用于本部，3 张用于珠海校区
X 展架	待定	待定	12 套，12 张新做；6 套用于本部，6 套用于珠海校区
小计		待定	

复赛答辩工作人员安排

11：00 在 MBA 第一案例室签到

11：00 — 12：30 布场，负责人：叶生洪　李晓静

12：30 — 13：00 签到、抽签，负责人：李晓静（整理评分表 2 人，收取参赛方案 1 人）

13：00 — 18：00 答辩，负责人：李晓静［计时，提示 2 人（中间轮换），等候室 2 人（中间轮换）］

附录五："营销之星"大赛决赛组织计划及流程

"营销之星"决赛详细安排

日期	时间	任务	负责人	备注
6 月 5 日		1. 制作投票牌（大众评委 40 个，专家评委 5 个，共计 45 个） 2. 选手贴纸（编号 20 个，姓名 18 个） 3. 证书盖章（65 本） 4. 和主持人沟通	岳海燕 李晓静	
		5. 确定大众评委 6. 确定参赛队	李燕娜	
6 月 6 日		1. 证书封装	何峻贤	
		2. 嘉宾、评委文件袋封装	张月珍	
		3. 制作流程 ppt 和复赛精彩片断剪辑	邓笑祯，柯超航	

（续上表）

日期	时间	任务	负责人	备注
6月7日	21：30—22：10	1. 布置背景墙 2. 音响调试	胡蠡明，杨世俊	珠海校区体育馆
		3. 给 2005 级工作人员培训	叶生洪，李晓静，李燕娜，杨世俊	珠海校区
		4. 清点所有物资，落实所有人员	岳海燕，柯超航，何峻贤，邓笑祯，张月珍	本部
6月8日	7：20—8：00	1. 名牌、台布、托盘、评委文件袋、嘉宾单张、大众评委单张、夹子（配纸）、水笔、口哨、秒表带上车	张月珍	本部
		2. 证书、给大众评委和参赛选手的流程表带上车	何峻贤	
		3. 照相机	刁坤，褚家耀	
		4. 录像 DV	刁坤，李佳斌	
		5. 1 000 张管理节校历卡	刁坤，张科	
		6. 投票牌、提示牌、选手贴纸、若干张纸、若干支笔带上车	邓笑祯	
		7. 清点人员	柯超航	
	8：00—10：00	8. 前往珠海校区（途中给参赛选手和大众评委介绍决赛流程和注意事项）	岳海燕，何峻贤，张月珍，柯超航	
		9. 买水	杨世俊	
		10. 物资安放（离开广州时带的所有物资）	张月珍，何峻贤，邓笑祯	珠海校区体育馆
	10：00—10：30	11. 通知下车人员 10：30 集合（参赛队员调试电脑）	柯超航	
	10：30—11：10	12. 和主持人沟通	叶生洪，李晓静	
		13. 大众评委培训	李燕娜，何峻贤，张月珍	
		14. 参赛队员调试播放文件	胡蠡明，杨世俊	
	11：10—12：30	15. 彩排	各项负责人	

（续上表）

日期	时间	任务	负责人	备注
6月8日	12：00—12：30	16. 摆放桌椅	杨世俊	2005 级 30 人
		17. 确认各项设施正常运行	胡矗明	
	12：30—13：00	18. 午餐	工作人员	
	13：00—13：50	19. 再简单彩排	叶生洪，李晓静	
	13：30—14：00	20. 观众进场，大众评委入座	张月珍，何峻贤	2005 级 8 人
		21. 嘉宾进场	李燕娜	
		22. 参赛队员的展示文稿确认	杨世俊	2005 级 7 人
		23. 拍照、录像人员到位	胡矗明	
		24. 主持人准备就位	李晓静	
		25. 各项决赛过程中用的物资确认	岳海燕，叶生洪，李晓静，柯超航	
		26. 观众秩序维持	张月珍	
		27. 大众评委组织	何峻贤	
	14：00—17：20	28. 投票记录、计时	柯超航	2005 级 9 人
		29. 证书整理	李燕娜	机动礼仪人员配合
		30. 文艺节目组织	李燕娜	2005 级 2 人
		31. 给 PK 队准备夹子、水笔、纸张等	邓笑祯	2005 级 2 人
		32. 麦克风传递	李晓静	2 人（礼仪队）
		33. 颁奖嘉宾的组织	岳海燕，李晓静	礼仪队
		34. 回收台布、名牌、托盘	张月珍	2005 级配合
		35. 回收投票牌、提示牌、秒表、夹子、水笔、口哨	邓笑祯	2005 级配合
	17：20—18：00	36. 买食物	何峻贤	2005 级配合
		37. 组织人员上车	柯超航	2005 级配合
		38. 电脑等设备带回	胡矗明，杨世俊	
		39. 收取相片、录像带	胡矗明，杨世俊	2005 级配合
		40. 有关体育馆使用的处理	岳海燕	
		41. 返回本部	所有工作人员	
		42. 派发食物	张月珍，邓笑祯	
	18：00—20：00	43. 清点物资	柯超航	
		44. 清点人员		

本次大赛决赛执行委员会

秘书组负责人：岳海燕；组员：李燕娜，何峻贤

赛务组负责人：叶生洪；组员：李晓静，柯超航

宣传布置组负责人：胡矗明；组员：杨世俊，张月珍

2005 工作组负责人：周大鹏

通信录

通信录

市场学系办公室		略
组别	姓名	联系方式
秘书组	岳海燕	略
	李燕娜	略
	何峻贤	略
赛务组	叶生洪	略
	李晓静	略
	柯超航	略
宣传布置组	胡矗明	略
	杨世俊	略
	张月珍	略
2005 工作组	周大鹏	略
	罗冠华	略

市场学系第三届中国移动杯"营销之星"大赛决赛流程

序号	比赛环节	时间控制	具体内容	环节规则
1	大赛启动	14：00—14：12	主持人开场词：介绍"营销之星"大赛（2分钟）	
			介绍领导、嘉宾、专家评委、大众评委（由参加本次大赛的20名选手和现场抽取的10名观众组成本次大赛决赛的大众评委）（3分钟）	
			领导致辞（5分钟）	
			介绍活动亮点、环节（2分钟） 介绍活动亮点： 1. 现场观众抽奖，奖品为手机充值卡 2. 发送短信，竞猜冠军队伍 3. 暑期营销实践现场报名 4. 大众评委每人获得一张充值卡 介绍活动环节： 1. 我为营销狂——大众评委投票选出最佳亮相团队 2. 营销无间道——大众评委与专家评委共同投票选出进入争夺冠、亚军PK赛的参赛队 3. 营销新思路——大众评委与专家评委共同投票选出冠、亚军参赛队	
			介绍短信"冠军竞猜"方法	16：05前发送短信1、2、3或4到08008308即可。1、2、3、4为参赛队伍编号。冠军决出后，将在猜中的观众中抽出20名以上幸运观众。他们将获得由中国移动珠海分公司赞助的手机话费充值卡

（续上表）

序号	比赛环节	时间控制	具体内容	环节规则
2	我为营销狂	14：12—14：28	主持人详细介绍本环节规则（2 分钟）	四支参赛队亮相结束后，由大众评委投票选出最佳亮相队。如果前两名的参赛队所得票数相同，则由专家评委对两支队伍进行投票，最终选出最佳亮相队
			各团队按编号顺序创意亮相（每队 3 分钟，共 12 分钟）	
			参赛队伍复赛精彩片断剪辑（1 分钟）	
			宣布最佳亮相队、最佳亮相队挑选下一轮的竞争对手（1 分钟）	1. 得票最多的参赛队伍选择竞争对手 2. 四支队伍分成两组进行 PK
3	营销无间道	14：28—14：30	主持人详细介绍此环节规则	1. 非最佳亮相队的那一组按编号顺序出场以方案展示形式进行 PK，另一组再按顺序出场 PK，每队时间限 15 分钟 2. 由大众评委和专家评委投票选出每组的优胜队，进入下一轮的冠、亚 PK 赛，其中专家评委 1 票按 3 票计
		14：30—15：00	第 1 组按编号顺序出场展示方案	
		15：00—15：08	文艺表演 1	
		15：08—15：38	第 2 组出场展示方案（最佳亮相队最后出场）	
		15：38—15：43	专家点评	
4	营销新思路	15：43—15：45	主持人宣布上一轮的结果并详细介绍此环节规则	1. 每队根据要求回答主持人的问题 2. 大众评委和专家评委投票选出冠军
		15：45—15：55	营销新思路测试第一回合	
		15：55—16：05	第二回合的思考时间，抽取现场幸运观众 10 名，宣布冠军短信竞猜截止	
		16：05—16：15	营销新思路测试第二回合	
		16：15—16：20	文艺表演	
		16：20—16：25	卫海英主任公布决赛结果	
5	公布决赛结果、颁奖	16：25—16：45	颁奖	
		16：45—16：55	主持人公布"冠军竞猜"幸运观众	
		16：55—17：00	赞助商代表讲话	

（续上表）

序号	比赛环节	时间控制	具体内容	环节规则
6	暑期营销实践报名	17：00—17：10	主持人宣布： （抽奖待定） 移动公司将提供经费在暑期举行相关营销实践活动，现在可发送短信 BM 到 08008309 进行报名，并将逐步考虑成立营销联盟，定期举办各种活动	

比赛中的工作安排：

注：1. 现场工作人员请佩戴工作证。

　　2. 各个部门的空闲成员要积极协助其他人的各项工作。

　　3. 部长负责制，部长赛前把工作分配到具体人员。

　　4. 赛后全体工作人员留下清理场地。

资料来源：

本案例来自 2006 年暨南大学市场学系所组织的第三届"营销之星"大赛活动。

讨论分析题：

1. 活动的组织策划应注意哪些重点？

2. 如何加强营销策划的执行？

3. 本案例有哪些值得改进的地方？

15 - 2　全情投入——家庭服务计划推广方案

封面

名称：全情投入——家庭服务计划推广方案

策划方：新翼联盟

使用时限：04/16/2006 —06/07/2006

前言

为丰富和提升全球通品牌服务内涵和价值，提高客户对全球通品牌的满意度，满足移动客户与家人亲属的通信需求，从而达到有效稳定和促进全球通客户发展的目的，新翼联盟现推出全球通"家庭服务计划"之营销策划方案，感谢各位的观看。

目录

正文

一、全球通的简介（略）

二、全球通的新业务——家庭服务计划

公众对家庭服务计划套餐的认知：

家庭服务计划是一个新推出的业务，许多人士对它并不是很了解，通常会有这些疑问：

①和普通收费套餐相似，有什么特别之处？②具体有哪些优惠项目呢？③加入后有些什么活动参加？④和其他品牌的亲情套餐有什么差别呢？⑤不在同一地区是不是不能使用该服务？

公众认知特征：

亲情套餐知名度较高，但其具体内涵模糊；

宣传方面缺少特色，无法提高品牌价值；

公众理解度和关注度低，亲情概念宣传不到位。

全球通客户对家庭服务计划套餐的认知：

外地出差可经常使用；消费服务有优惠。

客户认知特征：

服务认知度及使用率较低；

亲情套餐人气形象和关注度相对不高，需要大幅度提升。

小结：

公众对全球通品牌知晓度较高，但多数是集中在此品牌的中高端形象；

客户对俱乐部提供的亲情套餐服务反应程度和积极性不高，源于宣传的不到位和公众认知度低；

活动、服务也需要宣传，不单是针对对象客户，还要对竞争者客户、潜在客户、社会公众；

必须设法向目标市场消费者清晰传达亲情套餐服务的概念和内涵。

三、家庭服务计划的市场分析

广东省人口分析：据全国 1% 人口抽样调查，广东省统计局公报，2005 年广东常住总人口达 9 194 万人，占全国总人口的 7%，位居全国第三人口大省的位置，其中，本省户籍人口约 7 901 万人。此外，一半广东人都住在珠三角，该地区人口总量达 4 547.14 万人，占全省常住总人口的 49.5%。

1. 消费者的需要

消费者利益：当今社会，科学技术越来越发达，人们的生活节奏越来越快，而亲情也变得尤为重要，可是人们的忙碌生活，使得家人之间缺少了许多沟通，一时间忽视了亲情的无可替代性。除此之外，人们对通信技术和成本的要求也越来越高。因此，就在这里，隐含有一大商机，推出更加方便广大用户的费用套餐，既要削减消费者的费用，又可以保证消费额度，创造双赢的局面。而作为消费者，亦需要适合自己的生活和工作状态、出入自如、方式简便、价格实惠的通信套餐。

据信息产业部统计，2005 年底，中国手机普及率将达到 38%，平均不到 3 人就拥有 1 部手机，2008 年超过 7.8 亿用户。庞大而高速增长的用户突显出通信市场的巨大需求，也孕育了通信市场巨大的发展潜力。

而与此同时，很多时候一个人的通话集中在少数几个特定的电话号码上。抓住这个机会，神州行、动感地带、小灵通、联通等都推出了亲情号码业务，且各有特点，但未必能满足经常外出的商旅人士，因为异地通话、长途漫游给他们带来了极大不便及金钱浪费。

神州行可以解决漫游的问题，也可以设置亲情号码，但是号码必须是固定电话或网内电话。而小灵通虽然资费很便宜，但它不能解决漫游问题。动感地带尽管很好地解决了以上两个问题，但它的市场主要侧重于学生。使用亲情卡 201 或 200 都要有公用电话，比较不灵活。

所以全球通推出"家庭服务计划"很有意义。它设一张主卡，六个副卡。副卡可以是任何网内网外的电话，即便是省内漫游，也能享受到优惠。针对经常有商旅的人士，这是一个很好的选择。他们可以时时刻刻跟他的家人、商业伴侣交流信息，实现及时沟通的目的，从而使得家庭更加幸福，工作更加顺利。

事实表明，通信产品消费者打电话是有特点的，除了有特殊工作需要的人，一般消费者的拨打就是集中在某几个固定的电话号码上，通常是家人、恋人和需要密切联系的工作伙伴等。所以当今市场的商机，就是一种可以实现与几个固定的号码大量通信联系，而话费不会太高的付费方式。但是在现在的市场上，这类产品大多只能是通话双方都为同一种通信产品品牌时才可以实现。

综合前面的分析，我们认为消费者需要的关键影响因素主要为：

（1）价格优惠的通话。

（2）号码范围可以广泛，不能有太多限制。

（3）方便的使用方式。

（4）体贴的附加服务，如提醒话费、上门入网、亲情小礼品等。

（5）媒体、公关活动的意识影响。

2. 市场细分

根据前面对现在通信市场消费者特点的分析，同时针对产品服务范围为全球通用户的条件，确定全球通用户主要集中在中高收入层，且公司白领居多，我们根据以上条件进行市场细分。

（1）按地理位置细分。广东省作为中国经济发展的前沿，聚集了来自全国各地的精英，多数为中青年骨干，受过良好的教育，但又大多数背井离乡，在广东省内，可划

分为:

高度发达地区:广州、深圳。有大量外省人口,受教育程度高,收入高,工作压力大。

中度发达地区:珠海、佛山等其他珠三角地区。发展潜力大,省内外来人口多。收入中高。使用手机频率较高。

广东省其他地区:韶关、清远等。广东本地人居多,使用手机频率较低。

(2)按社会层次划分。

刚刚进入社会的中青年白领,工作多为基础性工作,收入一般,对产品价格、服务完成占用时间都敏感。使用手机频率高。

中壮年,已结婚或有孩子,公司中高层的管理人员,收入较高,对产品价格不敏感,对服务完成占用的时间很敏感。

事业有成的中老年商人,全球通老用户。

四、全球通家庭计划套餐 SWOT 分析

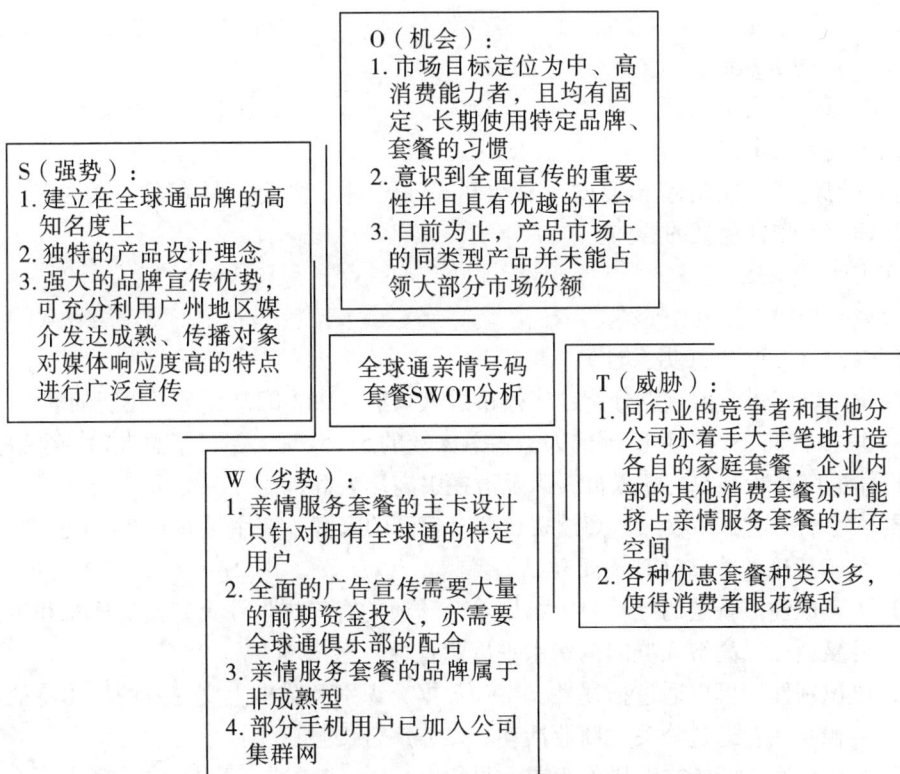

O(机会):
1. 市场目标定位为中、高消费能力者,且均有固定、长期使用特定品牌、套餐的习惯
2. 意识到全面宣传的重要性并且具有优越的平台
3. 目前为止,产品市场上的同类型产品并未能占领大部分市场份额

S(强势):
1. 建立在全球通品牌的高知名度上
2. 独特的产品设计理念
3. 强大的品牌宣传优势,可充分利用广州地区媒介发达成熟、传播对象对媒体响应度高的特点进行广泛宣传

全球通亲情号码套餐SWOT分析

T(威胁):
1. 同行业的竞争者和其他分公司亦着手大手笔地打造各自的家庭套餐,企业内部的其他消费套餐亦可能挤占亲情服务套餐的生存空间
2. 各种优惠套餐种类太多,使得消费者眼花缭乱

W(劣势):
1. 亲情服务套餐的主卡设计只针对拥有全球通的特定用户
2. 全面的广告宣传需要大量的前期资金投入,亦需要全球通俱乐部的配合
3. 亲情服务套餐的品牌属于非成熟型
4. 部分手机用户已加入公司集群网

(1) Strength(强势)。中国移动在国内的通信市场上,占有 42% 的收入市场份额,以及近 60% 的利润市场份额,中国移动的品牌被美国最著名的资讯公司评价为品牌价值第四名的公司品牌。中国移动的整个市场状况也在全球被列为第二位,就是市值第二位的

电信公司。中国移动拥有强大的品牌宣传优势和广泛的市场认知程度，亲情服务套餐可在此基础上凭借独特的产品设计和理念，满足目标市场的需求，开拓新商机。同时，可充分利用广州地区媒介发达成熟、传播对象对媒体响应度高的特点进行广泛宣传。

（2）Weakness（劣势）。在公众的眼里，全球通收费比较昂贵，是有钱人用的卡。还有，亲情服务套餐的主卡设计只针对拥有全球通的特定用户。所以，全面的广告宣传需要大量的前期资金投入和俱乐部成功的运作。亲情服务套餐的品牌属于非成熟型，对于一个产品来说处于导入期，各方面不是很成熟。同时，部分手机用户已经加入公司的集群网。

（3）Opportunity（机会）。亲情服务套餐的市场目标定位为中、高消费能力者，且均有固定、长期使用特定品牌、套餐的习惯。且其他通信所提供的亲情服务在许多方面没有满足这部分消费者的需要，全球通抓住机遇推出家庭计划套餐。广州移动已经意识到全面宣传的重要性并且具有优越的平台。目前为止，产品市场上的同类型产品并未能占领大部分市场份额。

（4）Threat（威胁）。同行业的竞争者和其他分公司也在着手大手笔地打造各自的家庭套餐，所以与同行业的竞争将会异常激烈。企业内部的其他消费套餐亦可能挤占亲情服务套餐的生存空间。在广州，各类移动电话的优惠套餐种类繁多，使得消费者眼花缭乱、难以选择。

五、市场定位

1. 目标市场选择

有一定规模和稳定的增长速度，消费模式（套餐）固定，具有可长期赢利的潜力，并且与品牌形象吻合度高的群体。

2. 目标市场描述

＊全球通用户

＊年龄：25～59 岁（男女性）

现在我们以广州市为试点分析：广州市总人口有 9 942 022 人，而我们的客户年龄定位在 25～59 岁之间，这个年龄层的人数占总人数的 51.57%，超过了总人口的半数。

＊群体：广州所有中高端人群，以及潜在中高端人群

＊群体特征描述：高收入、高消费、拥有自己的家庭、有主见并且有品位

3. 目标市场选择依据（体现逻辑性）

（1）可完成性。特定的经营目的，即给全球通的客户提供注重亲情的概念和服务。

（2）可赢利性。高端人群的消费水平毋庸置疑。

（3）可识别性。可以通过描述性文字和数据，识别和瞄准上文提及的群体特征。

（4）可触及性。通过公关、商业活动和媒体广告接触。

（5）可执行性。营销方案操作简单、可行。

4. 具体目标市场

（1）一人在发达地区工作，父母或伴侣在广东省其他地区生活的青年白领。需要与父母经常联系，报告生活状况，省内老家电话为频繁电话、固定号码居多，其他亲情电话服务很少有适合的。

（2）初婚，已有幼儿的三十岁左右白领。无暇照顾孩子，父母也在外地。父母可能帮忙照看孩子，所以父母亲戚家的电话为频繁电话。还有妻子、丈夫的电话也是频繁电话。

（3）事业有成的中年人，有子女在省内其他地区工作或学习。关心子女，所以子女手机和宿舍电话为频繁电话。

（4）小型家族式企业，家庭主要成员共同经营企业。家庭主要成员互相通话频繁，主要为手机。

服务于中、高层企业白领，全球通除了作为您忠实的商务伴侣之外，在家庭服务方面也可以做到贴心仔细。

主要价值组合：

全球通用户可以轻松开通使用；

副卡电话没有限制，固定电话、小灵通、移动、联通都可以；

资费实惠；

如果副卡也是全球通，可以主卡付费，体贴家人；

促销主旨为亲情，即在繁忙工作之余对家人的关爱。

5. 有竞争力的定位

"家庭服务计划"与一般的亲情电话业务不同，费用收取方面细心注意到了使用特点：如果副卡号码是全球通的话，副卡无须付费，而是主卡一方付费，积分归主卡。作为亲情号码的一方没有增加负担。所以一张全球通电话卡可以作为给亲人的中秋节礼物。

同时，亲情号码套餐的使用突破了必须使用同种手机卡的限制，联通、移动、座机、小灵通样样可以成为亲情互动的一方，无须更换电话卡即可使用，大大方便了消费者的需要。拓宽了市场空间，营造出自有的特色。所以亲情号码无限制是其主要定位之一。

六、营销方案

1. 整体形象推广计划——关键词：三分活动、七分宣传

推广——主题口号："全"情投入

2. 阶段性宣传策略

新翼联盟认为：在亲情号码品牌整合传播推广中，要首先推出套餐宣传的亲情、关爱、孝顺的理念，以塑造亲情号码的特色形象和整体价值；然后推广主题个性生活；持续推广亲情号码文化和特色活动，以实现亲情号码品牌价值的最大扩展和延伸。

（1）推广阶段划分。

导入期（6 月，关键词：了解）：知道全球通亲情套餐；

成长期（8 月，关键词：理解）：理解亲情套餐的功能和内涵，开始参与主题活动；

成熟期（第二年 5 月，关键词：认同）：认同亲情号码的各项服务和主题活动，认为这是一种亲情联系的必需，并有主动购买的意向，市场形成并发展；

保鲜期（第三年 5 月，关键词：认定）：在相关市场中认定全球通亲情号码，产生强烈的品牌忠诚度。

（2）推广进程。

①导入期任务、目的、传播手段：

目的：宣传亲情号码概念，引起话题关注。

方式：以电视广告、商务楼广告、车体广告、车站广告、网络宣传为主，针对推广主题有目的地塑造整体形象。

②成长期任务、目的、传播方式：

目的：传递亲情号码及概念包装信息，使其进一步清晰并引起大众关注，使客户对亲情套餐及其所传播的理念有明晰理解，产生兴趣，形成一定好感，为后期传播奠定基础。

方式：以举办主题活动、报纸、网络、电视广告、车载移动广告为宣传手段，针对推广的主题进行一定的市场培育。

③成熟期任务、目的、传播手段：

目的：在充分形成"有效服务"需要和心理期待的基础上，最大化吸引人气、培养偏好，形成认同，达成参与归属。

方式：以全方位的广告传播模型传递信息，包括车站广告和网络宣传。

④保鲜期任务、目的、传播手段：

目的：使客户形成服务需求倾向，对全球通亲情套餐的忠诚度及依赖度提高，并乐意参与有关的家庭活动和其他优惠。

方式：以常规广告为传播手段，保持俱乐部服务内容的跟踪告知和更新。如低频率的电视广告宣传及适当的活动。

3. 纪念品设计

作为全球通的一个新业务，家庭服务计划套餐有自己的特点，可为其配套自己的一系列纪念品，以鼓励并感谢广大客户对新业务的支持。

（1）记事本。

记事本有不同的款式，适合于不同的人群和场合。针对全球通"家庭服务计划"的潜在使用者，记事本的款式有三种：适合于一家之主的高档型、适合于女士的高贵型及适合于小朋友的可爱型。

高档型的记事本选择棕色或者褐色的人造皮作为表面，纸质朴素，纯白色，只在每一页的最上边印着记事本主题："全"情投入——"成功，要与家人一齐分享！"

高贵型的以各式的花作为封面，纸带有封面花的花香，每一页的最上面印着记事本主题："全"情投入——"别忘了时刻关心你的家人！"

可爱型的记事本比较小巧，就像小朋友一样，封面及里面的每一页都印有小朋友所喜欢的卡通人物，并且每一页都不一样。唯一相同的是每一页最上方都印着卡通版的两个大人拉着一个小朋友。

在办理全球通"家庭服务计划"的时候，向该套餐的主卡用户送一本记事本，款式自选。同时，记事本又作为公关活动（参考下文）的奖品，以配合公司的活动。

（2）台历。

台历较挂历小巧方便，作为业务的一种纪念品有它自己的特点。与传统的台历一样，它也是一个月作为一个页面，不同的是它更加贴心。在每一个特别的日子都会给你一个温馨的提示，如3月8日的时候在3月份的页面会提示"3月8日妇女的好节日"，并且3

月 8 日用不同于平时的字体颜色，而显得更加醒目。类似的重要节日还有 6 月 1 日儿童节、中秋节、元宵节……

而台历的背景设计也是多样的，由使用者自行选择喜欢的款式。背景画面包括：一家三口的幸福画面、成功的画面、舒服的大自然景观等。在台历的右手边留有空行，可以记下重要的事情。

对于 VIP 客户，他们有更多的自主权。可以根据自己的需求，把自己喜欢的家庭相片或者其他图片作为台历背景（要提前把所选的家庭图片、相片给开户的服务厅）。

在使用套餐的每一年里，每一"家庭"都可以收到一个可爱的台历。

（3）纪念钢笔。

作为公关活动（参考下文）的另一奖品，是高档的钢笔，上面印着"中国移动全球通家庭计划"。

（4）钥匙扣。

也是公关活动（参考下文）的奖品，每一参加者都可以获得，作为参加活动的纪念。钥匙扣有三种类型：一种是卡通的爸爸，一种是卡通的妈妈，最后一种是卡通的小朋友。

4. "全"情投入——促销活动

（1）活动简介：配合家庭服务计划的推出，与适合的企业进行合作，以各种优惠或奖励等吸引相应的目标市场加入家庭套餐。

（2）活动时间：2006 年 6 月—2006 年 9 月。

（3）活动可行性：中国移动全球通品牌本身就在广东这边有相当数量的特约商家，本系列促销活动与其中部分商家合作进行（而且优先考虑已经与全球通有合作关系的特约商家；如果推广期时间允许或有条件，也可以考虑与原特约商家外的公司进行合作）。在合作商方面，需选择与家庭服务计划具有一致的目标市场或宣传受众的商家进行合作，并且需考虑到共同推广所带来的效益问题。由于合作计划对商家本身的产品推广和利润实现有利，因而相信对方也会有这样的合作意向；而对目标市场而言，促销活动会给予其物质上的优惠及心理上的愉悦，因而相信对整个家庭服务计划的推广是相当有利的。

（4）活动宣传：在确定合作商家后，主要选取以短信 + 网站 + 邮件这三种方式宣传本次促销活动。短信平台本身就是中国移动的优势所在，覆盖面广，成本也较低，但一定注意要合理运用，以免因发送次数过多等原因造成受众的烦躁抗拒心理，只选择每个月的第一个星期六发送一次；网站选择全球通的 VIP 网，成本较低，目标市场较集中，但宣传范围不够广；邮件选择与网易公司合作，覆盖面较广，而且成本并不算太高，选择特定收件人群（100 000 人）＋发布新闻（5 天）。

（5）活动成本：估计总费用为 138 500 元，详见下文的"财务预算"。

（6）活动实施方案：对我们整个营销方案而言，以广州为主要推广点。从 6 月到 9 月，每个月只推出一个优惠。所有优惠对已加入家庭套餐的用户，不再以短信形式告知。

① 6 月份：合作商家：摄影——广州知色数码影像网络。

针对处于各个消费水平的原全球通用户（特别是家人在广东省内其他地区的群体）。

具体宣传：尊贵的全球通用户，现凡您与您的亲朋好友于本月加入"全"情投入家庭服务计划，您即可凭您的手机号码至广州市知色数码制作各分店以 VIP 价 7.5 折享受数码相片激光扩印等服务的优惠。店内消费满 50 元，还将根据您的照片为您指定的 6 位亲朋好友特别准备电子贺卡（或免费赠送一套全家福套餐）。现在就加入全球通为您和您的亲人好友量身定做作的亲情服务，为您关心的人献上您的一份心意吧！

②7月份：合作商家：饮食——东方宾馆咖啡自助餐厅、东海海鲜酒家。

两间餐厅，前者主要针对事业有成，注重生活享受而且消费能力高的群体；后者针对有一定消费能力的白领及其他具有相当消费能力的群体。这里的用户包括全球通品牌以外的其他用户。优惠卡及现金消费券的具体使用方式由合作商家自己决定。

具体宣传：尊贵的用户，现凡您与您的亲朋好友于本月加入全球通"全"情投入家庭服务计划，您即可凭您的号码所在群的主卡号免费获取东方宾馆咖啡自助餐厅8.8折VIP卡或东海海鲜酒家的100元现金消费券。于中秋节至指定餐厅消费，餐厅还将特别（免费）为您和您的亲人献上精心准备的家庭特色点心和高贵家庭礼品包。现在就加入全球通为您和您的亲人好友量身定做的亲情服务，与亲爱的他们一起来享受这份团聚的喜悦吧！

③8月份：合作商家：购物（易趣、卓越、当当等购物网其中一个）＋游乐（广州番禺长隆欢乐世界）（两者均未加入特约商家）

主要针对平常工作忙碌、无暇照顾孩子或孤身在外地工作的白领，适合处于各种消费水平的家庭，以家庭中的女性为主要传播受众。这里的用户包括全球通品牌以外的其他用户。现金消费券暂定为一次性于网上购物满99元方可使用；而优惠票价格则暂定为现价118元（原价145元），具体获赠数量与群内号码个数一致。

具体宣传：尊贵的用户，平常的工作是否过于忙碌，令您无暇享受购物的乐趣，或者让您与家人团聚的时间变少？现凡您与您的亲朋好友于本月加入全球通"全"情投入家庭服务计划，即可凭您所在群的7个号码（含主卡）免费获赠易趣网（卓越、当当等）30元现金消费券及7张广州番禺长隆欢乐世界的优惠票（原价145元，现价118元）。赶快加入全球通为您和您的亲人朋友量身定做的亲情服务，享受网上购物的乐趣及温馨愉快的欢乐时光吧！

特别对全球通VIP用户推出（以短信形式通知）：

用户可用积分换取长隆游乐园的门票，钻石会员免费换取，金、银卡会员可给予大额折扣（金卡三折，银卡五折）。具体内容如下：

1）活动时间

2006年8月1日—8月31日。

2）活动流程

a. 登录注册：广东移动全球通VIP俱乐部会员凭手机号码和对应的2006年会员卡卡号，注册申请长隆游乐园套票（一家三口）一套。会员卡卡号与手机号码必须一一对应，前500名成功注册的会员客户可获得。相应票价在您的手机卡里面扣减，请注意手机余额，谢谢！

b. 认证成功后，客户需在线填写收件人、固定联系电话、地址和邮编等相关信息。

c. 我们会在您注册成功起的7个工作日内将票送到您手中。

3）活动规则

a. 本次活动共有广州长隆游乐园套票500套，注册成功的前500名俱乐部会员每人可以获得一套，先到先得，送完为止。

b. 2005年全球通VIP俱乐部会员凭手机号码和相应会员卡卡号进行注册申请，每个手机号码和相应的会员卡卡号仅限注册一次。

c. 请您详细填写收件人、固定电话和邮寄地址、邮编等相关资料，以避免因填写的信息错误导致快递延误或赠品丢失而给您带来损失。

④9 月份：合作商家：西饼——广州酒家企业集团利口福食品有限公司。

针对处于各种消费水平的家庭，以家庭中的女性为主要传播受众。这里的用户包括全球通品牌以外的其他用户。适逢送礼旺季，特别是中秋节等，正好推出这个促销。

具体宣传：尊贵的用户，现凡您与您的亲朋好友于本月加入全球通"全"情投入家庭服务计划，即可凭您的号码所在群的主卡号享受广州酒家企业集团利口福食品有限公司各式西饼买满 20 元送 10 元大优惠；凡于店内消费满 30 元（月饼除外），即可以 7.5 折优惠价购买广州酒家各款月饼。现在就加入全球通为您和您的亲人好友量身定做的亲情服务，和他们一起来分享这份温馨和甜蜜吧！

5. "全"情投入之——公关策划

（1）活动简介："全"情投入之"我们家都能"家庭斗智斗力寻宝大赛。

作为"全"情投入的系列活动之一，该活动的主题意将全球通品牌概念"我能"以及活动所传达的家庭理念结合在一起（比赛过程中还会隐含"一人尊贵，全家优惠"的概念）。在一系列的商业促销活动之外，策划一起大型公关活动，以吸引大众的参与，同时引起媒体的关注（召开新闻发布会等），争取一定的媒体价值，以扩大整个业务的宣传力度及维持品牌形象与优势。

（2）活动时间及地点：2006 年 10 月 6 日下午 1 点至 6 点，广州白云山。

（3）活动参加对象：家庭成员中的 3 人，参赛年龄从 13 周岁到 70 周岁（体现"我们家都能"的原则；另外是出于对活动安全性及尽量保证参赛者的体力和智力水平等方面的考虑）。

（4）活动可行性：今年的中秋佳节为 10 月 6 号，适逢国庆长假，正是全家人都放假的时间，群众有空闲时间参与大型户外活动。地点选在白云山，一方面是考虑其安全性，另一方面是它的影响力，特别是中秋节那天本来就有许多家庭会选择上山赏月，正好趁此良机去举办这种比较新鲜的有奖活动。由于是对群众具有相当吸引力的公关活动，相信会得到白云山管理有关部门的大力支持。

（5）活动宣传。

宣传期：分为以下三段：

①9 月 1 日至 9 月 25 日：宣传报名期。主要以新闻发布会＋报纸广告＋短信＋网站方式宣传。9 月 1 日召开新闻发布会，为整个活动宣传造势，扩大影响力；报纸广告附加报名表，9 月 2 日（星期六）在《广州日报》A2 版上刊登，大小为 24cm×17.5cm；短信告知方式出现 2 次，时间为 9 月 3 日（星期天）和 9 月 24 日（星期天），手机号码已登记参赛者不再以短信方式通知；全球通网站宣传期为 9 月 1 日至 9 月 25 日。

②10 月 5 日及 10 月 6 日：活动宣传期。邀请电视媒体对活动赛前及整个比赛过程进行宣传。

③赛后某天，时间待定：后续报道期。争取得到获奖人同意，与其约定追踪报道其赛后关于奖项的情况（例如在指定餐厅用餐的温馨片段等）。

（6）活动准备。

①物品准备：

一等奖（1名）——东方宾馆咖啡自助餐厅888元餐券（限晚餐）+中秋山顶晚餐+广州酒家月饼1盒（双黄白莲蓉等）+高贵家庭礼品包+一套全家福（含家庭服务计划套餐相框）+免费体验全球通家庭服务计划（时间为3个月，可选择要或否）；

二等奖（3名）——东海海鲜酒家现金代用券388元+中秋山顶晚餐+广州酒家月饼1盒（双黄白莲蓉等）+高贵家庭礼品包+一套全家福（含家庭服务计划套餐相框）+免费体验全球通家庭服务计划（时间为2个月，可选择要或否）；

三等奖（10名）——中秋山顶晚餐+广州酒家月饼1盒（双黄白莲蓉等）+高贵家庭礼品包+一套全家福（含家庭服务计划套餐相框）+免费体验全球通家庭服务计划（时间为1个月，可选择要或否）；

优秀奖（所有参赛家庭）——精美中秋家庭礼品包（包括各式家庭记事本+钥匙扣+纪念钢笔等）；

其他所需道具：为每个参赛队伍准备3份藏宝图（标示藏宝点1号及2号的位置），再准备一定数量备用。

②场地布置：

起点：山脚处设置临时报名点及宣传点；

赛程：从山脚到山顶路上设置10个藏宝点；

终点：山顶处设置派水点+"全"情投入咨询投诉点——派水点即参赛队伍完成比赛后的登记点。参赛者从山脚走到山顶，此时为其提供饮用水，有种贴心的感觉，也不会有太浓的商业气息；咨询投诉点为贴满"全"情投入宣传海报的摊位，让参赛者或路人了解家庭服务计划的内容，亦可让其对全球通品牌进行咨询投诉之类。由于此处为山顶，相信无论是刚参加完活动的家庭，或是没有参加活动而单纯来爬山的群众都会在此休息或停留，因而在这里设点会取得较好的效果。

如果条件允许，可以加一块大型展板或扩音器，用以开展"给亲爱的爸爸妈妈的一句话"，即参赛队伍完成比赛后，可在展板上留下自己的一些参赛感言或对父母的心里话，用以作为纪念。亦可用扩音器把对父母的爱大声喊出来，场面会十分感动。

（7）人员安排：山脚的起点处需安排较多人员，负责维持秩序等，而每个藏宝点设置至少2名工作人员，终点处需要最多的人手。

（8）参赛规则：

①报名时间：9月1日至9月25日（以便及时确定参赛人数、藏宝图制作数量、饮用水的提供数量等）。

②报名方式：填妥报纸上的报名表并邮寄至指定地点；回复参赛短信、邮件；也可登录全球通VIP网站报名。

③参赛须知：每个参赛家庭需自备手机等通信工具，以便在比赛中联系。

（9）赛事流程（初定）：

①各参赛家庭队伍需于下午1点集中于起点处，凭手机号码之类领取藏宝地图。2点正式开始比赛。

②参赛队伍3人按地图所示一起出发到前2个指定点，取得相应标记。并在第2个指

定点取得 3 份地图，分别为第 3、4、5 个藏宝点的位置。3 个点需走的路各不同，而且相距较远，因而参赛队伍可能选择 3 人分开走或兵分两路，又或者 3 人一起的 3 种方式。由于之前选手有年龄限制，选手的智力等都达到一定水平，因而估计多数队伍会选择 3 人分开走的方式，以下暂只考虑 3 人分开走的方式。

　　③3 人各自按手中地图来到第 3、4、5 号藏宝点，分别对应获得标有数字 3、4、5 的纸张（其他材料亦可）认证，上面对应标示第 6、7、8 号藏宝点的位置。而 3 张认证上说明，第 6、7、8 号藏宝点分别对应离第 4、5、3 号藏宝点接近，而且要获得第 6、7、8 的认证分别对应需要数字 4、5、3 的认证。即位于 3 号藏宝点的选手欲往 6 号点，需先拿到 4 号藏宝点亲友所获得的认证，且需要走较远的路。

　　在这种情况下，较明智的 3 号藏宝点选手会选择以手机通知位于 4 号点的亲友，告知其 6 号藏宝点的位置并让其直接前往 6 号点；而相应地，4、5 号藏宝点选手也会作出同样选择；估计多数家庭都会选择这种以手机通知亲友的方式，而不会选择自己浪费时间体力去绕远路。

　　④来到第 6、7、8 号藏宝点的 3 位选手，分别拿到数字 6、7、8 的认证。而 3 人中，只有第 6 号藏宝点选手获得第 9、10 号藏宝点地图（此处意在隐含"一人尊贵，全家优惠"的概念），且上面标明必须以手机通知第 7、8 号藏宝点的亲友 9 号或 10 号点的位置（7、8 号藏宝点选手没有地图，其认证上需告知只有 6 号点亲友手上有地图），否则比赛无法继续。6 号点选手需很快决定由自己或由哪位亲友到 9 号点去拿认证，剩下的 2 个人到 10 号点，抑或是 3 个人一起到 9 号点，再一起到 10 号点。估计多数明智的家庭会选择前者。

　　⑤到达第 9、10 号藏宝点，获得各自的认证后，参赛家庭即可冲往山顶的终点。队伍中的 3 位成员需全部到达，才算完成赛事。到工作人员处登记资料，并领取优秀奖的奖品。大奖领取则会在稍迟一些以手机、广播等方式进行通知。

附：

　　寻宝大赛是一个大型户外活动，需考虑天气问题。尽管秋季比较干燥，但万一出现暴雨等天气，则不得不取消比赛。对于这点，我们采取的风险控制方案如下：

　　（1）临时将户外活动改为室内活动，如"我们家都能"家庭烹饪大赛和婴儿爬行大赛等（前者的形式较为普通，参赛者可能较多，但活动的准备必须充足；后者对物资等要求较低，但参赛者范围较小）。若在时间、资源等方面无法协调，则只能不举办其他活动。

　　（2）及时以短信形式通知已报名参加寻宝大赛的家庭有关比赛的变动，并诚心说明改动的原因（天气等不可抗拒因素）；及时通知相关媒体，让其到新比赛场地对活动进行报道（出现这么大的变动，相信会成为媒体报道的新爆点）。

　　（3）赛后召开媒体招待会，解释相关问题。

　　由于需采取此措施的几率较低，所以暂不详细作活动策划。

　　6. "全"情投入——广告策划

　　（1）受众分析。

　　目标消费者的确定——寻找有效沟通的媒介桥梁；

从不同年龄层、不同职业、不同职位以及经济状况来进行消费者的确定。

年龄：25～59岁（男女性）

群体：广州所有高端人群及潜在高端人群，从公众影响力方面来说传播对象应该是全体广州人。

（2）广告的目标。

宣传：向我们的目标市场推荐我们的家庭服务计划，介绍我们的套餐内涵，以及选择优势，从而赋予全球通一个新的亲情形象。

渠道：电视媒体、报纸、车体广告、车站海报、车载移动电视、短信、商务楼。

宣传理念：孩子对父母的孝顺，夫妻之间的体贴，父母对孩子的关爱（亲人之间的和谐与沟通）。

广告语："多忙，也别忘了他/她"。

（3）媒介分析、投放。

关键词：快速、有效、媒体组合（图片略）。

（一）电视媒体

1. 优缺点分析

电视媒体一般被认为是效果最好的媒体。据调查，在3 000份问卷中，竟有93％的人认为他们购买商品首先受电视广告的影响。电视广告的优点是视听兼备，形声俱全，表现力强，容易形成冲击力。但近年来电视频道大幅度增加，一个城市一般都能收到四五十个台，而且广告泛滥，以至于广电总局曾在2004年1月1日下达了关于整治电视广告的通知。所以电视广告的被注意率和收视率下降。在电视广告的汪洋大海中，没有特点、没有意义的广告很容易被淹没。

2. 可行性分析

（1）第一，我们选择的频道是观众喜爱的频道。现在的市民，喜欢看一般反映底层社会民生的节目，一般都是以关心百姓寻常事为主，如TVS1的《今日一线》、广州台的《G4出动》、TVS3的《城市特搜》等节目，而这几则节目播出的都是省内的信息，符合我们目标市场中的地区定位——广东省内的全球通客户。且收看者众多，影响力大，在一天劳累的工作后，这种节目可以成为人们茶余饭后的讨论话题。

中央电视台影响力虽然大，但是我们的目标市场是广东省，而不是全国。在广东省，据我们所知，中央电视台并不是最受欢迎的电视台，人们很少专门去看，而且它的成本会更高，所以我们并没有选择它。

第二，广告必须具有创意这一元素，似乎已让人感到理所当然，观众非常同意广告中的某个观点才可以说服他们。如我们的广告，虽然并不具有创意性，但是它是中国传统美德的体现，是人性化的体现，传达了人与人之间沟通交流的重要性。

（2）频道与时间选择。TVS4是收视率仅次于翡翠台的电视台，排名第二，占了广东市场收视率的13.4％。另外，我们选择广东电视珠江频道，其收视率在广东排名第四，因为新闻是比较多人青睐的节目，所以我们选择新闻后与天气预报交汇的这个时段：18：58。

（3）财务预算：广东电视珠江频道：18：58，十五秒是 25 600 元，三十秒是42 700元。南方 TVS4 台：A 段十五秒是 11 500 元，三十秒是 17 800 元。

3. 广告设计

（1）广告设计之一："全"情投入——广告策划之"多忙，也别忘了他/她"（约 12 秒）。

这是一系列由家庭里不同成员组成的广告，包括：

①外出工作的儿女打电话给父母，目的是宣传孩子对父母的孝顺。

②丈夫打电话给妻子，目的是宣传夫妻之间的互相体贴的感情。

③爸爸或妈妈打电话给未成年的小儿子或女儿，目的是表现父母对孩子的关爱。

屏幕是一片黑色（约 3 秒），铃声响起（铃声的响起往往会给人一种错觉，以为是自己的手机或电话，这样响几声，也可以引起人们的注意）。

一个圆形图案从右上角移出来（圆形代表团圆），里面是一个可爱的小孩，小孩说："喂?"此时，另一个圆形图案从左下角出来了，是爸爸在一边看着台历（翻到了 6 月 1 号，上面有着全球通的 Logo），一边手拿着手机说："喂，小强啊?"小孩子马上兴奋地喊（但是是无声状态），爸爸微笑的特写，然后又回到小孩子那边的画面，只看到他在笑，口在动，没听到他的声音。

然后，音乐响起（柔和温馨的纯音乐），屏幕回到原来的蓝色，中间出现"全"情投入——家庭服务计划，右下角的全球通标志闪现，同时有旁白："多忙，也别忘了他。"

（另外两个广告也是如此，但换了不同的人拿着手机打给不同的人说不同的话。）

这则广告准备在导入期和保鲜期播放。

（2）广告设计之二："全"情投入——广告策划之"传情狗"篇（约 30 秒）。

狗一直被看作是人类的朋友和伴侣。这个广告希望能将全球通的家庭亲情服务与狗的友善结合起来，把狗变成一个连接点。最主要传播的理念就是希望家人能团聚在一起去享受那份亲情，目标受众范围比较广。广告名称为"传情狗"，一是为广告中的狗赋予意义；二是取粤语的谐音"全"情狗，配合主题。

整个广告分为 4 段，前 3 段的末尾都是为下一段埋下伏笔。场景 1 中的门都没关，是为了体现陈夫人拥有了全球通手机卡的愉悦，也是为狗能顺利冲出门外打下基础；场景 2 中，穿过全球通的广告牌实际不是宣传重点，而是作为一种隐性广告出现，与场景 3 中的电视正在播放的全球通广告目的一样；场景 3 中，家庭主妇以刚辛苦煮好的一块骨头来与狗交易，有点滑稽成分在；场景 4 最主要就是蕴涵一种亲情的理念，与亲人团聚的心情。另外，骨头对狗而言是非常有吸引力的东西，而最后的场景为狗宁愿选择全球通手机卡，暗示了卡的吸引力。狗完成了它作为亲情载体的任务。而相框也是作为隐性广告出现（以下人物的名字只是为了方便，可以改动或删除）。

背景介绍：陈伯夫妇养着一条聪明乖巧的狗 Jacky，而他们的儿子 Jerry、媳妇 Mary 和 8 岁左右大的孙子 Tommy 都在另一个地方生活。Jerry 平常的工作非常忙碌，总是要到很晚才能回家，与家人的沟通比较不足。中秋节的这天……

场景 1：陈伯的夫人回到家，手没空闲关门，就把装满物品的购物袋放在桌子上，高兴地向正在看报纸的陈伯展示手中新买的全球通手机卡。陈伯刚把卡接过来，想看清楚。突然，趴在旁边的 Jacky 一下子站立起来，一口咬走了陈伯手中的卡，急速地冲出门外。

陈伯他们急忙追出门外，一边喊着"Jacky！Jacky！"可是 Jacky 并没有停下来，而是一直冲下楼。（屏幕一角打出"待续"及"全"情投入家庭服务计划的宣传语）

　　场景 2：Jacky 的口中紧紧咬着全球通手机卡，一直朝一个方向狂奔。路上，它超过了很多正在打手机的路人（路人惊讶地望着它），经过了贴着全球通"全"情投入海报的车站，它停下望了望站牌，继续往前奔跑。它冲出了繁华的市区，穿过了郊外的一条长路，来到了一栋大楼前，冲了上去。在 3 楼的一间屋子前，它停下了脚步，呆呆地望了望门，又看看门旁边的门铃（屏幕一角打出"待续"及"全"情投入家庭服务计划的宣传语）。

　　场景 3：听到门铃响了，快要做好饭的 Mary 叫正在看电视（电视正在播放全球通"全"情投入的广告）的 Tommy 去开门。Tommy 开门发现是爷爷家的狗 Jacky，兴奋地抱着它并带把它带到厨房。有点惊讶的 Mary 看了看 Jacky，发现了它口中的全球通手机卡，想拿过来。可 Jacky 还是紧紧咬着卡不放。Mary 只好拿起身边煮好的一块骨头，才勉强引诱了 Jacky 松开手机卡。Mary 拿着全球通手机卡（Jacky 在旁边开心地啃着骨头，却仍盯着 Mary），似乎突然想起了什么，走到客厅的电话前（Tommy 和咬着骨头的 Jacky 跟着出来），开始拨打电话（屏幕一角打出"待续"及"全"情投入家庭服务计划的宣传语）。

　　场景 4：仍在公司辛勤工作的 Jerry 接到了 Mary 打来的电话，望了望窗外的明月，微笑地跟妻子说了什么，电话那头的 Mary 一边听着，一边微笑地看着手里的全球通手机卡，有点默许地挂了电话。放下手头的工作，Jerry 开着车回到家，把手中拿着全球通手机卡的 Mary、Tommy 和啃着骨头的 Jacky 接上车。车开始往陈伯家出发，途中，Tommy 打手机到陈伯家，告诉爷爷要过去吃饭。陈伯高兴得快要落泪（陈伯的夫人也很高兴，赶紧去厨房加菜）。结束镜头为，窗外一轮明月下，一家五口人享受着团聚的喜悦。在旁边趴着的 Jacky 又咬着全球通的手机卡，骨头在它旁边的地上。镜头开始拉远，渐渐模糊（只听到他们的笑声），把焦点打在桌上的一张全家福上（相框为全球通"全"情投入的字样）。

　　最后，打出"全"情投入家庭服务计划的宣传语。

　　这则广告准备成长期播放。

（二）车体广告

1. 优劣分析

　　户外媒体随着城市规划、环境保护不断完善，发展很快。尤其是车体广告，更是构成了城市的一道亮丽风景线。车体广告是最好的流动性广告，它穿梭于大街小巷，是提高厂家及产品知名度的极佳途径之一。但其缺点是覆盖面不够广，而且长期风吹雨淋，泥泞污渍，易老化。而我们的目标市场中，无论是高层白领，有私家车的，还是中低层的白领，依旧都是要出门上班的，所以车体广告是一个不错的选择。

2. 可行性分析

　　（1）无论是哪个层次的人员，他都会有走在大街上的时候，尽管我们的白领有私家车，但他们依然会穿越大街小巷。

　　（2）车辆选择：221、548、549，考虑到这几辆车经过的路线比较长，而且都会经过繁华地区。

　　（3）财务预算：价钱大约是 3 000 元一辆车。相对于电视广告，可以说是廉价的投资。

3. 广告设想

像电视广告中，打电话的画面，深蓝色为底，其中两个家庭的成员在打电话，车身突出广告语"多忙，也别忘了他/她"，右下角是"全球通——家庭服务计划"的标志。在车后突出主题："全"情投入。

（三）车站海报

1. 优劣分析

车站海报虽然很普通，但是当人们在赶公车时，不一定能够马上等到自己想坐的车，或者公交车停站，这时候一个漂亮的海报画面能够吸引顾客的眼球，好的广告可以让人反复琢磨。而我们的广告让辛苦的人们在其回家的路上可以不断地回想我们的宣传语："多忙，也别忘了他/她。"

2. 可行性分析

（1）在等车之际，人们都比较愿意去欣赏漂亮的海报，以作消遣。

（2）位置选择：天河体育中心车站。天河城平均每天的客流量都在 30 万人次以上，而节假日的最高日客流量甚至超过了 80 万人次。中山医站、广东省人民医院站，一般医院门口的车站都有着较高的人流量。

（3）财务预算：一般车站海报的费用是一个月 4 000 ~ 5 000 元。

3. 海报设想

像电视广告中打电话的画面，深蓝色为底，家庭的成员在打电话，左边竖写着：5 元租费，200 分钟省内家庭内通话。右下角是："全"情投入——家庭服务计划的标志。突出主题："全"情投入。广告语"多忙，也别忘了他/她"。在不同的车站摆放不同系列的广告海报。

（四）车载移动电视

1. 优劣分析

既有电视广告的优点，视听兼备，表现力强；又有车体广告的优点，流动性强，广告接触范围广；还有其自身的优点，乘客的社会阶层稳定，乘车有很强的规律性，广告效果针对性强，其广告的有效到达率是其他媒体难以比拟的，更重要的是，乘客在乘车时处于无聊状态，心理上和感觉上对有声有色的广告不会排斥，易于接受。所以说，车载移动电视模糊了电视广告和户外广告的界线。业界把它定义为"户外新兴媒体"。以后，随着中国经济的发展，新兴的广告媒体会越来越多。

但它在进行市场操作时，由于同时具有电视广告和户外广告的特点，所以它进入市场后，就会冲击电视广告和车体广告的客户群，必将打破现有的广告媒体格局。人们在看电视、读报纸时，一般都能设法避开不喜欢看的广告。但是在公交车上，乘客往往身不由己地成为广告的"目标受众"。如凯骑电单车，许多人并不喜欢这个广告，但是在坐车时，不断地播出来，使得它的广告词深入人心。正是这种带有强制性、被动性的传播环境，为广告带来了高到达率，再加上投放费用比较低，所以很多企业看好这个媒体。现在广州的公交系统还不尽如人意，高峰期车上拥挤严重，使后面的乘客看不到画面。但我们的广告有着温馨的广告语，能唤起人们对家人的依恋、问候。此时我们的广告，重在给顾客一个听觉上的刺激。

2. 财务预算

投资少，成本低，如每天计划播出 32 次，价格为 $19 \times 8 \times 4 = 608$ 元/天 。一个月的费用总计：608×7 天 $\times 4$ 周 $= 17\ 024$ 元。

3. 广告设想

与电视广告相同。

（五）网络广告

1. 优劣分析

它的传播面很广，且凭着自由灵活的广告形式和空间，特殊的视觉性和互动性，逐渐崭露头角。网络广告通过先进科技、低廉成本、便捷方式、高效收益为广告主提供专业服务，广告主亦可通过在线调查作出详尽的用户分析，大大降低了用户获取成本，还可在网上完成交易。但网络广告最大的缺点是可信度差。这主要因为网络广告监管力度差。

2. 可行性分析

（1）白领们都是以脑力劳动为多，网络的信息查询应该是他们获得信息的主要来源。因此，尽管只是把目标市场定位在广东，但我们的网络依然可以涉及很多我们的目标群体。

（2）财务预算：网络广告的费用一般是报纸的 1/5，电视的 1/8。

3. 网站选择

选择 163 网站，根据我们的统计，从 www.163.com 搜索引擎首页的点击率为 56.6%，在搜索结果页面的最上方出现，是整个搜索页面最醒目的效果排名，不管搜索哪页，它始终处于原来位置！加上闪动的五星更增加了其黄金位置的优势，更吸引用户的眼光。根据统计，有 87.3% 的网民会点击黄金搜索位置，只要投入 1 500 元/年，即可享受在门户网站搜索中占有黄金广告位（横幅广告）的服务。

4. 广告设计

由于网上的移动广告很容易让人反感，所以我们选择的是在网上一个固定的位置去宣传，宣传主要由字体来表现：中国移动全球通"全"情投入——家庭服务计划，再加一句我们的广告语："多忙，也别忘了他/她。"除此之外，我们的公关活动也会在网站发布。

（六）短信传递温馨提示

短信的宣传，是移动公司的强项，在佳节到来的前一天，比如中秋节，提醒人们别忘了问候。当然，这种提示不应多，以免引起人们的反感，所以只需在佳节的前一天发送短信，如："适逢中秋佳节，中国移动全球通给您带来最真诚的祝福与问候。多忙，也别忘了给家人来个问候哦！"

（七）报纸

1. 优劣分析

报纸广告的优点主要体现在弹性大、灵活、及时，对当地市场的覆盖率高，易被接受和被信任。其缺点主要在于传递率低、保存性差、传真度差、广告版面太小、易被忽视。

2. 可行性分析

（1）家人聚在一起的时间大多在晚上，而中秋赏月也是在晚上，为宣传家庭、温馨这个概念，我们选择晚报作为我们的传播媒介，以宣传我们的活动。

（2）报纸媒体选择：羊城晚报。因为家庭聚集的时间多在晚上。针对广东区域，选择广州珠三角版 A17 报眼，大小为 8×18。

（3）财务预算：黑白字体，价格约 16 170 元。

3. 广告设计

我们的公关活动宣传，加上我们的口号："全"情投入——家庭服务计划。

（八）商务楼

1. 优劣分析

首先，相对于传统户外广告而言，它是一种电视化的户外广告；而与常规的电视广告相比，它又是分众化的，能更加精确地命中目标受众。在写字楼里，每个人每天平均上下电梯 4 次，每次平均乘坐时间为 3 分零 1 秒。对于等乘电梯的人来讲，这三分多钟处于一种狭小的空间和极度无聊的心理状态下，因此，分众传媒的商务楼宇广告具有极高的强制性收视率。但与商务楼的商谈是一个艰巨的任务。

2. 可行性分析

（1）因为我们的目标市场是珠三角地区的公司白领或成功人士，所以我们必须寻找白领们常出没的区域，如商务楼就是一个不错的选择，就像广州的中信那种集中着许多各种各样的白领的大厦，人们的出没，能够使广告被注意。在那里的电梯间里或门口置放液晶电视，从早 8 点一个小时，以及晚 5 点一个小时（约是人们上下班时间）循环播放广告信息，目标受众是日常出入这些楼宇电梯的企业管理者和白领阶层，让其了解我们的传播理念。

（2）财务预算。从 CTR（央视调查公司）监测机构对分众楼宇电视所作的人流量测试及 CPM（千人成本）成本测算中可以看到，分众楼宇电视广告的 CPM 成本（千人到达率成本）不到上海平均电视广告 CPM 成本的 50%，而对于月收入 3 000 元以上的中高端受众，分众楼宇电视广告的 CPM 成本更是在传统电视广告的 1/10 以下。

（3）广告设想。大体与电视广告差不多，但是不设计前三秒的纯背景，而是直接进入铃声。

附：成本费用预算表（略）

资料来源：

本案例是 2006 年暨南大学市场学系所组织的第三届"营销之星"大赛中的获奖作品。

15－3　美的电暖器全国市场整合营销策划案例

未雨绸缪，三伏天里策划电暖器

七月的广州，骄阳似火，空调开到了最足。然而锦魁·尚形机构的一组员工却在认真地研究着与这个季节格格不入的产品——电暖器。这属性火热的产品让笔者对酷暑的感觉加倍升级，更加难受，心中万般渴望冬天的来到……走在市场前——这是策划人经常要面对的一个问题。策划不是临时抱佛脚，从了解产品到了解市场，持续数月是再正常不过的事。我们一直不相信所谓的点子大师，与企业和产品接触短短数天就能闪电般地找出解决问题的灵丹妙药。策划很多时候也是体力劳动，"行万里路，读万卷书"，都说明实践才是硬道理。电暖器热卖是在冬季，然而整个策划、准备工作是漫长的。"慢工出细活"，市场的各个环节都要考虑仔细，准备不充分，一旦上了战场才发现忘带了刀枪，结果是致命的。所幸的是，笔者有着十数年的家电营销经验，锦魁·尚形机构的员工们也早已在大大小小的商战中练就了一番"铁功"。这次与美的电暖器合作有着驾轻就熟的优势，但市场的形势瞬息万变，仍然不敢掉以轻心。电暖器项目组的几号人带着眼睛、耳朵到美的厨具事业部来仔细了解产品。

怎样让国内消费者认识"海归"的价值

美的的品牌早已家喻户晓，美的电暖器这些年也是成绩斐然。受国内经济大环境的影响，美的电暖器的营销一直以出口为主，产品已远销到美国、日本、英国等多个国家和地区，是全球最大的生产基地之一，产销量居世界第二。随着国内电暖器市场的日趋成熟，美的电暖器顺势而动，决定将营销中心回归国内市场。按理说，为这样的强势产品进行营销策划应该是不费力气的，但美的电暖器"海归"的属性导致它在国外的影响力要远远大于它在国内的影响力，这是国产品牌遭遇的尴尬事。客户的要求简单明了，产品本身的价值毋庸置疑，但"酒香也怕巷子深"，怎样让国内消费者发现、认识并且接受这样一个好产品，就是我们要做的工作了。

摸清市场状况，找到电暖器消费的潜在人群

经过一段时间的市场调查，我们发现，我国城市居民家庭的电暖器拥有率达到18.1%，市场进入快速增长期。我们把目光逐渐聚焦，落在这样几个区域上：

（1）东北地区。很多人认为东北地区有集中供暖设备，应该不是电暖器的目标市场，但实际情况是部分家庭缺少集中供暖设备，而且在供暖还未开始但天气已变冷的情况下，电暖器也是一个有益的补充。

（2）华东（浙江、江苏）、中南（江西、湖北、湖南）地区。这些地区都是气候因素导致直接需求。它们缺少集中供暖设备，冬天又冷又潮湿，是目前不可忽视的电暖器需求增长较快的几个区域。

电暖器行业并不是一个竞争十分激烈的行业，美的在内销中绝对处于龙头老大的位置，其品牌影响力也很大，究竟是什么原因使很大一部分市场份额被其他品牌抢占了呢？经过周密的市场调查，我们发现了市场分流的两个原因。一是先锋、艾美特、格力等竞争品牌占有了一部分市场；还有一个重要原因是一些杂牌凭借价格优势占有了很大一部分市场。对于小家电，在质量性能上若无法直接比较，很多消费者会从价格上考虑，只要价格适中，外观漂亮就比较合适，而比较少看重品牌等一些其他因素。而且经过调查发现，很多杂牌也有 3C 认证等，让消费者无法辨认。但实际上，真正质量过硬的产品在价格上根本没有明显优势，成本价都无法与杂牌抗衡。因此，美的无法在价格上占有优势。那只能从别的方面突破，抓住消费者的心。

深入了解消费者，看看他们究竟需要什么

纸上谈兵是策划者一大忌，消费者到底需要的是什么，没有作过深入了解是永远无法知道的。在通过对河北、湖北、辽宁、广东四省市的人群调查中，我们发现，使用电暖器的消费者最为关心的几个问题依次是：安全、耗电量和美观，部分消费者关心的是价格。知道了消费者所需，我们心中就踏实了许多，目标渐渐明朗起来。

首先，电暖器毕竟是家用电器，其安全性是消费者最为关心的问题。我们都有这样的经验，在使用这些家用电器时一般不敢让孩子单独接触，担心孩子烫伤，电暖器漏电、漏油伤到孩子。新闻常有报道一些质量不过关的电暖器在长时间使用后，电源线烧坏引发火灾。

其次，电暖器的耗电量也是消费者最为关心的问题。担心电暖器耗电量大，尤其目前"电荒"，很多地方纷纷拉闸限电，节能产品更能受到消费者的青睐。

再次，是电暖器的外观。电暖器作为一个家庭摆设，消费者当然希望其有漂亮的外观，能与家里的摆设相配套。

在对消费者的调查中我们还发现一个问题，现在电暖器种类众多，从油汀到远红外，到暖风机，弄得消费者无所适从，不知道该如何选购最适合自己的类型，只能听取导购员的意见。而实际上，很多导购员又并没有起到很好的指导作用。买电视可以通过现场看图像等方法选购，但电暖器通过现场试用的方法并不能判断它的实际质量和功效。

产品特性与消费者需求的完美结合

"机遇只偏爱有准备的头脑"，这句话用在策划上同样适用。三伏天里，锦魁·尚形机构的电暖器策划小组的成员们多次往返于顺德与广州之间，搬运了几台样品做研究，反复研究各种品牌的电暖器，真算得上是半个电暖器专家了。消费者的需求了解清楚，产品的特点知道了，我们的思路也渐渐明朗起来。我们明确了两个关键点：一是美的必须以一个强者的姿态出现，拉开与其他竞争者的差距；二是聚焦一点产品最重要的属性，满足消费者最突出的需求。根据我们以往的经验，传播有点像投炸弹，集中一点的力量往往要大于分散的力量。现在的消费者越来越理智，他们明白"包治百病"的药是没有的。太多的优点等于没有个性，消费者的记忆点十分有限，所以只能传达他们最关心的利益点，并且这一点也确实是能"攻心"的。

这一点毫无疑问就是"安全"，而且"安全"也是美的与其他杂牌拉开距离的最突出优势。我们不讲"省电"，是因为行业中还没有这样一个"节能"的认证，也还没有一个十分有效的方法能做到绝对省电。再看看行业内其他一些品牌，普遍在"温暖"上大做文章，或感性，或理性。电暖器的温暖是毋庸置疑的，感性诉求也不能突出产品的优势。这样一看，更觉得我们讲"安全"是讲对了，很有杀伤力。再看看美的电暖器，工程师也的确在"安全"上费了不少心思：电热油汀有着优质的加粗电源线，柔软不易脆，发热量低，不会出现长时间使用导致电源线烧毁等问题；电热油汀的叶片采用加厚优质钢板，焊接时一次成型，绝对不会漏油，抗压抗撞；它还有先进的跌倒自动停机功能。远红外也就是我们通常说的"小太阳"，安全性能特别突出。工程师给我们做了一个实验，将他使用的进口石英管放在自来水下淋，不爆破而且不漏电。"小太阳"的网罩设计也是特别为有孩子的家庭考虑，无论是从哪个角度，儿童的手指都不可能伸进去触到发热体，同样，倾倒就会自动断电。

在"安全"之外，我们还看到了设计的"人性化"。无论是倾倒自动断电还是孩子的手指不能伸进去，都是细心的人性化设计。在油汀上还精心设计了人性化晾衣架，可以烘干冬天里难以晾干的衣服、鞋袜等。暖风机里加有蒸汽加湿，防止烤火引起的过度干燥。空气过滤装置能够除臭、杀菌、净化空气。

通过分析，我们决定将传播聚焦在一点上，即安全+国际大品牌。不仅符合产品的特性，而且满足了消费者心理，同时还有效地制约了竞争对手。对，就往这个方向去想，怎样把这两个概念巧妙地结合在一句广告语中？一句句经过冥思苦想的广告语摆上来，经过精心挑选，我们确定了两个："畅游73个国家的安全通行证"、"安全，73个国家认同"。我们偏重第二个，因为简洁、直白，符合传播的规律。我们将这两个广告语推荐给客户，他们的见解跟我们一样，最终敲定"安全，73个国家认同"的卖点。

全方位的执行策略

在卖点和支持点渐渐明朗之后，我们开始了全方位的执行策略，主要从终端策划、渠道、产品规划、软文、广告、促销等六个方面入手。

渠道策划

在渠道策划方面，我们把主要用力点放在经销商的信心的建立，使他们能够深入了解产品及看到产品的发展前景，同时也让他们了解公司的一系列广告、促销支持，帮助经销商销售。

经销商会议，面对面的沟通

根据我们以往的经验，一场高质量的经销商会议对于经销商了解产品、政策，以及建立对公司的信心和信任必不可少，经销商与厂家两者利益息息相关。因此，我们计划在旺季销售前，在 8 月份举办一场小型的区域经销商会议，推荐新品，实现厂商互动沟通。

经销商旺季提货奖励计划

这个奖励计划针对一、二、三级经销商分别制定，提高其提货积极性。对于达到了奖励指标要求的经销商，组织欧洲七国考察，现场体验美的电暖器在国外的广泛认同。

制作和投放经销商渠道广告

选择专业期刊投放经销商渠道广告，传播围绕电暖器产品的核心策略"安全"，并传达"实力强大"、"加大国内市场投入"等信息，增强已有经销商信心，并引起潜在经销商的注意和兴趣。

注意渠道广告对二、三级经销商的覆盖

电暖器产品渠道特点与其他产品有些不同，它的终端重心较低，渠道较长。二、三级经销商是渠道渗透的重中之重，决定渠道建设和旺季销售的重点。所以在渠道广告上要尽量思考对二、三级经销商的覆盖。

（1）广告策划。在广告策划上，我们确定了这样三个关键点：一是要借力。美的品牌本身就有很大的影响力，所以在视觉传达上还是沿用美的熊的形象，避免"另起炉灶"，造成资源浪费。二是霸气，树立全球大品牌的形象，给消费者信心。三是感性诉求和理性诉求的结合。感性形象便于与消费者拉近距离，理性传达给消费者理性的指导。

广告语"安全，73 个国家认同"。一方面抓住了功能卖点"安全"；另一方面也反映了电暖器产品的全球畅销性。在产品支持点上以"实力品牌"、"产品的安全功能"作为主要支持点，以"安全人性化"功能为辅助支持点。

（2）产品规划。电暖器以前的产品存在着产品线杂乱、副品牌名不突出等问题，不便于传播和消费者的记忆。因此，根据电暖器产品线的一些特点，我们为电暖器命了一些副

品牌名。如电热油汀的"速暖星"、"静暖星"、"趣暖星"，分别强调了电暖器的升温快、安静无噪音、外形小巧、可爱等不同特点，既形象又便于记忆。又如暖风机系列中的热之浪、暖暖熊和浴暖宝贝，远红外系列中的小火星系列、欢乐小太阳、双频小太阳，等等。重新理清了产品线。

美的电暖器副品牌名：

电热油汀系列：

蓝劲星：面板蓝色，热力强劲

秀暖星：有面罩外包，文静秀气，易清洁

速暖星：升温迅速，暖得快

静暖星：采用高温超导油，宁静无噪音

趣暖星：外形小巧、可爱，移动方便，适用于小房间

暖风机系列：

热之浪：功率强大，热浪强劲

暖暖熊：卡通小熊造型，可爱俏皮，深受小朋友喜爱

浴暖宝贝：防水防潮，除客厅、卧室加温外，适合浴室用

远红外系列：

小火星系列："熊熊火光"加温，体未热，心先暖

负离子小太阳：独有负离子功能，加温同时改善室内空气质量

双频小太阳：功率两档调节，满足更多需求

欢乐小太阳：方便、实用，让全家在寒冷日子里暖意融融，欢乐融融

根据电暖器的特点，我们还为美的重新设计了外包装，根据电暖器产品温暖的特点，外包装主要采用了红、黄两种色调，运用渐变，给人一种温暖的感觉，即使在寒冷的冬季，看到这样的外包装，也给人一种温馨的感觉。

（3）促销策划。一定的促销活动能调动消费者的积极性，根据产品不同的价值，油汀赠送多功能架、加湿器。暖风机和红外线赠送小暖熊和小熊拖鞋，既与产品的形象"美的熊"关系密切，而且大大的玩具熊，看上去和抱在怀里都有温暖的感觉，与产品的关联性很强。购买全系列产品则赠送安全保用金卡。

（4）软文策划。电暖器的软文策划思路主要是从社会公益的角度出发，对消费者温馨提示冬季防火安全知识和伪劣的取暖器存在的安全隐患。可以避免直接宣传产品时消费者的抵触心理，一定的生活"小贴士"反而能引起消费者的兴趣。在销售旺季来到之前就在各媒体投放进行预热，在北方一般是一年的10月到次年3月，南方冬季时间较推后，从11月份到次年2月。软文的投放区域主要选择地区的都市报及晚报。另外，导购员在终端也张贴软文，进行二次传播。根据电暖器的企业、产品特点，我们还精心设计了几个软文标题。

从公益角度出发的标题：美的电暖器温馨提示——冬季防火有办法。

美的电暖器温馨提示——劣质取暖电器的危害和识别。

从企业角度出发的标题：73个国家载誉而归，美的电暖器发力国内市场，经销商齐聚江城，美的电暖器酷暑中提前备战，斥资6亿，美的巩固世界最大的电暖器基地。

从产品角度出发的标题：狠抓产品安全——美的电暖器畅销73个国家的秘诀；美的

斥资千万,打造全国首个电暖器产品安全实验室;选购电暖器,把好安全关。

从市场角度出发的标题:隆冬季节,美的电暖器专柜热火朝天;气温再跌,美的电暖器断货告急;安全,让美的电暖器成市场宠儿。

据美国《商情》杂志 11 月 8 日报道,当前全世界销售的电暖器产品有 63% 来自中国。而中国最大的电暖器供应商——美的电暖器,在 73 个国家和地区建立起了成熟的销售网络,并在海外市场掀起了一波又一波的销售热潮。《商情》杂志的评论指出:美的电暖器是中国制造工业在整个世界范围内展示影响力的一个缩影。

中国经济发展委员会的资料显示,全球的电暖器市场平均以每年 15% 的速度增长,国内市场的增长也保持在 10% 左右,这是一块足够诱人的大蛋糕。美的集团从 1993 年进入电暖器市场,长期坚持以外销带动国内市场"两条腿走路"的营销策略,曾连续四年国内市场占有率第一和出口销量第一。在广东美的企业集团的大家庭中,美的电暖器是重要的以出口创汇为主的战略性产品。随着国内经济的增长和消费者生活质量的改善,国内电暖器市场快速增长,美的顺应市场潮流,将市场的中心由国外转移到国内。

据美的电暖器营销部邹宏部长介绍,美的成为全球最大的电暖器供应商之一,得益于对产品使用安全性的严格保障,"安全"是美的电暖器在国际大舞台纵横捭阖的秘密武器。

"随着大批国际跨国公司抢滩登陆中国,我们的企业也要走出去,美的电暖器的模式值得国内众多中小企业学习",国务院经济政策研究室×××研究员说。

(5)终端策划。终端一直是家电行业重点争夺对象,这次的电暖器推广也不例外。在这次的电暖器终端思路上我们考虑了以下两点:端头、堆码销售,在重要的终端采用堆码结合促销赠品陈列的销售方式进行促销,吸引消费者注意,建立良好的终端形象。

设计终端展示板,将电暖器的一些主要部件陈列在展示板上并对其主要功能点以"说明结合实物"的方式进行介绍,帮助消费者认识到该如何选择。如截取一部分优质橡胶电源线并配合"文字、图片"说明。让经过培训的导购员向消费者介绍"演示板"上的内容。这是较新颖的一个环节,因为很多消费者在购买时是盲目的,将主要的零部件展示出来能帮助他们识别什么样的才是合格的,与假冒产品拉开距离,展示美的的实力。编制导购员手册,对导购员的导购活动给予指导,帮助其了解产品和导购技巧,从而进行更好的促销活动。

在终端设计一些物料,尽量把终端拉活。如专柜设计,一字形专柜、岛柜和包柱形专柜。POP 设计方面,设计了机身贴、跳跳卡等终端物料。户外则配合公交车广告、广告伞广告等。

在终端上,我们也尽量实现了人性化。如单张折页,我们将枯燥的电暖器知识做成"安全用电小贴士"。冬季是用电高峰期,这个小贴士从消费者安全角度出发,从开关、插座、电源线四个方面出发,提醒消费者安全用电应该注意的问题。没有直接地宣传产品知识,但这种对消费者实际生活有用处的生活常识更能引起消费者的注意,在获得知识的同时也记住了品牌,有"润物细无声"的好处。

很多消费者其实对电暖器的选购是不清楚的,只是从外观、价格等方面考虑,没有专业的指导。我们策划了一个"电暖器选购小常识"的单张折页,指导消费者选购的同时也培养了他们的消费观念。将美的电暖器与一般伪劣电暖器拉开距离,从电源线、是否有倾倒断电装置等方面帮助消费者识别。我们还将折页精心设计成日历的形式，因为考虑到广告单满天飞，一般消费者如果不是有购买需求，在接到宣传单后很可能会随手丢弃，而具有实际用途的如日历等，往往会被保存。这种人性化考虑，其实也让我们的宣传目的达到了。

为了配合终端建设，我们还策划了十月黄金周的终端检查，评选出明星终端和明星导购员，督促终端建设的完成。

资料来源：

中视选房网，http：//www.cctvxf.com

后　记

营销训练包括发展一整套哲学理念、知识方法、技术技巧。建立营销哲学方法、学习营销知识、了解相关技巧的最佳、最有效的途径就是案例教学法。案例教学法正逐步成为我国管理教育和开发的主要标准方法之一。编写本书的目的就在于为推广营销案例培训方式添砖加瓦。

本书将营销的理论知识和真实的企业营销实践有效地结合起来，力图实现营销知识点和实践案例的相互印证，使读者在分享企业营销经验和教训的同时，也能够系统掌握营销的理论知识。

本书在编写过程中，参阅和借鉴了很多同志尤其是参与《市场营销经典案例解读》一书写作同志的研究成果，在此致以深深的谢意！同时，因时间仓促，一些资料和图片的初始出处可能不够准确或未标注清楚，请作者主动和我们联系并补充更正，在此也表示歉意。

特别要提的是，本书编写工作得到了暨南大学出版社张仲玲女士的大力支持和帮助，在此表示衷心感谢。

编著者
2010 年 3 月